TopBook
饕书客

一个人，遇见一本书

战争特典
011

世界间谍史

间谍是人类历史上最古老的职业

国家的出现标志着统治能力的极大提高，这里面有间谍的一份功劳

Spying is the oldest profession in human history

The emergence of the state marked a significant improvement in the ability to govern, thanks in part to spies

按照间谍的行规，伊尹在夏发展了下线，以构筑间谍网络

In accordance with the rules of espionage, Yi Yin in Xia developed the offline to build a spy network

天主教会下属遍及世界各地的教会组织一直是他们手中得力的情报网络

Catholic church organizations around the world have been a powerful intelligence network

对于贪婪的人，金钱这最古老的间谍武器无往不胜

Money is the oldest spy weapon available to the greedy

龚 琛 / 著

陕西新华出版传媒集团
陕西人民出版社

图书在版编目（CIP）数据
世界间谍史 / 龚琛著 .—西安：陕西人民出版社，2018
（战争特典）
ISBN 978-7-224-12827-7
Ⅰ . ①世… Ⅱ . ①龚… Ⅲ . ①间谍—情报活动—历史—世界 Ⅳ . ① D526
中国版本图书馆 CIP 数据核字（2018）第 157747 号

出 品 人：惠西平
总 策 划：宋亚萍
出版统筹：韩 琳
策划编辑：王 凌 关 宁
责任编辑：王 倩 张启阳
整体设计：哲 峰 杨亚强

世界间谍史

作 者 龚 琛
出版发行 陕西新华出版传媒集团 陕西人民出版社
（西安北大街147号 邮编：710003）
印 刷 陕西金和印务有限公司
开 本 787mm × 1092mm 16开 25.25印张
字 数 400千字
版 次 2019年1月第1版 2019年1月第1次印刷
书 号 ISBN 978-7-224-12827-7
定 价 69.90元

以中情出，
小曰间，
大曰谍。

——

《大戴礼记 · 千乘》

写在前面的话

最古老的职业

人类历史上最古老的职业是什么？

这个问题可不是光靠拍脑袋就能回答得了的，早在三百万年前我们那些猿人祖先嗷嗷叫着满地乱跑的时候，“职业”这个概念就已经出现了——一群懂得群体合作的猿人每天要做的事情大致上是采集、捕猎，然后进食。所以说猎人是最古老的职业。

当然，那个时期是流行兼职的，祖先们做完了猎人接着做厨师，那时候烹饪手段单一，凑合用火烤一下就“拉倒”，反正猿人们也不会去琢磨南北大菜满汉全席。在那个危机四伏的危险年代，吃了这顿还有没有下顿都是两说的事情。身边有那么多的豺狼虎豹，还有吃同类的猿人伙伴，一不小心自己就变成别人的饭了。

猿人要想在极其恶劣的环境下谋生，就必须取得生存竞争的胜利。这种竞争不仅仅是与其他猛兽展开的，也是在不同群落的猿人之间展开的：对方群落知不知道到哪里能采集到更多的野果？他们把上次没吃完的兽肉藏到了何处？于是一双双贼眼在暗中烁烁放光，机灵的猿人不断窥探竞争对手的采集地点，偷窃对方的存粮。这种为了活下去而不择手段的行为产生了一个职业：间谍。

关于“间谍”这个名词，有太多的解释和演绎。大体上来说，间谍是使用各种手段隐瞒身份，从敌对方或竞争对手那里刺探各种情报或进行破坏活动，以此

从原始时代开始，生存压力带来竞争意识，催生出了对情报的需求

来使其所效力的一方获利的人。当然，猿人间谍们还没有武装如此成型的理论知识，只是凭着单纯的混饭目的进行原始的谍报活动。这种原始的间谍活动不仅仅是猿人的专利。劳伯鸟有利用虚假的老鹰空袭警报赶走同类独霸食物的小聪明；体型小的雄性青蛙往往会发出比大青蛙更低沉的声音来保护领地。不要说猿人的近亲黑猩猩，就连甲虫这样的小东西都存在欺诈行为。这是生物进化的需要，是智能的体现。在经过沧海桑田，物竞天择之后，只有人类将这种争夺生存空间的本能发扬光大，并延续至今。

从最初的刺探狩猎和采集场所到盗窃食物和火种，原始时代的间谍随着智能和社会的进化而不断发展。有了部族和部落之后，生存空间之争也就演变为领地之争，那时候的人头脑简单，发生争执时不知道找律师，只比谁的拳头大，于是战争也随之出现在历史舞台上。头脑再简单的部落首领也开始思考在攻打敌人时要不要先派人去探探路了。

公元前 4000 年，古埃及人建立了自己的王国，古埃及前王朝时代开始。公元前 3500 年，两河流域的苏美尔文明出现……国家的出现标志着统治能力的极大提高，这里面有间谍的一份功劳。对任何一个统治者而言，没有什么比消息闭塞更可怕的事情了。没有哪个国王皇帝会放弃情报工作，让自己变成聋子和瞎子。

间谍既可对内防范叛乱也可对外进行渗透，是攻防兼备的得力工具。

当考古学家发掘出公元前 7 世纪时亚述国王亚舒尔巴尼巴尔那著名的楔形文字书库后，发现了很多装在黏土板上的绝密信件——全都是国王派出的间谍们的报告书。

发生在公元前 13 世纪的特洛伊木马计事件更是体现出古希腊间谍们的伟大勇气和高超智慧，坚守了十年的特洛伊古城，被古希腊人遗留在木马肚子里的间谍们打开。一夜间壮丽的城市化为废墟，男人被杀尽，妇孺变成了奴隶。从此后“当心希腊人造的礼物”这一谚语在世界上许多国家流传，它提醒人们警惕敌人的伪装欺骗，渗透到自己内部的间谍是心腹之患。就连现在电脑病毒中木马病毒的名字也来源于这个故事，可见其影响力之大。

纵观历史长河，人类的战争中总有间隙。而间谍间隙却贯穿整个人类历史，一代代间谍前赴后继地延续着远古时代流传下来的秘密战争，其激烈程度和残酷性足以令任何一个洞悉内幕的人心悸不已。

目录

第四章　理智与激情
LIZHI YU JIQING

第五章　战争与和平
ZHANZHENG YU HEPING

第一章 蒙昧时代的诡计

MENGMEI SHIDAI DE GUIJI

○东方的谋略 ○古埃及的危急时刻

○上帝站在间谍这一边 ○鬼神与梦幻交织的间谍世界

第一节 东方的谋略

开天辟地的第一位间谍头子

在公元前 2600 年左右，有熊氏部落的伟大首领姬轩辕先兼并了同源的神农氏部落，又击败了敌对的九黎部落，夺取了黄河流域的霸权。大伙尊奉姬轩辕先生为黄帝，中国神话中的三皇五帝时代正式开始。

传说中的远古领袖们都很谦虚，大伙请他们来做部落联盟首领的时候要三番五次地邀请才能请来。一旦他们觉得自己年纪大干不动了，就采取禅让的办法把权力移交出去，著名的尧、舜、禹都是这样得到权力的。禹的儿子启是个实在人，觉得这样虚情假意地让来让去很是麻烦。大约在公元前 2070 年，他一刀杀了父亲指定的继承人伯益自立为王，这就是夏朝的起源。

启的儿子是太康，这位纨绔公子出身的官二代只管玩乐不理政事。太康酷爱打猎，经常一出去就是几个月时间，弄得百事废弛、民怨沸腾。有一次，他带着家属、亲信去洛水北岸游猎，一去三个多月不回来。东夷族有穷氏的部落首领后羿乘机起兵，夺取了夏的都城安邑并立太康的弟弟仲康为傀儡皇帝。等到太康带着猎物兴高采烈地回来时，才发现祖上传下的产业已经换了主人。二代目就此傻眼，只好在阳夏凑合住着，史称“太康失国”。

后羿是一位神箭手，名气之大以至于留下了后羿射日的神话故事。不过可以

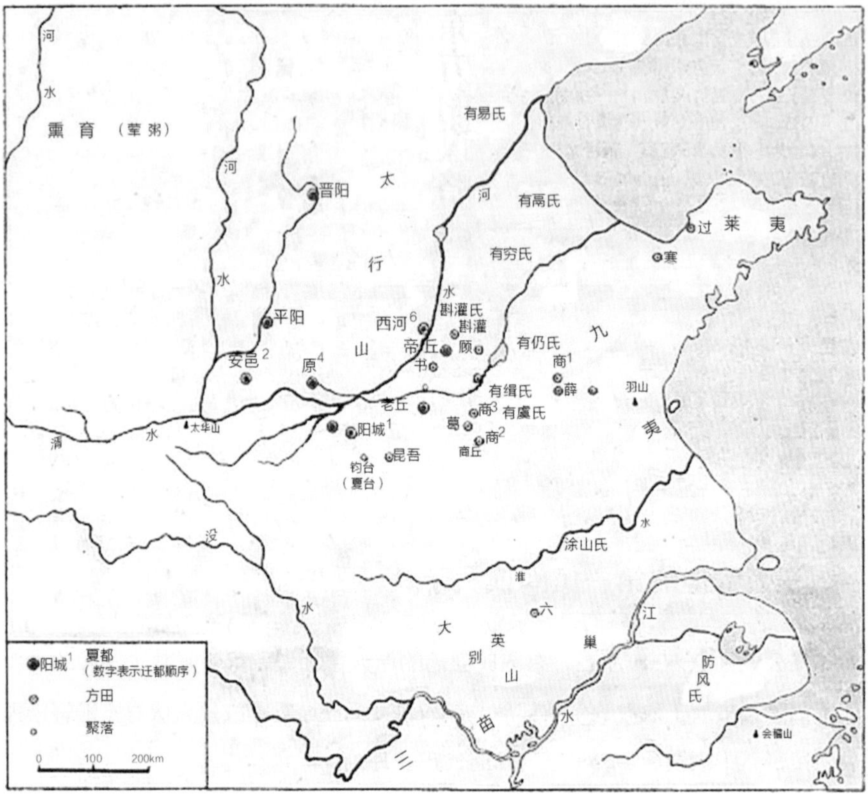

夏代黄河、长江中下游地区图

肯定的是他的妻子不是嫦娥，他的妻子更没有上演过从地球到月球的私奔之旅。虽然夺取了太康的王位，后羿却也学会了二代目的坏毛病：四出打猎，作威作福。后羿的亲信寒浞也有样学样，趁机杀了后羿夺取了天下。寒浞这人手段毒辣，把一切碍眼的人都杀光了。连仲康的儿子相也被迫自杀。相怀孕的妻子从狗洞里逃走，逃回娘家有仍氏部落生下了儿子少康。

间谍史上创世的记录开始了：少康长大后立志夺回天下，为了窥探敌军的虚实，他派手下的女将军女艾渗透到敌人后方侦察，女艾由此成为世界历史上第一位有记载的女间谍。女艾为少康提供了宝贵的情报，与此同时，少康还把自己的儿子季杼派到寒浞的儿子殪所在的戈地做间谍。季杼善于用计，最终帮助父亲完成了杀殪灭戈的心愿。在优秀的谍报人员配合下，少康里应外合击败寒浞，夺回夏朝王位。记载了这段历史的史籍是《左传·哀公元年》：“少康使女艾谍浇，使季杼诱殪，遂灭过、戈。”由此，流传下少康始间的故事。

野心家或大贤人伊尹的是是非非

来而不往非礼也，间谍是把双刃剑。天下没有只有一家有间谍这样的便宜事。协助夏朝复兴的是间谍，毁灭夏朝的也是间谍。《孙子兵法·用间》中记载了这样一段话：“昔殷之兴也，伊挚在夏；周之兴也，吕牙在殷。故惟明君贤将，能以上智为间者，必成大功。此兵之要，三军之所恃而动者也。”这段话说的是商汤灭夏的故事。伊挚就是伊尹，这位协助商汤开创基业的良相其实是个间谍头子。“殷之兴也，伊挚在夏”的意思是：商朝的兴起全赖于伊尹在夏朝做间谍的功劳。伊尹本是夏人（一说是奴隶），他因为对夏朝末代国王夏桀感到失望，便想办法作为商汤妻子有莘氏的陪嫁入商。

在这里说明一点：商汤和夏桀都不是这两位先生的本名，他们的名字分别是子天乙和姒履癸。汤这个称号是子天乙谋反成功后给自己加上去的，意思是救苦救难的君主；而桀这个称号是商汤友情赠送给姒履癸的，意思是残暴不仁的君主。

商汤与这位吃里爬外的老先生一拍即合，任命他为宰相。为了刺探夏的内情，商汤曾先后五次派伊尹以丞相身份出使等方法潜入夏朝进行间谍活动。伊尹把夏桀沉溺酒色、修筑酒池肉林以及百姓怨声载道等情况报告给商汤，这些情报对商汤灭夏起了重要的作用。

伊尹先生并不是一个人单枪匹马打天下的。按照间谍的行规，伊尹在夏发展了下线，以构筑间谍网络。伊尹先生运气实在是好，因为有一个志愿者主动找上门来要做内应。这个内应不是别人，正是夏桀的老婆（之一）妺喜。

妺喜曾在后宫红极一时。她有个古怪的嗜好：喜欢听撕裂丝绸的声音，可能在入宫前是个裁缝也说不定。夏桀迷恋妺喜的时候令人把国库里各种精美的绸缎拿出来，整匹整匹地撕给妺喜听。还好夏桀在国库破产前又喜欢上了别的美人，总算给后宫留下了几匹做衣服的料子。

一般来说感情破裂的夫妻很难再做朋友，妺喜就是如此。被冷落和抛弃之后，深宫怨妇妹喜产生了极强的报复心理，她派人秘密到商的都城，暗中和已在商为相的伊尹联络，把夏朝的机密情报都送给了伊尹。

伊尹通过妹喜提供的情报，对夏朝宫廷和国内的情况了如指掌，为商汤出兵伐夏提供了重要的情报依据。既然连夏桀的老婆都做了间谍，那么夏的一切在商的眼里都变成透明的了。公元前 1600 年，趁着夏国大旱的时机，商汤发动了灭夏战争。

在商军出征前，商汤进行了誓师动员，简而言之就是“弟兄们给我上，事成之后大碗吃酒肉、大秤分金银”。因为商是夏的属国，为了摆脱以下犯上的叛乱罪名并占领道德制高点，商汤还历数夏桀的罪行，说明自己出兵灭夏是替天行道，是为了拯救夏朝的百姓。这大概就是中国历史上最早的战前宣传案例。

商汤在起兵时的这一举动为后世的乱臣贼子们（成功的话就是开国明君们）开创了范例，除了极个别不像话的粗人——如李逵等会说“赶去京城砍了鸟头夺了鸟位”之外，大伙一般都学着商汤同志来上两句场面话，内容大意就是皇帝或者皇帝身边的人实在混蛋，所以我不得不造反。我为的不是皇帝宝座，只是很单纯地要拯救百姓而已，云云。

战前动员会刚一结束，商汤手拿大斧，坐在战车上充当督战队长。正如伊尹所料的那样，饭都吃不饱的夏军毫无斗志，连遭败仗。双方在鸣条进行了大决战，由于夏桀的统治不得人心，军队一触即溃。

夏桀逃到安徽巢县死去，夏王朝宣告灭亡。

夏朝虽然灭亡了，伊尹先生的传奇却依旧在延续。商汤死后，他又辅佐了卜丙、仲壬二王。后来商汤的孙子太甲做了商王，这位年轻的国王胡作非为，被伊尹流放到桐宫责令悔过。至此流传下来两个版本的故事：喜剧结局是 3 年后，问题青年太甲改造成功，伊尹又请他回来接着做国王。后来伊尹继续做他的太平宰相，一直活到 100 岁寿终正寝。悲剧结局则是说伊尹放逐太甲后自立为王，太甲经过 7 年的准备后潜回都城将其杀死夺回了宝座。

伊尹在中国历史上开创了大臣流放君主的先例，后世的权臣往往拿这件事做自己废立皇帝的理论依据，光是在汉朝就有西汉的霍光和东汉的董卓效仿伊尹行事。至于伊尹的结局大家愿意相信哪一个，就凭自己的判断去猜测吧。

姜还是老的辣

如果从王朝的兴衰来看历史的话，往往会发现各个王朝命运的相似之处。商朝的灭亡与周朝的兴起，与当年有惊人的相似之处，那就是都有间谍的盖世奇功。“周之兴也，吕牙在殷”这句话是指周朝的兴起，是因为姜子牙在商朝当过间谍。

吕牙就是姜尚姜子牙。

姜子牙出身败落，年轻的时候致力于经营实业，干过宰牛卖肉的食品加工业，也开过酒店从事服务性职业，可惜都比较失败，只能勉强混口饭吃。但姜子牙人穷志不短，在宰牛和卖酒之余勤奋学习天文地理、军事谋略，研究治国安邦之道，期望能有一天为国家施展才华。可惜他一直怀才不遇，到七十多岁时仍穷困潦倒，这时候牛也宰不动了，只好在渭水边垂钓混饭吃。

商朝的末代国王商纣是一位残暴的昏君，和倒霉鬼夏桀一样，商纣也不是他的本名，他叫作子受辛，纣这个称号是周武王帮他起的，意思是残害忠良的君主。此时商的属国周已经强大起来，周文王姬昌一直在寻找能辅佐自己夺取天下的良才。终于有一天周文王遇见了姜子牙，风烛残年的老姜打动了雄心壮志的周文王，就像当年商汤和伊尹一样，姜子牙在周文王那里找到了实现自己抱负的舞台。

在进攻商朝之前，姜子牙负责指挥对商朝的谍报战，这位老先生年事已高，所以主要是在周国坐镇指挥。通过分析间谍送回的情报，周国确信商纣王已经民心尽失、众叛亲离，并且得到了极为重要的信息：商纣王决定进攻周国，只是苦于东夷族叛乱不能动手。此时商朝的主力部队都在进攻东夷，国内极为空虚。于是在经过长期的准备之后，周文王的儿子周武王秉承老爸的遗志，于公元前1057年正月起兵伐商纣。商汤不会想到，600年后有个叫姬发的年轻诸侯王把自己当年的宣传策略重演了一遍，只不过矛头指向了自己的后代。一切似乎都是当年的翻版，商朝毫无还手之力。在牧野之战中，商纣临时武装起来的奴隶们阵前倒戈，开创了战前起义的先河。战争很快结束，在姜子牙的协助下周武王消灭商朝，建立了周朝。

虽然后世将姬发先生赞誉为有道明君，可是他对商朝遗民的行为却令人发

清代绘画：姜太公垂钓图

指：商纣的儿子武庚被勒令带着小部分族人回老家商丘种地，其他的商王朝的遗民财产被没收，男女老幼全部沦为颈子上系着绳索的奴隶。武庚后来打算东山再起，结果失败，于是最后一点自由的商朝遗民全沦为奴隶，他们在黄河以南、洛水以北地区做苦力筑起两个相距 20 公里的东西双子城，东称王城，西称成周——就是后来的洛阳。

还有些散落于民间的商朝遗民为了活命就浪迹于不同的部落与国度之间，靠做小买卖赚钱糊口，周朝人称呼他们为“商人”，据说这就是商人这个名词的起源。还有一位很成功的商朝遗民，他就是商纣的弟弟箕子，箕子带着商代的礼仪和制度到了朝鲜半岛北部，被那里的人民推举为国君，周武王顺水推舟封他为诸侯，史称“箕子朝鲜”——这是《史记》中的记载。

相对于伊尹而言，姜子牙是一位更成功的间谍领袖。他被封为齐王，成为后来称霸春秋战国时代的齐国和齐文化的缔造者。后世的儒、道、法、兵、纵横诸家皆尊奉他为本家人物，老姜最后被尊为“百家宗师”。中国民间文化对姜子牙也极为崇拜，在古典名著《封神演义》中，老姜干脆变成呼风唤雨的魔幻人物，真可谓不枉此生了。老姜的故事告诉我们，别怕大器晚成，金子总会发光的，姜还是老的辣。

一场“专利”引起的纠纷

总体而言，夏、商、周时期的间谍工作主要以比较单纯的渗透和刺探政治军事情报为主，一般选择在大规模战争酝酿阶段派出间谍进行侦察，间谍们的情报工作直接决定着战争的爆发和胜负，整个战争的走向和军队的行动都依赖间谍的情报而定。在那个战略侦察还处于萌芽阶段的时代，伊尹和姜子牙这样的间谍实在是稀世珍宝。

不过间谍游戏并不是谁都能玩的，周王朝第十任国王姬胡就曾闯下大祸。与他善用间谍侦察敌国动态的祖先不同，姬胡的间谍业务是对内的。他宠信的大臣荣夷公擅长这项业务，简而言之就是我的是我的，你的也是我的。荣夷公大刀阔斧地对贵族垄断资本实施了国有化改造，把贵族赖以谋生的各种行业全部改由政府（荣夷公）经营，这当然引起贵族们的怨恨，他们用各种方式反抗。为了镇压反抗潮流，周厉王采取了特务治国的高压手段，他派人去卫国聘请很多巫师，在首都镐京建立了秘密警察。据说卫国巫师有特殊的法术，只要看人一眼，就可立即判断对方心里所想的是什么事。这些巫师间谍们川流不息地巡回大街小巷，凡经他们指认为反叛或诽谤的人，即行下狱处决。

被国人驱逐的姬胡死后获得周厉王这个不名誉的谥号

这样一来天下太平了，镐京城里一片“安静祥和”的氛围，熟人上街见面时候都不敢打招呼，怕一不小心说错话掉脑袋，亲戚朋友见面时也只敢用眼睛示意，这样还造就了一个成语：道路以目。

忍无可忍，无须再忍！公元前 842 年发生了国人暴动，贵族们带领平民造反，秘密警察巫师全部殉职。姬胡狼狈逃窜到西方的彘邑，在那个以养猪出名的地方凄凉死去。周人送给他一个谥号——周厉王，意思是暴虐杀戮无辜。

姬胡逃走后，国家政权由周公和召公两位大臣共同摄政，主持没有元首的中央政府，史学家称为“共和政治”。这短暂的共和政治开始的第一年是公元前841年，从这一年开始中国的历史纪年有了确切的文字记载，并一直持续到今天。古中国历史和文化延续至今，而其他的文明古国则全部被湮灭在时间长河之中，只残留一些片段残骸供后人追索。

周厉王之后是周宣王。从此后周朝进入较长的安定时期，间谍的活跃程度也大大下降。直到几百年后的春秋战国时代才又迎来中国间谍史上的新一轮高潮。

第二节 古埃及的危急时刻

让我们暂时放下古中国的故事，把目光转向西面的一个遥远国家——古埃及。

就在商汤率领着大军灭夏之后三百年，古埃及诞生了一个名叫拉美西斯的男婴。他是法老塞提一世和杜雅王后的儿子，他10岁时开始从军，15岁时随父出征，25岁时成为埃及法老拉美西斯二世。与窝囊的太康不同，拉美西斯二世被古埃及人称为伟大的领袖、勇猛的士兵、杰出的建筑家和严重超计划生育的父亲。他有200多位妻子，生了96个儿子和60个女儿。

拉美西斯二世是古埃及第19王朝法老，其执政时期是埃及新王国最后的强盛年代。他身高1.76米，头发是罕见的鲜红色。后世之所以知道得这么清楚，完全是由于他的木乃伊被保存在博物馆里的缘故。这位活了96岁的法老绝不愿意有如此境遇，本来好好长眠于地下，却被刨出来作为展品，这可上哪说理去？不过全赖于他的木乃伊，现代人才解开了古埃及木乃伊制作的秘密。

在这里要提到的是拉美西斯二世与间谍的故事，只是这次伟大的法老陛下并不是间谍的效忠对象。

公元前1275年4月，拉美西斯二世率军进攻赫梯国王穆瓦塔里什控制的古叙利亚重镇卡叠什。拉美西斯二世率领着2万士兵和200辆战车，穆瓦塔里什则有1万名士兵和3500多辆战车。当时埃及充斥着赫梯间谍，拉美西斯二世的军队还没开拔，关于他的军队详情和进军路线便已传到穆瓦塔里什的耳朵里。虽然手头的部队只有埃及的一半，但是赫梯国王凭借训练有素的间谍组织为埃及法老安排下一个陷阱：在靠近奥龙特河的地方，法老的军队遇到了两名贝都因牧民打扮的赫梯人，他们说有重要情报要通报给埃及人。这两人被带到了拉美西斯二世面前并向他报告说，穆瓦塔里什的部队已经逃离卡叠什城，法老可以轻而易举地拿下城池。拉美西斯二世大喜过望，冒失地率领先头部队来到靠近卡叠什城的平原地带宿营。埃及军队中计前来，谨慎过头的穆瓦塔里什决定再派两名探子侦察一下。结果他的探子被埃及人抓个正着，在酷刑拷打之下，两个探子吐露了实情。拉美西斯二世一拍大腿说赶紧撤，可为时已晚。赫梯人突然发起进攻，措手不及的埃及军队溃不成军。正当拉美西斯二世就要在当俘虏和光荣阵亡之间二选一的时候，有两件出乎意料的事救了他：首先是赫梯大兵们基本上等于是土匪，他们在攻进埃及营地后不追歼敌军却忙着抢夺财物；其次是法老的后续部队腿脚快，这时候已经赶过来了。

这场卡叠什战役最后达成了对峙局面，由于国内发生叛乱，穆瓦塔里什被迫提出议和。实际上古埃及损失巨大，他们被消灭了5000人之多，而赫梯人只不

拉美西斯二世是一位文治武功的古埃及法老

过是损失了少量战车而已。可是了解舆论宣传阵地重要性的拉美西斯二世可不简单，他命令手下把这场战役鼓吹成一次伟大的胜利。于是古埃及的每个神庙中都有歌颂卡叠什“大捷”的雕塑，在著名的阿布·辛拜勒神庙描绘卡叠什之战的浮雕中，拉美西斯二世伸出四只手臂驾车飞奔，他宣称其中两条是古埃及的主神阿蒙神的，这证明诸神永远站在“伟光正”的法老这边。虽说卡叠什战役有了个可笑的结局，不过这也留下了西方世界中最早的间谍记录。我们可以注意到一个事实，穆瓦塔里什派出的间谍是一些口舌伶俐的普通人，这与伊尹和姜子牙的身份大有区别。其次，欺骗法老的赫梯间谍是有必死决心的，因为埃及人一旦发现上当会立即处死他们。

顺便说一句，卡叠什之战还有一个创纪录的副产品。六年后穆瓦塔里什去世，即位的阿图西里什与拉美西斯二世签订了人类历史上最早的国际条约。条约规定：双方实现永久和平，永远不再发生敌对，永远保持美好的和平和美好的兄弟关系；双方实行军事互助，共同防御任何入侵之敌；双方承诺不得接纳对方的逃亡者，并有引渡逃亡者的义务。这就是世界历史上最早的和平条约和引渡条例。

条约签订后，阿图西里什还采取和亲政策，将自己的长女嫁给拉美西斯二世。后来发现于埃及卡纳克神庙墙上的一幅雕刻，就描绘了当时埃及法老迎娶赫梯公主的情景。虽然终于实现了和平，但是古埃及和赫梯的命运都附上了挥之不去的悲剧色彩。

埃及与赫梯的争霸，是古代中近东历史上的重要事件。拉美西斯二世是古埃及最强有力的法老之一，当时的赫梯王国也处于其鼎盛时期。双方长达数十年的军事较量，使实力都受到严重削弱。拉美西斯二世之后的法老再也无法重振帝国雄风，曾经一度强盛的新王国逐步陷入瓦解之中。而赫梯在与埃及战争后，本来就不甚稳固的经济基础进一步动摇，不久即开始衰落。至公元前 8 世纪，最后的残余势力完全为亚述帝国所消灭。

赫梯人是世界历史上最早开始冶铁的民族，也是世界最早进入铁器时代的民族。王国毁灭之后，大量的赫梯铁匠散落各地，遂将冶铁技术扩散开来，在公元前 8 世纪传至古印度，在公元前 6 世纪传至中国。

第三节 上帝站在间谍这一边

兼职间谍和强盗首领的伟大先知

对于间谍这种似乎并不光彩的职业，上帝究竟是如何看待的呢?

在《圣经》故事中有很多关于以色列人和古以色列王国的间谍故事，其中宣扬了一个真理，那就是“优异的间谍活动必将获得丰硕的成果”。

摩西就是使用间谍的高手，据《圣经·旧约·申命记》记载，早在出埃及之前，他就已经派遣间谍对以色列人迁徙路线上的道路和城镇村庄进行侦察。为了获得详尽的情报，他从跟随自己的12个部落中各自挑选一个能力卓越的间谍，并且吩咐他们说：要仔细调查你们去的地方，看看他们的土地肥沃程度怎么样，他们的人口多不多，城镇有没有围墙和堡垒，更主要的是战斗力强不强。为了验证间谍所渗透地区的物产是否可口，摩西还要求间谍们把果实带回来品尝。

不管怎么看，这段话都像是强盗头子吩咐手下踏点踩盘子时所说的话。不过也情有可原，毕竟这些以色列人都是穷光蛋，逃出埃及之后如果不抢占别人的家园是活不下去的。《圣经》上明白写着上帝的话：“我要从你面前赶出外邦人，扩张你的境界。”所以以色列人理直气壮地不抢白不抢。

摩西的先知名号也不是白来，如果没有详尽的情报工作他也就无从指点以色列人迁徙的路线了。经过间谍的细致侦察之后，摩西就用拐杖指点着告诉信徒们

《圣经》故事中描述了摩西是如何为他手下的间谍布置工作的

说前面这条路是死路，要走旁边那条，或者是这个村子战斗力强悍，咱们还是去洗劫别的村落吧。以色列人一看样样说得不差，这可不是“先知”嘛，于是更是崇拜得五体投地，摩西说啥他们就信啥。

据记载，摩西依靠间谍渗透等方法先后击败并占领了亚莫利亚和巴珊等小国家。只可惜迦南住着一伙巨人——这是大部分回来复命的间谍报告的，以色列人闻讯惊慌失措，失去了继续前进的勇气。只有两名间谍约书亚和凯莱布坚称前方都是些弱小的敌人，可是以色列人不相信他俩，反而打算按照传统用石头砸死他们。就这样，远征的计划搁浅了，以色列人在荒野中流浪了四十年之久。老先知摩西一共活了120岁，可惜他出师未捷身先死，临终前他把权力移交给了年轻的约书亚，希望他能带领以色列民族重返迦南圣地。

约书亚曾是摩西的助手，在成为新领袖之后，他命令除了女人、孩子和老人之外的所有人都加入军队，靠这种毫不留情拉壮丁的手段，他很快组织起一支4万人的大军来。以色列人的目标是约旦河对岸的城市耶利哥，那是一座有城墙保护的城市。为了能顺利打下来，约书亚发扬了自己的老本行，派出两名精干的间谍渗透进去摸清虚实。

因为处理情报工作不够细致，约书亚曾经遭遇过族人的信任危机

两个以色列间谍装扮成商人，偷偷越过约旦河混进耶利哥城。他俩在城中各处侦察了一整天，把重要的布防情况了解得一清二楚。傍晚时分准备溜走时，却发现城门已经关了。以色列人找到一家客栈住下，准备明天清早就出城。这家客栈的主人是耶利哥城的名妓喇合，喇合识破他们不是本地人，便主动找到以色列人提出一个建议：老娘我住宿费和脂粉钱都不要，只盼以色列大军攻城时保全我的性命和产业。以色列间谍忽然遇到这么个天上掉下来的老鸨内应，自然是喜出望外。就这样，耶利哥的内奸喇合与以色

列人谈好了买卖，她掩护以色列人躲过追兵，并且送他们出城。

不久之后，以色列人越过约旦河攻陷了耶利哥城。城破后约书亚纵兵屠城，全城老幼除了叛徒喇合一家外全部遇难。约书亚看到耶利哥城杀劫一空，就命令放火烧城。冲天大火烧了几天几夜。耶利哥城自此成为一片废墟。据说约书亚还对着被焚毁的耶利哥城发誓说："以后任何人不得重修耶利哥城，如有人修这城就会在耶和华面前受诅咒。修城的人起地基的时候必丧长子，安门的时候必丧幼子。"

《圣经》上记载着以色列人是轻而易举地拿下耶利哥城的，但从他们屠城并纵火报复的行为来看，应该是遭受了不小的牺牲。不管怎样，间谍渗透侦察在这场胜利中起了决定性的作用。而迦南之地的居民们也畏惧地称呼以色列人为希伯来人，即"越过河流的人"。

不久之后约书亚进攻艾城，依旧先派出间谍侦察。间谍很快回报说很容易就能拿下，约书亚没有验证这一情报就兴冲冲地派了 3000 人去进攻，结果被打得

在约书亚领导下，犹太人对迦南之地进行了血腥征服

屁滚尿流。

这场失败是先知约书亚的巨大挫折，以色列人有充分的理由怀疑自己的领袖是否合格,怎么他对于打败仗就不能“先知”了呢？还好约书亚也不是白出来混的，他立即宣布自己不能先知的理由是以色列人内部有亵渎上帝的人。于是他很方便地找了个私自侵吞战利品的倒霉蛋，吩咐族人们用乱石将其砸死。随后约书亚派遣精兵再度进攻，这次他进行了细致的侦察后，用伏兵击败了艾城军队。以色列人照旧屠城放火，还把艾城王绞死在树上。时至今日，艾城废墟和艾城王的坟墓还是以色列引以为傲的历史古迹。

约书亚活了110岁，在他死后以色列人继续与迦南人作战。他们在迦南各地屠城31次，基本上灭绝了所有的土著居民。只有位于平原上的巴特利城难以攻克，为了拿下这座迦南最后的堡垒，以色列人再度派出了间谍。以色列间谍这次使用了贿赂的办法，他们设法找到一个出城的巴特利居民，向他许诺城破后饶他全家并支付优厚的酬劳。这个居民竟然同意了，看起来迦南土著们的道德修养普遍不怎么样。于是迦南人的悲剧重演，在这场最后的屠城之后，以色列人舒坦地过上了和平的生活，在上帝赐予的迦南幸福地生活了一些时间，直到与非利士人的战争来临。

迦南地上的美人计

大约在公元前1000年时，非利士人和以色列人为争夺迦南之地展开了残酷的战争。就在这期间，古城杰里科里有个女婴呱呱坠地，她就是娣莱拉。按照巴勒斯坦人的传说，在娣莱拉的少女时代，她的村子被以色列人摧毁，她本人沦为烟花女子。当时的非利士人正畏惧一名叫作参孙的大力士，此人年方二十，有万夫不敌之勇，据说即使不能赤手空拳撕碎狮子，至少也能撕碎狮子狗。《圣经》上也说参孙身材魁梧，骁勇善战，杀人如麻，有一次曾用一块驴腮骨一口气杀死上千名非利士人。然而，参孙有一个致命的弱点——生性好色。他不顾族人的强烈反对，娶了一个美丽的非利士女子为妻，还同娣莱拉打得火热，两人成为公开的情人。

娣莱拉与参孙的所作所为，被非利士人看在眼里，他们终于找到了消灭参孙的方法——收买娣莱拉做内线。在巨额赏金的诱惑下，娣莱拉的国仇家恨涌上心头，她拍胸脯让组织上放心，自己坚决完成任务。

于是娣莱拉反复盘问参孙有什么害怕的东西，参孙便告诉她自己害怕被人用七根湿皮绳绑住。娣莱拉立即通知了非利士人。非利士人闻言大喜，立即用七根湿皮绳把睡着的参孙捆了个结结实实。结果参孙轻易扯断了绳索，吓得非利士人四散奔逃。智勇双全的女地下工作者娣莱拉立即哭着说自己都是被逼的，可叹参孙同志智商有限，竟然相信了。

在那之后，娣莱拉继续不屈不挠地刺探情报。英雄终于没过美人关，参孙在半梦半醒间，说出力量集中在他的头发上，只要剪去他的头发，便与普通人没什么两样。娣莱拉二话不说立即充当起业余美发师，用剪刀割掉了参孙的头发，然

娣莱拉是巴勒斯坦历史上第一个女间谍，更是他们心中的民族英雄

后出门去通知非利士人收货。

这下，娣莱拉成功了，参孙成了一个废人。

参孙被俘后，非利士人欣喜若狂。他们把参孙的双眼剜去，给他戴上手铐脚镣，拴在一间地牢的石磨边，让他像驴子一样天天推磨。不久后，非利士人夏收节到了。他们邀请娣莱拉作为嘉宾出席，同时也把参孙押到会场准备斩首示众。可惜非利士人忘记了人是会长头发的，参孙已经恢复了神力。听着娣莱拉的盈盈笑语，愤怒使他爆发出无与伦比的力量。参孙撞塌了支撑会场的石柱，全屋的人都被砸身亡。

后来，以色列人为参孙举行了隆重的葬礼，在他的墓碑上写着："他是一位真正的英雄，假如没有女人的话；但即使有了女人，他仍不失为一位民族英雄。"他们也为娣莱拉的事迹所感动，在离参孙不远的一个山沟里厚葬了娣莱拉。娣莱

参孙撞塌了支撑会场的石柱，与自己的仇敌同归于尽

拉的墓碑上写着："她毁了一个英雄，同时也造就了一个英雄，在能够这样做的女人中，她是千古第一位。"

时至今日，巴勒斯坦人都知道娣莱拉这个名字，她是巴勒斯坦历史上第一个女间谍，更是他们心中的民族英雄。

耶稣和犹大的新关系

一千年后，一个犹太人来到人世。他出生在伯利恒，成长在拿撒勒，此时的古以色列王国早已衰亡，以色列人被称为犹太人，而整个巴勒斯坦都在古罗马帝国的统治之下。后世为了纪念他，把时间分为公元前（即他出生前）和公元（他出生那年）的纪年方式。这个犹太人就是耶稣。

耶稣后来被尊称为基督，意思是最尊贵者，是王和救世主。耶稣在 30 岁以前是个木匠，过着犹太人的传统生活。他在 30 岁以后开始教导众人，行神迹，并被记载下来。由于耶稣自称是救世主弥赛亚，所以触犯了犹太教教规，再加上他的名气太大，三年中就传遍了以色列各省。所以执政掌权的罗马官员和犹太教领袖都开始注意他。耶稣传讲的信息主要有：上帝爱你并与你同在，人们要彼此相爱，每个人都极其宝贵，只要求告上帝，上帝就必赦免罪人。

耶稣最触犯犹太教规定的就是他声称自己就是上帝，因而犹太教宗教领袖要求罗马政府处死他。看着罗马总督犹豫不决时，犹太教祭司们派出间谍来到耶稣面前，试图诱使他说出对罗马当局不满的话，好让罗马总督有借口逮捕他。间谍们让耶稣谈谈向上帝献祭和向罗马交税之间带来的利益冲突，耶稣没有让这些家伙得逞。他让他们取出一枚罗马硬币，然后问硬币上的肖像是谁的，间谍们说是恺撒，于是耶稣说上帝的归上帝，恺撒的归恺撒。耶稣的这句话流传千古，成为西方的成语。

犹太教祭司们最后还是决定谋害耶稣，在这时，一个西方间谍史上最卑劣的名字出现了——犹大。为了 30 枚银币，耶稣的信徒兼会计犹大将耶稣出卖给犹太教堂派来的卫兵。为了让卫兵们不抓错人，犹大发出事先约定好的暗号，亲吻了耶稣，于是耶稣被捕。在受尽酷刑后，他被钉在十字架上，三小时以后他蒙难了。

间谍犹大用一个吻出卖了耶稣

犹大身上有很多间谍共有的特质：贪婪。但他也像许多叛徒一样事后感到懊悔，把钱还给祭司后上吊自杀了，所以他的命运也和许多间谍一样：不得善终。

然而耶稣却不同，信徒们发誓说他们的救世主在三天以后复活并升入天国，于是他们开始庆祝复活节。按基督教教义，耶稣基督的身体复活，是为了叫信徒得到永生。因此在基督教中，复活节具有极度重要伟大的意义，重要性超过圣诞节。

上述情节完全来自《圣经》，所以犹大这位间谍是否存在过很值得怀疑。在耶稣的时代，罗马政府对于国土内的人口管理是很严格的。圣母玛利亚在分娩之前，恰逢罗马政府进行人口普查。玛利亚回到原籍伯利恒镇登记人口，由于各个客栈人满为患，玛利亚只得住在客栈的马厩中。这时基督降世，所以一个马槽就成为小耶稣的摇篮。而在当时，耶稣是犹太男子的希腊化常见名，其希伯来本名就是约书亚，在《圣经·新约》中就存在四个叫作耶稣的人。同样，犹大这个名字也是如此。《圣经·新约·路加福音》中的记载也很有趣：耶稣原本的十二使徒中就有两个人名叫犹大，其中一个还是耶稣同母异父的弟弟。

1980 年，在耶路撒冷发掘出一个公元 1 世纪时期的古犹太家族墓地。在其中发现了10个尸骨盒，其中5个盒上刻着的名字与《圣经新约》中的关键人物吻合，分别是耶稣、玛利亚、马太、约瑟和抹大拉·玛利亚，还有一个盒子上刻着“耶稣之子犹大”……为此，研究耶稣的怀疑派学者们大为兴奋，因为他们一直怀疑所谓的妓女抹大拉·玛利亚其实就是耶稣的妻子，而犹大正是他们的儿子。

当然，上述这些考古发现对教会来说是一概无视之的。早期的基督教分支极多，每个分支坚持的教义各不相同，它们彼此指控对方为异端，所以犹大是否是教派冲突的牺牲品或被丑化的失败者也未可知。

让我们回到耶稣的时代继续他的故事：耶稣蒙难仅仅几个月之后，在耶路撒冷城一天之内就增添了大约3000名跟随者。宗教领袖执意镇压跟随耶稣的人，但他们当中许许多多的人宁愿去死，也不肯否认耶稣就是真神。基督徒由于受迫害而流散四方，反倒因此把福音传播得更广泛。不到100年的时间，罗马全境到处都有人信仰基督教。公元325年，基督教被罗马皇帝认可为合法宗教。公元391年，基督宗教成为罗马帝国的国教。

在伊斯兰世界中耶稣也是受到尊敬的先知，《古兰经》中称耶稣为麦西哈·尔撒，是伊斯兰教六大先知之一，被称为“真主的灵气”，仅次于至圣先知、封印使者穆罕默德。伊斯兰教认为尔撒会于临近世界末日时，在大马士革下凡做穆斯林的领袖，继承穆罕默德的位置，以《古兰经》为主导传播伊斯兰教，进而统一万教。

两千多年后，世界上有数亿人信仰耶稣，虽然他从未回来过，但他的精神万古长存。

第四节 鬼神与梦幻交织的间谍世界

古印度的理论大师

印度古代经典宣称早在7000年之前，这块土地上已经出现了间谍组织。那就是原始的祭司和巫师们，他们发展出一套将咒语、毒药和加密文字混合在一起的间谍技术，这也导致了在古印度的间谍历史中弥漫着谋害和杀戮的可怕故事。

据说由印度传说中的大圣人毗耶娑创作的《摩诃婆罗多》是伟大的史诗作品，它反映了古代印度各阶层的生活，被誉为印度古代社会的百科全书，全书有40多万行，是目前整理修订成书的古代印度史诗中最长的一首。就在《摩诃婆罗多》中，为各土邦国王们提出了如何使用间谍的详尽理论指导：间谍应该毫不起眼，以减少怀疑。他们最好看起来像白痴，或者是像瞎子和聋子。这些人应该具备较高的智慧和忍耐力，心理素质要过硬，能忍受别人的侮辱，能忍耐饥渴折磨。这些间谍被派遣到王国的每一个角落，以便探查每一句对国王不满的言论。

这些间谍要互相不认识，他们安插在国王的亲属、朋友和官吏身边做卧底；安插在店铺、寺庙、街巷、人群和乞丐中间刺探情报，保障国家的内部安全。间谍是国王的眼睛和耳朵，但是不能是嘴巴——否则就露馅了。对于向外国派遣的间谍，以伪装成叛逃者或苦行僧为好，所有这些间谍无论在国内还是国外工作之前都要首先通过忠诚度测试才可以。

古印度历代国王都拥有操纵间谍巩固统治的权术

除此之外，《摩诃婆罗多》还提到了控制双重间谍的重要作用：要通过自己的间谍从事反间谍工作以控制敌方的间谍，握有敌方底细的国王可以控制敌方的间谍，利用他们传递假情报从中获利。看到这些洋洋洒洒写于大约 2400 年前的文字，谁还敢轻视印度人的情报能力，将他们视为旧上海滩租界里只会欺压百姓讨好白人的红头阿三巡捕呢?

到了公元前 3 世纪时，据传孔雀王朝开国君主旃陀罗笈多的宰相考庇利耶创作了一部《政事论》，也译作《利论》或《治国安邦述》，梵语意为“国王利益手册”。这本书中包含有丰富的政治、经济、法律、军事、外交思想，系统论述君主如何统治国家的种种问题，主张实行中央集权统治，国王掌握国家的最高权力，历代的印度王子们读通了这本书就差不多算是进修合格可以当国王了。

与同时代的政治教科书不同，《政事论》明确提出建立密探活动网，实行密探统治。书中首先提醒未来的印度国王在根据情报做决定之前，对收到的每一条情报都要经过至少三条不同渠道的信息验证才能相信。如果三条渠道反馈回来的信息差异巨大，则报告这情报的间谍便不再值得信任，应该除掉他或解雇他。

考庇利耶将间谍分为两大类，一种是终身被雇用的职业间谍，算是古印度的国家公务员。另一种是根据情况需要而招募的流动性人员，算是间谍里的临时工。

吃国家财政饭的公务员间谍们又可以分为以下几种：第一种是“假信徒”，他们善于揣测他人的想法从中找到疑点；第二种是“隐士”，这些人是堕落了的苦行僧，由于意志不够坚定而可以被国王提供的金钱、牲畜、土地和信徒所收买，苦行僧由于很受民间崇敬，所以这些间谍可以建立一个很庞大的间谍网，用来监视那些垂涎国王财富的不法之徒；第三种是“房主”，他们是失去土地的破产农民，国王给他们土地，他们依靠土地的收益网罗人手发展间谍网；第四种是“商人”，他们依靠国王给予的金钱收买间谍。

流动间谍则分为以下几种：第一种是“同学”，他们是政府收养的孤儿，自幼受到各种刺探情报的知识和技能训练；第二种是“恶徒”，这类人是社会上的残渣，毫无人性又不愿劳作，所以很适合作为打手派出去给敌人捣乱；第三种是“女乞丐”，这些人是婆罗门阶层的寡妇，她们很容易出入达官贵人之家，也适合作为监视王子们动态的人选；第四种是“火把”，这种人可遇而不可求，他们是武艺高超的亡命之徒，为了挣钱什么人都可以杀掉。火把是国王铲除政敌和危险分子的理想工具，印度历史上有很多关于火把潜入房屋杀死目标的故事。

除了理论知识以外，印度人还进行广泛的间谍实践工作。他们尤其注重女间谍的作用，例如利用妓女做间谍就是印度人经常做的事情。中国古代名妓的形象往往是美丽、温柔与才情，而古印度的名妓却完全是另一番景象了。一名古印度的名妓必须研习 64 艺，试举其中几例：书法和素描、出色的戏剧演技、魔法和巫术、各种武器的使用知识、各种作战常识和指挥军队的技巧……试想这样培训出来的名妓难道不是合格的特工人员吗？最可怕的名妓是“毒女郎”。《政事论》中有很多五花八门的毒药配方，传说她们从小就服用毒药以培养耐受力，长大后体内充斥剧毒，在与目标春宵一度后足可以保证用体内毒素毒死对方。

《爱经》和“吃了吗？”

在古印度的传说中，几乎所有的行军打仗过程中都穿插着遭受间谍破坏的故事。他们伪装成卖酒食的小贩，把下毒的饮料食物送给敌军，还可以伪装成牧人去谋害敌军的骡马和大象，最有趣的是他们经常潜入敌国，在白天装扮成僧侣散布谣言，进行宣传战；在夜晚戴上面具敲锣打鼓地绕城呐喊，使敌人城中人心惶惶，那些大胆出来看热闹的人往往被用棍棒打死，更证明了这是“魔鬼”的杰作。印度传说中还有不少关于间谍伪装成占星术师或巫师的例子，将敌人的重要人物引到偏僻的神庙中加以谋害。顺便提一句，古印度开创了加密情报的先河，国王手里的女间谍尤其擅长这个，她们在情报传递中使用密码，即使泄露也令敌人摸不到头脑。在公元前 47 年，古印度性学家奥维德写了一本集青春期性教育课本和爱情指导为一体的《爱经》，当中也印证了印度女性经常使用密码通信的技术，只不过大部分都是为了掩饰自己的私情。

《爱经》所传授的并不全是男欢女爱的知识

古印度的间谍除了上述本领之外，还有一项非常有趣的本领，那就是在祭典仪式上装神弄鬼。为了彰显国王的权力是受到天神庇护的，间谍们经常充当特技演员的角色，例如在地上挖掘地道直通到神庙中心的祭坛地下，当国王当众对天神祷告时，口舌伶俐的间谍便躲在地下，以神的口吻与国王一唱一和。在台下的老百姓看起来，好像真是圣火中间响起了神灵的话语。听着神灵与国王亲切地互相问候“吃了吗？”，还有谁敢怀疑国王的神圣地位呢？还有种方法难度更大，那就是间谍携带羊肠做成的原始呼吸管潜伏在水下，等国王泛舟河中时，间谍释放燃烧着的油脂，在水火中一跃而出，假扮水神或是蛇妖。为了渲染效果，技艺高超的间谍还能从袖口喷出烟雾，或是在身上涂满燃烧的油脂。这样的表演效果惊人，不过动作要灵活，说完对国王祝福的话就赶紧钻进水里扯呼，否则演戏就变成自焚了。

蒙昧时代即将过去，那些相对单纯的间谍工作也面临着时代的考验和淘汰。随着战争和政治体制的成熟，奴隶制社会渐渐步入封建制社会。时代的变迁使得统治者对于情报工作有了更高的要求，单纯的刺探军情或刺杀首脑已经远远不够，新的间谍技术和工作方式也随之发展起来。

GUDAI DE RONGYAO

第二章 古代的荣耀

○孙子和貂蝉 ○斯巴达的间谍

○恺撒的秘密

第一节 孙子和貂蝉

背黑锅我来，送死你去……

中国春秋战国时期从公元前 770 年一直持续到公元前 221 年，它是中国历史上第一个大乱世，也是第一个大盛世。说它是乱世，指的是政治层面上的乱世。由于周王室倾颓衰微，失去了对各诸侯国的控制，无数个野心家便纷纷冒出来大展手脚，诸侯之间反复上演大鱼吃小鱼的肥皂剧。说它是大盛世，指的是思想意识上的盛世。由于礼仪崩坏，古中国人抛开精神桎梏。随之出现了各种思潮，诸子百家百花齐放。间谍这个行业在这个时代也得到了很大的发展，绵延数百年的战争给他们营造出巨大的舞台。当时的诸侯国都设置了史官记载本国历史，但只有鲁国的史书《春秋》流传下来。

《春秋》版权所有者是孔子老先生，他记载了从周平王东迁至自己去世之前约 300 年间的历史，后世把这段时期称之为春秋。

那么为何冠名为春秋而不是夏冬呢？其原因在于先秦时代通常用“春秋”一词来表示整个一年，也泛指岁月和光阴。

孔子名丘，字仲尼，他老人家除了是一位伟大的教育家、思想家之外还是个不成功的政治家。在他的时代，鲁国国政被三桓——仲孙、叔孙和季孙三家权臣轮流把持，国君像个可怜巴巴的租客，随时可能被凶恶的三位房东赶出门。孔子试图削弱权臣的实力，这种不和谐之举当然引起了三桓的仇恨。

三桓报复的手段很毒辣：在祭天典礼之后，故意不分给孔老二祭肉吃。

这样做的原因并不是他们想让老孔肚子里的馋虫发作受苦，而是儒家礼仪中最严重的一种处分，表示已被深恶痛绝。老孔见势不妙，只好带着弟子们逃亡到卫国，从此开始周游列国找机会再就业的漫长旅程。

在《孔子家语·屈节解》中记载了孔子在流亡期间的一则故事：孔子在卫国听说齐国大臣田常想发动政变，又怕国内的高、国、鲍、晏四家权臣实力太强难以成功，于是就想调动他们的兵力攻打鲁国。

孔子一听到这个消息就急了——啊，祖国……

爱国主义情绪高涨的老先生召集弟子说头可断血可流，一寸国土不能丢，你们几个谁先上啊？

自己动嘴鼓动别人动手正是儒家思想的绝妙之处，也就是背黑锅我来，送死你去。于是子贡主动请命。

在春秋时期流行着说客这个耍嘴皮子忽悠人的职业，说客其实就是一种特殊的影响别国政局的政治间谍，而子贡是这方面的行家。他先到了齐国对田常说攻打鲁国没有意义，因为鲁国很难攻打。田常问，鲁国这比绿豆大不了多少的鸟国怎么会难打呢？子贡说鲁国地小民寡，君主愚蠢，大臣虚伪，所以最好不要去攻打。

孔子的弟子中出了子贡这位政治间谍大师

伐鲁不如攻吴有意义，你看人家吴国国力雄厚，战士勇敢，兵器精良，又有优秀的文武大臣驻守，这很容易攻打，很有意义。

田常听后恨不得直接通知精神病院来拉人，子贡连忙解释说：如果忧患在内，那就去攻打强国；如果忧患在外，那就要攻打弱国。如今您忧患在内，朝中政敌无数。要削弱政敌的力量就应该去攻打吴国，到时候齐国肯定损失惨重，战事久拖不决，有能力的大臣都会驻扎在前线领兵打仗，国内极为空虚，国君没人辅佐。这时候你发动政变岂不是手到擒来?

听子贡这么一说，田常连声称赞："呦西，主意大大的好！不过我已发兵到鲁国了，如果又去攻打吴国会引起大臣们怀疑啊！"

子贡说这好办，您先按兵不动，我去忽悠吴王救鲁伐齐，到时你派齐军迎战就是了。接着，子贡跑到吴王那里说现在齐要灭鲁正是大王的好机会啊！如果救援鲁国就能获得扶危救难的好名声，打败齐国还可以威胁强大的晋国，好处可是太多了。吴王说好是好，可是我以前跟越王勾践打了一架，怕他到时候趁我出兵使坏呀。要不我先把"丫"灭掉？子贡说没问题，我去劝越王派军队跟你一起伐齐，这样他就算想作乱也没有力量了。

吴王听了非常高兴，就让子贡马上到越国去。

子贡又赶到越王那边说："全天下都知道你想进攻吴国报仇，吴王也打算先灭掉你们，全靠哥们我给劝住了。我给你出个好主意，你发兵跟他一起伐齐定然可以讨好他。吴王如果被齐国打败了，那这是大王您的福气；如果打胜了，必然会进而威胁晋国。那时我就可以去北见晋王，让他出兵与你共同攻打吴国，这必然能削弱吴国。当他的精兵全部调出与齐国作战，部队被晋国围困，您就可以趁其空虚，一举灭掉吴国。"

越王闻言大喜，他派了数千士卒帮助吴王伐齐，还赠送许多金银珠宝。夫差见不再有后顾之忧，于是出兵伐齐。

大忽悠子贡的最后一站是晋国，他告诉晋侯说现在齐国将与吴国交战，吴国如果战而不胜，必将乘机扰乱晋国；如果打胜了，也必将以得胜之师威逼晋国。晋王连忙请教子贡应对之道，子贡说只要训练军队严加戒备就好。

接下来的事情基本上都是按照子贡的策划发展的，吴王兴兵伐齐，两军交战于艾陵。吴军大败齐军后，果然以得胜之师威逼晋国。由于晋国早有准备，最后吴国只落得一个“霸主”的虚名。越王勾践听说吴王出征后立即率兵伐吴，吴王率兵回救接连战败，几年后吴国灭亡。

为何子贡可以受到各国君主的信任呢？因为他是“士”。士在春秋时代之前是最底层的贵族，战国时代之后则是最高层的平民。欧洲有骑士，日本有武士，而中国则是以知识分子为代表的士族阶级。

子贡姓端木，名赐，子贡是字。他比孔子年轻 31 岁，善于经商做投机生意，还曾任鲁、卫两国之相。

子贡是孔子的弟子中最能言善辩之人，甚至连孔子也常被他辩得哑口无言。

在他们的时代，子贡的名气超越了老师，当时的鲁国大夫孙武就公开在朝廷上说：“子贡贤于仲尼。”

司马迁在《史记》中认为孔子的名声之所以能布满天下，儒学之所以能成为当时的显学，在很大程度上是因为子贡推动的缘故。

《史记·仲尼弟子列传》载：“子贡一使，使势相破，十年之中，五国各有变。”具体而言就是：存鲁、乱齐、破吴、强晋和霸越。子贡高超的演说技能和外交能力也在此次外交活动中发挥得淋漓尽致。子贡就凭一张嘴空口白牙地挽救了鲁国，同时也给齐、吴、越、晋带来了战祸，还令吴国落得亡国的下场，如此造成的杀戮和苦难远远超过了齐伐鲁会产生的破坏，为了救一家而毁四家，这种做法究竟是对还是错呢？

在那个乱世之中，这种问题实在是难以让人回答。唯一能确定的就是一个优秀政治间谍的作用足以力挽狂澜，扭转乾坤。

大忽悠子贡的外交活动大致上介绍完毕，下面我们来看看他的受害者吴王夫差、受益者越王勾践以及由此带出的著名美女间谍——西施。

春秋时代的越国人是帮不开化的蛮族，他们的部落位于现在的浙江诸暨，语言和风俗习惯与中原差距甚大，是彻彻底底的化外之民。

到了勾践做酋长的时候，这位胸怀大志的野心家打算洗清身上野蛮人的痕迹，他宣称自己是夏朝王室之后，给自己起了夏王室的姒姓。

在公元前 497 年，姒勾践先生给自己升了一次职，由部落酋长升级为国王。

当时的吴王吴光勃然大怒，他发兵讨伐这个胆敢和自己平起平坐的蛮子酋长，结果脚趾中了越军的毒箭，毒发溃烂而死。

他的儿子吴夫差继位后，每次吃饭都要卫士大声质问自己：“夫差，你忘记杀父之仇了吗？”

他肃然回答：“誓死不忘。”

两年后，夫差再次讨伐越国，生擒了勾践。

勾践是一个心机很深的人，他贿赂吴国的大臣伯嚭劝说夫差放弃吞并越国的打算，还饶他不死。不过死罪虽免活罪难逃，勾践被命令带着老婆在吴王宫里做最下贱的仆役赎罪。

姒先生绝不是一般人，他最擅长的绝招就是忍辱偷生“装孙子”，而且是忍别人不能忍，装别人不能装。

有一次夫差生病，民间科学家勾践在刷马桶之余还品尝了患者粪便，然后惊喜地祝贺主人说：“病人粪便如果是香的，性命就有危险。如果是臭的，表示生理正常。大王的粪便是臭的，一定会马上痊愈。”

在中国乃至整个世界历史上至今没有类似记录，勾践装孙子的演技足以获得终身成就奖。夫差深深陶醉在著名影帝勾践的演技中，他在病好后立即释放了这位忠诚的仆人，让他回越国继续当国王。

勾践回国后第一件事就是给自己找了堆柴火当床，每次吃饭前先尝苦胆。他这么做不是由于心理变态的缘故，而是让自己不忘所受的苦难，立志复仇。

在大臣范蠡和文种的策划下，勾践“得诸暨罗山卖薪女西施、郑旦”，准备作为美人计送给吴王夫差尝尝。

勾践的妻子认为：“真正的美人必须具备三个条件，一是美貌，二是善歌舞，三是体态。”西施只具备了第一个条件，还缺乏其他两个条件。

于是，越国开始培训西施各种歌舞技艺和生活仪态。而郑旦则擅长舞剑，性格刚烈，与西施“一文一武”相得益彰。

这两位身怀秘密使命的女间谍于三年后学成结业，被风风光光地送进吴王宫殿。

好色的夫差这时候早已不需要卫兵提醒报仇之事了，他在姑苏城外建了豪华的姑苏台春宵宫来安置美人，又为西施建造了表演歌舞和欢宴的馆娃阁和灵馆。

西施擅长跳“响屐舞”，夫差又专门为她筑“响屐廊”，在数以百计的大缸上铺木板，西施穿木屐起舞，裙系小铃，铃声和大缸的回响声“铮铮嗒嗒”交织在一起，如同天籁之音。

据说西施有一种“心痛”的病，大概是慢性胃炎。每逢西施病发用手捧心时正是她最美丽的时候，夫差看得如醉如痴，全然忘掉军国大事。

这正是勾践的目的，在西施的歌舞中，越国开始重建军备。

西施和郑旦不只是单纯诱惑夫差吃喝玩乐，还用甜言蜜语挑拨夫差与大臣之间的关系，唆使他对邻近国家频繁发起进攻。这样，吴国的国力迅速消耗，国家陷入风雨飘摇之中。

西施夸耀说越国的稻种味道好，产量高，于是夫差下令勾践进贡稻种。对比之下，果然比吴国的稻种显得大很多，于是夫差下令全国推广播种，越国稻种种下去却不发芽，因为那是蒸煮过的。看着国民怨气冲天，忠心耿耿的大臣伍子胥提醒夫差注意越人的阴谋，最后却被逼迫自杀。夫差听从子贡的忽悠踏上远征之旅，勾践抓住机会向吴国发动突袭，包围姑苏，焚烧姑苏台，大火一月不熄。

吴王夫差狼狈回军救援，结果在姑苏城外大败。夫差不得已求和，勾践接受了，因为这时候他的力量还不足以吞并吴国。

在此之前一年，73 岁的孔子与世长辞，他的生命和春秋时代几乎同时结束，时间只相差两年。春秋之后是战国，那是一个更加冷酷的战乱世界。

孔子的祖国鲁国在战国时代继续坚持了许久，到了公元前 249 年，鲁国被楚国灭亡。而吴国则没有那么幸运，夫差继续沉醉在以西施为首的温柔乡中，再没有当年矢志复仇的英雄气概。

公元前 473 年，越军再度兵临城下，姑苏陷落。夫差乞降而不得，最后自杀在阳山上，吴国灭亡。

夫差在临死前终于识破了间谍的真面目，他杀死了郑旦，但西施逃脱了。

吴灭后西施就失去了音信，关于她的结局有很多种，最悲惨的说法是被勾践装进袋子里抛入水中溺死。还有种浪漫的说法是范蠡带着西施一同逃走，两个人隐姓埋名泛舟五湖。

范蠡是明智的人，因为勾践先生的狠毒远远超越常人。文种没有走，不久后勾践亲自递给他一把剑说：“你有七个灭人国家的方法，我只用了三个，就把吴王国灭掉。还剩下四个方法，你预备用来对付谁？”

文种无言以对，只有自杀。

冷血动物姒勾践先生后来把首都迁到山东琅琊，中原的诸侯们日夜都担惊受怕。但勾践迁都不久后便去世，他的越王国立即恢复了部落联盟的本质，各酋长彼此不服，纷纷散伙走人。

到了公元前 333 年，最后一任国王姒无疆被楚军杀死，越国灭亡。

在春秋末期出了一位了不起的军事家，他姓孙名武，与孔子几乎是同时代的人物。

孙武生在齐国，后来成为吴国大将，他率吴军重创楚国，协助吴王阖闾建立了霸业，后人尊称他为孙子。司马迁在《史记・孙子吴起列传》中写道：“西破强楚，入郢，北威齐、晋，显名诸侯，孙子与有力也。”

孙子除了擅长实际指挥作战之外，还是一位天才的军事理论家。他撰写的《孙子兵法》流传千古，至今仍是军界、政界和商界精英的必读教科书。

《孙子兵法》流传下来的有 13 篇，其中最后一篇《间篇》是中国历史上第一次系统论述谍报工作理论的著作。《间篇》论述了使用间谍侦察敌情在作战中的重要意义，并阐述了间谍的种类和使用间谍的方法：孙武十分重视间谍的作用，认为它是作战取胜的一个关键，军队依靠间谍提供的情报采取行动，能够有效地加速战争进程，减轻战争造成的苦难。他主张向间谍支付高额报酬，因为这样做能够节省巨额军费开支，大大减轻民间负担，更能避免无谓的伤亡。何况间谍自身也付出了极大代价，他们是冒着生命危险开展工作的，理应得到回报。吝啬于犒赏间谍的指挥官一定会在战场上付出更大的代价。

孙武把间谍分为五种：因间、内间、反间、死间、生间。

所谓因间，就是利用敌国民间的普通居民为间谍。

所谓内间，就是利用敌国的官吏为间谍。包括收买对政府心怀不满的人，迟迟得不到升迁而怨恨的人，遭受到不公正待遇的人，还有君王的侍妾，她们往往由于金钱或嫉妒甘愿出卖自己的丈夫。

所谓反间，就是利用敌方的间谍来为我所用。

所谓死间，就是故意让被舍弃的间谍知道假情报，这种间谍会被自己人出卖而被捕。在敌人的审讯中，他们为了保命会把自认为真实的假情报透露给敌人。这种间谍命运悲惨，因为敌方一旦发现情报有误，肯定会处死他们。孙子认为这是一种极为有效的欺敌手法。

《孙子兵法》对使用间谍有详尽的阐述

所谓生间，就是派往敌方侦察敌情以后能亲自回来报告的间谍。

这五种间谍，前三种是利用敌方人员，后两种是我方潜入敌人内部的。如能将这五种间谍都使用起来，情报的来源就十分广泛，打起仗来使敌人茫茫然不知怎样应付，确实是神妙莫测。

其中尤以从反间得来的情报最重要，因此要特别重视反间，对待反间的待遇应该特别优厚。

在如何处理情报这个世界性的老大难问题上面，孙子强调判断情报真伪的技能源自于决策者自己的判断能力，一个间谍大师必定也是一个深谙人性奥秘的睿智者。他做出的结论是："非圣贤不能用间"，"非微妙不能得间之实"。

"兵者，诡道也"，孙子的思想直到今天也没有过时，政治和军事领域永远充斥着智谋和诡计之间的较量。

魏家兄弟的钩心斗角

战国时代开始后，齐、宋、楚、燕、韩、赵、魏、秦这八个强国开始逐鹿中原。其中的魏国几乎是战国早期最强大的国家，也是中原地区抵御秦国东进的中流砥柱。

强大的国家必定有强大的谍报系统，但是魏国最发达的谍报系统却掌握在国王弟弟的手里。

信陵君名叫魏无忌，他是魏昭王的儿子，魏安釐王同父异母的弟弟。

信陵君是战国时代著名的政治家、军事家，魏安釐王时期官至魏国上将军，和赵国平原君赵胜、齐国孟尝君田文、楚国春申君黄歇合称为“战国四公子”。

公元前277年，魏昭王去世，魏无忌的哥哥魏圉继承魏国王位，是为魏安釐王。

魏圉与魏无忌兄弟俩感情很好，老哥当上国王后就把老弟封于信陵，因而魏无忌才被称为信陵君。信陵君为人仁爱宽厚，礼贤下士，士人因而争相前往归附，最高峰时门下曾有三千食客。虽说三千人中混吃等死的饭桶不少，可是有真本事的人也不少。所以信陵君威名远扬，各诸侯国连续十多年都不敢动兵侵犯魏国。

有一次，信陵君与魏安釐王正在下棋，忽然传来警报说赵王率军兵犯北方边境。魏安釐王马上放下棋子，准备召集大臣商议对策。

魏无忌劝阻魏安釐王说，大哥你别担心，这是小赵打猎呢，并不是想来砸咱们家玻璃。来，咱哥俩接着下棋。魏安釐王哪里还有心下棋，在惊恐不安中又等来了新消息，果然是赵王打猎，并非是军事入侵。魏安釐王大感惊诧，问自己弟弟是怎么知道的。信陵君告诉哥哥说自己的门客当中有能深入探听赵王秘密的能人，可以随时向他报告赵王的行动。

魏安釐王表面上大加赞赏，心里却“咯噔”一下子：他这才发觉弟弟有一个不受君王控制的情报系统，虽然这次被掌握的是赵王的行踪，但是下次是不是就轮到自己了呢？

从此以后，魏安釐王对弟弟大为警惕，再也不敢将国事交予他处理。

公元前260年秦赵之间爆发了长平之战，赵国老将廉颇节节失利，最后退到长平关坚守不出。廉颇认为秦军远来，后勤供应一定不能持久，等到秦军撤退时掩杀定然获胜。廉颇的计划正抓住了秦军的弱点，秦国立即使出反间计来除掉廉颇。秦国丞相范雎指示他手下的间谍系统在邯郸散布谣言说：廉颇太老了，已经成为一个不敢决战的懦夫，恐怕会向秦国投降。秦国最害怕的是赵括，只要赵括不当统帅秦国必胜。

惊慌失措的赵国社会舆论立即被谣言引导，在全国万众一心的呼吁下，赵王丹把廉颇免职，任命赵括继任总司令。

赵括是个出色的军事理论家，但只适合在后方院校里做做讲师。

如同熟读菜谱却没摸过锅铲的厨师一样，赵括一上战场就把这锅菜给炒煳

战国时期的战争更加残酷，间谍的作用也更加重要

了，更何况他面对的还是战国历史上最优秀的将领白起。

最后赵括身死，赵军投降。

白起将赵国 45 万降卒一齐坑杀，导致赵国的青壮年几乎灭绝，这就是后来那句成语“纸上谈兵”的来历。

公元前 257 年，秦军进一步包围了赵都邯郸，赵国灭亡就在旦夕之间。赵国丞相平原君是信陵君的姐夫，平原君多次向魏安釐王和信陵君这两位大小舅子写信求救。毕竟是亲戚关系，更何况是唇亡齿寒的关头，于是魏安釐王派将军晋鄙领兵十万救赵。

秦昭王得到消息后，派使者威胁魏安釐王说：“我和姓赵的打架你出什么头？小心连你也一勺烩了。”

魏安釐王是个胆小鬼，连忙让自己的援军原地停驻观望。

平原君一看援兵忽然转职为十万看热闹的吃瓜观众，气恨交加地给信陵君写信说：“你连你姐姐的危亡都不管了吗？”

信陵君大为痛心，他和他的门客们想尽办法从各种渠道劝说魏安釐王出兵，但孬种并不能因为几句请求和勉励就忽然变成硬汉。绝望的信陵君决定带着门客去邯郸以死相拼，虽说他的门客中混饭的有不少，可是在这时候没一个逃跑的，这些社会闲杂人员的勇敢和义气远远超越了魏圉这个高居王位的可怜虫。

信陵君并没有死在邯郸城下，因为朋友侯嬴提醒他在大哥身边就有个潜在的间谍可以偷出调兵的虎符，那人就是魏安釐王的宠妃如姬。信陵君曾帮助如姬报了杀父之仇，如姬是个知恩图报的血性女子，一定会帮助信陵君的。信陵君连忙去请托如姬帮忙，如姬毫不犹豫地答应下来，果然将魏王的虎符交给了信陵君。

虎符是春秋战国时期的发明，是古代君主调兵遣将用的信物，是用青铜或者黄金做成伏虎形状的令牌，从正中劈为两半，其中一半交给将帅，另一半由君主保存。只有两个虎符合而为一时才可以调兵遣将。

信陵君带着侯嬴推荐的屠夫朱亥直奔军营，拿出兵符假传魏安釐王的命令要代替晋鄙担任将领。虽然虎符是真的，不过晋鄙很了解主子的性格，他不认为魏圉有和秦王互殴的勇气。

晋鄙不想交兵权的行为给自己带来了杀身之祸，擅长杀羊宰牛的朱亥用铁锤砸死了晋鄙，信陵君强行夺权。

信陵君选出八万精兵开赴前线，楚国也派出春申君黄歇救援赵国，在楚、魏、赵三国的联合下，一举击溃秦国，解除了邯郸之围。这就是中国历史上著名的“窃符救赵”事件，这场事件的当事人和当事国后来有了各不相同的结局。首先是那位有情有义的女间谍如姬，在《史记》中，如姬偷盗虎符之后再无下文，估计是事发后被魏安釐王处死了，至少也是打入冷宫。杀人无数的白起由于和范雎不合而被陷害，被削职为民又被迫自杀。在临死前他先是愤慨地自问有什么罪要遭遇如此悲惨的下场，良久，他想起长平被屠杀的 45 万赵军降卒，于是在忏悔后自刎。白起是

长平之战后赵军战俘被屠杀后堆积成的尸骨坑

中国军事史上罕见的歼灭战奇才，在生命的最后关头也保持了军人的坦荡和尊严。

秦朝丞相范雎依旧经营着自己高效率的间谍网，后来急流勇退得以善终。

成功救赵后的信陵君则不敢回到大哥身边，他带着那些忠诚的门客在赵国待了整整十年。信陵君在赵国继续自己延揽天人的爱好，连赌棍和酒徒也成为他的好友，天下的士人归心于他，包括他姐夫平原君的门客都有很多转归于他门下。

公元前 247 年，恢复了元气的秦国大举进攻魏国报仇——叫你小子当时妨碍我砸小赵家玻璃！魏安釐王连忙去请弟弟回来保家卫国。于是信陵君回到祖国主持抗秦大业，由于感佩他的为人，各个诸侯国纷纷派出援军救魏。信陵君率领五国联军在黄河南岸大败秦军，联军乘胜攻至函谷关，秦军紧闭关门不敢迎战。这次合纵攻秦的胜利，使信陵君的声威达到顶点，也是他命运的转折点。

屡遭挫败的秦昭王恨透了姓魏的小子，于是派间谍人员持万斤黄金到魏国收买了晋鄙的旧门客，这些内奸四处散布信陵君想自立为王的谣言。接着秦国使出更狠的一招——派出使者祝贺信陵君登基做魏王！

这些下作招数让魏安釐王大为惊恐，他立即解除了弟弟的一切职务。

信陵君悲愤已极，交出了一切权力后日夜以美女醇酒解忧，四年后郁郁而终。

魏国地处中原，物产丰富，教育发达。当时最杰出的政治家、军事家、思想家如吴起、公孙鞅、孙膑、范雎、乐毅等都是魏人。可是魏国又盛产魏安釐王这种豚犬般颟顸的君王，不但不能善用人才，反而加以凌辱迫害，逼迫他们投奔敌国反目成仇。

信陵君是六国中唯一能与秦抗衡的政治家，在他死后秦统一全国就成为必然。

公元前 225 年，秦军决开黄河堤防，从天而降的河水灌入魏都大梁，魏国末代国王魏假被擒后就地处决，魏亡。

被间谍成就的统一大业

秦国吞并六国的大业看起来一帆风顺，其实是数百年国力积累的成果。之所

根据秦始皇陵兵马俑复原的秦御林军

以能在嬴政时忽然爆发，说起来也有韩国间谍的莫大功劳。

当嬴政刚上台的时候，第一个目标就是身边那个孱弱到不堪一击地步的韩国。

公元前 246 年，韩桓王在走投无路的情况下，想出一个“疲秦”策略：他派遣著名水利工程师郑国入秦为间谍，去游说秦国在泾水和洛水开凿大型灌溉渠道。

表面上说是可以发展秦国农业，真实目的是要耗竭秦国的人力物力，以拖延秦国进军中原的时间。

刚上台的嬴政正想大展拳脚拓展国力，一听说有如此建议自然大为支持。于是立即征集倾国之力，由郑国任工程总指挥来主持建设工程。

就在施工过程中，郑总工的地下工作者身份暴露了，嬴政觉得自己被耍了，立刻要把郑国五马分尸。面临死亡之前，郑国告诉嬴政：“始臣为间，然渠成亦秦之利也。臣为韩延数岁之命，而为秦建万世之功。”这是一句大实话，韩桓王的天才策略就好比是一个人在被流氓殴打时建议对方进修武术课程，等成为绝世高手后好回来把自己一拳打死。

嬴政是聪明人，他知道秦国的水工技术很落后，郑国是他所需要的人才。于是工程继续进行下去，十多年后绵延 300 多里的水渠完工，人称郑国渠。

郑国渠建成后，秦国国力大增。《史记》和《汉书》中都说：“渠就，用注填阏（淤）之水，溉舄卤之地四万余顷，收皆亩一钟，于是关中为沃野，无凶年，秦以富强，卒并诸侯，因名曰郑国渠。”一钟为六石四斗，而当时其他诸侯国平均亩产一石半，关中地区亩产要高出四倍多。

粮食产量增加后人口也会随之增加，在那个人多就是力量的时代，韩桓王为自己和其余六国的棺材上钉上最后的钉子，而嬴政灭六国的第一道菜就是韩国。

公元前 230 年，秦军攻陷韩国首都新郑，韩国最后一任国王韩安投降。

机关算尽、挖空心思为敌国增强国力，郑国间谍案可算是世界间谍史上罕见的失败案例。

黑社会分子刘邦的传奇

到了公元前 221 年，诸侯们大鱼吃小鱼的肥皂剧暂告一段落，秦王嬴政吞并六国统一天下，战国时代结束。他为了表彰自己的伟大功绩，给自己起了个名号：始皇帝，这是中国历史上的一项创举，开创了皇帝这个职位的先河。

虽然嬴政希望他的帝国可以千秋万代地流传下去，可是在他死后三年，秦王朝便在大起义中轰然倒塌。由前各国贵族和草莽英雄们构成的起义军蜂拥而起，不久后两个脱颖而出的领袖都露出了争霸天下的尖牙利齿。其中一个是楚国贵族后裔项羽，另一个则是混过黑社会的地痞刘邦。

公元前 206 年，刘邦趁着项羽正与秦军主力苦战之际抢先攻占咸阳，俘虏了秦朝末代皇帝嬴婴。他驻军霸上，又派兵据守函谷关，不许项羽入关分赃。

项羽来到函谷关前，前流氓刘邦的手下劝他不要想入关了，还是回去洗洗睡吧。项羽大怒，立即攻克函谷关杀得刘邦军队四处鼠窜。项羽驻军新丰鸿门，离霸上仅四十里。这个时候项羽的军队 40 万，刘邦的军队 10 万，双方处于大战前的片刻平静之中。项羽的军师范增给项羽支着儿说：“刘邦那小子一向贪财好色，如今进了关既不要钱又不要女人，看来他是打算收买人心好跟你争夺天下，不如趁早灭了他。”

刘邦手下的左司马曹无伤是暗中投靠项羽的间谍，他偷偷传来一条不太准确的情报说：“沛公欲王关中，使子婴为相，珍宝尽有之。”这句话的意思是刘邦要在关中称王，还要让投降的秦王嬴婴做丞相，至于咸阳城中大间的房子，大堆的银子和大把的小妹子都要归刘“地痞”所有了。

听到这个消息，项羽立即就决定第二天发兵攻打霸上，干掉刘邦这家伙。就在这紧要关头，项羽的一个亲戚项伯坏了他的大事。项伯不是人名而是尊称，他名叫项缠，是项羽最小的叔父。

项伯早年曾杀了人，跟随韩公子张良在下邳躲避。听到项羽的命令后，项伯便偷偷赶到刘邦军中，把这一情报密告张良，劝他赶快离开。张良表示自己不能做不辞而别的懦夫，于是他把项伯引荐给刘邦。

刘邦开始时惊慌失措，回过神来后立即表示要把女儿嫁给项伯的儿子，成为亲家后还有什么话不好说呢？于是刘邦便提出请项伯回去为自己解释，刘邦指天发誓说自己不碰银子不碰女人就是为了都给项羽留着，俺老刘对项将军的敬仰犹如滔滔江水连绵不绝，又犹如黄河泛滥一发不可收拾……

最后刘邦表示明天一早就去向项羽请罪——这可得赶早点去，晚了说不定人家就打过来了。

项伯回去后把刘邦的话告诉了项羽，并劝项羽说刘邦先入关中也算是反秦的大功臣，杀了功臣会陷你于不义，不如先好好谈谈再说。项羽一向是耳根子软的人，于是就撤销了进攻刘邦的命令。

第二天，刘邦到鸿门拜见项羽，表明自己一向与项将军合作愉快，之所以先入关纯属侥幸，自己绝无称王称霸的野心，这到底是谁在造谣祸害俺老刘啊？项羽被刘邦一番话弄得大脑临时短路，竟然脱口而出：说你老刘不地道的就是在你手下混的左司马曹无伤嘛。

刘邦脸上不动声色，心中大怒：姓曹的，回去给你好看！

范增眼看着两人越谈越热乎，心想刘邦这个祸害非除不可，他让项羽的弟弟项庄动手。

项庄是知名的剑术家，他上前敬酒后说军中没有什么娱乐性节目，我来舞剑助兴。说完拔剑起舞，舞着舞着凑近刘邦就想动手。这边的项伯看出了端倪，于是起身和项庄对舞，暗中保护自己的亲家翁。这就是“鸿门宴”上“项庄舞剑，意在沛公”的典故。

酒过三巡，刘邦借故告辞。当刘地痞逃回军营后，第一件事就是处死“二五仔”曹无伤。

鸿门宴的故事充分体现出项羽和刘邦之间性格和政治素质的差异，项羽性格暴躁但又常怀妇人之仁，刘邦则有黑社会时期锻炼出来的忍耐与狡诈。刘邦很善于拉拢人，项伯被他拉拢就是一例，此后项伯一直充当刘邦的间谍，在楚汉相争的时期屡次有庇护刘邦的举动。而项羽好不容易有个找上门来的曹无伤，却丝毫也不知道保护情报来源，亲手葬送了自己的间谍。

总体来说，项羽是100分的将领和0分的政客，而刘邦是不及格的将领与100分的政客。对于争夺天下的人来说，第一位是政治，其次才是军事，两人的素质差异决定了历史的走向。

在鸿门宴后的第二年，项羽和刘邦之间正式爆发战争。

项羽中了刘邦谋士陈平使用的离间计，剥夺了范增的职权，范增气愤而死。

中国传统文化始终同情悲剧英雄项羽，京剧中著名的《霸王别姬》就是描写项羽英雄末路的悲歌

老刘的脸皮不是一般的厚，项羽曾经绑了老刘的爹威胁要做肉汤，刘邦就说做好了别忘记给我留一份喝。他和项羽签订过和平盟约，信以为真的项羽刚退兵刘邦就在后面追杀。

经过历时四年的楚汉相争，最后刘邦打败项羽建立了汉王朝，是为汉高祖。

项羽虽然勇猛无敌，但是众叛亲离，最后在乌江岸边自杀。他的弟弟项庄一直追随他，也在乌江战死。

张良在汉朝建立后被封为留侯，后来功成身退。项伯被封为射阳侯，又赐姓刘。既然姓了刘，按照同姓不婚的传统，刘邦也就顺便赖掉了婚事。在封侯后的第三年项伯去世，他的后代没能继承爵位。

公元前202年二月初三，前地痞刘邦在山东定陶汜水之阳举行登基大典，定国号为汉，由此揭开了大汉王朝的序幕。

虽然老刘人品不好，但是对于一个皇帝来说最重要的是他的统治手段，在这方面刘邦是合格的。他的王朝绵延了差不多400年之久，汉后来成为一个伟大民族的名称，刘邦所创建的丰功伟业已经深深地渗透到我们的血脉之中。

半真半假的三国故事

184 年，东汉王朝受到了前所未有的巨大挑战——太平道。

太平道是道教早期教派之一，在东汉灵帝时期，巨鹿人张角自称大贤良师，他利用《太平经》传播道教。十余年间，徒众增至数十万，遍布青、徐、幽、冀、荆、扬、兖、豫八州。张角把各地的太平道信徒按照军事组织编制为三十六“方”，在 184 年一月举事发动了黄巾大起义。

虽然起义最终被镇压下去，但是汉王朝却再也无法恢复元气。

各地方官和将领们趁着镇压起义的机会扩充实力，纷纷摇身一变成为军阀土皇帝。凉州军阀董卓率军进入首都长安把持朝政，由此引发了传奇女间谍貂蝉的传说。

中国人几乎人人都知道董卓、吕布和貂蝉之间的八卦故事，全赖一本《三国演义》塑造出貂蝉这位中国传统文化中最著名的间谍形象。

故事中的貂蝉是大臣王允府中一个深明大义的舞女，为了帮助国家铲除奸臣而舍身做间谍。老王先是把貂蝉许配给小吕，旋即又将她奉送老董，再向上门讨说法的小吕说是老董硬抢的。

貂蝉则一边讨得老董欢心一面又对小吕含情脉脉，再加上王允的百般挑唆，最后小吕和老王合谋诛杀老董，自己也迎娶貂蝉回家。

故事至此还算是正义获胜的欢喜结局，但老董的女婿和部下立马回来报仇，老王牺牲，小吕带着貂蝉跑路，天下再次大乱，只落得一声叹息。

貂蝉的故事流传多年，被后世认为是美人计和连环计的典范之作，几乎所有的《三十六计》读物中都会引用这个例子。

中国人历来敬佩忠君爱国的红粉英雄，又怜惜貂蝉的结局——据说吕布兵败后，曹操和刘备军中的将领都争着要娶貂蝉，为了避免红颜祸水再掀起腥风血雨，貂蝉最后被关羽用转身向后砍的拖刀法杀死。

在中国传统文化中貂蝉赫然名列四大美人的行列，不过与其他三位美人不同，貂蝉妹妹是虚构的人物。

历史上的貂蝉原型是董卓府中一名姓傅的美貌婢女，后来成为董卓义子兼保镖吕布的地下情人。吕布在与傅小姐私通后担心事发被董卓严惩，再加上不久前他因小事得罪董干爹时差点被对方投掷的手戟所杀，所以心中已经有了干掉老董的打算。当他私下听说司徒王允要谋杀董卓的消息后，便主动前往联络。王允总是性急的，他劝吕布说："阿布，我们动手吧。"可是阿布却总是说"No"……他表示自己和董卓有一层干爹干儿子的关系在，一时拉不下脸来。王允在心里说：装什么装，拉不下脸来你还来这干吗？于是王允指出董卓拿手戟掷过吕布之后父子感情就破裂了，更何况干爹本来就是随便认认的算不得数，从而替吕布找到了台阶下。这下吕布站在为国除奸的道德制高点上，成为反董一党的内应。

京剧《群英会蒋干中计》是描述间谍蒋干反中周瑜反间之计而害惨老板曹操的故事

由此看来，真正的间谍是吕布才对。

《三国演义》中还有一个著名的集间谍、反间、诈降、苦肉计等诸多诡计于一体的著名事件，那就是火烧赤壁中黄盖的故事。

当北方基本上一统后，志得意满的曹操发动了南征。他给孙权的信件上写着"近者奉辞伐罪，旌麾南指，刘琮束手。今治水军八十万众，方与将军会猎于吴"。会猎于吴的意思并不是老曹打算邀请小孙打猎玩，而是我带着八十万军队来灭你的意思。

这是一封恐吓信，但是效果不佳。孙权还是与刘备合作在赤壁大破曹军，从此后三足鼎立之势渐渐成形。

在《三国演义》中的赤壁之战故事里，策划放火的幕后黑手是周瑜，纵火犯则是黄盖。

为了让受害者老曹上当受骗，他俩合伙演了一出苦肉计给曹操派来的间谍蔡中、蔡和看，随后又派遣间谍阚泽送诈降书给老曹。老曹在等到自己间谍的报告后确信黄盖是真投降，完全忘掉了不久前中周瑜反间计砍掉蔡瑁、张允脑袋的教训。最后黄盖一把烧掉了老曹统一祖国的伟大理想，成就了又一段间谍史上的传奇。

不过历史上的黄盖虽然诈降却不曾挨打，要是黄盖真被周瑜派人揍一顿，他那把老骨头还不一定能撑得住。曹操更没有派遣蔡中、蔡和去做间谍，因为这两个人是不存在的虚构人物。

按照《三国志》的说法，黄盖写信给曹操表示曹军势大，江南必定失败，所以自己愿意投降，站在胜利者这一边。以曹操自己的经验而言，当年在官渡之战中他手下也有不少官吏暗中写信给袁绍约定投降，所以他认为黄盖投降是识时务的自然之举。而且以曹操的狡猾竟然没要求黄盖先送人质做保证，这也算是骄兵必败。

此外，著名的群英会蒋干中计也是虚构的，但是这段演义中的故事却被 1400 年后一个少数民族首脑依葫芦画瓢地重演了一番，这个故事会在后面的章节中叙述。

三国时代战乱频繁，各个割据势力都注意使用间谍来搜集情报，甚至是对敌方首脑发动斩首战。

三国末期的蜀汉就发生过一件事：253 年正月新春，继诸葛亮和蒋琬之后的第三任执政者费祎在其驻地葭萌关举行新年酒会。就在大伙喝得痛快之时，左将军郭遁忽然拔出佩剑刺杀了费祎。几个月后魏国发布命令表彰间谍郭遁，并且抚恤他留在魏国的亲属。看起来这是一起魏国对蜀汉发动的成功斩首战，不过其中疑点很多。

首先是魏国反应奇怪，正月事发，八月才表彰。这种反应速度太慢了些，更过分的是把“英雄”的名字都错写为郭修。如果真是疏忽导致的话，可真是官僚主义害死人啊。这个表彰更像是魏国听说此事后借机往自己脸上贴金，同时恶心蜀汉。何况郭遁的来历古怪，他是魏国凉州西平人，在蜀汉大将姜维率军进攻魏国边境时被俘降蜀，后来一路升迁到左将军之职。如果是故意被俘的话，魏国又如何得知蜀军的进攻时间和地点好安排间谍被俘呢？而郭遁此人名不见经传，却在蜀汉一路升迁，似乎是有人暗中提拔。

其次是费祎之死对魏国并不是什么好事，费祎执行的是休养生息路线，拒绝对外发动大规模战争。虽然姜维以继承诸葛丞相北伐遗志自居，屡屡要求出兵魏国，但是总遭到费祎的压抑。

费祎死后，姜维当政。姜维年年兴兵北伐，魏国每年都被骚扰得鸡飞狗跳，不得安宁。

最后我们来看看费祎之死的直接受益者——姜维。

《三国志》中记载着姜维在费祎的压抑下郁郁不得志，而费祎死后姜维升任大将军，屡次率大军数万人北伐。更何况史书对姜维有“（姜）维为人好立功名，阴养死士，不修布衣之业”的记载，那么郭遁是否也是一个被姜维收买的死士呢？

这起古代间谍刺杀案件早已成为一本糊涂账，后人的推测也改变不了三国时代的历史结局。

姜维是个忠臣，他一生清廉，家无余财，只娶了一个妻子，没有侍妾。他唯一渴求的就是建功立业，希望通过北伐来报答诸葛亮的知遇之恩。但是蜀国的国力本来就是三国中最弱的，经过姜维的连年用兵国力枯竭，再加上国内政治混乱，终于被魏国一举消灭。

姜维在皇帝刘禅投降后仍然试图复兴蜀汉，他与魏将钟会交好，打算挑唆钟会造反驱逐魏军出蜀，然后再杀掉钟会迎接刘禅复辟。可惜他壮志未酬，与钟会一同在未遂的叛乱中身亡，家族也被魏军杀尽。

无论演义中的姜维还是历史中的姜维，都是一个悲剧英雄。

淝水岸边的“二五仔”

280 年，西晋军队逼近东吴首都建业，末代皇帝孙皓学着刘禅的样子叫人把自己捆起来，然后带着棺材出城投降。西晋的将领替他松绑，然后一把火烧了空棺材，这一连串的古代行为艺术分别代表了失败者的恭顺和胜利者的宽容。

大家都是出来混的，这点场面上的戏还是要演演的。

晋武帝司马炎虽然资质平平但不算残暴，所以刘禅和孙皓这两个失败者都落得个混吃等死的较好结局。

司马家的帝国寿命很短，因为内部反复倾轧和骇人听闻的贪婪腐败，这个昙花一现的大一统局面迅速崩溃。

在西晋灭亡时，近到帝国内部，远到欧洲腹地赶来的匈奴、氐、羯、鲜卑和羌等各路胡人，纷纷拥入分崩离析的司马家地盘来分一杯羹，这就是著名的"五胡乱中华"事件。

胡人的入侵给中华文明融入新鲜血液，为后来灿烂的大唐盛世埋下伏笔。可在当时这一切美好远景都看不到，中原大地上只有残暴的异族军队对汉人，以及不同的异族之间反复上演血腥的大屠杀。

这是一个混乱而又可怕的时代，五胡十九国立国时间都很短促，最短的只有3年，最长的也不过57年。而且并不全由五胡建立，也有汉人插足其间。忽兴忽亡，错综复杂。与此同时，在南方则有东晋、宋、齐、梁、陈等政权出现。这种大分裂的局面将一直持续接近三百年之久，中国才又复归于统一。

战乱频繁和各民族混居的局面为间谍们提供了优越的生存环境，在每一场大大小小的纷争中都有他们出没的身影，在这期间突出的特色是军事间谍居多。

357年，氐族前秦帝国的贵族苻坚闯进皇宫杀死自己暴虐的堂哥苻生，随后自立为帝。

苻生是罕见的暴君，被他无辜杀死的人不计其数，其中有他的妻子、舅父以及全部高级文官和军队将领。于是关于解释为何造反这件事，甚至并不需要动用苻坚手下的宣传班子去占据道德制高点了。至于百姓对于这场政变的态度，从事后全国欢欣鼓舞的表现就可看出来。

苻坚是五胡十九国中最英明的君主之一，他任用平民出身的汉人王猛为宰相。整个国家在开明的治理下迅速强盛，一时间横扫中原，结束了北方的分裂割据局面。

375年王猛去世，他临终时告诫苻坚说前秦的死敌不是晋帝国，而是杂处在国内的鲜卑人和羌人，他们的首领都在朝中掌握兵权，这是非常危险的，必须早日纠正。

但是苻坚把宰相的话当成了耳边风，他如所有的中原统治者一样渴望着全国的统一，他眼中的唯一目标就是躲在江南偏安一隅的东晋。

383 年，苻坚命他的弟弟苻融率领步骑联合部队 25 万担任先锋，苻坚亲率步兵 60 万、骑兵 27 万的主力部队随后跟进，南下总兵力总共 112 万人。

这是一个骇人的数字，据后世考证 112 万纵使有所夸张，实际数字也不会少于 60 万人。苻坚征发了他的帝国中所有能用的人力物力，当先锋部队抵达东晋边境重镇寿阳时，后卫部队还没有开拔。

消息传到东晋首都建康后，大小官员们一个个面无人色，因为全国总兵力只有 5 万人，能够立即去援救寿阳的兵力只有水军五千。

前哨战的结果毫无疑问，秦军攻破寿阳，晋军退守硖石。

苻坚对首战告捷非常兴奋，他是一个仁慈的君主，于是派尚书朱序到晋军大营去劝降，南北朝时期最著名的间谍事件也由此爆发。

朱序原本是镇守襄阳的东晋将领，379 年前秦攻打襄阳，朱序苦战数月城破被俘。苻坚欣赏朱序对东晋的忠诚，便任命他为尚书。当这位前秦尚书抵达东晋军营后，对故国的思念使他立即背叛了苻坚的恩惠。他告诉领兵的东晋将领谢石和谢玄说：苻坚的百万大军即将抵达，如果那时再战绝无希望。不如现在对秦军先头部队予以打击，如能获胜会大大动摇秦军信念。

谢石和谢玄与朱序经过一番商议后，对秦军忽然发动夜袭，大获全胜。秦军

淝水之战中东晋间谍朱序起了很大作用

部队溃退，晋军乘胜在淝水东面的八公山上安营扎寨。

前线战败的消息令苻坚大为震惊，因为此次倾全国之力而来，若不能胜则后患无穷。他和苻融一起登上寿阳城楼观察晋军的动静，一度把山上的草木错当成晋兵，这就是成语“草木皆兵”的由来。

谢石派人告诉苻融：“你们领兵深入当然为了求战，现在隔河相峙岂不有失初意。请向后稍退让我们渡河决战。”

强敌当前之下，弱小的一方竟敢主动渡河挑战，这是何其疯狂的做法！

苻坚告诉苻融说：“等他半渡，我们用铁骑冲击，使他无一人生还。”

于是他答应谢石的请求，下令退却。秦军一接到命令开始后撤就陷入混乱之中，因为人数太多，部队的次序完全失去了建制。

谢石乘着敌人汹涌后退之际，毫无困难地渡过淝水，闪电般展开攻击。苻融亲自出马，绕着大军边沿掠阵，企图阻止他的军队后退，可是坐骑忽然栽倒，竟被乱兵践踏而死。

朱序乘机在后高呼：“秦兵大败了！”秦军至此完全混乱崩溃，几十万人互相践踏着向北逃命。

苻坚随着乱军逃走，几乎被流箭射死。

这是中国历史上著名的以少胜多的淝水之战，秦军不是战败而是退败的。因为前秦是个短暂统一起来的多民族国家，在没有凝聚力的情况下一遇到挫折便如雪崩般倒塌了。

苻坚是个品格高尚的皇帝，他没有理会王猛临终时严防鲜卑、严防羌的劝告，在他的国家里尽量做到了各民族一视同仁地对待。然而在他失利之后，鲜卑族和羌族的大将们立即背叛了他。

385 年，仓皇逃亡中的苻坚被背叛他的羌族大将姚苌擒获，在勒索皇帝印玺不得后被缢死。20 年前，是苻坚从刑场上救下了即将被暴君苻生处决的姚苌。当忘恩负义的姚苌杀死苻坚时，连羌族的士兵们都忍不住为昔日的皇帝哭泣。

此后北方在相当长时间内再无力量发起统一战争，间谍朱序的一声吼叫竟然令中国的统一进程延后了 200 余年。

淝水之战十年后，回归东晋的朱序去世，被追赠左将军、散骑常侍。

第二节 斯巴达的间谍

波斯王中的倒霉蛋

古波斯人是从公元前 2000 年左右由中亚迁徙到伊朗高原西南部的民族，公元前 550 年，居鲁士建立了阿契美尼德王朝，定都苏萨，这就是古波斯文明之始。在持续 200 年之久的对外扩张后，帝国疆域东起印度河，西至爱琴海及非洲东北部。为了管理这个庞大帝国，古波斯的帝王们早已习惯于编制一张严密的情报网络。

古希腊历史学家希罗多德记载了迪亚斯国王时期的情报工作，国王拥有的间谍网“整天忙于观察和倾听王国每个角落的动静”。塞勒斯大帝继续把这种特务治国的传统发扬光大，他建立的间谍网名称很直截了当地叫作“国王耳目”。

波斯帝国曾是小亚细亚的霸主，其军事实力冠绝一时

塞勒斯是波斯帝王中使用间谍的一流高手，他在接见印度使团时曾请这些使者为自己工作。他明确告诉这些印度人说：“有些间谍比奴隶好不了多少，除了一些早已获悉的情报之外，他们没有能力提供一

波斯皇帝雇用的间谍渗透整个帝国的方方面面

丁点有用的情报。但也有些人是能够发现一些蛛丝马迹的，例如你们就是这样的人。”这些印度使者便做了他的间谍，塞勒斯的眼光是独到的，别忘了在第一章提过的古印度有非常发达的情报理论和非常精明的情报人员。印度间谍的情报令塞勒斯大为满意，因为他从被俘敌军口中也得到了相同的情报，两相印证之下证明了情报的准确性。

塞勒斯本人非常喜欢让自己的间谍扮作逃亡奴隶，不引人注目地渗透到各个地方。塞勒斯之后的波斯皇帝康比斯征服了古埃及，这位波斯君主不仅利用别国的情报人员，还直接把自己的间谍人员以使者的名义派遣到埃塞俄比亚王国刺探情报。

埃塞俄比亚的国王很了解外交人员是身份公开的合法间谍这一情况，他组织人马在波斯使者面前展示了强大的军事实力，好让波斯人在入侵前三思而后行。不过康比斯对于情报的分析能力显然要差很多，他不听间谍的劝阻硬要进攻埃塞俄比亚，结果大败而归。国内又发生叛乱，心慌意乱的康比斯率军回国时失手把大腿划伤，20 天后因为伤口感染死去，成为波斯历史上的笑柄。

大流士父子与奥林匹克运动

古希腊的版图范围比现今的希腊要大得多，是巴尔干半岛南部、爱琴海诸岛以及小亚细亚西岸的众多奴隶制城邦的总称。古希腊不是一个完整意义上的国家，而是由大大小小的奴隶制城邦所组成的集合体。在当时，即使是大一点的城邦，面积也不过在3000到8000平方公里，人口20万至30万，而小的城邦，面积就仅有100平方公里，人口10000人左右。在公元前5世纪初大流士一世在位时，波斯不断西进导致持续约半个世纪的波希战争，古希腊历史上最悲壮的战役及其幕后的间谍战也随之上演。

大流士一世在年轻时候历经18场苦战扫清8个割据势力重新统一了波斯帝国，所以很狂妄地自称是"王中之王，诸国之王"，不管别国认可不认可，反正波斯人认可这一点，他们把大流士尊称为"铁血大帝"。

其实大流士一世在政治上还是比较开明的，他让各被征服地区在承认波斯皇帝最高权威的基础上，实行区域民族自治体系。而且允许各自治地方有自己的法

自信的大流士一世将自己塑造为手扼雄狮咽喉的超人

律体系，例如被征服的埃及仍旧沿用古埃及法律，巴比伦和犹太地区则分别保留了《汉谟拉比法典》和《圣经》的法律内容。顺便说一句，大流士一世还是位拜火教徒，他把拜火教定为国教，却又容许各民族保持自己的宗教，这是极为难得的宽容之举。

不过对于那些仍旧保持着独立的国家而言，大流士一世的民族自治毕竟比不上民族独立自由自在。所以当公元前 490 年，波斯军队进军古希腊时便遭到了迎头痛击。当时大流士一世派军横渡爱琴海，在距雅典城东北 40 公里的马拉松平原登陆。马拉松的这个名字意思是“多茴香的”，因古代此地生长众多茴香树而得名，不过在波斯军队抵达之后就是“多大兵的”了。

马拉松一战 2 万波斯军队被 11000 名希腊联军击败，有 6400 名波斯人变成了茴香树的肥料。雅典将军米勒狄在战斗结束后，派一个叫菲迪皮得斯的士兵回去报信。飞毛腿菲迪皮得斯先生一路飞奔回到雅典，当他跑到雅典城后只说了一句“我们胜利了！”就倒在地上累死了。为了纪念这一事件，在 1896 年举行的现代第一届奥林匹克运动会上，设立了马拉松赛跑这个项目，把当年菲迪皮得斯送信跑的里程——42.195 公里作为赛跑的距离。只是不知道波斯人的后裔伊朗运动员跑这个项目会是什么样的感觉。

马拉松受挫使得年老的大流士一世怒不可遏，只是由于埃及发生叛乱才使得他没有御驾亲征希腊。大流士一世未竟的事业由他的继承人薛西斯完成，这位穷兵黩武的君王花费四年时间动员整个波斯帝国的军队来进攻希腊。在入侵希腊之前，波斯遣派了使者团进入希腊，劝说各个城邦放弃抵抗，宣称波斯只要他们的水和土。

波斯的使者毫无疑问也肩负着间谍的重任，但是在雅典他们被扔进了深坑，而斯巴达则把前来的使者扔进了一口大井，说井里有的是水和土，并且嘲讽地建议井底的波斯使者尝试自力更生，挖条通道解救自己。

后来薛西斯再次派出了自己的使团，不过再也没敢去跟雅典和斯巴达啰唆。而希腊的 70 个城邦在雅典和斯巴达的带领下结成了盟邦，共同抵御波斯入侵。

波斯帝国方面参加这次远征的士兵来自臣服波斯的 46 个国家，100 多个民族。根据希腊人的记载，这支号称 50 万的大军组成人员五花八门：有穿着五光十色

在进攻前，薛西斯的使者遍访希腊诸城邦进行劝降

的长褂和鳞状护身甲、携带短剑长矛的波斯人、米底亚人，有头戴铜盔、手持亚麻盾牌和木棍的亚述人；有用弓箭和斧头作为主要武器的帕提亚人和花剌子模人，有穿长袍的印度人，有穿紧腰斗篷、右肩挂着长弓的阿拉伯人，有穿豹皮或狮子皮、用红白颜色涂身的埃塞俄比亚人，他们的武器是棕榈树制的弓、燧石做的箭头；有镶羚羊狐狸皮，身穿鲜艳的红斗篷，手拿标枪和盾的色雷斯人，还有帽盔上装饰牛耳、手执皮盾和短矛的高加索各族士兵。波斯军队的人员这样庞杂，武器装备又是这样五花八门，使得这支大军不像是参战倒像是参加联合国大会。

公元前 480 年春季，薛西斯召见了一个希腊人，他是被驱逐到波斯的斯巴达前国王德马拉托斯。薛西斯向他征求征服希腊的建议，并且把自己军队的底细和盘托出。

德马拉托斯敷衍了薛西斯一番后立即将情报传递回斯巴达，希罗多德认为德马拉托斯的行径纯粹是为了泄愤，理由是他随后还是跟随薛西斯参与了对希腊的作战。可是他的情报使得希腊人得以提前做出准备，而且他的情报传递手法很巧妙：在一块木头上刻字后涂上蜡，这样从外表就什么也看不出来。

木头被送到斯巴达国王列奥尼达手里，他对这奇特的信件束手无措，难不成是前国王为即将召开的奥林匹克运动会发来的贺信不成？后来他在妻子的提醒下才发觉了木头的奥秘——原来是波斯人的希腊自助游预定行程表！由此看来德马拉托斯很有可能是希腊人的间谍，至少在这时候他是一名志愿的间谍。

希腊人在波斯进攻之前派遣了不少间谍到亚洲刺探情报，曾有三个间谍在窥探波斯军队规模时被抓个正着。他们先是被判处死刑，接着又被送到薛西斯那里去。薛西斯命人带领三个希腊间谍在军营四处转了个遍，然后将他们平安送回希腊。他在对自己的将领解释时说如果间谍被处死的话，波斯军队的强大力量就无法传递给希腊各城邦。而杀掉这三个人的话对希腊也没什么损害，不如让他们把恐惧带回希腊，说不定可以使得希腊不战而降。

薛西斯这过分自信的方法没有起效，希腊人决定抗战到底。

于是波斯军队大举入侵横扫希腊北部，最后在温泉关与 7000 希腊联军相遇。温泉关是从希腊北部通往南部的唯一通道，这个通道极为狭窄，只能通过一辆战车。斯巴达国王列奥尼达带领 300 名国王卫队成员驻守在这里，他身边还有 6700 名其他城邦来的战士。

在以后的传说中列奥尼达和他的 300 名士兵成为不朽的传奇，剩下的 6700 名希腊战士的存在和牺牲却被无视了。

在发起进攻前薛西斯再次派出了使者兼间谍去拜访希腊军营，劝说他们放弃抵抗，并许诺将来让列奥尼达做全希腊之王——他指的是在波斯皇帝统治下的全希腊。

列奥尼达故意让波斯间谍骑着马在阵地上转了转，让他看看希望让他看到的东西：希腊战士毫不惊慌的举止和高昂的士气，至于那些新建的防御工事则一点都没有泄露出去。间谍回去后向薛西斯如实禀告一番，他说斯巴达人没有严阵以待的戒备，反而很放松地做体操，还有些人在梳理头发。

薛西斯感到很迷惑，不明白斯巴达人为何在这节骨眼上还顾得上处理自己的发型。德马拉托斯向他解释说斯巴达人习惯于在血战前梳理头发，毕竟打完仗后还有没有做发型的机会实在是很难说。

留着长发和大胡子的薛西斯对这个解释很不满意，更不欣赏希腊的发型艺术。他在经过四天的等待后终于下令进攻，由此开始了名垂青史的温泉关之战。

由于独特的地形限制，波斯人的大军完全发挥不了人数上的优势。经过两天的血战之后，温泉关仍然没有被突破。

正当薛西斯无计可施时，一个自告奋勇的希腊间谍帮助波斯人解开了难题，这个名叫埃彼阿提斯的当地农民来报告说，有条小路可以通到关口的背后。薛西斯一听大喜过望，立即命令这个希腊叛徒带领自己的御林军绕到温泉关后，切断了希腊人的退路。

列奥尼达得知波斯军迂回到背后时，知道大势已去。他把已无斗志的其他城邦的军队调到后方去，只留下他带来的斯巴达士兵迎战。因为按照斯巴达传统，士兵永远不能放弃自己的阵地。700 名由将军迪莫费鲁斯率领的底比斯城邦战士自愿留下同斯巴达人并肩作战。

第三天的战斗开始了，前后夹攻的波斯军队经过五次冲锋后终于全部消灭了斯巴达人，有不少来不及逃离的赛斯比城邦战士向波斯人投降，但也全被屠杀。

温泉关战斗至此结束，波斯军队阵亡了 2 万人之多，连薛西斯的两个兄弟阿布罗科麦斯和海帕兰西斯也殒命其中。

温泉关之战充分说明了情报工作的重要性，由于没有派遣谍报人员严密勘察进军路线，波斯军队遭到了极大的损失，如果不是天上掉下一个希腊内奸来，他们还不知道要在这里流多少血才够。

虽然波斯人在传统上很尊重英勇不屈的敌人，但是惨重的损失让薛西斯几乎疯狂。他下令砍掉列奥尼达的首级，并且把尸体钉到十字架上。在波斯人离开温泉关之后，希腊人把其他希腊战死者的遗体收集起来，统一安葬在那座最后激战的小山上。人们建造了一座石狮来永久怀念英勇的斯巴达国王列奥尼达。在战役的四十年后，列奥尼达的遗骸才被归还给斯巴达。悲痛的人们授予这位伟大的国王最高的荣誉，将他的遗骨重新安葬在山上，斯巴达每年都会举办仪式活动来纪念这位盖世英雄。

攻占温泉关以后，波斯军长驱直入希腊直扑雅典城。然而雅典城空空如也，什么都没有。波斯王薛西斯大怒，下令放火烧毁了希腊这座最大、最富庶的城市。

雅典海军统帅提米斯托克利将希腊联合舰队全部集中到萨拉米海湾，等待波斯海军前来决战。面对波斯强大的海军，联合舰队内部产生了极大的分歧，有些人主张逃走为好，有些人表示不能困守海湾。提米斯托克利指出必须把战船集中在萨拉米海湾和波斯海军决战，才能取得胜利。因为笨重的波斯战舰在水浅的海湾内极不灵活，而希腊船只正相反。与此同时，提米斯托克利派遣自己的间谍去向薛西斯告密，说希腊海军人心浮动不敢交战，都想逃出海湾。

薛西斯见到密信十分高兴，立即下令严密封锁海湾，不准放过一条船。

这样一来薛西斯替提米斯托克利稳定了军心，把希腊舰队逼到不得不死战的绝境。

9 月 23 日凌晨，波斯舰队完成了对希腊舰队的包围，1207 艘波斯战舰将 358 艘希腊战舰完全封锁在海湾之中。薛西斯感到心花怒放，他在萨拉米海湾附近的一个山丘上搭起帐篷观战，同时命令史官拿着笔伺候在旁，准备记下波斯海军的辉煌胜利。

战斗开始后，灵活的希腊战船用撞角连续撞沉慢吞吞的波斯战舰。当波斯战舰前锋抵挡不住撤退时，后续部队正迎着顺风快速涌入，结果波斯人自己之间撞沉的船比希腊人撞的还多。薛西斯忍着心脏病发作的危险看完了自己舰队崩溃的全过程。由于丧失了制海权，波斯军队的补给线也被掐断，更可能被截断后路全军覆灭，于是他率领大部分军队退回亚洲，只留下一部分陆军和战舰继续战斗。第二年，贼心不死的薛西斯派又派遣 5 万军队进攻希腊。斯巴达则统率伯罗奔尼撒半岛联军共 3 万与波斯陆军于普拉提亚进行决战，并击毙了波斯大将，结果波斯军大败，只得再次撤回东方。紧接着以雅典为首的希腊海军反攻波斯，攻进小亚细亚，使小亚细亚诸希腊城邦脱离波斯的统治。

公元前 478 年，波希战争以双方签订卡里阿斯和约而告结束，波斯帝国从此承认小亚细亚至希腊城邦的独立地位，并且将其军队撤出爱琴海与黑海地区。至此，薛西斯的征服梦想彻底破灭。大败而归的薛西斯丧失了斗志，他纵情于酒色之中，亲信小人胡作非为，导致波斯帝国内乱。后来他的宰相阿尔达班谋杀了他，并拥立阿尔塔薛西斯一世为王。

战争的胜利使得希腊进入了黄金时期，西方世界的历史中心由两河流域向地中海地区推移，希腊文明得以保存并发扬光大，成为日后西方文明的基础。希腊将继续称霸东地中海数百年。但是战争带来的负面影响就是各城邦军力扩张引起了反复的内部混战，这种混战在之后的岁月中慢慢耗尽了希腊的元气。在绵延数十年的伯罗奔尼撒战争中，希腊城邦两巨头雅典和斯巴达两败俱伤，最后底比斯占据了上风。底比斯有一支很独特的精锐部队底比斯圣队，他们由150队同性恋伴侣组成。这支部队是底比斯军队的精英，他们靠这些同性恋者为先锋在留克特拉战役中击败了凶悍无比的斯巴达。

底比斯圣队并不是靠朝斯巴达人抛媚眼获胜的，因为真挚的爱情，所以情侣之间配合默契，一旦伴侣死伤，剩下的一个会疯狂地攻击敌军报仇。除此之外，底比斯的重装步兵采取了新的战术队形，他们用厚达50列的队形冲散了只有12列的传统斯巴达队形。斯巴达国王和他的卫队全被杀死，底比斯夺取了新的霸主地位。

趁此良机，不起眼的小国马其顿开始崛起。经过一系列战争，马其顿征服了希腊各城邦。

马其顿本是希腊文化圈边缘的一个半开化小国，自从菲利普二世侄子坐上王位之后，经过20多年的励精图治，打造了一个强大的马其顿王国。

菲利普二世训练出战斗力很强的“马其顿方阵”，并建立了强大的海军。他利用希腊城邦之间的矛盾，在公元前338年喀罗尼亚一役中大胜希腊联军，连大名鼎鼎的底比斯圣队也在喀罗尼亚战役中被马其顿军全部歼灭。第二年在科林斯召开全希腊会议，成立了以马其顿为主导的科林斯同盟，确立了马其顿对希腊诸城邦的控制。

公元前336年，他在准备进军波斯的前夕死于刺杀。不久后，西方历史上一位最伟大的君王登上历史舞台，他就是亚历山大大帝。马其顿在军事、经济等方面累积的巨大潜力，为亚历山大的伟大征服准备了充分条件。

亚历山大和暗杀阴谋

公元前336年夏，马其顿国王菲利普二世在女儿的婚礼上突然被侍卫保萨尼阿斯刺杀，刚满20岁的亚历山大继承了王位。关于菲利普凶案主谋的谣言在马其顿掀起不小的风浪，毕竟这场谋杀案的凶手在行刺后立即自杀，整个案件成

亚历山大大帝被称为帝王中的帝王，是古希腊时代最伟大的英雄

为无头悬案。

乍看起来波斯的皇帝大流士三世可能是潜在的幕后黑手，毕竟菲利普二世不死的话波斯即会遭遇战祸。不过马其顿国内情况微妙：菲利普二世同喜欢与蛇共眠的奥林匹亚王后感情不和，后来干脆宣布离婚，连带着嫌弃长子亚历山大。他新娶的妻子又生了儿子，这种情况也逼得王后不得不有所举动——夫妻感情和睦很重要啊……

奥林匹亚是伊庇鲁斯的公主，保萨尼阿斯也是伊庇鲁斯人。菲利普二世死后，他新娶的妻子及其幼子，连同娘家的一堆亲戚都被奥林匹亚杀光，这也说明了很多问题。

总之，菲利普二世是被潜伏在身边的间谍所杀，而他的死却造就了一位更伟大的君王。

菲利普二世一死，那些臣服于马其顿的希腊各城邦和色雷斯、伊利里亚等地的一些部落纷纷乘机叛乱或宣布独立。年轻的亚历山大首先率军进至巴尔干半岛北部，征服了背叛自己的伊利里亚诸部落，把色雷斯人击退至多瑙河滨。此时，他自己遭遇了第一场间谍宣传战：底比斯的间谍组织四处散播亚历山大在多瑙河阵亡的谣言，在马其顿国内外掀起了轩然大波。

亚历山大的反应快得出乎希腊人意料，马其顿的大军以闪电般的速度出现在底比斯城下。有同性恋圣队保护的时候底比斯都打不过马其顿，更别说现在了。城市转眼就被攻破，亚历山大先是一通抢掠，然后又放了把火把底比斯烧成平地，除了少数与马其顿交好的人外，全部居民都被变卖为奴。

底比斯的毁灭是一剂清醒的良药，希腊各城邦望风归降。连雅典也派代表来抱着亚历山大的腿祈求宽恕，并敬赠亚历山大荣誉市民称号——为了不完蛋，昔日的霸主连一点脸都不要了。

亚历山大并不是对做奴隶贩子和纵火犯有特殊的兴趣，他这样做纯粹是杀鸡给猴看，正所谓不以雷霆手段不显菩萨心肠。转眼间希腊又成为马其顿稳固的大后方，他可以全心全意开始做自己最感兴趣的事情了——征服整个东方。

在亚历山大之前，苏格拉底的弟子，古希腊历史学家兼非专业军人色诺芬曾组织过雇佣军进攻波斯，他一方面报复薛西斯侵略，另一方面帮助波斯王子小居鲁士争夺王位。他带着 13000 人雄赳赳地出发，等逃回来的时候只剩下不到 5000 残兵败将。不过色诺芬先生自有生花妙笔，他在《远征记》中把自己描写成盖世英雄，连亚历山大看了此书后都备受鼓舞，全然没计较色诺芬狼狈失败这一现实。

亚历山大的军队征服并洗劫了底比斯城

《远征记》并不完全是部吹牛皮的书籍，它也是一部反映古希腊军事思想和战例的教科书。在书中对希腊人的情报系统有过详尽描述：在战争开始时，首先要寻求中立方老百姓和商人的支持，因为需要从他们那里获得军需物资，还可以得到情报。可以依靠装作叛逃的间谍刺探军情，同时绝不能放松自己控制区的反间谍工作。军事统帅要善用间谍，但不能完全依靠间谍，因为纵使他们再怎样忠心耿耿，在战争中也不一定能保证把情报及时送到，毕竟他们面临着巨大的危险。

色诺芬在书中提出了间谍的情报传递这一现实性问题，在希腊人的实践中，曾想过不少办法。除了德马拉托斯的包蜡木头以外，西斯泰尔丝也曾在自己间谍的头上动脑筋，他在与波斯内部的反对派人士联络时，让自己的间谍把头发剃光，然后将情报刺在头皮上。等头发长出来以后，间谍就可以传递情报了。因为间谍身上没有携带任何可疑的东西，可以一路顺风地抵达目的地，然后把头发剃掉就完事大吉。不过这种方法显然不能用于紧急军情的传递。

在书中还有希腊军队反间谍的例子，有个将军怀疑自己军队中混入了敌方间谍，于是他召集部队集合，命令每个士兵反复盘问身边的人，这样一来几个露出马脚的间谍便束手就擒。

公元前 334 年春，亚历山大渡过赫勒斯滂海峡（即达达尼尔海峡），开始了长达 10 年的东征之战。

亚历山大用以开始远征波斯帝国的军队由步兵 3 万名、骑兵 5000 名和战舰 160 艘组成。波斯帝国却拥有数十万大军，战舰 400 艘。而且波斯帝国面积比马其顿王国大约 50 倍，更何况远东古老而富足的埃及、巴比伦、腓尼基等诸多国家均已被波斯征服，并入波斯版图。

尽管力量悬殊，但亚历山大的军队训练有素，他本人有天才般的军事指挥能力和身先士卒的勇气。反观波斯帝国此时已经四分五裂，大流士三世是个意志薄弱、毫无谋略的昏君。锐不可当的亚历山大渡过赫勒斯滂海峡后初战告捷，他率领着希腊历史上第一支成建制骑兵部队“伙伴骑兵”开辟了向亚洲扩张的道路。不少城邦不战而降，甚至把亚历山大视为将他们从波斯人统治下解放出来的救星。

公元前 333 年夏，亚历山大又在伊萨斯城附近以其著名的“马其顿方阵”

击败了不甘心初战失败的大流士三世。就在这期间，亚历山大第一次使用了间谍手段来对付来自内部的反对者。

在围攻推罗期间，大流士三世写信给亚历山大说愿意以一半的波斯国土、波斯公主和波斯国库为代价求和。亚历山大的将军帕曼纽认为这个建议很好，他说："如果我是亚历山大，我就采纳这个建议。"亚历山大回答："如果我是帕曼纽，我也许会采纳这个建议。"

在这时，马其顿军队内部产生了厌倦情绪，他们认为战果已足够大可以带着战利品回家乡享乐了。而亚历山大无休止的进攻欲望令士兵们无法承受，在军营中酝酿着谋反的谣言。

亚历山大使出一个诡计，他宣布允许士兵写家信，并许诺派专人送回马其顿。士兵们信以为真，纷纷向家人报平安，他们的信件全被送到亚历山大的手上，通过检查信件亚历山大弄清了内部的反对者，所有那些在信中激烈反对他的人都被遣送回马其顿，这是世界军事历史上最早的信件检查制度。

公元前 331 年春，亚历山大率 4 万步兵和 7000 骑兵向美索不达米亚进军，在尼尼微附近的高加米拉展开了与波斯的最后一场大规模的战斗。

大流士三世经过精心准备，拥有 40 万骑兵、20 万步兵、200 辆刀轮战车和 15 头来自印度的战象——波斯军队与马其顿军队相比，具有数量上的绝对优势。

战前大流士三世不断派出间谍刺探亚历山大的动向，警惕性很高的马其顿军队抓住了不少波斯探子，通过审讯波斯间谍，大流士三世的军队构成和部署情况，以及预定战场的地貌特征全被亚历山大知晓，缺乏训练和没有意志力的波斯间谍们反而帮助了马其顿军队。

高加米拉之战依旧以亚历山大胜利而告终，虽然波斯军队损失不大，但是大流士三世临阵脱逃的举动让他所有的手下都对他丧失了信心。波斯的一名总督以防止皇帝向敌人屈膝投降为借口杀死了逃亡途中的大流士三世，波斯帝国至此灭亡。

马其顿军队征服了波斯的全部领土，一个横跨欧、亚、非三洲的亚历山大帝国建立起来。但是亚历山大的征服欲望并没有得到满足，他继续挥军进入阿富汗，又从阿富汗穿过兴都库什山脉进入印度。

印度对于希腊文化而言是从未接触过的异域，亚历山大的谍报系统在此毫无作为，以至于将猴子误认为是印度土人。亚历山大与印度军队作战时，也意外地发现对方使用的大象数量是如此之多，以至于他本人差点也丧命在象蹄之下。经过一番极为艰苦的作战后，马其顿军队才征服了西印度。

在这之后，亚历山大还打算征服东印度。但他的军队已经无法忍受，就算是亚历山大拿出所有的金钱奖励、拥抱他们、将武器塞在他们手里也无法使士气振作起来。再加上从少年时代就随同他征战的战马布卢法卢斯暴死，使亚历山大心灰意冷。

公元前 325 年 7 月，亚历山大从印度撤兵。

公元前323年6月10日夜间，亚历山大大帝在自己的首都巴比伦发高烧身亡。关于他的死亡，历史上一直众说纷纭，有人认定是由于疟疾，有人则表示这是他手下的将领下毒所致。

亚历山大死后，他的帝国也随之瓦解。由于没有指定继承人，马其顿那些野心勃勃的将军群起叛乱，他们杀死了亚历山大的母亲和妻儿以消灭合法继承者，随即展开了长达 40 余年的继业者战争，亚历山大的帝国最后分裂为以马其顿—希腊为中心的卡山得王朝、占据中亚的塞琉西帝国和占据埃及和叙利亚的托勒密王朝。

至此为止，古希腊的辉煌历史宣告结束。

亚历山大的远征在客观上促进了东西方的文化交流。在远征前，亚历山大认为只有希腊民族才真正具有开化的文明。随着远征逐步展开，他逐渐认识到波斯人和希腊人同样具有杰出的智慧和才能，因而思想观念发生了改变，认为各民族应该平等地和睦相处。为了促进希腊和东方各民族的融合，在苏萨一次盛大奢华的“结婚典礼”上，亚历山大亲自带头同大流士三世的女儿斯塔提拉结了婚，许多马其顿的将领都娶了波斯显贵的女儿，同日举办婚礼的有 1 万对之多。

在结婚典礼上，亚历山大郑重宣布：马其顿人与亚洲女子结婚可以享受免税权利，他还亲自馈赠给新人们礼物以示鼓励。他下令让 3 万名波斯男童学习希腊语文和马其顿的兵法，打算组建以希腊化波斯人为主体的军队，在未来征服整个世界。

亚历山大去世以后，希腊文化依然在亚洲得到不断传播。历史学家称此现象为希腊化文化，将自亚历山大去世起到埃及被罗马征服为止这三百余年的时间称之为希腊化时代。

随着古罗马的崛起，昔日亚历山大帝国西部的希腊化地区都被罗马共和国吞并。古罗马继承并发扬了古希腊的文化和传统，开始了千年帝国的不朽传奇。

第三节 恺撒的秘密

爱搬家的罗马人

古罗马的起源很复杂，公元前 2000 年拉丁人从多瑙河流域进入现在的意大利地区，约于公元前 800 年移至后来罗马城所在地，在帕拉提乌姆等山丘上定居。与此同时，萨宾人和伊特拉斯坎人也来到这里。经过一段时间的融合之后，拉丁人联合包括萨宾人和伊特拉斯坎人等部落组成罗马人公社。

公元前 753 年，英雄罗穆卢斯杀死自己的兄弟瑞摩斯后称王并建立了罗马城。

由杀人犯开创的国家自然不会太平，到了公元前 509 年，罗马人撵走了暴君塔克文，理由是这家伙是臭流氓，净干强奸贵族妇女的勾当。后世也有记载说这是朝末代君主身上泼脏水的行为，其实塔克文未必就是强奸犯。总之古罗马王政时代就此结束，由此建立起贵族掌权的罗马共和国。

早期罗马共和国中最有权力的是元老院。

元老们由部落长老和退任的执政官组成，享有决定内外政策以及审查和批准法案的权力，连公民大会百人团选出的执政官也须经元老院批准。执政官执掌最高行政权力，由推举出来的两名贵族担当。他们与王政时代的国王一样拥有绝对的统治权力，穿着国王穿的紫色大袍，坐在象牙宝座上。不过，他们的权力受到非常严格的限制：他们只执政一年，以后供职于元老院；他们是两人执政，任何

中世纪版画：英雄罗穆卢斯称王并建立罗马城

一名执政官都可以凭借简单的否决有效地阻止对方的行动或决定。

早期的罗马军队主力是平民，在罗马的初创时期战乱不断，时常有外敌入侵。所以平民“穷棒子”们觉得不公平：送死我们去，怎么背黑锅也是我们来啊？大伙平时为了生活辛勤奔波，遇到打仗还得出去玩命。不管做出多大贡献都不能当高级官员，不能当元老院议员，还不能和贵族通婚——连罗密欧和朱丽叶式的白日梦都不能做！

如此一来，大伙自然离心离德。贵族们瞅着穷人们有消极怠工的趋势，心里也着急。

公元前 494 年恰逢外敌入侵，为了哄着“穷棒子”们出力打仗，贵族们承诺有战功的减免债务，结果仗打完了贵族们也不认了。老百姓这下怒了，手持武器离开罗马，跑到在阿文丁圣山安营扎寨——爱谁谁吧，老子们不伺候了！

这下贵族们傻眼了，平民们一撤离，罗马就成为一座死城，贵族们连吃饭都成问题，更别提抵御敌军了。于是连忙表示兑现承诺，好一阵连哄带劝才把人请了回来。罗马设置了民选的保民官、营造官和平民会议来保障平民的权利，其中保民官对政府法令有否决权，成为对贵族权力的重要制约力量。

“穷棒子”们一看心里乐开了花——这阶级斗争还真是一抓就灵啊！

到了公元前 471 年，“穷棒子”们故技重施再度撤离，逼迫贵族们同意保民官担任平民会议主席。公元前 450 年颁行的罗马第一部成文法《十二铜表法》，目的就在于平息贵族和平民间的斗争。结果由于执政官非法延长立法委员会的任期，公元前 449 年“穷棒子”们发起了第三次撤离运动。

贵族们简直要吐血了——你们还有完没完了？无奈之下，只好再逐步做出让步：公元前 445 年，平民获得了与贵族联姻的权利；公元前 367 年，平民获得当选为执政官的权利，随后获得进入元老院的权利；公元前 300 年，平民获准参加所有等级的祭祀活动，这使得他们在宗教事务上与贵族享有同等的地位；公元前 287 年，平民大会的立法和决定被认定对所有罗马公民（无论是平民还是贵族）都有约束力，这是平民最后在权力和影响上取得的最大胜利。

这些改革是在没有战争或流血的情况下进行的，尽管他们并没有从根本上解决这两个阶级间的争斗，却避免了内战的发生。

共和体制带来了罗马国力的大爆发，到了公元前 3 世纪的时候，共和国的疆域已经向整个意大利半岛扩展开来。从这一时期开始，随着不断的对外扩张，来自罗马的间谍分子渗透到从北欧森林到地中海沿岸的每一个角落里。

古罗马历史学家李维编撰的《李维罗马史》记载了公元前 299 年的一次间谍事件：罗马人围困内奎纽姆城时，有两个城内居民挖地道逃到城外，他们向罗马人表示愿意出卖自己的城市。这两人表示他们的房子紧靠城墙，他们就是在屋内挖地道逃出来的。对此罗马人表示怀疑，但又忍不住打算验证一下。他们决定扣留一人为人质，派遣两名间谍跟随另一人从地道入城。两名间谍在城内进行一番侦察，证明两个内奸提供的情报准确。于是在夜间有 300 名罗马士兵通过地道进入城中，他们和城外的罗马军队里应外合一举拿下了内奎纽姆城。

经历过多次人民撤离运动考验的罗马很善于从事拉拢民心的工作，他们对被征服领土实施了开明与独裁相结合的政策：罗马通常并不破坏被征服的城邦，而是给予它们一定的自治权力。罗马附近的城邦居民全部被授予罗马公民权，还有一些城邦被授予自治权，而另外的则结成同盟。不过，所有的城邦都要向罗马缴税并服兵役。有罗马士兵驻扎的地方，其军费由当地支付，士兵成为该地永久性的军事居民。

罗马的统治方式大受欢迎，很多城邦迅速融入罗马当中。通过这种独特的方式，罗马在每一个被征服地区都保持了一个永久性的军事基地。为巩固这些基地，罗马人开始了雄心勃勃的筑路工程。他们修筑的道路质量高，笔直如线，甚至径直穿过山区，确保了士兵和供给可以快速地运抵反叛之地。

通过实施授予被征服地区的权力和公民权结合在一起（或者允诺他们在将来有公民权）的政策，建立确保对于反叛地区快速严厉的反应通道，罗马人在意大利半岛上创立了一个持久和平的帝国。不过对于更偏远的蛮族国家，罗马的政策是残暴和灭绝人性的。例如在征服高卢和日耳曼的战争中，大屠杀和焚烧抢掠成为惯例，当地居民全被当作奴隶，连罗马士兵的军饷也被用这些奴隶抵充。

从公元前 3 世纪开始的罗马和迦太基之争更是如此，其中死伤惨重的大规模战役和尔虞我诈的间谍战都成为后世血淋淋的历史教训。

寻衅滋事的罗马与汉尼拔远征

迦太基位于非洲北部，是腓尼基人建立的商业城邦国家。迦太基的意思是“新的城市”，它位于今天的突尼斯附近，拥有当时地中海地区最强大的海上力量。当罗马人在意大利半岛扩张时，迦太基人正把他们的统治扩展到北非的大部分地区，他们还控制了从西部利比亚到直布罗陀海峡沿岸和西班牙南部的大部以及科西嘉岛、撒丁岛。两个民族以前曾经有过零星的接触，但从来没有一方感觉到对方的威胁。

当时迦太基是一个令人敬畏的强国，控制了地中海地区所有的商业贸易，很多民族屈从它，向它提供士兵和给养，而它从西班牙金矿和银矿开采中聚敛了大量的财富。

公元前 3 世纪，当罗马的势力到达意大利南端，与迦太基人在西西里岛的领土接壤时，这两大强国开始了面对面的接触。为了避免冲突，两国首先在回顾过去从来没有过的传统友谊后，着眼于展望未来的和平共处而签订了三份友好条

汉尼拔率军翻越阿尔卑斯山入侵意大利被视为军事史上最伟大的远征之一

约。但罗马人是习惯于做无本买卖的，他们以保护西西里同盟国为由，毁约攻击迦太基在西西里岛的据点。迦太基的海军当时称霸地中海，罗马海军则处于襁褓状态，但海战的结果却是罗马完胜。陆战的情况则出人意料，一贯战斗力差的迦太基陆军在名将哈密尔卡的带领下，与罗马军团打了个平手。

战争持续了 23 年，最后迦太基撑不下去求和，以迦太基全面撤出西西里岛，并对罗马做出赔款为和约条件终止战争，这就是第一次布匿战争。

战争结束后哈密尔卡矢志报仇却出师未捷身先死，他的儿子继承父亲遗志决心去寻罗马人的晦气，这个年轻人就是古罗马时代最伟大的军事家汉尼拔。

公元前 218 年，汉尼拔在冬季翻越罗马人心中的天堑阿尔卑斯山进入罗马的后院。罗马大为震惊，几乎不相信这是真的。这条路的确极为艰苦，汉尼拔的军队冻死了一半人马。但他迅速纠集起当地的高卢人部落，在意大利北部各处寻衅滋事。高卢人一贯被罗马人欺负狠了，这下子跟在迦太基人后面闹腾得挺欢，迦太基的军队人数也因此得到补充达到 4 万人左右。

汉尼拔是一位优秀的情报战高手，他招募了大量对罗马统治不满的间谍，而他本人也经常戴上假发和假胡须混入罗马军营刺探情报。对于一个军队主帅而言，这实在是惊人的冒失之举，更何况他在这期间因为眼病而右眼失明。不过对于一个想象力丰富，可以跨越阿尔卑斯山的人来说又有什么是不可能的呢?

由于有充分的情报支持，再加上汉尼拔天才的指挥能力，迦太基和蛮族联军取得了一系列战役的胜利。尤其是在坎尼战役中，汉尼拔摆出新月形状的阵形，用5万人包围歼灭了10万人。

罗马费尽心机集中起来的军队被消灭了7万人之多，罗马军队的阵亡名单上包括了罗马执政官鲍鲁斯、前任两位执政官、两位财务官、共和国48名军团司令官中的29人，以及80位元老院议员，换句话说一战报销掉罗马共和国政府接近三分之一的成员。此战是古罗马历史上最惨痛的失败，也是世界战争史上单日伤亡最严重的战役之一。

罗马在汉尼拔的剑下瑟瑟发抖，罗马城差不多又要上演全民撤离运动了，只是由于迦太基军队缺乏攻城器械才幸免于难。连马其顿国王菲利普五世也与汉尼拔结盟，并趁机对罗马发动了第一次马其顿战争。虽然取得了辉煌的胜利，但由于意大利境内的大部分城邦拒绝背叛罗马，所以汉尼拔始终无法动摇罗马的统治基础，他的盟友基本上都是些靠不住的骑墙派角色。

于是当罗马决心与他拼消耗的时候，他的失败也就无可避免了。

挨鞭子的百夫长和叛变专业户

公元前212年，罗马大将科尔内利乌斯·西庇阿采取围魏救赵的策略直攻迦太基。他是罗马人中的情报大师，在北非的土地上书写了超过汉尼拔的传奇。

当时西庇阿率领的是两个罗马军团3.5万人，而前来抵抗的迦太基人则有9万之多。迦太基军队分为两队驻扎，像铁钳般形成左右夹击之势与罗马人对峙。

按照罗马人的记载，罗马间谍们每天的活动状况大致如下：按照罗马人的习惯，在吃晚饭的时候由鼓手和号手在西庇阿的营帐外发出信号，提醒将军向各个哨所派出警卫人员。罗马间谍们趁着黑夜掩护出去侦察，在天亮前回到军营向西庇阿汇报情况。西庇阿非常仔细地询问和比较每一个间谍所走的路线和进入敌营的入口。

西庇阿是个狡猾的指挥官，他一面保持对峙局面，一面不断地派遣使者去向对面的迦太基将领哈斯杜路与赛法科斯交涉和谈。而他的使者全都是些精明的间谍，罗马军队中有经验的中级军官如百夫长之类也化装成仆役和奴隶混在使团中。

罗马间谍们诡计百出，而迦太基人则显得非常大意。有一次罗马人故意松开一匹马的缰绳，然后用极为笨拙的追赶方法跑遍了迦太基人的军营。迦太基军人们只顾得大笑着嘲讽敌人，却没注意到整座军营的底细都被人家看了个够。

《李维罗马史》中的记载如下：当使者们同迦太基的统帅谈判时，这些由百夫长冒充的奴仆便在营区四处活动，他们把每个进出口、营区内的工事布局、每支敌军部队的相互位置和人数、军营的警卫哨兵警戒位置和换哨时间以及哈斯杜路与赛法科斯两座军营之间的距离和路线都熟记在脑中，同时他们也考虑应该在白天还是晚上发起攻击。由于和谈很频繁地进行着，所以罗马的军官们每次都派不同的间谍去侦察，好让尽可能多的人熟悉敌营状况。这样的情形持续下去，结果有一次差点露馅：当时西庇阿的使者莱利斯正在与赛法科斯会谈时，赛法科斯的一个手下认出了化装成奴隶的百夫长路西斯，因为他俩以前曾在罗马境内见过。莱利斯是个很会随机应变的人，他立即哈哈大笑着让赛法科斯的手下去鞭打路西斯，理由就是一个奴隶竟敢令人以为自己是个罗马公民。路西斯恭顺地挨了

罗马大破迦太基

一段鞭打，在场的迦太基人都认为这肯定是个奴隶，因为一个罗马的百夫长不可能忍受得了这种屈辱。

经过细致的侦察后，西庇阿动手了。他针对迦太基军营完全由木头和芦苇建造这一点发动了火攻，正当迦太基人奇怪那些勤快的和谈使者为何不见了踪影时，罗马人在夜间偷袭并放起火来。那些惊慌失措的迦太基人刚冲出火海便遇到了罗马军团的短剑，一夜之间大约有 4 万人命丧黄泉，迦太基的军队被彻底摧毁。

在此前一年的意大利战场上，汉尼拔正遭受严重的挫折。

公元前 211 年，汉尼拔进攻罗马的港城诺拉。负责守卫诺拉城的是马凯路斯，这个谨慎的罗马将领不理会汉尼拔的百般挑战，他清楚迦太基军队没有足够的攻城器械，只要做好防御就足以保证安全。

心急如焚的汉尼拔决定还是用自己拿手的间谍战法，他派遣间谍渗透进诺拉城，在城中居民内部进行策反煽动工作。

由于汉尼拔的威名和他一向厚待俘虏的传统，所以很快便招募到一批仰慕他的居民组成了内应部队。双方商定：一旦马凯路斯率部出城作战，就立刻关上城门。门外面的罗马军队交给汉尼拔军队消灭，内应部队制服城内的留守部队，夺取城内的军械物资后再杀出城来，与汉尼拔军队里应外合夺下诺拉城。

一切进展顺利，诺拉城似乎唾手可得。

汉尼拔过分自信了，他的内应部队中隐藏着一个双重间谍——路西乌斯·本提乌斯。

本提乌斯本是一名罗马军人，在坎尼战役中被汉尼拔俘虏。当时他身负重伤，濒临死亡。汉尼拔不但没有杀他，反而还派人悉心照料他并为他疗伤，在伤愈后汉尼拔还给了他自由，让他继续回到罗马生活。

当汉尼拔的大军来到诺拉城下时，本提乌斯恰好在城内生活。他深知报答汉尼拔的时机到了，于是主动出城与汉尼拔联系。汉尼拔对他也委以在城内负责组织接应的重任。

为了组织起更多的内应，本提乌斯每天游走于诺拉城的各个角落，一面争取对罗马统治不满的人加入内应部队，一面四处宣扬汉尼拔的功绩。

一般来讲，在敌占区从事地下工作不应该弄得跟沿街叫卖似的那么张扬。本提乌斯同志是实在人，由于工作热情高涨而过于大张旗鼓，在他与汉尼拔商定好里应外合的计划后不久便不幸被捕。

本来按照罗马人的传统，内奸应该立即被钉死在十字架上，但马凯路斯是个例外的慢性子。他同本提乌斯同志耐心地谈人生谈理想，其基本要点就是："为我干活金票大大的，不从的话死啦死啦的有！"

有的时候，人的行为是有惯性的。比如本提乌斯就把背叛当成了一项神圣的事业，他把出卖同志的行动提升到了艺术的程度。在本提乌斯的指认下，内应部队被马凯路斯一网打尽，70 多人被处死，家人都变成了奴隶，所有人的家产也被全部没收充公。

此后，本提乌斯继续以高涨的热情同汉尼拔谋划"里应外合"之事，当然除他之外的"里应"部队已经都变成十字架上的腐尸。

接下来的一切都按照金牌导演马凯路斯的剧本运行：一天，马凯路斯主动率部出城作战，汉尼拔喜出望外地马上派军迎战，同时亲自率领精兵突袭城门。

迦太基人没等到城里的接应的同志，却遭到马凯路斯精锐部队的突袭。当汉尼拔攻城的时候，城内整队的士兵突然打开城门杀出来，以迅雷不及掩耳之势发动猛攻。马凯路斯还在城外安排了一支骑兵包围汉尼拔的两翼，迦太基军队四面受敌。幸亏汉尼拔经验老到临危不乱，在自己骑兵的掩护下收拢部队冲出了包围圈。

这次攻城失利使汉尼拔百战百胜的神话画上了句号，诺拉城的攻城战斗持续了两年多，汉尼拔损失了 1 万多人，最终还是望城兴叹。

对汉尼拔打击更大的是，这次攻城的溃败使他名誉受损。军中的部分将士甚至开始公开质疑他的指挥能力，部分曾跟随他攀越比利牛斯山和阿尔卑斯山来到罗马战斗多年的老兵也弃他而去。

这次失败严重地挫伤了汉尼拔的自尊心，大大削弱了他的锐气，诺拉之败也标志着他的军事生涯巅峰状态的结束，本提乌斯这个名字由此也成为西方世界对于双面间谍的代名词。

在这种情况下，汉尼拔被迫撤离意大利回援祖国。在与西庇阿对阵时，汉尼拔也使用和谈作为缓兵之计。古罗马历史学家弗洛鲁斯曾记载汉尼拔和西庇阿会面时的场景：两位一向闻名的将军，一个在意大利战场屡次得胜，一个在西班牙战绩辉煌……两位统帅本人就达成和平条件会晤谈判，他们两人长时间相对无言，一动不动，彼此流露出对对方的仰慕之情。两人都认为，自己面对的是善于运筹帷幄的名帅。西庇阿公开这样赞美汉尼拔，而汉尼拔也如此赞美西庇阿。

西庇阿和汉尼拔见面时彼此惺惺相惜，可惜由于彼此的条件差距巨大，和谈无果而终。

此后汉尼拔如往常一样派出大量间谍侦察罗马人的动向，而西庇阿的士兵们是受过严格训练的，他们俘获了一些迦太基间谍。西庇阿亲自审讯了间谍，出乎迦太基人意料的是他们没有被虐待或杀死，反而受到了罗马统帅和颜悦色的招待，因为西庇阿认为这些间谍可以为自己所用。他亲自带着这些间谍把军营里外转了个遍，还介绍了罗马军团的详细部署情况。最后迦太基人被好吃好喝地招待一顿，客客气气地送回去。

西庇阿只有一个要求，那就是要间谍们如实向独眼龙将军汇报自己看到的一切。

汉尼拔在听完自己间谍的汇报后十分满意，尤其是在得知罗马人几乎没有什么骑兵力量之后更是如此。

汉尼拔与西庇阿在扎马会战中的交手决定了第二次布匿战争的结局

他的军队由于刚经过长途跋涉，疲惫不堪，减员严重，但是对于消灭没有骑兵支援的罗马军团还是有自信的。他不知道的是自己的盟友东努米底亚人已经背叛，从援军变成敌军的 6000 名骑兵正在赶来的路上。由此在随后展开的扎马会战中便出现了戏剧性的场面：当 3 万罗马军团和几乎超过他们一倍的迦太基军团绞杀在一起时，6000 名努米底亚骑兵突然出现并从迦太基人背后发起冲击。迦太基人全军覆灭，汉尼拔单骑脱逃，而罗马人只损失了 1500 人。

第二次布匿战争的结局由此战奠定，汉尼拔输给了比自己更狡猾的情报战大师。

根据新的条约，迦太基的陆军被解除武装，海军所有 600 艘战舰被集中起来，当着西庇阿的面焚烧殆尽。迦太基除非洲外的所有领土都被割让给罗马，还要支付巨额的战争赔款。

经此一战之后，迦太基已经再也无力与罗马争斗了。

由于马其顿国王菲利普五世曾与汉尼拔结盟，罗马随后发动了进攻希腊的战争，马其顿方阵在罗马军团的打击下溃不成军。

公元前 197 年，罗马将军提图斯・奎恩科提乌斯・弗拉米尼努斯在希腊东部的色萨利击败了菲利普，并宣布希腊所有城市为自由城市。

公元前 189 年，叙利亚国王安条克的军队在小亚细亚的马格尼西亚战役中被歼灭。

至此，所有的希腊化国家几乎都被罗马征服。

罗马人没有放过迦太基和汉尼拔。

扎马战役结束后汉尼拔退出了军界，他当选为行政官试图以商业重振国力。仅仅七年后，罗马人便开始顾虑迦太基的复苏威胁，他们要求迦太基政府交出汉尼拔，汉尼拔为此自愿被流放离开迦太基。他周游各国，曾先后两次在不同的国家率领军队对抗罗马，可是每一个国家最后都由于受到罗马的压力而要出卖他。

经过几年的流亡之后，这个品格高贵、坚强不屈的迦太基人服毒自尽。

根据李维的记载，就在同一年，曾经在非洲战场上获得“非洲征服者”称号的西庇阿也在政治斗争失败后的失意中去世。

公元前 149 年，虽然来自迦太基的税款养肥了罗马，但是元老院还是害怕经历了 50 年和平的迦太基再度崛起，要求他们抛弃迦太基城搬入北非内陆。这无

汉尼拔最终死于罗马的逼迫和迦太基人自己的背叛，这幅油画描述了他服毒之前的情景

理要求自然被迦太基拒绝，罗马便立即宣战包围迦太基城，第三次布匿战争开始。

迦太基的居民憎恨罗马人背信弃义的进攻，他们顽强抵抗了三年。

公元前146年，埃米利安·科尔内利乌斯·西庇阿领军攻入迦太基城。

迦太基人继续进行巷战，战斗又持续了一周，当罗马军团攻克中央要塞比尔萨后，罗马元老院委员会抵达这座被占领的城市。他们决定把迦太基城夷为平地，于是罗马军团放火烧掉了迦太基城，大火延烧了17天，灰烬有1米深。罗马军队又挨房搜索，将所有居民找出杀死，连迦太基的港口都被拆毁，从此迦太基成为历史。

血雨腥风的共和国

就在征服了所有已知世界之后，罗马社会本身也发生了变化。来自战败国的赔款和赋税以及那些掠夺来的战利品让罗马变成了暴发户，共和国初期那种以简朴为美德的观念彻底被希腊化的奢华享乐观念代替。罗马人已经清楚地意识到，帝国是压榨被征服民族的好工具，一个崇尚霸权的罗马帝国已在孕育之中。

在这一阶段，罗马人仍然以间谍行为为耻。他们刻意忽略了自己军队的间谍行为，坚持认为罗马军团是以公平的条件击败敌人的。由于共和国时期掌握政权的是元老院，所以罗马官方几乎没有有组织的间谍机构。罗马的间谍组织基本上都是由政治家和将领私人掌握，一旦这些人下台也就因为失去政治和经济支持而解体。

到公元前 1 世纪时，罗马共和国的政治已经变得腐败不堪。财富的过度集中造就了一批富豪，更制造出大量没有土地没有财产的赤贫阶层。这些一无所有的穷人聚集在罗马，不满的情绪就像火山般随时会喷发。

在这种情况下，代表赤贫阶层的执政官盖尤斯·马略和出身贵族的独裁官科内利乌斯·苏拉对立严重。

马略是个出色的军事家。

在他的时代里，出卖了迦太基的努米底亚成为北非霸主。罗马与努米底亚国王朱古达常有冲突，罗马屡次试图征服努米底亚均受挫。

马略在担任执政官后进行了军事改革，他的军队由招募来的贫民组成，他承诺将战利品和土地分给他们作为服役的代价。这样就造就了一支新型的军队：士兵效忠的不是国家而是他们的统帅。

从马略军事改革开始，保护共和国的军事基础从根本上动摇了。马略的新军打败了朱古达，公元前 106 年，朱古达被用铁链锁着押解到罗马，像条狗一样游街示众受尽侮辱。马略也借着忠于自己的军队肆意行事，他在任期已满的情况下仍不下台。由于他的施政方针受到穷人们的追捧，贵族们自然是恨之入骨。

从马略开始，罗马进入了军人共和时期。一个个军阀相继把持政权，共和体制被进一步破坏。贵族决心反击，于是马略的前部下苏拉代表共和派贵族势力对“马军阀”发起了挑战。

公元前 88 年，双方展开了一场罗马内战。苏拉击败了马略后，宣布取消平民大会并限制保民官的权力。老苏对于贵族中同情老马的“叛徒”毫不手软，依靠着比苍蝇还多的间谍，他一次性就屠杀了 1500 名贵族，当然对那些闹事的穷人更不会手软。在军队屠杀的威胁面前，平民们也不敢搞什么撤离运动了。

鲜血流满了罗马的街道，共和国已经进入风雨飘摇的时期。

就在这时候，盖乌斯·尤利乌斯·恺撒登上了历史舞台。

恺撒是马略的侄子，所以从一开始就受到罗马平民的支持。虽然恺撒的双亲都出自纯粹的贵族家族，可是共和派贵族始终把他当作威胁，他终其一生都在敌人的反对阴谋中度过。

年轻的恺撒刚结婚两年，当时执政的苏拉就提出蛮横的命令——要求恺撒和老婆离婚。恺撒的老婆是元老院民众派领袖秦纳的女儿，老苏是为了消灭恺撒从政的可能性而不是打算横刀夺爱。

恺撒当下就怒了，他二话不说捋起袖子就走——不是找老苏玩命而是先跑路。眼看着已经有 1500 颗人头落地了，傻子才会留在罗马等人砍。

老苏本来打算干掉老马的这个侄子，不过在巨大的压力下还是放弃了。他交给在亚洲流亡的恺撒一项外交任务，去向比提尼亚国王尼科美德索要船只。

老奸商尼科美德签合同的时候很爽快，交船的时候却迟迟不肯履约。老苏本想让恺撒难堪，没想到恺撒圆满地完成了这个任务。不过他的敌人没有放弃诋毁的机会，很快关于同性恋恺撒和老玻璃尼科美德的八卦新闻就传遍了罗马全境。这一影响是长远的，以至于他的士兵在很久以后的一次凯旋式中称其统帅为“所有女人的男人，所有男人的女人”。

在苏拉死后恺撒回到罗马，但是他的政治生涯似乎没什么起色。

“消防队长”的房地产生意

在公元前 73 年到公元前 71 年之间，一个名叫斯巴达克思的色雷斯角斗士领导了古罗马历史上最大的一次奴隶起义。

斯巴达克思是希腊北部的色雷斯部落首领，在与罗马军队作战时被俘，随即被训练成为角斗士。“角斗士”一词源于拉丁文中的“GLADIUS”，原意指古罗马军队的短剑，有勇敢和荣誉的意味。

最早的角斗士决斗是古罗马葬礼仪式的一部分，战死的角斗士被当成死者前往冥界的护卫，鲜血献祭会让死者的灵魂得到神灵庇护。随着时间推移，角斗士决斗逐步变为娱乐活动。早期的角斗士们由战俘或专门训练的奴隶组成，他们除了表演以外还有一项工作是处决犯人。罗马处决死刑犯的一种方式是让他们和角斗士决斗，如果杀死角斗士则可得到赦免。

尽管角斗士是奴隶，没有任何罗马法律承认的社会地位，但那些角斗士中的常胜者们却往往声威显赫，广受欢迎。年轻的贵族男孩们不顾家长的强烈反对，逗留在角斗士学校中学习格斗技巧，练习作战的本领。而那些不甘寂寞的罗马贵妇特别爱好和角斗士私通，不过不是出于爱情而纯粹是肉欲。

常胜的角斗士与今天的体育明星一样享有盛誉，罗马人认为他们在战斗中表现出的无与伦比的勇气代表着古罗马尚武精神的发展和延续。由于出色的角斗士会得到社会舆论的追捧，得到金钱，甚至成为贵族妇人的情人，所以有一些角斗士是自愿的。到了罗马共和国晚期，这些亡命之徒竟然占据了角斗士总数的一半。

罗马人对于角斗士是有他们的“爱”的，只不过这种爱必须建立在角斗士为了他们而死的基础上。在古罗马的社会体系中角斗士只能作为一种昂贵的（奴隶）消费品，而不能作为一个人存在。这一点在很多后世的记载中经常被忽视，因为这些记载往往是以罗马人的眼光来看待问题的。

事实上，角斗士制度的存在是古罗马文化中的“恶”的典型代表，古罗马以军事强权立国，在它的道德体系中力量就是正义的同义词，所以奴役、蹂躏被征服者成为罗马帝国夸耀力量的手段之一。

“力量就是正义”这一传统在古罗马帝国衰亡之后并未消失，它潜藏在西方文明的表皮之下，延续至今。

斯巴达克思起义一时间造成了堪比汉尼拔远征一般的震动，罗马各地都有奴隶投奔起义军并提供情报，所以镇压的罗马军队连遭歼灭，到最后发展到一度无人愿意担任执政官的地步。

由于斯巴达克思的军团这时已达到 12 万人之多，所以谨慎的恺撒并没有挺身而出拯救罗马，趁着这个机会贵族大商人克拉苏找到了自己的舞台。

马库斯·里希尼·克拉苏的绰号是“富翁”，他的家产的确无愧于这一绰号。克拉苏是罗马城中最富裕的人，是贵族中的异类。当时贵族主流观念是以与商人打交道为耻的，而克拉苏先生不仅乐意同商人打成一片，还亲自下海经商。克拉苏以头脑灵活和思想新潮著称，他在罗马城的投资涉及很多方面，其中最成功的领域有高利贷、房地产、贩奴和消防服务。

克拉苏在罗马城内收买了无数的间谍，从赤贫阶层到元老院里都充斥着他的债务人，间谍的来源根本不成问题。由于有四通八达的情报网络，所以克拉苏先

中世纪绘画，受难者被钉上十字架

生的商业经营获得了极大的成功。据记载，克拉苏待人和蔼可亲，无论对方是高贵的议员、著名的将军、卑微的商人、可怜巴巴的乞丐、谁也不多看一眼的奴隶，都能从克拉苏那里得到温暖的笑容、亲切的关怀、无微不至的问候和力所能及的援助。

贵族们看不起他，穷人们崇拜他。最难得的是大善人克拉苏自身富裕后不忘造福桑梓，私人投资组建了一支消防队，消防人员由他的奴隶担任。罗马城中被他看中的房屋往往会在夜间不幸失火，克拉苏和他的消防队总会在第一时间赶到，消防队员们摆出架势把打算救火的人赶开，不让他们打搅克拉苏先生和焚心似火的房主谈生意。

克拉苏先生这时候会慷慨地出一个低到脚底板的价格，房主可以在卖房和被烧成瓦砾中二选一。就是靠这种手段，克拉苏几乎成了整个罗马的房东，他的财产能抵罗马国库一年的收入。他整天挂在嘴边的话就是："一个无力用自己的财产维持一支军队的人，算不上是一个富人。"

斯巴达克思给了他这个机会，时任大法官的克拉苏临危受命镇压起义。他自己出钱组建了几个新的军团，然后随机选出几百个罗马城里的奴隶活活烧死，这种可怕的警告起到了阻止奴隶们向起义军通风报信的效果。

克拉苏对自己人也毫不手软，面对屡战屡败的局面，他立即恢复了古老的"十一抽杀律"：临阵脱逃的士兵，每十人一组，每组抽签处死一人。死亡的恐惧使得罗马军团恢复了斗志，与此同时，分别从西班牙和色雷斯赶回来的将领庞培与路库鲁斯也率军支援克拉苏。

公元前 71 年秋季，西西里海盗出卖了斯巴达克思，克拉苏将起义军围困在布拉达纳斯河畔。最后的大战展开了，斯巴达克思在战斗中负伤，他的士兵们请求他骑马逃走，斯巴达克思却刺死了战马，发誓和自己苦难的兄弟们战斗到死……

大起义失败后，克拉苏把所有 6000 名俘虏全部钉死在了十字架上。

斯巴达克思死后 476 年，也就是公元 405 年，角斗这种野蛮的娱乐活动才被西罗马帝国皇帝霍诺留宣布废除。在长达 740 年的漫长岁月中，罗马人创造出的这一血腥发明导致了无数的角斗士惨死在竞技场、宴会上和其他一切罗马人

吞噬了无数角斗士血肉的罗马大斗兽场内景

愿意看见流血的地方，而角斗士们什么也没有留下，只有罗马大斗兽场的废墟依旧矗立在罗马城供后人凭吊。

公元 8 世纪时，贝达神父曾预言："几时有斗兽场，几时便有罗马；斗兽场倒塌之日，便是罗马灭亡之时；罗马灭亡了，世界也要灭亡。"公元 1084 年，野蛮的日耳曼部落攻陷罗马城，罗马城被洗劫一空，斗兽场也被人遗弃，后来曾成为人们挖掘大理石寻找建筑材料的来源。这部分地应验了贝达神父的预言。但罗马城仍旧存在，世界也没有灭亡——只是换了主人。

1900 年后，当意大利的独立浪潮风云突起之际，罗马人拉·乔万尼奥里撰写了不朽的作品《斯巴达克思》，这位公元前反抗罗马暴政的英雄激励着罗马人的后裔寻求自由。作家的朋友，意大利独立运动的民族英雄、红衫军的领导人裘斯壁·加里波第在给作家的信中说道："您用米开朗琪罗的手法雕出了斯巴达克思——这一为奴隶献身的基督。"斯巴达克思无愧于这些赞誉，角斗士只是罗马人用暴力强加给他的身份，在他的心中自己永远都是一个自由的色雷斯人！

我来我见我胜利

镇压了起义的克拉苏和庞培率军回到罗马，逼着元老院任命他俩为执政官。

与此同时，恺撒也进入了克拉苏的视线之内，显然这个人是值得投资的原始股。此时的恺撒已成为一个响当当的“负翁”，他在担任罗马市政官时为了取悦市民而自掏腰包举办赛马会，结果负债累累。甚至发展到当他得到高卢总督的任命时，一群债主跑来扣留了他的行李！

克拉苏慷慨地掏出钱来帮恺撒付了账，这才使得恺撒得以踏上传奇般的征服高卢之旅。

公元前 60 年，恺撒被选为执政官。共和派贵族们策划靠贿选来扶持恺撒的反对派一同上台。在这种情况下，老将庞培、老奸商克拉苏和穷光蛋恺撒达成了一个协议：这个国家的任何一项措施都不得违反他们三人之一的意愿。历史学家将这个联盟称为“前三头同盟”。

为了巩固这一政治联盟，50 岁的庞培还娶了恺撒年仅 14 岁的独生女茱莉娅。

怀着获得政治资本、荣誉和忠于自己的军队以及财富的巨大野心，恺撒在卸任执政官后立即发动了高卢战争。为了赢得战争胜利，恺撒组建了罗马共和国时代最高效的私人间谍网，除了罗马指挥官习惯地依靠审讯战俘和当地人来获取情报外，恺撒广泛雇用和使用了数量巨大的谍报人员。

在他的军团行军时，总会派出侦察兵在队伍前方保障安全，而远距离的探路工作则由侦察骑兵负责。所有这些人员全部化装成高卢士兵，并且会说流利的高卢语言。为了执行侦察任务，每个罗马军团都至少配备了 10 名侦察兵。为了保障情报安全，恺撒还与他的间谍们约定了各种代码和密码来进行掩护。

在恺撒的时代，高卢与罗马之争已经持续了 300 多年。

早期的高卢要远比罗马强大，公元前 390 年高卢的军队还摧毁过罗马城。不过随着罗马的崛起，高卢已经沦为罗马掠夺和侵略的对象。

在恺撒入侵高卢时，高卢联盟由多达 60 个部落组成，恺撒的政治间谍们很快渗透其中进行煽动拉拢，使得不少部落同罗马结盟。但不久后由于厄勃隆尼斯部落起义并用计消灭了恺撒总兵力的四分之一后，高卢人的民族意识高涨，许多臣服于罗马的部落都进行了起义。在自称为高卢皇帝的起义领袖韦辛格托里克斯的努力下，高卢组成了 20 万的军队对抗罗马。恺撒遇到几次挫败后，再度开始使用瓦解分化的手段对付造反的高卢蛮子们。

公元前 53 年，恺撒率军包围了阿瓦利肯城，经过 21 天的围攻后城破，城里的 4 万居民遭到大屠杀。在屠杀的同时，他也把战俘有选择地释放以争取某些部落的忠诚。

到了第二年，恺撒将韦辛格托里克斯驱赶到了阿莱西亚城并包围起来。他在城外建造了两层围墙，内层阻止突围，外层阻挡援军，当多达 25 万的援军被击溃后，陷入饥荒中的阿莱西亚城投降，韦辛格托里克斯被像牲口一般运到罗马后绞死，高卢战争结束。

据有些古罗马历史学家估计，在 9 年的高卢战争中，恺撒屠杀了大约 100 万高卢人，并有同样数目的高卢人成了奴隶。这个数字肯定有所夸张，但是靠着战争，穷光蛋恺撒变成了大富翁恺撒，他的战利品不断运回罗马分给平民，使得更多的人支持他。

但等到他凯旋时，罗马的政局已经大大改变了。

公元前 55 年，克拉苏由于妒忌恺撒的成功，给自己谋得了叙利亚总督的职位。他迫不及待地发起了针对安息帝国的战争，结果他的情报网在遥远的西亚完全不起作用。

大奸商兼消防队长克拉苏在卡雷战役中被安息人诱入包围圈，他的儿子和 33000 名罗马步兵被安息弓骑兵射成了“刺猬”。克拉苏本人和其他 9000 人一同被俘，安息人把他最爱的黄金熔化后灌进他的喉咙里。

在此前一年，恺撒的女儿茱莉娅因为难产去世，恺撒和庞培的联姻关系即告结束。三角形的稳定性不复存在，剩下的两个人为了独裁宝座反目成仇。

公元前 52 年，共和派贵族要求解除恺撒的高卢总督职务，并交出兵权。恺撒要求与庞培同时交权但元老院拒不接受，反而授权庞培召募军队保卫共和国，继而宣布恺撒为公敌。

于是，一场新的内战爆发了。

内战的失败者是庞培。他在逃到埃及后被杀，恺撒成为罗马的新独裁者。在那以后就是征服埃及，以及恺撒同埃及艳后克利奥佩脱拉那人所周知的风流韵事了。

完成这一切以后，恺撒的名望达到了顶点。他的大将安东尼公开称呼恺撒为罗马王，虽然恺撒本人拒绝了这个称号，但是共和派贵族们却惊恐万分。很快，

恺撒最终被贵族们刺杀在元老院里

一个叫“解放者”的组织谋划了刺杀阴谋，这个阴谋竟然瞒过了恺撒的间谍网。公元前 44 年 3 月 15 日，恺撒被刺杀在元老院中，凶手中有不少是他朋友。恺撒死后，罗马又经历了一场内战动荡，最后的胜利者是恺撒的甥孙兼养子屋大维。公元前 27 年，屋大维被元老院授予奥古斯都 · 恺撒的称号，意思是神圣的、至尊的恺撒，这也是以后每一代罗马皇帝的尊号。虽然屋大维生前没有正式宣布称帝，但是共和国时代已经完全结束。

屋大维的帝国时代

屋大维除了对罗马内政进行梳理之外，还将罗马军团驻扎在边境以避免军阀干政局面再次出现，另外又组建了一支罗马禁卫军做皇帝可靠的私人武装。

屋大维在位期间罗马有许多创举：组建了政府管理的专业消防队，组建了警察部队，组建了交通部并在国内兴建了完善的交通网络，等等。除此之外，还有一个相对隐蔽的创举：组建了罗马历史上第一个归国家所有的情报机构。

有了这个情报机构之后，罗马终于第一次实现了在国家内部进行可靠的通信，所有的信使都归情报部门掌握。在正常的情况下，奔波在帝国交通线上的信使们一天要经过 5 到 8 个驿站，每个驿站都准备了快马供信使们更换，这些快马的速度是普通马匹的10倍。就这样信使们一直奔驰到罗马，向皇帝本人汇报来自四面八方的情况，包括外敌入侵、战况进展、民众造反和自然灾害等等，还包括各行省总督的活动状况，军队的稳定程度和民众的活动情况。

后来，负责消防工作的巡警消防队和维持治安的警察大队发展成警察厅，也成为帝国的重要情报机构之一。

屋大维为古罗马帝国带来了长期的繁荣和稳定，中国汉朝与古罗马帝国的第一次接触也是在这一历史阶段出现的，来自中国的丝绸被古罗马人视为稀世珍宝，他们称中国为“塞里斯”，意即丝绸之国。

但屋大维之后的皇帝们并不是每一个人都配得上奥古斯都·恺撒这个称号，很多人都死于暗杀或叛乱，竟然鲜有善终者。于是多疑就成为罗马皇帝们的共同性格，罗马帝国境内出现了许许多多的告密者，执政官的卫兵兼任特工人员和秘密警察成为惯例。

公元81年，暴君图密善在位期间，罗马帝国成立了专业的秘密警察机构“弗路漫塔里”。这个机构由军士和百夫长充任工作人员，最初是负责罗马军团军粮采购任务的。后来弗路漫塔里成为专业的秘密警察机构，负责首都情报工作的弗路漫塔里驻扎在罗马西莲山的佩里葛诺鲁姆城堡，由一名总百夫长指挥，直接对皇帝负责。这些特殊的军人负责送信和收税，还负责调节罗马城的粮食供应。对于意大利本土之外的各行省，秘密警察们进行重点监控，他们负责刺探行省情况、监视重要的权贵人士、控制居民的行为和操纵社会舆论等。

尽管想了无数的办法保护自己，但是图密善还是被自己的家人、秘书和奴隶合谋刺杀。在他之后的著名同性恋皇帝哈德良把弗路漫塔里彻底改造为秘密警察机构，负责整肃国内的叛乱分子——就在哈德良在位期间，巴·柯克巴领导犹太人发动起义。历时三年死亡60万人的起义被镇压后，哈德良迁移非犹太人进入耶路撒冷定居，并宣布任何犹太人都不许进入耶路撒冷。

犹太人被驱逐而流散到世界各地，他们成为没有故乡的流浪者，直到1948年以色列复国为止。这一时期的弗路漫塔里军人大约有200人，他们不是密探，特意穿着专门的制服表明身份。哈德良皇帝命令这些秘密警察监视自己的宫廷、将军、元老院元老以及基督教徒和持不同政见者。

虽然皇帝寄予厚望，但这些军人却屡屡出丑。在著名的通缉迪奥尼修斯事件中，弗路漫塔里军人们到处张贴布告捉拿基督教活跃分子狄奥尼修斯，结果整整四天过去后才有人想起来应该到他家去搜查，而这几天狄奥尼修斯就安全地躲在家里！

最后通缉犯成功逃脱了，秘密警察成为全罗马的笑料。指望这帮天才保护的话，恐怕没有哪个皇帝晚上能睡得着觉。

弗路漫塔里虽然抓人不行，但是贪污却很在行。这帮家伙滥用职权中饱私囊的行径越来越过分，直到公元 284 年，近卫军将领戴克里先夺权登基后他们失宠才被裁撤掉不少。

当然，皇帝不会让自己手头没有特工工具的，他的办法是民间招募新的秘密警察。戴克里先的新情报机构人数大为膨胀，达到了 1200 人之多。

这个间谍机构相对令皇帝们比较满意，它一直存续到公元 700 年的拜占庭帝国时期。

公元 347 年登基的狄奥多西一世是最后一位统一的罗马帝国的君主，他将

面对着蛮族入侵的危机，土崩瓦解的西罗马帝国连还手之力都没有

基督教定为国教，这标志着曾长期敌视基督教的罗马帝国彻底被基督教征服。这位皇帝是著名的反奥运分子，他认为奥运会是异教活动。在公元 394 年，他下令终止古奥运会，至此历时千年的古奥运会寿终正寝。

在公元 395 年狄奥多西一世死后，危机重重的帝国分裂为东罗马帝国和西罗马帝国两部分。象征分裂的“双头鹰”从此成为帝国徽章，东、西罗马帝国是同盟关系，基督教成为联系它们的纽带。

分裂后的西罗马帝国依然陷身在不可解脱的经济和政治危机之中，面对着蛮族入侵的危机，土崩瓦解的西罗马帝国连还手之力都没有。此时的西罗马帝国已是蛮族的天下，连皇帝的禁卫军都由日耳曼雇佣军充任，昔日威风凛凛的奥古斯都·恺撒们如今已经成为佣兵首领随意摆布的傀儡。

公元 476 年，日耳曼雇佣军首领奥多亚克废黜了西罗马帝国最后一个皇帝罗慕路斯，标志着西罗马帝国的最后灭亡。从此以后，西欧和北非奴隶制社会历史宣告结束，开始进入封建社会的历史阶段。

挨板砖的伟大皇帝

西罗马覆灭之后，以君士坦丁堡为首都的东罗马帝国幸运地存活下来，它继承了古罗马帝国的情报组织以及管理方法。但是在查士丁尼一世统治时期，这位色雷斯人出身的皇帝几乎毁灭了东罗马帝国的情报系统。按照与他同时代的史官普罗科匹厄斯所记，这位以编撰了《查士丁尼法典》和频繁的对外战争而闻名的皇帝，竟然把传承 500 余年的驿站取消大半！除了通往波斯边境的驿站由于战争危险而保留外，通往埃及和叙利亚等东方领地的驿站都被大幅削减，信使们一天最快也只能达到一个驿站，因为他们能使用的不再是快马而是驴子……还有些地方一座驿站都没有，信使们被迫乘坐船只漂洋过海传递情报。即使信使们历尽千辛万苦把情报送到了，也往往变成了过时的废纸。

除了驿站被撤销外，查士丁尼同志还大幅削减政府办公人员以节省开支，首当其冲的就是情报人员。古老的有悠久腐败传统的弗路漫塔里机构掀起了下岗潮，连派驻外国执行任务的间谍也被告知皇帝不再支付他们的工资了。

这些愚蠢的措施使得东罗马帝国成为耳聋眼花的废人，它的大片国土被敌国侵占，而国内对政府不满的民众也不惧怕任何镇压措施——根本就没有皇帝的鹰犬存在了。

关于失去了情报系统会发生怎样的恶果，发生在 532 年的尼卡暴动就是最佳注解。

在查士丁尼统治时期，赛车是全民狂热一时的运动。君士坦丁堡的市民们比今天的 F1 车迷们更疯狂，甚至因为支持不同赛车选手而分成蓝绿两党。

蓝党的名字取自大海的颜色，因为创党党员们都是海员，后来也有市民、大贵族和元老院议员加入。他们虔信正统基督教，支持皇帝的中央集权。绿党取自春天原野的颜色，一开始由农民组成，后来帝国东部的富商巨贾也参加进来，他们主张地方自治，并忠心于近乎异端的基督一性论教派。

尼卡暴动令帝国高层措手不及

除了蓝党和绿党外，还派生出了红党和白党。每当举行赛车比赛的时候，这些党派就彼此辱骂然后斗殴，活脱脱一帮古代版的足球流氓。

这桩事件的起因是蓝党自以为支持政府有靠山，所以便到处欺负绿党成员。被逼急了的绿党在一次赛车大会上辱骂皇帝偏袒蓝党，于是两派人马连比赛都不看了立刻开打。这次群殴规模太大，没法下台的君士坦丁堡市长下令逮捕并绞死闹事的首要分子。按照各打五十大板的公平原则，蓝绿都有。

在法场上，蓝绿两队各有一位神人在被施以绞刑的时候，绳子连断了三次！于是在场看热闹的观众动了恻隐之心，要求刽子手饶恕他们。但是坚持原则的刽子手打算再吊第四次，这下看热闹的人不干了——你不给一两个人面子也就罢了，大家伙几千人的面子你敢都不给？于是大伙一起起哄抢走了两个死囚，蓝党和绿党会合起来游行示威要求皇帝赦免，这帮前几天还彼此打得鼻青脸肿的家伙齐声高呼“尼卡！”，就是希腊语“胜利”之意，此事件史称尼卡暴动。

不明真相的群众运动总是带有极大的盲动主义色彩，示威者包围皇宫要求罢免市长等官员。守卫皇宫的哥特人卫队驱散示威者的时候动手打人，结果整座城市里的民众都跑来了，有的起哄，有的上去和卫队玩命，有的喝茶嗑瓜子看热闹。哥特人卫队见势不妙撒丫子就跑回皇宫里说：可了不得了，穷棒子们造反啦，要变天啦！

由于皇宫的防盗门质量过硬，闹事者无法冲入皇宫。但是卫队逃跑、警察不管使得所有人都由于无政府状态而化身为暴民，大伙在城内四处纵火，把平时看不顺眼的元老院、圣索非亚大教堂、圣伊琳娜教堂、亚历山大浴场、提奥多西市场，以及位于奥古斯都广场和君士坦丁广场之间的整个豪华住宅小区都变成了灰烬。

查士丁尼在皇宫里被浓烟熏了整三天，眼看着这样下去自己的首都就要全成烧烤摊了，他只好出面劝大伙就此打住。皇帝在赛车竞技场向民众发表演说，但是民众们正闹得开心哪管这一套，大伙齐声起哄喊着“蠢驴、伪君子、下流坯”，后来干脆朝皇帝和皇后扔板砖砸人玩。

查士丁尼见势不好，从皇族看台下面的秘密地道逃回皇宫。

看着皇帝逃跑，民众更开心了，他们打算另立一个皇帝！

大中午，皇帝阿纳斯塔西斯的侄子伊帕迪奥斯正在家吃饭呢，忽然拥进来一大群人不由分说把他拉起来就走。这位倒霉鬼被一路拉到君士坦丁广场的一座防御工事顶上，也不知谁给他找了个金项链权充皇冠顶在头上，然后大伙一起喊“皇帝万岁”，弄得比过年还热闹。

事情发展到这一步，闹事已经变成叛乱了。

被后世称为查士丁尼大帝的皇帝同志临危不乱，他指挥宦官把御库的财宝运到船上，打算带着老婆到外国避难。他的皇后狄奥多拉是女中豪杰，看着丈夫的熊样火冒三丈地说：“如果只有在逃跑中才能寻求安全，而没有其他办法的话，我不选择逃跑的道路。头戴皇冠的人不应该在失败时苟且偷生。我不再被尊为皇后的那一天是永远不会到来的。如果你想逃，陛下，那就祝你走运。你有钱，你的船只已经准备停当，大海正张开怀抱。至于我，我要留下来。我欣赏那句古老的格言：皇室的紫袍是最美丽的裹尸布。”

听完这番话后，查士丁尼的脸羞愧得好像猴屁股一样通红。

皇后教训完丈夫以后，先是派手下的宦官收买了蓝党领导人支持皇帝。紧接着大将贝利萨留领兵从蓝党门廊抵达竞技场，他的副手带着另一支部队在竞技场的两端同时出现，把还在场内闹腾的民众包围起来。狂欢的民众们还没醒悟过来，暴雨一样的弓箭就朝他们射过去。

大约有 35000 人被杀死在赛车竞技场中，尼卡暴动被血腥镇压。

在随后的清算中，凡是支持闹事甚至是没出面力挺皇帝的贵族都被处死，在皇后的要求下，倒霉鬼伊帕迪奥斯也被灭族。

查士丁尼的镇压改变了罗马公民热衷于参与政治和举行抗议的传统，甚至连赛车这种传统的体育活动后来也被逐渐取消了。

如果有一个正常运转的情报机构，像尼卡暴动这样的惨剧是可以避免的。间谍可以渗透到蓝绿两党之中，暴动或者在酝酿阶段就被破坏，或者在初起时就遭到镇压，而毫无控制的下场就是国家和民众都损失严重。

查士丁尼由此变得更加疑神疑鬼，甚至连指挥平叛的大将贝利萨留也被他反复猜疑罢黜，最后郁郁而终。

虽然丈夫不争气，但是皇后狄奥多拉可是个情报高手。当初为了娶这位妓女和脱衣舞女星出身的皇后，查士丁尼不惜修改了罗马的法律，开创了娶平民为妻的先例。由于出身不好，狄奥多拉更注重自己的声誉。她私人组建了一个庞大的情报网，专门用来刺探关于她的流言蜚语。

皇后在向自己的间谍训话时总是威胁他们说：“我以永世长存的基督名义起誓，要是你们不执行我的指示，我就活剥你们的皮！”由于皇后的确这么做过，所以她的间谍们相当勤奋。很快地，皇后的恐怖情报网便声名远扬。凡是敢提及狄奥多拉昔日演艺生涯话题的人，基本上都会忽然消失。如果这位嚼舌头爱好者是贵族大臣的话，间谍们会绑架他，然后蒙着他的眼睛从一个地方转移到另一个地方，直到皇后饶恕他或者是被折磨到死。那么如果是老百姓敢嚼舌根呢，答案似乎不必提了……

巨炮和叛徒

查士丁尼之后的东罗马皇帝们再也不敢忽视情报系统的作用，由于阿拉伯人开始频繁入侵，所以针对伊斯兰国家的谍报活动成为重中之重。

洛泰尔皇帝发明了以《圣经》为密码表的文字密码，在那个文盲遍地的时代，这样做可谓万无一失。而弗卡斯皇帝则以迅捷处理情报的能力而著称，他曾吩咐手下人说："不论是白天还是黑夜，不论你在吃饭、睡觉还是洗澡，不论是自由人还是奴隶，只要他说有情报要交给你，你都不要拒绝见他！"

在与各路穆斯林武装势力交战初期，东罗马招募了相当多的阿拉伯裔基督徒做间谍，宗教上的共同信仰使得这些间谍比较可靠。

洛泰尔皇帝发明了以《圣经》为密码表的文字密码

在634年，东罗马将领奎布拉趁着先知穆罕默德去世进攻大马士革时，曾经派遣一名这样的间谍渗透到敌营中。后来间谍汇报说："这些阿拉伯人晚上是虔诚的僧侣，白天是善战的勇士，如果他们头领的儿子犯了盗窃罪，他们就砍掉他的手，如果犯了通奸罪就用石头砸死他。这样一来，他们就在内部建立起公正的风气。"

奎布拉听后沮丧地说："如果你说的都是真的，那么和这样的军队作战的话，还不如去死掉算了。"

到了皇帝利奥六世的时候，他将阿拉伯国家视为东罗马最危险的敌人。他反复指示他的将领们要多多利用间谍来侦察敌人，最好的办法是派遣间谍以和谈代表的身份进入敌营。而在作战时，要注重使用诡计和伏兵来取得优势。

利奥六世把这些话作为战术发到所有将军手中，他的看法很正确，但最后消灭东罗马帝国的却是土耳其人。

1452 年，匈牙利火炮设计师乌尔班来到君士坦丁堡，希望通过为罗马皇帝君士坦丁十一世效力，觅得一份锦绣前程。可惜乌尔班虽然拥有当时全欧洲最高明的铸炮技术，但是对于东罗马帝国而言却无法使用。

在漫长的岁月中，帝国已经四分五裂，来自东西方的反复侵略令东罗马帝国丧失了除首都外的全部领土。皇帝的号令已经出不了君士坦丁堡的城墙，墙外面就是虎视眈眈的奥斯曼土耳其苏丹穆罕默德二世。

君士坦丁十一世很欣赏乌尔班的造炮技术，但是他的帝国早已破产，不仅无法制造规划中的巨炮，连薪水都几乎开不出来。

乌尔班大为失望，他离开了君士坦丁堡到 19 岁的苏丹那里碰运气。

穆罕默德二世正为是否进军君士坦丁堡而犹豫不决，毕竟整整 700 年间没有任何伊斯兰的军队曾经攻破过它。一见到乌尔班后，穆罕默德二世欣喜若狂，他出重金换取了匈牙利工程师的忠心。乌尔班不仅帮助土耳其制造巨炮，还将东罗马的虚实完全告知苏丹，彻底出卖了前雇主。

土耳其苏丹穆罕默德二世进入被攻陷的君士坦丁堡

乌尔班造出的巨炮长达 5.18 米，口径 0.762 米，重 17 吨，它是那个时代威力最大的火器。1453 年，在以巨炮为主的 69 门大炮和大量投石机的攻击下，君士坦丁堡陷落了。

君士坦丁十一世在巷战中

战死，而被东罗马人视为“叛徒、内奸和土耳其间谍”的乌尔班也在炸膛事故中与自己的大炮一起毁灭。

君士坦丁堡从此改名为伊斯坦布尔，至今仍是土耳其共和国的最大城市、最大港口、工商业中心和主要的旅游胜地。

东罗马帝国的建立年代和灭亡年代：395 年和 1453 年，被定义为中世纪的开始和结束。

当欧洲处于极度黑暗状态时，东罗马依靠灿烂辉煌的古罗马文化传承和东正教而成为唯一闪亮的明灯。它的毁灭是积弱的必定结局，在这之后，东罗马的艺术家带着文化逃到欧洲各地，从而推动了文艺复兴和思想启蒙运动。

东罗马帝国将经典知识传递给伊斯兰世界，将东正教传给斯拉夫人。

君士坦丁堡陷落后，莫斯科大公伊凡三世宣布成为东正教的保护人。他的孙子伊凡四世成为俄罗斯的第一位沙皇，沙俄帝国认为自己是古罗马帝国和东罗马帝国的继承人，是第三个罗马帝国。而土耳其帝国也认为自己在一定程度上是古罗马和君士坦丁堡的继承人。

罗马，你是不朽的。

第三章 走过黑暗时代

ZOUGUO HEIAN SHIDAI

○来自北方的威胁 ○耶稣会的阴谋 ○忍者的最后舞台

○英格兰的秘密战争 ○滑头的红衣主教

○伊斯兰之剑

第一节 来自北方的威胁

风流大才子杨广的传奇

581年，北周大丞相杨坚从自己的外孙手中夺取江山，新王朝国号为隋。历时25年的北周灭亡，前皇族宇文家族被全部屠杀。

隋朝国力强大，杨坚稍作整顿之后就开始了马不停蹄的统一战争。到了588年，随着陈朝灭亡，中国终于在漫长的286年分裂之后重归一统。

经过286年的漫长融合之后，昔日五胡乱中华时期那些桀骜不驯的异族入侵者都已与汉族融为一体，崭新的时代开始了。

杀了外孙上台的杨坚做了24年的皇帝，他生活俭朴，颇有政绩。除了统一全国之外，还开创了中国科举考试的先河。科举考试是中国在封建时代最伟大的发明，它保证只要头脑聪明并且受过教育，就有可能通过考试做官改善命运。科举保证了国家能得到有素质的人才，同时也拉拢了国内的知识分子。

中国的士人最爱的就是做官，很多叛乱的原因就是这种官瘾得不到满足导致的。一旦朝廷给出科举这个做官的机会，读书人立即自愿变成最忠实的奴才和走狗。

从此后，一代又一代的王朝都学习大教育家杨坚的先进经验，中国的科举制度足足持续了1300年。

能想出这种主意的隋文帝杨坚自然很聪明，他在600年废掉大儿子，改立了生活俭朴、聪明能干、礼贤下士而又忠诚孝顺的二儿子杨广做太子，然后舒舒服服地过日子。

604年的时候，杨坚生病了。看着老头子磨磨蹭蹭还不死，“孝顺”的杨广索性派手下干掉了父亲，然后登上了渴望已久的皇帝宝座，他就是隋炀帝。

在中国皇帝中拥有最多头衔的杨广首先是一位教育改革家，他老爹只是选秀才，到他这增设一门进士，进一步完善了科举制度。除此之外，杨广还是一位建筑学家、美食家、选美专家和旅行家。在做了皇帝以后，杨广生活穷奢极欲，盖造无数壮丽的宫殿，选取无数的美女在其中享尽山珍海味，还组团到江南旅游。毕竟为了当皇帝而装孙子这么些年，吃粗粮、穿破衣，还连带不娶小老婆这么多年——我容易吗我?

这些大家都可以理解，毕竟做皇帝是不需要注重这些小节的。问题出在杨先生剩下的两个头衔上，水利工程师是一方面，大军事家是另一方面。他开凿了大运河，疏通南北交通，直到今天这一便利交通线仍是中国的运输动脉。他对外频繁发动战争，大败契丹、灭了吐谷浑，还西巡张掖重新打通了丝绸之路。最后杨先生瞅着少数民族政权高句丽国不顺眼上去就打，而且不屈不挠、屡败屡战地以倾国之力连打三次不胜后，还打算打第四次。要知道这是在古代，而这些大规模的战争和水利工程就算是现代国家也无法同时承受。劳役和兵役不仅让百姓困苦不堪，更是死亡无数。

“肃肃秋风起，悠悠行万里。”诗词做得很好的大文学家杨广自我感觉依然出奇地好，可是国家的崩溃也就在眼前了。

隋朝的情报系统一直很完善，不仅驻守各地的将领身边有皇帝派遣的监军，甚至连北方的强敌突厥可汗身边也有隋朝的间谍，那就是和亲的公主。

615年，大军事家杨广在等待第四次东征高句丽期间，跑到汾阳行宫避暑。东突厥汗国的始毕可汗通过自己的间谍得到确切消息后，亲统骑兵十余万向杨广突袭。

大军事家逃跑速度不够快，被突厥骑兵包围在雁门郡，城内存粮仅够二十余日。杨广一不指挥御敌，二不筹措援兵，每天只干一件军国大事——抱着最心爱的小儿子赵王杨杲扯着脖子号哭。

大将樊子盖建议他赶紧鼓舞士气才能坚持到援兵赶来，这点难不倒表演艺术家杨广先生，他在作秀方面完全可以荣获奥斯卡终身成就奖。于是杨大影星把眼泪擦干，登城巡视守军，并发表了气势磅礴的演讲："诸君努力杀贼！只要能够脱险，大伙不要发愁不富贵，我绝不吝啬——房子、票子、小妹子都大大的有！"

于是将士们大为振奋，竟然顶住了突厥的进攻。

这时他的小舅子萧瑀建议说："以突厥的习惯，可汗出兵，可敦（皇后）必定随行。请派密使去见义成公主求救。"

义成公主是隋朝宗室之女，和亲下嫁做了启民可汗的皇后。杨广大喜，立即派人送信启动了自己的金牌卧底义成公主。

义成公主欺骗丈夫说北方有外敌入侵，再加上隋朝援军即将赶到，启民可汗这才撤退。

中国历史上和亲的公主很多，并不是所有远嫁塞外的女子都有义成公主这般报国的勇气和能力。她在突厥生活近 30 年，按照游牧民族的习俗，先后为启民可汗、始毕可汗、处罗可汗、颉利可汗的可敦。公元 630 年二月，她被唐将李靖所杀。

杨广一回到洛阳后立即食言，绝口不提封赏之事。倒不是他舍不得花钱，而是觉得雁门郡的事情太丢脸，打算就这么糊弄过去，以免天下皆知。樊子盖一再请求不可失信，杨广怒叱说他打算收买军心，于是樊子盖不敢再说话。紧接着，杨广向群臣宣布小舅子是个懦夫，在突厥进攻时竟然惊慌失措实在可耻，于是萧瑀立即被贬官赶出京城。

虽然情报系统不断传来各地的造反警讯，可是杨广对他的大臣宣称自己天生不喜欢听不愿意听的话，对所谓敢言直谏的人最不能忍耐。你们如果想升官晋爵，一定要听话。

杨广在这方面获得空前的胜利，再也没有任何一个官员敢于上报不好的情报。直到起义军逼近洛阳后，杨广才行动起来——带着老婆孩子一溜烟逃到了江都。当他的御林军谋划叛乱时，一个忠诚的间谍宫女冒着生命危险向他发出警报。杨广先是目瞪口呆得束手无措，而后竟然迁怒于报信的间谍，马上将其斩首！

这就是杨广先生对情报工作的态度，如果说这样的人竟不会毁灭的话，那才叫天理难容。

618 年三月，杨广最亲信的大将宇文化及率领御林军入宫。当造反的士兵把杨广从藏身的小屋子拖出来时，杨广问他们：我有什么罪，你们竟这样对我？他先是要求退位做个公爵，宇文化及立即把 12 岁的杨杲杀掉作为回答。杨广这时才发现已经死路一条，转而要求无痛苦地服毒自杀。宇文化及很赶时间没空找毒药，于是 50 岁的杨广被绞死，隋朝灭亡。

杨广死后连副棺材都没有，皇后叫宫女拆了床板凑合着做成棺材将他埋葬。在帝国崩溃的过程中，刚完成统一的中国遭到极大的破坏，死亡人口占总人口的三分之二。

老李家的恩怨是非

隋亡之后，最后继承老杨家这份庞大遗产的是他们的表亲老李家。

创业的唐高祖李渊是杨广的表哥，趁着天下大乱的时候，他在太原也忙活起来。由于太原一直是与东突厥作战的前线，所以李渊以太原留守的身份宣布招募士兵备战。副留守王威和高君雅是杨广派来监视自己表哥的间谍，这两位怀疑李渊此举图谋不轨，却被李渊以勾结突厥的罪名杀死。

指控某人里通外国是诬陷别人间谍罪的惯用伎俩，李渊也把这手玩得很漂亮。

事实证明里通外国的其实正是老李自己，李渊在造反后立即联络始毕可汗又是称臣又是借兵，还许诺战利品全归可汗所有。始毕可汗识破了李渊这套“背黑锅我来，送死你去”的空手套白狼伎俩，他让老李不必称臣“自作天子”，同时发大军相助——只有 500 骑兵。

虽然突厥兵少，但是用作扯虎皮拉大旗还是足够了。

617 年起兵后李渊一直打到长安，队伍不断扩大。

李渊打进长安抓住了自己的表孙代王杨侑，老李将这孩子立为皇帝，顺便也将自己提拔为大都督内外诸军事、尚书令、大丞相，并且晋封唐王。

618 年，当杨广被绞死的消息传来后，老李立刻毫不客气地自己做了皇帝，同时还把年仅 15 岁的杨侑杀了以绝后患。

唐王朝就此开张，经过短暂的战争全国重新统一，中国古代历史上最灿烂的时代开始了。

李渊虽然做了皇帝，可是儿子们的事情却让他头疼。大儿子李建成是合法继承人，偏偏在打江山的时候没什么功劳，二儿子李世民打天下立下大功，却又不是长子。老四齐王李元吉则伙同大哥一起结成太子党对付二哥的秦王党，他这样做并不是对大哥有无限的友爱，而是因为李建成许诺事成之后让他做皇太弟。

这三兄弟都是同母所生的亲兄弟，但为了皇位大伙都没把礼义廉耻放在心上。

太子党贿赂老李的小老婆们说李世民的坏话，并且四处造谣说李世民骄纵狂妄迟早要夺权，夺权后一定会杀尽骨肉兄弟。秦王党立刻反咬一口说太子正准备谋反，并且宣称太子在宴请秦王时下毒，云云。

一时间长安充斥了各种八卦丑闻，屎盆子乱扣，脏水横飞。各种耸人听闻的消息不时爆出，不久后最耸人听闻的新闻出现了：626 年，秦王跑到老李那里指控太子和齐王同老爹的妃子们有不正当关系，并明确指出同案犯正是老李最喜欢的张婕妤、尹德妃。

爆料王李世民的新闻太过劲爆，老李当时高血压、心脏病差点一起发作。他决定第二天召集儿子们开碰头会问个究竟，由此揭开了著名的玄武门之变的序幕。

秦王李世民成功政变的关键所在就是他收买了一个人做自己的间谍，此人便是防守玄武门的御林军将领常何。

常何是叛徒里的行家里手，他本是李世民的部将，后来又被李建成收买为亲信，最后又重回李世民的怀抱。他的叛变使得局面发生了决定性的转变：当手无寸铁的太子和齐王抵达玄武门时，李世民带领手下一拥而出干净利落地杀掉了自己的兄弟，而御林军不仅不做干涉，还与赶来救援的太子卫队厮杀。

随后李世民派大将尉迟敬德跑到父亲那里去通报：太子和齐王谋反，我已替父亲杀了他们。由于表弟杨广的光辉范例就在眼前，所以老李明智地决定让位给李世民，避免成为杨坚第二。

李世民得手后没有让太子党的预言落空——他杀尽了太子和齐王的后代，连婴儿也不放过。不仅如此，李世民还把弟媳妇齐王杨妃也搞到手做老婆。最后李世民指示自己的宣传班子发起舆论战，成功地在唐朝历史书上把太子李建成记载成一个寸功未立的窝囊废、一个冥顽不灵沉湎酒色的白痴和时刻图谋造反的残忍混球；齐王李元吉是一打仗就率先逃跑的胆小鬼、好色之徒和酷爱射杀无辜百姓的疯狂虐待狂；而老李则是时时袒护太子党的偏心眼糊涂老爹。

对于这种八股宣传的效果似乎不应看好，宋代的司马光在《资治通鉴》中就对唐朝的官方宣传表示出极大的怀疑和嘲讽，而中国民间也传说李世民恐惧兄弟的鬼魂前来索命，于是派尉迟恭与秦琼担任门前宿卫，但后来因两人年老站不动了，只好绘制两人的画像挂在门口，成为后世门神的由来。

635 年，做了几年太上皇冷板凳的老李在寂寞中死去，李世民一直冷落自己的老爹，连为老李营建的陵墓献陵都比自己的昭陵小一号。不过反复背叛的间谍常何混得不错，他最后成为高级武官中郎将。至于玄武门则依旧是是非之地，在唐朝的漫长岁月中，很多政变依旧发生在这里。

情报战铺就天可汗之路

做了皇帝自然威风八面，连汉传佛教中的观世音菩萨也因为避李世民的名讳而被改称为观音菩萨。

不过李世民不是杨广，他成为中国历史上最伟大的皇帝楷模。关于他的功绩无须细数，贞观之治的金字招牌足以万古流芳。

唐朝的情报系统传承自隋朝，依旧是以对边疆游牧民族和藩镇武将进行监控刺探为主。

唐朝是个世界性的大帝国，频繁的外交交往和通商往来，以及密集的对外战争都对情报工作提出更高的要求。

在李世民的治理下，唐朝的间谍系统十分有效地运转，他手下的大臣也有不少情报战的高手，李靖就是其中之一。

李靖本是隋炀帝派驻到李渊身边监视他的间谍，当李渊打算起兵之时，李靖化装成囚徒赶回江都告密，不承想叛贼们进军速度太快，他刚走到长安就被老李俘获。

李渊当然对打算出卖自己的间谍李先生没好感，吩咐拉出去砍了。

李靖着急大喊："老李你是为天下大义起兵反隋的，现在不招揽人才以图大事，反而为了私怨而杀害壮士吗？"当年韩信差点被汉王刘邦砍头的时候也曾喊过类似的话，情急之下李靖拿出来再用一遍。

老李一听，倒不大好意思下刀了。李世民趁机劝老李赦免了李靖，将他网罗到自己属下。

李靖随后证明自己的才华不在韩信之下，他战功卓著一路升迁为国防部长——兵部尚书。这时候，消灭突厥的任务便摆在李靖面前了。

自唐朝开国以来，东突厥的可汗们就没把自己当外人。毕竟草原苦寒，除了牲畜外没什么出产，哪比得上中原的花花世界。突厥部落缺什么就打进来抢什么，反正来这里购物连刷卡都不用，只要凭着快马利刀就足够了。突厥不但入寇，还打算干涉中国内政，制造两个中国。620 年，东突厥的处罗可汗派人迎接隋炀帝的妻子萧后和孙子杨政道来山西定襄，立政道为隋王，把留在东突厥境内的中原人交给政道管制。这样便可以打着恢复隋朝江山的招牌入侵中原——突厥也懂得占据道德制高点。

就在同一年，处罗可汗去世，其弟颉利可汗即位。

颉利比自己的哥哥更加蛮横，每年春秋两季唐朝的进贡都很丰富，但是颉利却横挑鼻子竖挑眼不满意。而突厥的使者和商人到了内地就像土匪一样混蛋，奸淫烧杀无恶不作。后来颉利的骄横发展到无故扣留唐朝使者不放，而忍无可忍的唐高祖也对等报复扣留了突厥使者。颉利发兵攻唐却被击败，于是立即表示悔恨并释放唐朝使者，还给老李送去数十斤鱼胶，表示希望两国关系如胶似漆。老李被突厥人忽悠住了，立即释放突厥使者并回馈厚礼。没想到颉利第二年又大举入侵，老李这才明白突厥人的胶只是单方面粘他的。对于什么叫作给脸不要脸，颉利做出了出色的诠释。

626 年，颉利趁着唐太宗刚上台国内不稳的机会，率领 10 万大军大举入侵，一路打到距长安 40 里的渭水便桥边。他派出心腹大臣执失斯力出使长安，顺便刺探长安军情。

李世民一边布置长安城防一边召见执失斯力，结果执失斯力一上来就威胁李世民说："我们老大带了百万兄弟来砸你场子了！"

李世民二话不说劈脸就骂："我先杀了你这鸟人再去和颉利对砍！"执失斯力顿时傻眼，跪地求饶。

李世民把他关押起来，然后带着高士廉、房玄龄、周范等六人来到渭水边，隔着河流责备颉利背盟偷袭。

李世民搞这种单骑赴敌的把戏不是第一次了，在他年轻的时候在太原抵御突厥时，就喜欢自己深入草原侦察敌情。有一次他仅率领一名骑兵一起刺探突厥军情，当他俩因为奔波辛苦而睡着的时候，突厥士兵悄悄围拢上来打算干掉这两个大胆的间谍。此时突然有一条蛇追老鼠直窜到骑兵脸上，骑兵惊醒后连忙叫起李世民跑路。李世民本人是个神箭手，曾经用过一张两米长的"巨阙天弓"，他和骑兵一起射死不少追兵，终于逃出险境。

这次虽然只有李世民等六人，可是颉利不明虚实不敢冒进。不久长安守军缓缓而来，那场面是相当的大：锣鼓喧天、鞭炮齐鸣、红旗招展、人山人海！颉利一看这种人海战术当下就心虚了，他不知道那边李世民也是直冒冷汗，因为欺负突厥人离得远看不清，长安全城男女老少都混在里面冒充士兵呢。

最后两位老大决定议和，拉匹白马来一刀杀了歃血为盟，突厥人拿了一笔钱撤退走人。

从那以后，颉利还真没再入侵过。不是他忽然意识到诚信的重要性，而是因为内部出现了大问题：由于颉利宠信西域商人，所以突厥贵族多有不满。

627 年，东突厥东部的奚、霫部落归附于唐，漠北的薛延陀、回纥等铁勒 10 余部也相继叛去，颉利遣兵追击，反为薛延陀、回纥战败。这时又遭遇大雪灾，牲畜大批冻死，部众连饭都吃不上。再加上颉利与自己的侄子突利可汗翻脸互相交战，所以暂时顾不上侵略唐朝了。

对于李世民而言，渭水之盟是奇耻大辱。他在此之后立志报仇，决定彻底铲除突厥。唐军展开大练兵运动，甚至让御林军在太子东宫正殿练习射箭。

李世民每日“引诸卫骑兵统将等习射于显德殿庭”，于是“士卒皆为精锐”。

629 年，唐军 10 万人出击突厥，获得节节胜利。

630 年，李靖率军偷袭定襄。颉利可不知道李靖一共只有 3000 人，他以为“兵不倾国来，靖敢提孤军至此？”所以连忙撤退，李靖趁机虚张声势紧追不舍。同时有很多唐军间谍渗透到各个小部落中进行恐吓收买活动，正在闹饥荒的小部落们纷纷表示投降唐朝，一句话：跟着你有肉吃。李靖又派遣间谍进入定襄游说，颉利的亲信康苏密出降，隋王杨政道和萧后被俘。

二月，众叛亲离的颉利率数万余众逃到铁山，派使者入唐求降。唐太宗接受了投降，并派鸿胪卿唐俭、安修身等去颉利处安抚。颉利见唐使来到，自以为终于得到和平，没想到李靖却又在筹划偷袭。

李靖的部将认为既然皇帝已经和突厥谈和，背信弃义地进攻不妥，何况唐俭等人还在颉利处。李靖力排众议坚持进攻，他说：“颉利虽然战败，但元气还在。一旦他联合回纥等部，以后再想消灭就难了。现在皇上派人去安抚他，他必定放松警戒，如果选精兵 1 万对他发动奇袭，则可不战而擒。再说突厥以前屡次背盟进攻大唐，凭什么‘受伤’的总是我们？至于唐俭这种小人物也没什么值得可惜的！”

于是李靖亲率 1 万精兵连夜奔袭突厥在阴山的营地，当时颉利正热情款待唐使，唐俭等人稀里糊涂地做了死间。

二月初八夜，唐将苏定方率 200 骑为先锋，直到距突厥营地仅 15 里才被发现。颉利没想到这世界上竟然有比自己更不在乎盟约和誓言的人，他仓促应战后大败，被杀 1 万人，其中包括义成公主。义成公主和颉利的儿子叠罗施被俘，唐俭在乱军中奇迹般生还。颉利在退兵途中又遇到李世勣部队的截击，被俘 5 万余人。他投奔突厥另一个部落可汗鼠尼施，其余东突厥首领纷纷投降唐朝。不久，鼠尼施把颉利交与唐军换了牛羊吃肉，颉利被押往长安。

自此，东突厥汗国灭亡，唐朝的疆域向北一直拓展到贝加尔湖。

东突厥灭亡之后，颉利被压解到长安。李世民赦免了他，并赐以田宅，授以右卫大将军的职务。

634 年，颉利死于长安，按照突厥风俗安葬。杨政道和萧后返回唐朝后，唐太宗封杨政道为员外散骑侍郎。而李靖则继续为唐帝国开疆扩土，634年西北吐谷浑犯境，李靖率军跋涉千里灭其国，吐谷浑国土尽归大唐。

637年，李靖被封为卫国公。

647年，李靖请缨讨伐高句丽，李世民以其年老而婉言谢绝。

649年，李靖去世。

李靖是唐代最著名的将领之一，即使是在他的时代，民间也对李靖的身世有无数的神话和传奇。唐末时期有个著名的道士兼传奇小说家杜光庭写了《虬髯客传》，李靖名列其中，与红拂女张出尘、虬髯客合称“风尘三侠”。

至于幸运的唐俭，后来担任了民部尚书，于656年病故。

武则天和她的酷吏来大侠

“黄沙百战穿金甲，不破楼兰终不还”，李世民创建了辽阔的帝国，被四方国家尊称为天可汗。可是他在晚年宿命般地同样遇到诸子争位的局面，最后两个儿子被流放，而渔翁得利的唐高宗李治却被后世指责为才能平庸，其缘故就在于他将国政大权分享给皇后武则天。

就在这期间，吐蕃人在剑南西州的边防要冲维州上演了一出漫长的美人计：吐蕃首领赞普为了进攻四川，多次围攻维州城而未克。于是吐蕃人选出一名美女嫁给了维州的守门将士，在漫长的时间中这名外来的吐蕃女子规规矩矩，毫不引人怀疑，但在私下里她把自己的间谍任务全部灌输给两个儿子。

作为中国历史上唯一的女皇帝，武则天对利用间谍特务来对付政敌很有心得

20年后吐蕃军队再度攻城，这两个混血儿叛徒打开城门放吐蕃人入城。维州陷落后被吐蕃改为无忧城，从此成为入寇西川的据点。直到50余年后，维州才回归唐朝版图。

在窝囊废高宗死后，武则天干脆自己称帝，做了中国正统皇朝中唯一的女皇帝。

武则天的王朝国号是周，本来做皇后就不合礼法的一个女人居然篡夺了大唐的皇位，可以预料到她会遭受多么激烈的反对。

武则天是个手段毒辣的冷血政治家，她的对策很简单，谁反对就干掉谁。于是武则天任用酷吏，无情地大搞冤假错案扩大化政策。

周朝立刻变成了一个恐怖的特务国家，各个阶层的秘密警察层出不穷，间谍渗透到社会各个角落，告密者络绎不绝。

既然当初为了做皇后可以把刚生下来的女儿亲手扼死，那么为了进一步做皇帝还有谁是不可以被牺牲的呢？一切反对皇帝的人，或被怀疑反对她的人，以及酷吏们认为应该抓的人，都被立刻拘捕，一律判决谋反大罪，整个家族连坐处决。受害者名单中有全力将外甥李治推上皇帝宝座的太尉长孙无忌和武则天的两个亲生儿子：长子李弘、次子李贤。连她的嫡亲孙子，也都被老祖母活活鞭死。

在中国的皇朝历史中骨肉相残并不罕见，但是母亲杀儿子，祖母杀孙子的例子屈指可数，同时发生的例子除武则天外几乎绝无仅有。对一个母亲和祖母而言，丧心病狂的武则天完全泯灭了母性、丧失了人性。

武则天的酷吏是一些出类拔萃的虐待狂和妄想症患者，他们是如此的才华横溢，以至于犯人在明知道认罪会全家被杀，仍然“供认不讳”。在这些酷吏中最“出色”的便是盗窃犯出身的来俊臣，他编制了一个庞大的专职告密的间谍特务网络。在他当权时期，除了武则天自己以外没有谁不害怕这个人。

武则天在丽景门设置了一个皇家监狱称为“推事院”，专门供来俊臣使用。当时，官员们戏称“丽景门”为“例竟门”，意思是：凡被关进这所监狱的人“必定完蛋”——活人进去，死尸出来，无一例外。

来俊臣是个刑讯逼供的天才发明家，他所用的酷刑中仅只“枷”一项，就有十种名堂：“定百脉”“喘不得”“突地吼”“著即承”“失魄胆”“实同反”“反是实”“死猪愁”“求即死”“求破家”。除此以外，还有其他酷刑如“凤凰展翅”“驴驹拔橛”“仙人献果”“玉女登梯”。不明就里的人听到这些名词，一定以为这是某种流派的武功招数。而身负绝技的来大侠从实践中总结科学的栽赃陷害理论，著成一部《罗织经》，为天下的酷吏昏官们指出了光明的前路。

《罗织经》主要有以下内容：

一、先确定对象。

二、派遣手下的特务分赴各方，然后由特务们从四面八方向有关机关或当权人物，发出告密信件或检举信件。如此一来可以在千里之内，各地同时传来“飞语”，同指一人一事，然后紧追不放。来俊臣把这个办法称为“罗织”，以达到巩固武则天统治、压制地方豪强与李唐皇室的威风的目的。

三、等候有关机关或当权人物把这些信件，交下调查。

四、根据这些交下来的信件，把对象逮捕审讯。

五、审讯时施用酷刑，取得理想的口供。如果被告硬扛到底拒绝招认而死于酷刑之下，就又多了另一个罪名：“畏罪自杀”。被告只能在招认后被处死和直接死于酷刑之下做二选一的选择题。事实上不需要对每个犯人都动手，一般人只要让他知道不招供会发生什么就足够了。来大侠亲自审讯被告时，一般会先让狱卒把刑具展示一遍，见者无不汗流浃背，未刑讯就先自诬，就这样被冤杀灭族的竟有一千余家之多，连狄仁杰之类的当朝宰相也不例外，而老狄多少是有些才华的，所以好歹最后被武则天赦免了。

六、审讯时引导被告们在口供中互相攀附，并向外扩大牵引，人数多寡和范围大小，由当权人物或酷吏决定。这点很重要，是扩大打击面显示自己功劳的不二法宝。例如武则天的面首薛怀义的干爹索元礼就很擅长这个，一般情况下几天工夫，他就可以从一个被告牵引出一千个被告。

七、把被告口供整理编撰，使互相吻合，毫无破绽。于是铁案办理完成，一件谋反叛国的阴谋宣告破获，可以上报领赏了。

来俊臣是很明智的，他知道自己只是武则天的一条狗，而狗要活着并有肉吃就得是条“忠犬”。所以来俊臣绝对忠诚于武则天，他在《罗织经》中首先就强调忠君要忠到“虽至亲亦忍绝，纵为恶亦不让”。就是可以置伦常于不顾，也可以置良心于不顾。只要有利于皇帝，没有他不可以干的。一个人主动把自己置于狗的位置以后，其主人是很难不对其欣赏提拔的。

来俊臣对武则天是忠犬，对世人就是疯狗了。

来大侠的存在价值就是去咬人，如果没人敢反对武则天了，他岂不是有失业之忧吗？于是冤案越办越多，越办越大。到最后连特务们都懒得出去寻找目标了，来大侠把文武百官的名字写在靶子上，然后和自己的党羽一起从远处拿小石子砸这些靶子，砸中谁就拿谁开刀。由于来大侠毕竟不是武功高手，所以大伙对于自己的名字是否被砸中也没有把握。最后闹到大臣们上朝前要先跟家人诀别，下朝回家后连忙庆贺多活了一天。

事情做到这份上已经够绝的了。可是来大侠偏偏还要更上一层楼地挑战极限——他打算诬告武则天的女儿太平公主和武氏诸王谋反，又陷害武则天仅剩的两个儿子李显和李旦串通谋叛。如果这两起案件都被“侦破”的话，估计来大侠下次只好指控武则天自己造自己的反了。可惜没有下次了，来大侠手下的流氓秘密警察中出了叛徒，流氓出身的酷吏卫遂忠跑到魏王武承嗣那里去告密：石子砸中你的名字，来大侠现在冲着大王您来了！

武承嗣当下就傻了，他知道被来大侠盯上的后果是什么。

拼了，你有飞蝗石，我有砍头刀！武承嗣立马以带头大哥的身份联络武家子弟和太平公主建立统一战线，然后又把李旦拉进来，又怕不保险，最后干脆连御林军将领也给拉上了。他们也状告来大侠谋反，这架势就是武则天如果不杀来大侠，大伙就跟武则天拼了！武则天本来舍不得这条忠犬，后来一看这帮告状的人是打算玩命啊，不得不说那就查查吧。这年头，一查还能有好结果吗？

审理来俊臣的是他的手下，酷吏吉顼。来大侠很痛快地招供了，他太清楚自己人办案的套路了，最后连“例竟门”的主人都没能逃得过去！来俊臣被斩首那天，洛阳城的百姓全来看热闹。来俊臣人头刚一落地，百姓就蜂拥而上，把来俊臣的尸体挖眼剥皮，连五脏六腑都掏了出来，最后“以马践其骨，无孑余，家属籍没”。

恒罗斯的背叛

来大侠虽然失手了，可是武则天的特务帝国还持续了一段时间。毕竟武则天要对付的只是官僚阶层和李姓贵族们，平民老百姓还是在她的统治下得到了生养休息，所以来大侠之类的酷吏并没有动摇国家的统治基础。

705年正月，82岁的武则天身染重病，卧床不起。宰相张柬之与其他同谋者率御林军五百余人冲入宫中发动政变，武则天被迫传位给太子李显，唐帝国复辟了。

同年十一月，武则天去世，她遗嘱中要求为自己立一块无字碑。千秋功罪，无言以对。武则天死后，她的儿子、女儿和侄子们在政治斗争中纷纷被杀或自杀，最后大权落到她的孙子李隆基身上。由此开始了开元盛世的序幕。

唐玄宗李隆基是个开明的君主，在他当政的44年中，唐朝完成了盛极而衰的转折。安史之乱后，这个伟大的帝国逐渐陷入分崩离析之中。

远在天边的恒罗斯一战中，唐军寡不敌众而溃败。

恐怖大亨李师道与劳苦功高的宦官特务

安史之乱被平定后，安禄山、史思明等叛军余部还保持相当大的实力。唐代宗李豫为了求得苟安，“瓜分河北地付授叛将”。在平叛的过程中，唐朝对内地掌兵的刺史也多授予节度使的称号。在这种情况下，藩镇割据的局面逐渐形成，唐王朝为自己的脖子套上了逐步收紧的绞索。

藩镇拥兵自重，节度使职位往往父死子继，等于是一个个独立王国。唐朝中央政府缺乏足够的实力彻底铲除藩镇，只能联合忠于朝廷的节度使去打击背叛朝廷的节度使。

在这种情况下，为了刺探彼此虚实，中央政府和地方藩镇之间互派谍报人员进行监视。在藩镇和中央政权之间大大小小的权力抗衡和军事斗争中，都伴随着秘密的间谍战。到了唐宪宗李纯时，便爆发了一场惊人的间谍恐怖战。

814年，淮西节度使吴少阳死，其子吴元济匿丧不报自掌兵权。朝廷遣使吊祭他拒而不纳，继又举兵叛乱威胁东都。这种情况太过分了，本来节度使的独立王国状态中央是被迫默认的，只求一个名义上的约束。吴元济的做法无疑是掀翻桌子公开扇耳光，忍无可忍的李纯决定对淮西用兵。

淮西驻地处中原，战略地位重要。对淮西用兵，震动很大。淄青节度使李师道感到唇亡齿寒的威胁，便伙同承德节度使王承宗上书朝廷请求赦免吴元济。

李纯看后亲切回复这两个节度使说：去你丫的！

由于李纯同志已经有过讨伐藩镇成功的先例，所以狡猾的李师道就采用口头声援官军平叛，暗中支持吴元济的两面派手法。他按照幕僚的建议招募了一帮流氓无赖的亡命徒组建了间谍特种部队，派这帮家伙暗中潜入河阴漕院，杀伤10余人，烧钱帛30余万缗匹，谷3万余斛，把江、淮一带集中在这里的租赋都烧毁了。

朝廷中主张讨伐淮西的重要人物是宰相武元衡和御史中丞裴度。一天早晨，武元衡吃完早饭出门上班，半路上遇到李师道的人后丢了一件东西——自己的脑袋。而裴度正在家里坐着呢，李师道派来的客人便破门而入。由于随从的保护外加帽子很厚，被砍中脑袋的裴度才免于一死。

李师道在长安附近的高山密林中建立秘密据点，作为开展间谍活动的中心。他先后收买了唐军守将、驿卒十多名，这些人都接受了李师道封授的官衔，为其充当耳目。他还用重金收买了把守潼关要道的士卒，从而使手下的间谍能不受任何阻碍地潜入京师附近作案。于是长安城顿时成为恐怖之城，李师道的间谍们在杀人放火之余还以“飞书”的形式四处邮寄恐吓信，闹得长安军民百姓闻风丧胆，纷纷呼吁和为贵，还是不要打藩镇了。

在长安闹完了还不够，李师道又派间谍潜入东都，打算在洛阳焚烧宫阙，杀掠市民，后因事泄未能得逞。李纯毫不为之所动，他一面传令加强戒备捉拿刺客，另一方面调集六镇节度使的兵马进攻王承宗。李师道狗急跳墙，干脆又派间谍焚烧了唐高祖李渊陵墓的寝宫，折断唐肃宗李亨陵墓门戟47支。这种刨别人家祖坟的方法，还是间谍心理战中的首创。

恐怖主义分子李师道的手段使尽，可是平叛战争依旧持续。

817年，随邓节度使李愬率军雪夜破蔡州，吴元济束手就擒。

吴元济败死，王承宗请降，只剩下李师道仍然举兵叛唐。

818年，李纯调宣武、魏博、义成、武宁、横海诸镇军队前往讨伐。在大兵压境的情况下，淄青大将刘悟不肯再搭李师道这条破船，他率军反正突袭帅府。李师道平时杀别人杀得威风凛凛，此刻却像老鼠一样被人从厕所里拖出来斩首。

李纯的平叛战争取得了辉煌的胜利，所有的藩镇全部割土地送人质向朝廷效忠。一时间唐朝完全恢复了统一，史称“元和中兴”。

李纯是个虔诚的佛教徒，在恢复统一的第二年正月，便派人迎接佛骨入宫供奉，著名散文家、刑部侍郎韩愈上《论佛骨表》劝谏，结果被贬为潮州刺史。

李纯李居士在佛教事业上很舍得花钱，可是对于苛捐杂税和战乱导致的农民逃亡人口流失这个根本性问题却没有解决办法，所以他的王朝中兴注定只是昙花一现。李纯的宗教信仰是复杂的，他为了追求长生不老又服用道士们炼的仙丹，显然这些无证生产的药品毒性极大，以至于影响到李纯的精神系统。他变得喜怒无常，经常鞭挞身边的宦官，而他当年上台就是这些宦官扶持的。

在矛盾激化之后，43 岁的李纯于 820 年忽然暴死。

宦官集团除掉了碍事的皇帝，又扶持李纯的儿子李恒上台。这一切与 15 年前唐顺宗李诵被迫传位给李纯后暴死的手法一模一样，一代又一代的太子们屡屡勾结宦官谋害老爹上台，孰知自己也正被野心勃勃的儿子盯在眼里。一个个皇帝换来换去，不过都是宦官手中的傀儡罢了。

宦官们不仅在唐朝中后期控制了皇帝的生杀予夺，而且还是唐朝官方间谍系统的重要组成部分。自武则天以后，酷吏们的情报组织就没有终止运行，除此之外，以监军为主要表现形式的宦官特务们也大规模地出现在历史舞台上。与隋朝的监视系统不同，唐朝对军队将领的监控是赤裸裸的——直接派遣宦官坐镇指挥。尤其是李纯时期，干脆很多将领本身就是宦官。因为将领是外臣，而宦官是家奴，皇帝自然更相信身边的奴才。

875 年，第一批负责抵御安史叛军的统帅高仙芝和副统帅封常清，就因为不能满足监军宦官边令诚的勒索，被密告谋反，双双处斩。

高仙芝和封常清都是功名显赫的大将，竟然被宦官一句诬陷就人头落地，这种监军特务系统的威力可见一斑。不过最妙的是，当安禄山攻陷潼关向长安挺进时，边令诚带着皇宫钥匙第一个投降迎接新主人。

大唐第 11 位皇帝唐宪宗李纯景陵前石马

安史之乱后，皇帝对将领们更是充满猜忌，于是宦官特务们更加受到宠信，任何一支武装部队都设有监军。宦官特务们在军队中具有远远高于将领的统治地位，他们往往会把健壮骁勇的战士全部选拔出来作为自己的卫队，而把挑剩下的老弱残兵拨给统帅。一旦作战获胜，宦官监军便夺占绝大部分功劳；一旦失利，罪过天经地义地全罩到统帅头上。

纵观唐朝监军的事迹，没见到他们有防止统帅叛变的壮举，倒尽是诬陷统帅叛变，或把统帅逼得叛变。发生这种情况的奥秘其实很简单，就像当年来大侠的流氓告密者们一样，宦官们去军队是为了防止叛变的，如果没有叛变案件爆发的话，他们的存在就有些危机了。所以这些特务有叛逆就揭发，没有叛逆就创造叛逆也要揭发。例如昭义军监军宦官刘承偕经常凌辱节度使刘悟，甚至计划绑架他。最后刘悟把刘承偕逮捕，藩镇遂脱离中央。

曾与仆固怀恩并肩作战，又曾与他阵前对峙的唐代名将郭子仪

河朔四镇之一的成德节度使李宝臣为朝廷立下战功后，朝廷派宦官马承倩前往慰劳。马承倩临返长安前夕，李宝臣亲自到旅舍致谢，并送礼物绸缎一百匹。河朔贫苦，这已是超级重礼了，但马承倩却嫌太少，把它抛掷到道旁，大骂而去。李宝臣惭惧难当，他的部下提醒他说：“我们效命疆场，正用得着我们的时候，还是如此。一旦天下太平，还能活下去吗？”于是李宝臣决心脱离中央。而同华军节度使周智光在一刀砍了监军宦官张志斌后，声明说：“仆固怀恩本来不反，被你们逼反。我本来也不反，今天为你而反。”

周智光所说的是镇压了安史之乱的仆固怀恩，他是被监军特务迫害的典型。

仆固家族是铁勒族人，安史之乱时，仆固怀恩随郭子仪作战，任朔方左武锋使，屡立战功。他与回纥关系良好，曾出使回纥借兵，为了国家把两个女儿都远嫁到回纥和亲。安史之乱中，仆固怀恩家族中有 46 人为国殉难，可谓满门忠烈。平乱之后，仆固怀恩率朔方兵屯汾州。

763 年，仆固怀恩奉命送回纥可汗回漠北，监军骆奉先误信谣言，竟向朝廷诬告仆固怀恩与回纥勾结。仆固怀恩悲愤惊惧以极，他向唐代宗李豫列举了自己的六大“罪状”：“昔同罗叛乱，臣为先帝扫清河曲，一也；臣男玢为同罗所虏，得间亡归，臣斩之以令众士，二也；臣有二女，远嫁外夷，为国和亲，荡平寇敌，三也；臣与男玚不顾死亡，为国效命，四也；河北新附，节度使皆握强兵，臣抚绥以安反侧，五也；臣说谕回纥，使赴急难，天下既平，送之归国，六也。”“子仪先已被猜，臣今又遭诋毁，弓藏鸟尽，信匪虚言。陛下信其矫诬，何殊指鹿为马！”

李豫派宰相裴遵庆慰问仆固怀恩，并让他入朝觐见。仆固怀恩终因害怕成为高仙芝第二而举众叛乱，两年后忧郁而死。李豫自己也说：“怀恩不反，为左右所误耳！”

李豫虽然感叹，却依旧依赖自己的监军特务。唐朝的这项独特发明一直被后世的朝代继承下去，监军特务们还将祸害中国的各种武装部队一千余年才会退出历史舞台。

乱世红颜，薄命公主

李纯死后，唐穆宗李恒强令藩镇裁军，导致河朔三镇复叛，中兴的唐王朝立即再度陷入分裂割据的局面。这位只活了30年的短命皇帝有两个和亲的姐妹：永安公主和太和公主，姐姐永安公主在809年许配给回纥部落的保义可汗，由于财政紧张，李纯居士拖延很久才答应这门婚事。就在许婚不久，李纯和保义都先后死去，可怜的永安公主未出阁就做了道士。

妹妹太和公主的命运则更为坎坷，821年，回鹘新任的崇德可汗请求和亲，李恒把妹妹太和公主远嫁塞外，指望能为唐朝稳定同回纥的外交关系。太和公主出嫁才三年，崇德便死去。

这一时期的回纥内忧外患，天灾人祸交加，可汗屡屡被弑被逐，走马灯般的更换。

840年，趁着回纥被吐蕃击败的机会，曾经臣服的黠戛斯部落阿热可汗征服了原来的主人，盛极一时的回纥汗国转瞬分裂崩溃。黠戛斯人希望与大唐结好，自称是流落匈奴的汉将李陵之后，与李氏唐室本为一家人。阿热对公主非常尊敬，派人护送孤苦无依的太和公主归唐，这些有情意的黠戛斯人就是今天柯尔克孜和吉尔吉斯人的祖先。

太和公主中途被回纥残部乌介可汗所劫，乌介胁迫公主来到唐朝边境天德，要求大唐借振武城奉养公主，大唐要求乌介先送公主回国，乌介当然不会放走人质。于是要粮食、要耕地，最后干脆沿边抢掠。

乌介号称有 10 万之众，唐朝政府也不敢轻易与他翻脸。

就这样过了三年之后，乌介又一次骚扰振武城时，守将石雄在振武城上远眺，发现回纥营帐中有数十辆毡车，人众都穿着中原服装，知道是太和公主的居所，于是他派间谍渗透到回纥军营悄悄告诉公主说：“官军即将攻击回纥，请公主的车辆不要动。”随后突然出城猛攻回纥。

乌介不曾料到和亲了这么多年的亲密盟国竟会从背后给自己来这么一刀，仓皇中率 3000 人逃走，他后来投奔黑龙江畔的室韦部落却被杀掉，回纥帝国至此灭亡。

就这样，在塞外颠簸了 23 年的太和公主终于回到故乡长安，这时的皇帝已是她的侄儿唐武宗李炎。

唐王朝以极为隆重的礼仪恭候公主来归，在京百官班迎再拜。李炎晋封姑姑为定安长公主，以感谢她为国家做出的贡献。

太和公主的姐妹们留在长安养尊处优，竟然有 7 位公主妒忌她享有的荣誉拒不出迎。李炎极为愤慨，他宣布剥夺姑姑们的公主津贴以示惩罚。而太和公主归国后第一件事就是为自己“和蕃无状”，亲向侄儿请罪。

太和公主是唐代最后一位和亲的公主，在她出嫁的时候，唐朝虚弱到竟没有足够的能力招待迎亲的回纥使团。而她在塞外凄苦这么多年，以一个弱女子的身份与凶蛮的异族贵族周旋，苦苦支撑祖国急需保持的盟约。

辛苦了，太和公主，大唐应该感谢你。

老赵之野望

907 年，背叛过黄巢起义军的军阀朱全忠再度背叛唐朝，他逼迫唐哀帝李柷禅位，建立后梁。第二年，17 岁的李柷被杀。建国 290 年的唐朝灭亡，五代十国的历史开始了。

相对于南北朝那漫长而痛苦的大分裂时代而言，五代十国可谓是小分裂时代，不过它带来的苦难也并不比南北朝小多少。960 年正月初一，当中原的北周正在庆贺元旦的时候，北方边境传来警报说，辽朝契丹大军入侵了！大将赵匡胤一边嘀咕着还不让穷人过年了，一边率军出发抵御。

他的军队刚走到离京城开封 20 里地的陈桥驿就安营扎寨，老赵的部下把早已裁缝量身定做的黄色龙袍披到他身上，而传说中的辽国朋友们也不知哪儿去了。老赵嘴上客气了几句后，便大模大样地以皇帝身份返回开封。把他当亲叔叔一样看待的后周小皇帝郭宗训识相地退位，后周摇身一变成为北宋帝国。

宋太祖赵匡胤当上皇帝后没过多久便召集老部下们喝花酒。

大伙酒兴正浓的时候，老赵叹息说：如果不是诸位兄弟，我老赵不会有今天，可是如今我觉得做皇帝没啥意思，整天连觉都睡不好。大家问，老赵你咋地突然失眠了呢？老赵说，还不是害怕有人也想当皇帝啊。

大伙骇然说：谁敢这么想啊？俺们都是对老赵你忠心耿耿呀！

老赵说，你们当然不会，可要是你们的部下也找裁缝给你们量尺寸做黄龙袍，你们好意思不穿么？

大家听着这话里有话，再傻的人也觉出不对来了——感情今天这是鸿门宴啊，老赵你这龟孙儿莫非叫大伙喝的是断头酒不成？

宋太祖赵匡胤结束了五代乱世，可谓一代明主

老赵见大伙个个魂飞魄散，显然恐吓的效果已经达到。于是他接着说：人生在世追求的不过就是富贵罢了，依我之见，各位不妨脱掉军装改任文职干部，这样从丘八变成秀才也很体面嘛。各位可以尽情贪污，置办产业，炒股炒楼炒黄金炒外汇都随便，娶多少小老婆我都不管。这样你们享受富贵，我也不用担惊受怕，各位以

为如何？

老赵的话立即抓住了各位将军在低级情操上的全部弱点，大家欣然接受。第二天就纷纷办理了军队转业手续，这就是著名的“杯酒释兵权”。

老赵说到做到，他的大将们个个都被安排到地方上做没有实权的一把手，将军辖区的所有军政权力都由中央收回。

自此，中国再也没有出现过“节度使”这个职务，藩镇割据的威胁烟消云散。

《水浒传》中说赵匡胤这个人是“一条杆棒等身齐，打四百座军州都姓赵”，他所创的三十二路太祖长拳还被明代军事家戚继光记入《纪效新书》。从北宋开国的表现来看，老赵的确是个军事天才。分裂的中国大部分被他统一，225 年的分裂噩梦总算结束了。

可惜大部分统一不等于全部统一，此时在北面有契丹族辽国，在西北面有党项羌族西夏，在西南则是温顺的大理国。这三个国家都占据了昔日唐帝国辽阔国土的一部分，所以对于北宋而言，统一战争还远远没有结束。在这些国家里面威胁最大的是辽，可惜老赵还没来得及解决这个问题就在著名的“烛影斧声”谋杀疑案中撒手人寰。

谋杀嫌犯宋太宗赵匡义登上皇位后先后数次与辽国交锋全部失败，漫长的战争一代代传下去，直到澶州之战。

发明家王安石和阴谋家李元昊

1004 年，辽圣宗耶律隆绪和萧绰萧太后这娘儿俩带着大军南下，来与宋真宗赵恒“会猎于吴”。

在丞相寇准的坚持下，赵恒硬挺着迎战，在黄河岸边的澶州城与辽军“会猎”。

辽军主帅萧挞凛觉得自己很了不起，骑着马跑到澶州城下搞示威，他作死的结果就是被宋军用新式远程狙击武器床子弩射杀。

一番对峙下来萧太后觉得灭宋不大可行，而北宋早已认清灭辽更不可能。于是打不过就合作，双方于十二月初达成停战协议，次年春季签订了和平条约，协定宋每年给辽保护费如下：银十万两、绢二十万匹。

为了表示诚意，耶律隆绪称赵恒为兄，赵恒称耶律隆绪为弟，然后赵恒再称萧绰为叔母，两方皇室的面子都得到精准的平衡。这下皆大欢喜，双方互约为兄弟之国，史称“澶渊之盟”。

1070年，在王安石的短暂变法革新时期，北宋司农寺制定《畿县保甲条例颁行》，保甲制度正式诞生。按照保甲制度，乡村住户每五家组一保，五保为一大保，十大保为一都保。凡有两丁以上的农户选一人来当保丁，保丁平时耕种，闲时要接受军事训练，战时便征召入伍。以住户中最富有者担任保长、大保长、都保长。

这是国家情报、行政、公共安全等领域的一次大变革，单就情报系统而言，保甲制度要求每家每户互相担保邻居没有造反叛国的行为，否则连坐处罚。外乡人没有本地人担保，更是难以立足。国家一文钱不用花，就是凭空多出亿万个编外间谍互相监视，用以防止农民的反抗，并节省军费。

这种无本买卖实在是天才的发明，所以北宋以及所有后世王朝都接受这个制度并持续改进，这种全民皆谍、人人监视、人人告密的制度持续近一千年，到

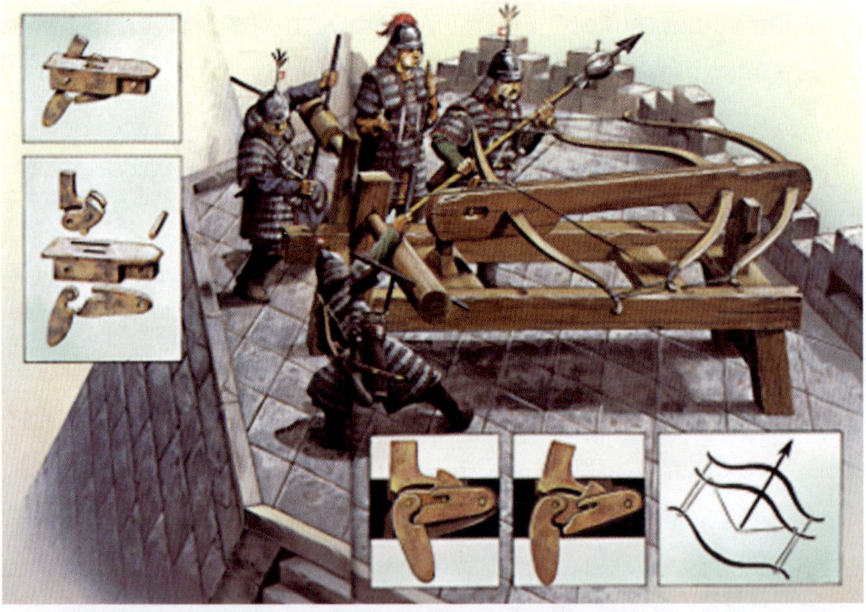

这就是狙杀了辽军主帅萧挞凛的床子弩，在当时属于绝对的高科技武器

1949 年以后才在中国大陆地区被废除。

北宋和辽国哥俩好了，可是和西夏却怎么也好不起来。与建国早于宋的辽不同，西夏从理论上来说属于割据领土后搞独立的叛徒。虽然西夏的前身夏州定难军节度使是党项羌族拓跋家世代相传的免税门面房，但是毕竟名义上一直归中央政府这个税务局管，所以定难军节度使时而姓李时而姓赵，中原的皇帝换一次主人就赏赐他们一次姓氏。到了西夏景宗李元昊这里忽然宣布自己也是税务局了，所以这梁子是解不开了。

李元昊是个阴险毒辣的狠角色，西夏从他爷爷李继迁开始造反，在他手里完成正式独立。他不仅要在西夏称王，还打算进军中原，所以在建国前就对北宋进行了大规模的间谍活动。

1038 年，李元昊打着前往五台山拜佛的旗号上奏宋朝请求通行，而实际上他此行是考察河东一带地形和刺探宋军防务。李元昊一方面利用宋和西夏之间通商之便，派伪装成商人的间谍深入北宋，广泛了解各处山川地势、虚实之况；另一方面广泛招纳北宋的失意文人以及豪强土霸为自己所用。李元昊还多次派使节入宋，名为献贡、取经，实则搜集北宋情报。

李元昊还将间谍活动扩展到宫廷之中。当时宋朝常把一些年长的宫女放出宫去，让她们自谋生路。李元昊就派人以重金请来，询问北宋的宫廷秘事。通过这些八婆的多嘴多舌，李元昊掌握了从皇帝皇妃的八卦新闻到高层变动、军事实力和对外关系等诸多情报，尤其是知道北宋对自己的态度——一旦称帝则坚决予以军事打击。

公元 1038 年，李元昊正式称帝建立西夏，宋仁宗赵祯立即宣布讨伐叛逆，并且悬赏收买李元昊的首级，完全把他当作一个山大王对待。但是李元昊长期的间谍活动收到了重要成果，西夏军连续在三川口、好水川和定川砦三次战役大破宋军，赵祯被迫吞下西夏分裂出去的苦果。

西夏的情报工作组织细密，由整个国家全力支持，并且利用了一切途径从经济、外交、宗教等各方面进行情报搜集和综合分析，这些特点已经具有现代间谍活动的雏形。

李元昊虽然诡计多端，可是北宋也不是没有能人。名臣范仲淹一手提拔的种

西夏皇帝在接受军情文件

世衡也是情报战的高手，他在西北边境招抚羌人筑城安边，成为西夏的心腹大患。

1042 年，西夏大将耶律旺荣和耶律遇乞二兄弟派部下赏乞、浪埋、媚娘三人逃到宋境诈降。种世衡识破奸计决定将计就计，他让三人到自己手下的税务部门负责收取商税，平时与他们相处亲密，暗中派人严密监视。

种世衡部下有个叫王蒿的军官，因为曾是紫山寺僧人，所以军中绰号王和尚。王和尚熟知西夏的山川地形，每逢作战都为种世衡做向导。这一次种世衡命他携带密信前往西夏，王和尚换上僧袍来到耶律营中，献上一根枣树枝和一幅乌龟图。耶律看不懂老种的抽象派艺术作品，请王和尚解释。

王和尚说："阿弥陀佛，这是早归的谐音，愿施主早日归顺大宋。"

王和尚的解释令耶律二兄弟极为狼狈，似乎他们与老种早有密约一般。耶律忙把王和尚押送到李元昊处想证明自己的清白。李元昊一向多疑，他觉得情况怪异，遂决定对王和尚进行异地审讯，以免和耶律兄弟串供。

王和尚嘴很硬，坚称除了后现代艺术作品外没有其他密信。于是虐待狂李元昊便命令用蘸了尿的皮鞭鞭打王和尚，结果还是什么都没问出来。

过了几日，李元昊又秘密把他召到寝宫，威胁说：“如果还不说，送你上西天去见佛祖！”

王和尚微笑答道：“阿弥陀佛，正是老衲心愿。”

李元昊大怒喝令拉出去砍了，王和尚见势不妙连忙号啕大哭道：“老衲死不足惜，可惜没有完成将军托付的大事！”

李元昊一听这话里有话啊，又把王和尚拖回来许以荣华富贵。

老王一听两眼放光说：“原来投降有好处，你早说嘛。”他撕开僧袍的夹层，取出一封密信，信上说：浪埋等人已经到了朝廷，知道耶律兄弟有归附北宋之心，现朝廷已决定封他为夏州节度使，每月俸禄万缗，授令已经到了，希望你们早日归附，共除元昊叛贼。

李元昊是老特务头子了，心里盘算着耶律兄弟不仅是自己的忠犬还是皇后的哥哥，莫非是反间计？他喝问王和尚，王和尚却坦然自若。李元昊惊疑不定，便暗地里派间谍冒充耶律的使者到种世衡那里去回话。

冒牌使者一见到种世衡便受到极为热情的接待，好吃好住好玩一番之后，老种约好接受投降的时间地点，送使者回去。间谍据实回报李元昊，李元昊一怒之下杀了耶律旺荣。后来又担心自己上当，所以暂时把耶律遇乞打入牢房。

这边血迹未干，那边老种为耶律旺荣同志开的追悼会已经隆重举办。

宋军在边境线上设立祭坛，老种是儒家之后，把一篇祭文写的是文采飞扬，情真意切。大致内容是：耶律兄弟智勇双全，实在是异邦中的杰出人才。两位国际友人有意弃暗投明，归顺大宋朝，怎料突遭惨变，以至功败垂成。耶律遇乞痛失手足，大宋王朝也不幸失去了一名良将，多么令人悲痛惋惜啊！

老种反复提及耶律遇乞，意思是提醒李元昊别忘记还有一个人应该杀。耶律兄弟是李元昊的左右手，还是一齐砍掉比较令人放心。他带着几个人装模作样地烧纸钱，等巡逻的西夏骑兵来了慌忙撤离，“无意”中失落了写着祭文的木板。西夏骑兵把木板送给李元昊一看，这下可坐实了叛国案件！他盛怒之下又将耶律遇乞斩首，还把耶律家抄家没收全部财产。

李元昊杀了耶律兄弟后，决定先整顿内部。所以他把王和尚放出来厚加赏赐，让他携书回报老种，表示西夏愿意与北宋议和，从此两国保持了一段时间的和平。

老种妙计得手，声名远扬。此后他家世代为北宋大将，开创了媲美杨家将的“种家将”时代。而李元昊毕竟是聪明人，他不久后醒悟，又下令寻找耶律兄弟家属进行抚恤。结果有人说三香家尼姑庵里有耶律遇乞的遗孀没藏氏，李元昊一见竟然是国色天香的美人，他也顾不上给耶律兄弟平反了，只把没藏氏收入自己帐下，不久后还生了个私生子，就是后来的西夏毅宗李谅祚。

李元昊在私生活方面很不检点，他还霸占了太子宁令哥的妻子没移氏。当皇后耶律氏责问他和没藏氏的关系时，他干脆把皇后和太子一齐废掉。假尼姑没藏氏和她的哥哥没藏讹庞是十足的阴谋家，他们挑唆宁令哥弑父自立。宁令哥信以为真，便开始谋划。

1048 年，宁令哥带领数人进宫行刺李元昊。在打斗中，李元昊被儿子把鼻子削了。卫士赶来护驾，宁令哥逃回没藏讹庞家却被讹庞杀死，他的母亲耶律氏也连带被杀。

没有鼻子的李元昊不久就在气恨交加中一命呜呼，没藏讹庞立自己外甥为帝，西夏国政权归没藏兄妹把持。

一位爱国间谍的千古悲剧

1111 年，宋徽宗赵佶派遣宠信的太监童贯出使友国辽。童贯在燕京城外卢沟桥遇到了等候在那里的一个人——辽南院大臣光禄卿马植。

辽朝灭亡后，北宋的末日也迫在眉睫了……

马植的家族已经在辽的统治下经历了两百余年的历史，可是在他心中一直有着可贵的爱国主义热情，这种热情使他自愿成为一名北宋间谍。

马植向童贯献“联金灭辽”之策，童贯建议他改名为李良嗣，随后一同归宋。马植又向赵佶献策说：“女真恨辽人切骨，若迁使自登莱涉海，结好女真，与约攻辽，兴国可图也。”

赵佶这位以喜欢逛青楼妓院和书法绘画而闻名的聪明皇帝几乎样样精通，唯一不懂的就是军国大事。他听了李良嗣的建议后立即采纳，并赐姓赵。于是马植又改名为赵良嗣，从此任职龙图阁，加佑文殿修撰。

赵良嗣先后七次赴金与完颜阿骨打约定攻辽，宋金订立“海上盟约”，由此为不可一世的辽朝敲响了丧钟。

马植远交近攻的策略看似完美，但由于他不在宋朝对中原虚实并不了解，尤其不清楚宋朝庞大的军队根本就是纸老虎。

宋金两国结成海上之盟，1114 年，金正式开始攻辽，当北宋趁辽崩溃之际，极其卑鄙地背盟进攻时，童贯的 20 万大军却被绝境中的辽军全歼。完颜阿骨打一向听说宋军软弱如豆腐，没想到其实根本就是豆腐渣，于是直接为日后金军南下埋下伏笔。

马植艰难地代表大败而归的祖国与骄横的完颜阿骨打再度订立盟约，燕云十六州好歹要回来太行山以东的六州。针对北宋最爱干的小动作，完颜阿骨打颇有先见之明地着重提出双方都不许招降纳叛。

1125 年，金灭辽，北宋在其间出色地扮演了丑角角色。赵佶自封为民族英雄，童贯也晋封为王。北宋举国狂欢庆祝辽朝的完蛋，却不知道自己祖国的破产倒闭已迫在眉睫。唯有屡次接触金朝的马植发出不和谐的警报：速做战争准备，和平维持不了两三年。

由于在战场上得不到胜利，北宋便不断诱降金占区的原辽朝汉族官吏将士。马植苦劝朝廷不要背叛墨迹未干的盟约，但赵佶不喜欢乌鸦嘴，光禄大夫马植被连贬五级。

1126 年金兵南下，靖康之难爆发，马植被宋钦宗赵桓当成罪魁祸首处死——呜呼，可怜卢沟晓月下那一片赤诚的爱国之心！

靖康耻，风波亭

北宋灭亡后，糊涂父子皇帝赵佶和赵桓全部被俘。赵佶被金朝封为昏德公，他儿子被封为重昏侯。全部3000名赵姓贵族全被押送到6000里外的苦寒之地五国城。

1135年，赵佶病死在一栋破烂房屋中的土炕上，25年后，赵恒被当时金帝国皇帝完颜亮下令押回首都中都，跟被俘的辽帝国末代皇帝耶律延禧一起组队参加马球比赛。不会骑马的赵桓摔下来被踏为肉泥，81岁高龄的耶律延禧则在试图逃跑时被乱箭射死。

侥幸逃脱的康王赵构南渡后在江南建立了新的朝廷——南宋。

南宋政权时时面临着金的威胁。由于金朝吸收了大量汉族人士为自己效力，所以南宋面临被间谍渗透的问题极为严重。每当金兵大举南侵之前，都有大量间谍被派遣过江搜集情报。大量的金朝间谍打入南宋朝廷内部担任官职，组成一个秘密的间谍网络。

南宋几次北伐都从策划中就开始泄露机密遭到破坏，这反映出金朝情报战水平极高，而南宋也借助金朝统治区中同情自己的汉人大量搜集情报，南北方之间爆发了空前激烈的间谍战。

伟大的民族英雄岳飞在南宋抗金风潮中脱颖而出，他与金朝大将完颜宗弼斗智斗勇的传奇故事在中国民间流传甚广，完颜宗弼还有个大伙耳熟能详的名字就是兀术。《说岳全传》里面王佐断臂赚兀术，然后说服兀术干儿子陆文龙归宋的故事可谓老少皆知。问题是正如黄盖不曾挨打一样，岳飞帐下没有王佐，兀术家里也没有陆文龙这个干儿子。

岳飞是中国古代的杰出将领，也是一个足智多谋的间谍战天才。在历史上他劝降过不少投靠金朝的汉族将领，其中最离奇的便是刘豫了。

1128年，河北西路提刑刘豫杀死宋将关胜叛国投金。遇害的关胜曾经参与过援助太原抗金保卫战的战斗，至于是不是《水浒》中大刀关胜的原型则有待考证。金朝一看在遍地反抗情绪的中原居然有如此忠诚的汉奸投靠，当即予以重任。

南宋初年的《中兴四将图》

1130年，金朝的傀儡政权伪齐成立，古代版汪精卫刘豫走马上任当上了儿皇帝。

刘豫是所谓的铁杆汉奸，他眼中的唯一大事就是赶紧消灭南宋，好做一个完整中国的皇帝——当然是在干爹金朝管制下的。于是伪齐军南征的热情超过了金军，岳飞不断与汉奸部队作战。

当时刘豫的靠山挞懒在金朝内部斗争中失败，以都元帅职务驻军中原的兀术便与刘豫关系恶化。兀术指责河南百姓受到侵扰，又斥责伪齐不断挑衅宋军连吃败仗。兀术这么说不是因为他怜惜汉族百姓并且热爱宋朝，而是为了除掉刘豫直接统治黄河以南的中原地区。

岳飞了解到这一情况后，便在被俘的金军间谍中选出一人来，装作认错的模样质问说，前日要你把与刘豫里应外合除掉兀术的计划送去，你却为何一去不回？害我只好再派人去才联络妥当，你怎敢背叛我不送信给刘豫？

兀术的间谍口舌伶俐，随口应承下来，表示一定要戴罪立功。于是在挨了一番训斥后，终于得到岳飞的首肯。岳飞没让这家伙好受着回去——他命人在间谍的大腿上拉了个大口子，然后把装着密信的蜡丸塞进去。当龇牙咧嘴的间谍回到兀术那里时，伤口差不多要长住了，还得再来一刀才能取出来——这就叫作死罪虽免活罪难逃。

兀术得到密信后立即上报金熙宗完颜亶。1137年，金朝废刘豫为蜀王并且废除齐国，将刘豫一家迁至临潢府，1142年改封曹国公，1146年大汉奸刘豫死去。

此后，兀术指挥的金军再度成为宋军交战的对象。

岳飞本人武功高强，使用三百宋斤的硬弓，是宋朝历史上力量最强的神箭手。

岳飞所率领的岳家军军纪严明，《续资治通鉴·岳飞》中记载：师每休舍，课将士注坡跳壕，皆重铠以习之。卒有取民麻一缕以束刍者，立斩以徇。卒夜宿，民开门愿纳，无敢入者，军号“冻死不拆屋，饿死不掳掠”。

岳家军作战时勇敢无畏，金人叹息：撼山易，撼岳家军难。

1140 年，岳飞第四次北伐屡败兀术。

七月初，兀术得到了龙虎大王完颜突合速、盖天大王完颜宗贤、昭武大将军韩常等将的援军，在间谍探知岳飞本人在郾城指挥岳家军后，全军出动直扑郾城决战。

七月八日，兀术率领 3 万精锐骑兵抵达战场，岳飞命令长子岳云率领 8000 最精锐的背嵬军骑兵出城迎击，并说：“必胜而后返，如不用命，吾先斩汝！”

双方的骑兵开始决战，岳飞亲率 40 骑兵突出阵前。都训练霍坚劝阻他说：“相公为国重臣，安危所系，奈何轻敌！”

岳飞回答：“非尔所知！”说完拍马向前。

岳家军将士看到统帅亲自出马顿时全力死战，兀术遂决定下令重铠骑兵连锁组成的“拐子马”出击。这种骑阵好比是现代战场上的坦克，箭射刀砍根本无效，专门在关键时刻通过集团冲锋击溃宋军。

岳飞当即令训练有素专门对付金军这套战术的精锐步兵上阵，步兵们分成前后两排伏地等待，前排士兵以生命为代价用长柄麻札刀砍掉“拐子马”无法以重铠包裹的马腿。只要一马倒地，拐子马的全部三匹马就全被拉倒。后排士兵立刻以重斧砍马上骑兵的肩胛、颈部等需要活动、重铠有关节链接的地方，砍掉四肢和头颅杀之。

这种战术需要付出巨大牺牲，但岳家军战士知死不避，慷慨殉难。一向野蛮凶悍的金军骑兵没料到竟有如此战术，“拐子马”骑兵全军覆灭。到天黑时，金军溃败哭声震天，兀术也大哭道：“自从故乡起兵，靠此制胜，今竟如此！”

岳飞一生力主抗金，而这次北伐最接近成功。就在中原百姓群起呼应，兀术丧胆之际，岳飞一生中最大的敌人露出了狰狞的嘴脸，那就是宋高宗赵构。

虽然被兀术南侵而惊吓得失去了生育能力，可是赵构心中最恨最怕的人却不是兀术，而是自己的哥哥赵桓。一旦岳飞成功，真把哥哥救回来，那么自己的这个皇位又怎么办呢？他继位的时候属于自立为王，没有父亲或哥哥合法的认可，所以赵构的底线就是不可以让哥哥回来。为此，他宁愿放弃恢复故土，苟安江南一隅。这是他心里最真实的想法，却又无法说出口。

岳飞没看出来，宰相秦桧却看了出来，于是便有了著名的12道金牌召回岳家军的故事。岳飞虽悲愤流泪地叹息“十年之力，废于一旦！”，可是忠君思想加上其他各路宋军的撤退使他不得不回。

回到临安的岳飞很快被撤销兵权，由于兀术指定的和谈条件是“必杀岳飞”，所以赵构指示秦桧动手。秦桧以“谋反”的罪名逮捕岳飞等人，指示手下酷吏严刑拷打逼供，岳飞起先愤而争辩，后来觉察秦桧存心谋害，便任凭拷打闭目不言。据说有一次审讯官又在喋喋不休地质问时，岳飞脱下衣服给他们看脊背上所刺“精忠报国”四字，纵然是铁石心肠的狱卒打手们也被感动得泪流满面。

1142年1月27日除夕之夜，狱卒请岳飞沐浴，随后他在杭州大理寺风波亭被赵构赐死，岳云等人也随即被押赴刑场斩首。

非法兼职的秦丞相和无视教训的赵家人

秦桧到底是不是金朝间谍呢?

虽然没有直接证据能证明秦桧一定是奸细，但有边缘性的证据证明秦家和金朝的关系不同于一般宋人主和派和金朝的关系。

关于秦桧的南归，他自己说是“杀监己者奔舟而归”。但绍兴初年做过宰相的朱胜非在《秀水闲居录》中说：“秦桧随敌北去，为大帅达懒任用，至是与其家得归。桧，王氏婿也。王仲山有别业在济南，金为取千缗其行，然全家来归，婢仆亦无损，人知其非逃归也。”

秦桧靖康之难被俘后迅速投降，由金太宗赐给达懒为奴而留在燕山府。秦桧在达懒属下充当“任用”，后升为“参谋军事”。

1130年达懒攻打楚州时，秦桧为完颜昌写过劝降书。

1130年，完颜昌攻破楚州后不久，秦桧即被放归南宋。

宋金《绍兴和议》后，金朝干脆要求“不许以无罪去首相（秦桧）”，这也使得秦桧成为终身执政的宰相。由此看来，南宋第一号汉奸卖国贼秦桧的头上要多一顶间谍的帽子了。

赵构和秦桧在合谋杀害岳飞后，组建了庞大的特务组织，专门以文字狱谋害主战派人士。

这段时期是南宋历史上的黑暗时期，而赵构和秦桧这一对狼狈为奸的君臣关系也不是铁板一块。秦桧对赵构密切监视，他把皇宫卫士和御医首领王继先等都发展成自己的特务党羽，赵构的一举一动一言一行都被时刻报告给秦桧。

当秦桧死后，赵构立即赦免了与秦桧对立的许多主战派人士，开始排挤打压秦桧遗留的势力。

宋孝宗赵昚上台后马上为岳飞平反，身为太上皇的赵构却没发表任何意见，既不支持，也不阻挠。就在岳飞蒙难 75 年之后的 1221 年，金军南下蕲州，秦桧的曾孙秦钜作为通判与郡守李诚之率众抗敌。金军来势汹涌，援军遥遥无期。小小的蕲州终于陷落，血染战袍的秦钜拒绝投降或逃走，他遵循与城池共存亡的誓言，率领着一家老少一同投身火海，以身殉国。

忠奸善恶，都随着时代逝去……

历史教训并不是对所有人都有警示作用，南宋君臣便是如此。

正如当年的《海上盟约》最后毁灭了北宋一样，一百余年后与蒙古的结盟同样加速了南宋的灭亡。当然，客观地说金哀宗“北边损失南边补”的愚蠢南侵策略也是逼迫南宋全面靠向蒙古的重要原因。

1234 年，金国蔡州被蒙宋联军攻陷时金哀宗自缢。

一切都是当年的翻版：金灭亡后南宋举国狂欢，一时间没人来得及细想失去金朝作为屏障，会令南宋面临比金更强大的蒙古威胁。没过多久，宰相郑清之和大将赵范就决定乘蒙古守备空虚的千载良机，收复整个黄河以南地区。宋朝似乎拥有叛盟和横挑强邻的基因，而且并不因为灭亡一次就能吸取教训。

蒙古军队放弃城市后撤，南宋军队发现中原已经是千里无鸡鸣，白骨露于野的绝境。宋军很快断粮，然后在蒙古的反击下死亡 10 万余人。

由于蒙古的主要目标是西征，所以致命的打击在 40 多年后才来到。

1271 年元朝建立后，元世祖忽必烈开始南下伐宋。

1276 年，元军攻占南宋都城临安。

1279 年 3 月 19 日，南宋最后的军事力量随着崖山海战的失败而毁灭，绝望的陆秀夫背着刚满八岁的小皇帝跳海而死，南宋彻底灭亡。

铁木真和他的间谍商队

铁木真是世界历史上少有的杰出军事家，他的蒙古骑兵来去如风威名远扬。

蒙古军队传奇般的远征，都是沿某些开路先锋侦察人员的足迹而行。不过这些侦察人员不是明火执仗的侦察骑兵，而是满载着货物的商队。

商队就是成吉思汗麾下一个特殊的间谍组织，所有蒙古人感兴趣的地方，都会出现很多商队。这些心怀鬼胎的商人一边与当地人做买卖一边耐心地搜集情报，他们首先关注沿途是否有足够的草场供蒙古骑兵的战马食用，要知道每个蒙古兵平均有四五匹战马。还有当地人对蒙古军队的态度、当地的防御力量，尤其是有无城墙及其厚度等等。

商队侦察所得的情报由被称为“山药”的特种部队传递，他们是受过训练的间谍，所骑乘的马一天可以奔驰 500 里。

有时候蒙古商队并不仅仅是为了征服某地而前去刺探情报，他们用带有普查性质的远行来对蒙古周围的国家摸摸底——例如著名的花剌子模事件。

1218 年，蒙古商队抵达花剌子模的边境城市讹答剌时，驻守在当地的总督亦纳乞克怀疑他们是间谍，所以

蒙古军西征时用到了蒙古商队刺探到的丰富军事地理情报

把人杀了，骆驼和货物也都被夺去。有侥幸逃走的商人回报大汗，铁木真大怒。

因为花剌子模是中亚强国，拥有40万军队，所以铁木真只派出了质问的使者。花剌子模狂妄的苏丹摩诃末把蒙古使者斩首，还把他的随从的胡子剃掉。深受羞辱的铁木真大举进攻花剌子模，苏丹为他的行为付出了亡国的代价。

当蒙古西征抵达欧洲时，他们的商队遇到极大的困难。由于人种不同，蒙古间谍商人们一出现就被当地欧洲人盯得死死的。

为了解决这个问题，大将速不台与威尼斯商人签订了代理间谍合同。威尼斯人提供欧洲的情报，而蒙古人保证威尼斯人的安全和利益。在汉族绘图师和威尼斯商人的帮助下，蒙古军队得到了匈牙利、波兰、波西米亚和西里西亚的详尽地图与军事情报。

1226年病危的成吉思汗再次征西夏，次年西夏末代皇帝李睍投降。

1227年成吉思汗在贺兰山病死，其子窝阔台继任蒙古大汗。

1235年速不台的大军开始进攻东欧，1240年铁木真的孙子拔都继续西征，直至奥地利的维也纳附近。如果不是1242年窝阔台的死讯传来，拔都率军东归争夺汗位的话，蒙古大军的铁蹄无疑会征服整个欧洲。

窝阔台之后经过贵由的短暂统治，成吉思汗的小儿子拖雷的儿子蒙哥继位。1252年蒙哥派其弟旭烈兀西征，蒙古军队一直打到埃及。

维也纳城下的历史又在此刻重演：1260年，蒙哥在进攻四川钓鱼城时被南宋守军发射的巨石击中战死。蒙哥临终前留下遗言，将来若攻下钓鱼城，必屠杀全部军民百姓。

但后来钓鱼城于1279年投降时，忽必烈却赦免了所有军民。在得知短命的大汗去世后，西征的旭烈兀回师争位，使得蒙古帝国没有延伸到非洲。

蒙哥死后，身在中原汉地的忽必烈与留守蒙古本土的阿里不哥开始争夺汗位，随即展开了四年的内战，直到1264年阿里不哥兵败投降。

1271年，忽必烈在大都宣布自己的国号为“大元”，这是中国第一个把“大”字加于正式国号之中的朝代，之前各朝的“大”字均为尊称，唯有蒙古人大剌剌地直接叫自己大元。

然而元朝的辽阔疆域其实只是虚幻的印象，由于忽必烈的“行汉法”主张造成许多蒙古贵族的不满，导致四大汗国纷纷脱离独立，忽必烈的政权只包括中国与蒙古本土，大蒙古国随之不复存在。

历时 97 年的元朝虽然很短暂，但是却是中国历史上最奇特的朝代。早在元朝成立前，当成吉思汗铁木真攻占中原后，别迭、速不台等贵族大臣提出将当地汉人屠杀或驱逐一空，把中原变成蒙古人的大牧场。但铁木真的谋士契丹人耶律楚材以可以向汉人征收大量税收为由强烈反对这个计划，因而该提案没有实施。

收税这个敛财捷径从此深深刻在大汗们的脑中，蒙古人的税收政策是承包制的，并且引入了竞争机制。窝阔台在位时就开始招标全国税收，大致方法是先由承包人买断，大汗收钱之后便任由承包人去对汉人横征暴敛。汉族商人刘廷玉曾经提出 140 万两白银的条件，由于耶律楚材的极力反对才没能中标。但不久后维吾尔族商人奥都喇合蛮出价 220 万两时，窝阔台决定发这笔财。

蒙古统治者把人民分为四等，蒙古人、色目人、汉人、南人，后两者基本是一类。在蒙古人眼中汉人只是奴隶，而汉人发明的保甲制度便成为天然的枷锁。蒙古统治下的中国每二十家编为一“甲”，首长称“甲主”，由政府委派蒙古人充当。蒙古人就是这二十家的总管，这二十家就是这位蒙古总管的奴隶。汉人的身家财产总管可以随心索取；汉人的老婆女儿他更可以随意糟蹋。“甲主”以上的地方政府首长全由蒙古人担任。当蒙古人不够分配，或主要来自中亚的色目人贿赂够多时，则由色目人担任。

这种暴政自然会引起不满，于是元政府有严厉规定：禁止汉人打猎，禁止汉人学习拳击武术，禁止汉人持有兵器，禁止汉人集会拜神，禁止汉人赶集做买卖，甚至禁止汉人夜间走路！

以上这些暴政还算是轻微的，更恐怖的还有“赐田制度”：蒙古大汗可以随时随意把任何地区的汉人农民连同他们的田地一起赏赐给亲贵大臣，而汉人一觉醒来发觉自己毫无理由地忽然变成农奴了！

法律规定任何一个蒙古人都有权任意驱逐汉人，从而把农田改造成牧场以便畜牧。最恐怖的是来自吐蕃的喇嘛们，由于蒙古统治者虔诚地信奉喇嘛教，所以这些出家人便把整个元朝当成自己的家，缺什么就直接到汉人那里拿什么。

吐蕃“高僧”兼帝国“国师”八思巴的弟子杨琏真伽是忽必烈的江南佛教总督，

此人不读佛经却擅长盗墓。他趁着驻扎杭州的机会把南宋所有皇帝和大臣的坟墓全部掘开，挖取陪葬的金银珠宝发财，又掠夺 250 万人做喇嘛庙的农奴。吐蕃喇嘛所过之处，犹如蝗虫过境，强夺汉人住宅、强奸汉人妇女成为喇嘛们的习惯。甚至连在世界各地受尽欺凌的吉卜赛部落也大量来到元朝境内为非作歹，他们仰仗自己色目人的身份，以抢劫汉人为职业，而汉人在被吉普赛人抢劫时如果反抗便触犯了法律！这些吉普赛人直到明朝前期还有少量存留，虽然他们习惯于以抢劫和偷盗为业，但明朝派官员还是送给他们耕牛，勒令他们学习耕种，靠双手吃饭。

这是中国历史上最黑暗的时期，经历了近百年的煎熬之后，1351 年刘福通领导的红巾大起义爆发。

1368 年，朱元璋推翻大元帝国建立明朝。蒙古人退出中原回到塞外，元朝灭亡。

塞外的蒙古政权沿用大元国号，史称北元。直到 15 世纪初，蒙古部落才彻底抛弃了这个国号。

第二节 耶稣会的阴谋

来历可疑的教皇国

公元 324 年，古罗马帝国的君士坦丁大帝把君士坦丁堡定为罗马首都之后，综合了罗马统治制度和基督教学说以及希腊及东方文化的混合宗教文化诞生了。皇帝成了基督教会的监护人，君士坦丁堡的大主教称号是“牧首”，牧首要服从皇帝的命令。但罗马城的大主教利奥一世却不愿意，他认为在信仰问题上应该服从教会而不是皇帝。随着时间的推移，罗马城的主教后来获得了“教皇”的称号，从此被承认是西方教会的最高领袖。

当罗马城不再是帝国的首都之后，它就变成了基督教会的首府。

1054 年基督教第一次大分裂，君士坦丁堡的教会发展成为以皇帝为领袖的东正教，而罗马城的教会则发展成为信徒遍及欧洲绝大部分领土的天主教。

教皇除了宗教职务之外，还是统治整个意大利中部的教廷国国家元首。梵蒂冈称自己的领土为“圣彼得的遗产”，意思是这是耶稣门徒之首和首任教皇圣彼得先生留给梵蒂冈教皇国的遗产。

其实教皇国是建立在西罗马帝国尸体上的产物，当 476 年西罗马帝国毁灭于蛮族入侵之时，教皇便趁机组织力量“接受”了不少无主的前帝国领土。

教皇在意大利搞的小动作让东罗马帝国的查士丁尼皇帝很不满意，他派军反

16 世纪时的教皇国疆域图

攻意大利，打算重新统一东西罗马帝国。看着原房主的兄弟回来继承房产了，教皇这位打算侵吞的租客只好龟缩在房间里不敢吭声。所幸游荡在意大利的蛮族伦巴底人力量很强大，东罗马“解放军”没能光复故土，倒被撵走了。于是教皇又开始偷鸡摸狗地抢地盘，在面对伦巴底人进攻的威胁下，教皇使出独门绝技“抱粗腿”——拼命贿赂讨好伦巴底人的领袖，再加上蛮族被忽悠皈依了基督教，所以在 728 年，伦巴底国王路易特普兰德将拉丁地区的一些乡村和城镇捐献给罗马主教，这些土地就是所谓 “圣彼得的遗产”，这些地方成为教皇国的立国基石，虽然跟 700 年前的彼得先生根本没有关系。

19 世纪时期的教皇国国旗纹章

751 年，教皇司提反二世通过向雄霸西欧的法兰克人领袖“矮子”丕平大献殷勤，卑鄙地让法兰克人驱逐了自己的老朋友伦巴底人。司提反为篡位的丕平加冕皇帝，丕平则率军在 754 年进入意大利占领中部和北部的许多地方，然后将其作为对教会的奉献赠送给罗马教皇。在 781 年，丕平的儿子查理大帝宣布教皇为这些地区的最高统治者。

查理大帝是个强人，他完善了军事采邑制，初步奠定了封建等级制度的基础。法兰克帝国皇帝把边境的一部分土地分给贵族保卫，贵族们得到封地后建筑城堡保卫封地，还招募骑士作为职业军人。于是浪漫故事中的骑士、城堡等要素逐步在欧洲大地普及开来。

至此为止，教皇手里的一亩三分地都是靠不法手段忽悠而来的，不论是伦巴底人还是法兰克人都不是合法地主，万一法兰克人反悔说要收回土地的话，教皇岂不是要抓瞎？于是罗马教廷在 750 年至 850 年之间伪造了一份地契《君士坦丁御赐教产谕》，宣布教皇国所拥有的土地是在公元 4 世纪时由罗马皇帝君士坦丁一世奉献给罗马主教西尔维斯特一世的。该文献说，君士坦丁大帝在西尔维斯特一世通过祈祷为其治好麻风病后接受了洗礼，在受洗后的第四天就决定将帝国都城罗马捐赠给基督教会，并在博斯普鲁斯海峡旁的拜占庭营建新都。该文献还宣布君士坦丁大帝不仅向罗马主教捐赠了意大利中部地区，而且还捐献了整个罗马帝国的西半部领土，并授予教皇及其后任者对其进行世俗统治的权力。

如果不是脸皮赛铁皮的话，一般人还真不大好意思弄出这么一份假文件来。

首先是拿已经死去300多年的君士坦丁皇帝来垫背，还诬陷人家有麻风病——反正死人不会爬起来抗议。其次是这几百年来那些被教皇们忽悠的蛮族都白送礼了，人家梵蒂冈根本不承认——这明明是东罗马帝国皇帝给我们的嘛！最后就是教皇的野心实在太大，西罗马帝国的全部领土是什么意思？那就是以前恺撒统治过的所有地方都归教皇所有，是梵蒂冈主权神圣不可分割的一部分。

正是吃了我的给我吐出来，拿了我的给我还回来！按理说法兰克帝国应该找教皇算账，不过此刻曾统一欧洲绝大部分领土的法兰克帝国已经自顾不暇：814年，查理大帝在去世前规定他死后王国按日耳曼传统由他的儿子瓜分，他的儿子路易即位时其他兄弟都已死去，所以他希望维持一个统一的帝国，但是路易的儿子们为了私利当然希望分国。

从829年开始，皇帝与他的儿子们之间发生武装冲突，还被扣押成为傀儡皇帝。840年路易去世后，他的三个儿子在《凡尔登条约》里决定三分法兰克帝国：西法兰克王国，演变为后来的法国；东法兰克王国，演变为后来的德国；中法兰克王国，演变为后来的意大利，此后法兰克帝国再没有统一过。

开创了骑士制度的法兰克王国查理大帝正式确定了教皇国的领土问题

由于没有统一的文字维系，各个不同的王国发展出不同的习俗、民风、语言，成为独立的国家。一百年后就只有西部的法兰西王国继续使用法兰克这个名字，而东法兰克帝国则演变为神圣罗马帝国，继续维持着罗马皇帝的传统。直到20世纪，法国与德国仍互相将对方看作是“遗产对手”。

法兰克帝国的分裂使得教皇

国得以随意歪曲伪造历史，这份地契直到 15 世纪才被证明是伪造的，不过历任教皇就是死赖着不走，别人也管不了。

教会的情报网

天主教会下属遍及世界各地的教会组织一直是他们手中得力的情报网络，在漫长的中世纪时代，关于世界各地每一个角落里发生的事情，都可由各地的教会收集并反馈到各国大主教手中进行综合汇总，随后传递到居住梵蒂冈城的教皇手中。

天主教徒在通过神父向上帝忏悔祈祷时，每个人心中的秘密都会传到教会的情报网中。

乡村教堂的神父可以收集当地农民的想法和动向，例如造反和叛乱往往在酝酿中便泄露出去。16 世纪德意志农民战争中由秘密会社协会和琼康拉德谋划的很多场起义就是被教会出卖给诸侯而失败的，以至于后来起义军提出没收教会财产和摧毁教堂的主张。而城市中的神父，尤其是国王诸侯们的神父则可以借机刺探军国大事的情报。直到文艺复兴运动之前，各国贵族们的阴谋诡计一般都瞒不过教皇的眼睛，除非教皇与该国大主教出现不和才会导致情报联络的中断。

教皇得到情报的路线有三条，第一条是从教堂司祭向教皇传递；第二条是通过僧团修道院传递；第三条是通过教皇的特别全权代表传递，这些人既有派往天主教各国的罗马教皇使节，也有罗马教皇的其他代表。

宗教裁判所由于担负着铲除异端的职责，更是拥有无数的密探间谍，它是教会最得力的间谍组织。教皇英诺森三世为镇压法国南部阿尔比派异端，曾建立教会的侦察和审判机构，是为宗教裁判所的发端。

霍诺里乌斯三世继任教皇后，于 1220 年通令西欧各国教会建立宗教裁判所。

教皇格列高利九世又重申前令，强调设置机构的重要性，并任命由其直接控制的托钵僧为裁判官，要求各主教予以协助，于是宗教裁判所在西欧天主教国家普遍成立。

尤其是在西班牙，宗教裁判非常盛行。

西班牙中世纪版画：宗教裁判所的火刑判决。作为一个曾被伊斯兰文明控制数百年后翻盘的国度，西班牙对审判异教徒更有一种狂热情绪

裁判所的僧侣裁判官主要由多明我派修士担任，也有少数方济各派僧团成员。最初裁判官巡回侦审，后来建立地区性的常设裁判所。裁判官掌握对本地区异端的搜查、审讯和判决大权。主教和世俗政权有协作、支持的责任，但无制约、干预的权力。

监视把灵魂出卖给魔鬼的异端邪教徒、女巫和巫师是宗教裁判任务中的重中之重，他们怀疑一切人，包括自己的同僚。各种密探和间谍充斥每一个角落，告密成为一种风尚。其中有告发邻居的、告发朋友的、告发同僚的、告发亲戚的、父母和儿女互相告发的、修女修士告发修道院主持和宗教裁判所内部之间的指控。几乎每一次告密都会带来逮捕、酷刑折磨、诬告和更大规模的逮捕行动。在审讯异端嫌疑犯期间，不仅可以从嫌犯嘴里撬出关于“规避真正信仰”的蛛丝马迹，神父还会得到自己想要的其他一切情报。

在愚昧而疯狂的中世纪时代，异端包括所有不同于天主教会的言行和思想，于是不少反封建斗士、进步思想家、科学家、魔术师和作家都成为裁判所打击的对象。异端罪的侦审秘密进行，控告人与见证人姓名保密，罪犯、恶棍乃至儿童皆可做见证人。被告一经被控，绝难幸免。为被告做证、辩护，有被指控为异端的可能，因此几乎无人敢为那些“罪人”说好话。

宗教裁判所执行的政策是坦白从宽抗拒从严，被告如认罪并检举同伙则处理从宽。苦行、斋戒、离乡朝圣、在公开宗教仪式中受鞭打、胸前或身后缝缀黄色十字架受群众凌辱等，皆属轻罚。对不认罪、不悔过者，刑讯逼供从严定罪，处以徒刑或死刑。死刑多为火刑，交由世俗当局执行。

对被判死刑、徒刑者，财产没收归教会和世俗政权分享，或由政府全部占有。所以各国政府对和教会合作极为热情，这是做无本买卖发财的绝佳途径。

当然，宗教裁判所也是允许犯人证明自己清白的。

例如神父们判断一个女人是否是女巫的办法是将其丢进湍急的河水中，是女巫自然会飞走；是好人则会沉底。相信被抛进河里的每一个“女巫”最后都淹死了，不过这也没什么，按他们的话来说——这些女人至少证明了自己的清白。还有一招类似针灸的针刺方法，据说魔鬼的力量会让疑犯不会出血或不会疼痛。要知道并不是针刺任何部位人都会感觉疼痛或者出血——例如脚底板上的厚茧……

波尔查的毒药

就在教会热衷于捕杀异端时，教皇却享受着富有情调的私人生活，其中的典型例子就是亚历山大六世和“波尔查的毒药”所演出的闹剧。

1458 年上任的加里斯都三世教皇阿索隆・波尔查很宠信自己的外甥洛特利果・波尔查，他把自己这位身材健壮、长相好像一头公绵羊的亲戚从雇佣兵提拔为红衣主教。这位西班牙人红衣主教行善积德，修桥补路，救济穷人……除了没组建义务消防队之外，他与一千多年前的古罗马大善人克拉苏几乎一模一样。可惜以上全系洛特利果竞选教皇时的广告宣传，真实的洛特利果大主教只关心小妹子和钞票。

洛特利果沉迷于女色之中，这位红衣主教虽然碍于身份限制没法公然娶妻，可是他的情妇数量比土耳其苏丹的后宫还庞大。罗马城中的荡妇瓦诺查特别受到洛特利果的宠幸，在他俩的私生子女当中，出生于 1475 年的齐查列・波尔查后来也成为教皇国的实际统治者，由此开创了梵蒂冈历史上最丑恶最不堪入目的一段历史。

加里斯都三世对外甥的丑事睁一只眼闭一只眼，但在他去世以后，继任教皇庇护二世就觉得看不过去了。某一天庇护二世在听说了洛特利果某晚的纵欲狂欢之后提笔给他写了封信：孩子，我的不快已经无法用语言形容……红衣主教应该是洁白无瑕的。

由此来看虽然庇护二世本人也和情妇生了两个孩子，但他显然依旧拥有洁白无瑕的心灵。

洛特利果主教很关心犯人的灵魂拯救问题，他经常在拿到贿赂以后释放犯人，哪怕是最凶恶的强盗土匪，只要肯出钱绝对可以立即获释。他曾经用受贿的方式放过了一个杀死了自己女儿的父亲，当别人对此颇有微词时，他反驳道："上帝的旨意并不是让罪人去死，而是让他们活着并为自己的罪孽付出代价！"

当时有人写道："他非常富有，而且对各国国王和君主都具有很大的影响力。他已经在圣安杰洛桥和菲奥里中心广场之间的地段盖起了一座美丽舒适的宫殿。他的巨额收入来自教廷的职位、在意大利和西班牙拥有的修道院，他的三个教区瓦伦西亚、波图斯和卡塔赫纳……他的碗碟镶着金饰，衣物都由绣花丝绸做成，他的藏书特别符合帝王或教皇的身份。我就不再赘述他那些豪华的床饰、马具和其他的金银珠宝、绫罗绸缎了，更不必说他拥有的大量金币了。"

1492 年，60 岁的洛特利果主教第二次竞选教皇，虽然他的名声不佳，但是他开出的价格却让不少冷酷的罗马主教感觉良好。可是他也碰上了一个十分顽固的对手——红衣主教阿斯卡利奥·斯福尔扎。对方同样家财万贯，在贿选方面不输给洛特利果。

洛特利果是个爽快人，他把斯福尔扎叫到一旁，直截了当地问他需要多少钱才愿意退出。斯福尔扎最后同意在教廷担任副大法官，并接受一笔天文数字的巨款。

第二天，满载金条的骡子队便如约来到斯福尔扎的豪宅门口。

就这样，洛特利果变成了教皇亚历山大六世。他在法衣加身的时候激动地喊着："我是教皇啦，我是教皇啦！"后来的教皇利奥十世曾评论道："我们被世界上最野蛮的恶狼抓住了，我们或者逃跑，或者被他生吞活剥。"

主教们祝贺的欢呼声还未落地，新教皇就已经原形毕露。

虽然奢侈是梵蒂冈的一贯作风，但是亚历山大六世的铺张浪费让见多识广的罗马市民都为之咋舌。教皇大人在短时间内就把教廷国库挥霍一空，于是各种搜刮钱财的计划也随之展开。例如大力推销赎罪券就是一个绝妙的方法，它的发明者是亚历山大六世的前辈博义八世教皇。

亚历山大六世肖像

1300 年，手头正紧的博义八世为了推动罗马的旅游业，宣布凡到罗马朝圣的信徒可免除受洗以后所犯的罪——哪怕是杀人放火、大逆不道。然而古代交通不算便利，所以响应者寥寥无几。于是博义八世又出一招，宣告凡未能亲身到罗马朝圣者，可用金钱代替。

到了教皇西克斯特四世的时候，干脆在 1476 年宣布生前行为不端者死后要先入炼狱，生者应为他们购买赎罪券以减轻痛苦。

赎罪券自此获得最高权威认可，在欧洲各地卖得好像福利彩票一样红火。

售卖赎罪券之举引发了极大争论，不少基督教改革者公开抨击赎罪券和反对天主教出售赎罪券的行径。后来德国神父马丁·路德发表了著名的《九十五条纲论》，反对出售赎罪券，主张人与神之间不该再介入一个神父为沟通，人应自己与神建立个人关系，又认为政教应该分离，从此掀起宗教改革运动。而英国国王亨利八世正想和老婆离婚，却被不许离婚的教会反对，最后一怒之下率领英国教会脱离大主教。法国的神父加尔文也掺和进来要求改革，他尤其赞成放高利贷合法……就这样乱七八糟地一闹，最后天主教分裂为新教和旧教，新教又分裂出了圣公宗、归正宗以及信义宗这三大支派。这就是基督教历史上的第二次大分裂。

不过这些几十年后的事情不关亚历山大六世的事，他只顾一门心思地捞钱。

他把教皇国分封给自己的私生子们，制造出一大堆波尔查家族的领主来。齐查列·波尔查的兄弟坎其安公爵胡安是亚历山大六世最爱的儿子，他拥有最大的一块封地，还是教皇国军队的统帅。

齐查列显然是不满意这种现状的，于是在1496年7月16日，人们从河里捞出了胡安的尸体——他身上被刺了九刀。

痛失爱子的亚历山大六世不能相信世界上竟有如此冷血的谋杀案，尽管他本人在12岁时就曾用刀捅死过自己的同龄玩伴。

悲痛的教皇下令侦查，不少罗马贵族被列为嫌疑犯，但最后侦查工作不了了之，因为齐查列跟老爹说了实话："我干的。"

亚历山大六世擦干眼泪，把齐查列提升为红衣主教和教皇军统帅，显然面对着比自己更狠的儿子，老流氓也是不敢得罪的。

齐查列的野心比只顾捞钱的老爹大得多，他打算做整个意大利的主人，为此他结交了法国国王，并从法王那里得到了瓦伦齐亚公爵的头衔。

著名的讽刺画：教皇大人正一边聆听圣彼得的教诲一边卖掉圣彼得的遗产

随着对意大利中部各独立小公国的兼并战争，瓦伦齐亚公国领地的不断扩大，而战争经费的来源便是亚历山大六世无休止的搜刮政策。

教皇不顾基督教的原则，通过私分已故主教地产和向欧洲王公贵族贩卖离婚证发财。意大利作家巴列思科维诺等人讥讽说：“当时在罗马钱能买到一切，只要能拿出钱来，教堂的大钟就会为你而鸣。”“亚历山大把教堂的钥匙和耶稣的祭坛都卖掉了，那也好，他既然花钱买进了它们，也就有权卖掉它们。”

红衣主教的位置是很诱人的，所以亚历山大六世把它们卖了个好价钱。

亚历山大六世利用任命新主教的方式攫取钱财，但是主教的位置是一个萝卜一个坑，都卖完了怎么办呢？这时候著名的“波尔查的毒药”就上场了。

新任的红衣主教们刚上任没几天就莫名其妙地魂归天国，空出的位子立刻由教皇再度出售。

黑手党分子齐查列

齐查列在“波尔查的毒药”帮助下，一直把领土推进到佛罗伦萨共和国边境。惶恐不安的佛罗伦萨政府很清楚齐查列的间谍组织善于制造事端挑起战火，所以他们希望能跟齐查列谈判，劝阻他对共和国采取侵略行动。

在被派遣去见齐查列的使团中有一位精明能干的情报人员，他就是著名的政治理论家马基雅维利。他在自己的成名作《君主论》中把齐查列当作封建专制君主的典型。马基雅维利在给自己政府的报告中这样写道：“公爵是个极其神秘的人，要是他的意图没有实现，他绝不轻易透漏口风。”

齐查列的间谍组织是中世纪末期意大利最发达的情报系统，而冷酷无情又阴险毒辣的齐查列更是将间谍玩弄于股掌之中的高手。

1502 年，瓦伦齐亚公国的军队指挥官们叛变了。这些指挥官都是些雇佣兵首领，他们跟遭受过齐查列侵略的小公国联合起来，附近的其他势力则在谨慎地考虑是否加入这个反瓦伦齐亚公国的联盟当中。眼看着自己的王国就要完蛋，齐查列立即派出间谍散布谣言拆散了这个联盟。随后他又派间谍们把四位雇佣兵首领们诱骗回来谈判，受害者来到他面前时被当场逮捕处死，于是瓦伦齐亚公国的叛乱地区迅速被平定。

马基雅维利在《君主论》第七章中记载并评论齐查列说：具有政治家情操的英雄不必千篇一律遵循基督教的道德蒙诫，而实际上某些老套的道德格言压抑君王的结果却极可能直接导致其毁灭。一个君王因此必须明了如何不为善，并且顺势运用这种认知。正在巩固其权力的君王必须知道怎样支配人们的想象力。他举出了齐查列对间谍拉米罗的做法：1502 年 12 月 3 日，担任罗曼迦那地区长官的拉米罗奉召回到齐查列身边汇报工作。拉米罗是齐查列的间谍头子，曾经遵照主子的指示在罗曼迦那执行了很多次暗杀任务，这些暗杀任务使得当地百姓怨声载道，动摇了齐查列的威望。

齐查列决定做出行动：拉米罗刚一下马便被逮捕，第二天清晨罗曼迦那市的街头上就出现了被拦腰剁成两半的拉米罗尸体，齐查列毫不犹豫地牺牲了自己的间谍来平息民愤。

马基雅维利推崇齐查列的根本原因并不是他迷恋暴君，而是希望齐查列能够统一分裂数百年之久的意大利，可惜他的希望没有实现。

当齐查列打算继承老爹的教皇职务后，他返回罗马并将自己的间谍系统与老爹的特务刺客们合而为一，组成了波尔查家族间谍团伙。为了扫清升迁路上的障碍和搜刮更多的钱财，梵蒂冈的那些高级官吏只得一个接一个突然抛弃世间的荣华富贵，蒙主召唤前往天国了。

1502 年 4 月 21 日，摩德纳的红衣主教费拉里忽然去世，留下了在担任教皇会计时搞到的大笔财产。费拉里的遗产按照法律由教皇继承，亚历山大六世到手了 50 万枚金币。

1503 年 4 月，死神又突然带走了红衣主教米基耶尔，他是被刺杀的，比较像是齐查列直属间谍的手法。

当悲痛的教皇派人冲进米基耶尔的豪宅接收财产时，死者的尸体还没僵硬，去报案的仆人还没来得及走出大门。显然这次干活的间谍过于着急没配合好，不过照样有 15 万枚金币落入教皇腰包。

波尔查家族的间谍们不光只是对红衣主教下手，还对其他一些威胁或触犯到教皇利益的人进行清除。自从当上教皇以后，亚历山大六世找到了新的情人，一个是 16 岁的吉乌利娅·法尔内塞，还顺便把她的哥哥提拔为红衣主教。

罗马百姓立刻给吉乌利娅起了“教皇的婊子”和“基督的新娘”之类的绰号，但是她的地位丝毫不受恶劣舆论的影响，她的哥哥就是于 1534 到 1549 年当政的教皇保罗三世。

另一位更是耸人听闻，她是齐查列的亲姐妹鲁克列齐娅·波尔查。

被讥讽地称为“圣母”的鲁克列齐娅·波尔查

梵蒂冈历史上涉及鲁克列齐娅最耸人听闻的记载就是 1501 年 10 月 30 日“栗子宴”，算是中世纪最著名的性丑闻事件。罗马的百姓给鲁克列齐娅起的绰号是“圣母”，这位放荡的贵妇同时是父亲和兄弟的情人，也是其他人的“大众情人”。

很多年轻梵蒂冈神职人员被暗杀都是由于与这位“圣母”有染，其中也包括齐查列的几个亲信，甚至最后连克鲁列齐娅的丈夫阿方索公爵也被谋杀。

威尼斯大使保罗·卡佩洛在 1500 年宣称：“每夜都发现四五个人被杀，其中有主教、高级教士等人，整个罗马都战战兢兢，唯恐遭到齐查列公爵毒手。”

1503 年，著名画家里昂那多·达·芬奇来到罗曼迦那，为时年 27 岁的齐查列效力，负责设计城市规划和区域地图，他的方法奠定了现代地图绘制学的基础。达·芬奇对只有自己年龄一半大的齐查列意醉神迷，不过波尔查家族的帝国和齐查列的野心也都在此时崩溃了。

使齐查列完蛋的不是同性恋画家的爱情，而是“波尔查的毒药”。这是一种味道可口的白色粉末，这种粉末并不当场生效，而是缓慢地逐渐地致人于死，并且可以掺到任何菜肴或酒类里边而不会被发现。

老流氓亚历山大六世本人是这种毒药的最后一个受害者：1503 年，73 岁的教皇宴请一个富有的红衣主教阿德里安，结果自己误食了有毒的蜜饯，由此终结

在“栗子宴”上一群妓女大跳裸舞，接着就是戴面具的男女贵族不分对象地淫乱，完成次数最多的能领到教皇的奖金，这桩事情算是中世纪最著名的性丑闻事件

了亚历山大六世的闹剧生涯。

教皇一死，波尔查的帝国很快就分崩离析了。他逃回西班牙后被囚禁，1507年在一场战争中被杀。

波尔查家族的阴谋诡计与冷血谋杀开创了意大利家族犯罪的先河，波尔查的间谍们可谓是日后有组织犯罪杀手的中世纪经典范例，日后的黑手党组织正是沿用了同样的行事规则。

耶稣会的另一面

亚历山大六世对天主教的形象伤害极大，以至于关于他的事迹成为教会讨论的禁区。

新教诞生后，天主教受到的冲击非常大，这使得天主教内产生了一股维新改革的思想，耶稣会的成立是这个势力的一部分。它的目的是从内部改革教会，同时修会成员希望能够以此获得一个更加靠近耶稣的地位。

1540 年，教皇保罗三世认可耶稣会是天主教的一个正式修会。此后这个修会发展很快，不久就在多个国家活动。耶稣会在反新教的运动中起了非常大的作用，尤其在学校和大学中他们的影响非常大。他们将布道的仪式搞得非常华丽，这正好与马丁·路德的新教相反，路德提倡节省的布道仪式，而耶稣会对巴洛克艺术的发展和普及起了很大的作用。耶稣会的成员对当时的政治也有很大的影响，因为他们中许多人是国王的忏悔神父。

耶稣会的徽记

耶稣会的诞生标志着教会间谍系统的一次重生，因为这些教士是精选出来的坚毅的盲从者，他们可以执行上级布置的一切任务。以创始人依格纳吉·罗耀拉的话来说，每个耶稣会教士都应该是宗教首领手里的死尸。

在漫长的培训过程中，洗脑式的灌输可以让他们坚定这一信念："假如教会这样定义的话，我就相信白的是黑的。"而在培训过程中教士们也必须掌握通过各种宗教手段影响控制信徒，学会使用一切狡猾手段维护教会利益，并且在必要时可以通过造谣污蔑、投毒、纵火和行刺等手段毁灭教会的敌人。西班牙耶稣会士埃斯科巴·伊·门多萨曾说："一个统治者如不能皈依（天主教），就把他杀死。"

耶稣会仿效军队编制，组织严密，纪律森严。

总会长为终身制，驻罗马。耶稣会在全世界设 77 个教省，各设省会长，任期三年，其下按地区分设会长和院长。各省会士外出传教，即在当地建立归该省管辖之传教区。此外罗马总会长还向各地派出巡阅使，会内层层控制，会士之间相互监督，并强调绝对服从长上。总会长对各地会士拥有绝对统治权，故有"黑衣教皇"之称。

具有较高地位的王室成员忏悔师和耶稣会教士学校校长等成员都是间谍组织头目，他们手里控制着庞大的情报网，安排手下的教士间谍们在其中从事隐秘或公开的情报活动。

耶稣会为使其成员能有效地在社会生活中发挥作用，特别注意教士的教育。这种培训往往长达 15 年之久，教士们学习各种语言、文学、哲学、神学、法学、医学以及自然科学知识。在两年的见习期，入会人员要过一种严格的耶稣会士生活，即祷告、团体生活，修有关历史、会宪、发愿等方面的使徒体验课，还有要做 30 日的神操课。

结束初学培育后，他们要公开发贞洁、神贫、听命三愿。发愿之后他就成为一个耶稣会世俗助手或进入研究学者阶段，花 3 到 5 年研究文学和哲学，同时不断进行简单的发誓。

此后，研究学者还要在特定的教廷职务上工作 2 到 3 年，通常是在中学任教。

这以后进入为期 4 年的神学研究阶段，结束之后是严格的考试，考试通过者可成为耶稣会正式会员。若要成为耶稣会神父，还需有资格特别发第四愿：效忠教皇。

从教程可以看出，这是标准的精英情报人员培训方式，以及在性格和精神方面进行多重考核的过程。经过考验的耶稣会教士往往会成为传教士，这种职业是标准的披着宗教外衣的间谍，而且传播宗教的光环又是极好的自我保护手段。如果在执行任务时受到阻碍和打击，立刻可以送给对方宗教迫害的黑锅，还很容易博得社会舆论的同情。无论是耶稣会的教士或是普通信徒都可成为耶稣会间谍，耶稣会教士通常作为幕后主使来领导秘密活动，通常借助被发展的普通信徒来从事最龌龊的工作，就是所谓的白手套操作，教士可以洗脱一切嫌疑和罪名。耶稣会的间谍有时直接潜入敌对国家执行任务，有时则在敌人追捕不到的其他天主教国家，通过旁人使用操纵的方式从事阴谋勾当。

在 1566 年西班牙欲推行异端裁判政策于尼德兰，当地人民爆发起义后，耶稣会间谍在被西班牙军队占领的尼德兰王国（即荷兰，尼德兰王国是荷兰的正式国名）建立了庞大的谍报中心，通过传教士发展了大批信徒和间谍。

耶稣会间谍们时而支持国王反对贵族，时而支持贵族反对国王，在其间不时煽动百姓暴动，有时公开宣扬效忠国王的同时，暗地里散布刺杀国王的传闻。这种变色龙一般的行动完全是取决于耶稣会在当时、当地所要达成的目标，反映了教会的利益。

出于传统的天主教观念，耶稣会强烈主张在欧洲建立一个统一的天主教国家，也就是重建以天主教为唯一宗教的新罗马帝国。这种最保守右倾的主张也是梵蒂冈长期追求的理想，他们认为随着一个包罗万象的新帝国建立，天主教必将战胜宗教改革运动，消灭新教重新统一基督教世界。

因此在 16 世纪下半叶至 17 世纪初期，耶稣会不遗余力地支持西班牙无敌舰队远征英国和神圣罗马帝国镇压波希米亚人民起义。这两个强权国家都有夺取欧洲霸权的潜质，为此他们可以牺牲对教皇友好的其他天主教会国家的利益，尤其是波希米亚起义完全就是耶稣会挑起的国际战争。

1617 年，神圣罗马帝国皇帝马提亚斯派遣耶稣会教士进入波希米亚，意图在波希米亚复兴天主教。在耶稣会的策动下，波希米亚的新教徒遭到大规模的逼害，新教教堂被拆毁。

于是在 1618 年 5 月 23 日，波希米亚首都布拉格的新教徒发动起义，冲进王宫，将神圣罗马帝国皇帝的两名钦差从窗口投入壕沟，并成立临时政府，由 30 位成员组成，宣布波希米亚独立。

这场战争后来把全欧洲都卷入，最后导致德意志分裂，令神圣罗马帝国变得名存实亡、荷兰与瑞士独立、西班牙衰落、法国和瑞典兴起的结局，耶稣会的愿望全成泡影。

耶稣会的狂妄计划甚至令梵蒂冈担惊受怕，因为此时的教皇圣庇护五世担忧一旦欧洲统一后自己沦为强权皇帝的附庸。

而此后耶稣会又开始暗中支持法国，因为它崭露了争霸的峥嵘。

除了强大的间谍机关外，反间谍也是耶稣会的重要功能。

反间谍部门不是专门机构，而是所有耶稣会教士的职责，每个人都有责任捕捉蛛丝马迹消灭渗透到内部的敌人。久而久之，耶稣会最大的敌人不是敌方的间谍而是己方的背叛者。因为越来越多的教士开始怀疑自己的信仰而脱离，导致耶稣会这个间谍机构的真面目逐步暴露。特别是那些公开自己秘密身份的前教士们，他们的揭发使得耶稣会狼狈不堪。

后来，耶稣会的反间谍工作主要就变成了铲除叛逆。例如著名的彼得・雅里格教士在背叛耶稣会之后，逃到新教国家荷兰出版了反耶稣会著作。

耶稣会开始时只能以焚烧他的画像来泄愤，不久后他们与彼得展开论战，结果是越描越黑，耶稣会干过的那些肮脏勾当全被掀了出来，舆论大哗，连天主教

耶稣会对新教的疯狂迫害激起了波希米亚人民起义

徒都开始站在彼得那一边，耶稣会的真面目越来越受到广泛的质疑。

这时候耶稣会首脑下令停止论战寻求和解，他们派遣以彭立吉耶神父为代表的秘密使团前往荷兰莱顿。他们随身携带了耶稣会首脑的亲笔信，在那里对彼得百般劝诱，保证赦免彼得的一切罪行。按照耶稣会的说法是彼得悔过后回到兄弟们的怀抱，并且出版了一本揭露新教徒阴谋和批驳自己邪说的书。而反耶稣会人士则坚称彼得是被特务们绑架并杀害的，因为从那以后没人再见过他。更何况在彼得悔过不久后，耶稣会就发布了讣告宣布：亲爱的兄弟彼得在法国耶稣会会所蒙主召唤而去了。

尼德兰和英格兰的暗杀阴谋

耶稣会的秘密工作卓有成效，在它成立后的数十年间便出色组织了数十起暴动、叛乱、暗杀、政变，并挑动起无数的宫廷内讧。无数的重大政治事件背后都有耶稣会的精心策划，各国之间的结盟和毁约、国王上台或下野，教士们鬼魅般的身影出现在一切阴谋诡计之中。耶稣会尤其对政治谋杀极感兴趣，认为是达到自己目的的一条捷径。

在西班牙镇压尼德兰革命时期，起义领导者——原西班牙荷兰省督威廉·奥伦治亲王成为西班牙国王菲利普二世和耶稣会的眼中钉肉中刺，他们合谋了对革命领导人的刺杀方案。

1582 年，身在安特卫普的西班牙商人卡斯巴尔身陷破产窘境。他向自己的朋友胡安抱怨一番后，在不知不觉间踏上了耶稣会的贼船。卡斯巴尔不知道自己的朋友正是耶稣会的秘密教士，胡安请示过上级后，便打算好好利用自己的朋友。他告诉卡斯巴尔说自己有办法帮助朋友度过危机，不过需要卡斯巴尔完成一项工作，报酬是 8 万枚金币！这项工作就是杀死可恶的异教徒威廉，教会特别答应宽恕杀人者的罪过，保证他的灵魂可以升入天堂。

尼德兰革命的领袖是荷兰国父威廉·奥伦治亲王，荷兰人称他为“沉默的威廉”

卡斯巴尔先生立刻就被这笔巨款打动

了，但是冷静下来一想，就凭自己的这点身手，把握实在不大。毕竟金币是要拿来花的，而不是摆在遗像前做祭品的。

大奸商卡斯巴尔决定把这项工程转包出去，于是他向为自己服务多年的会计维涅罗发出了招标邀请书。维涅罗显然不具备这种胆量，但是又想从中分一杯羹，于是他转手拉来了一个年轻的天主教狂热信徒让。

最后胡安、卡斯巴尔和维涅罗开始一起忽悠头脑简单的让，而另一方面得到情报通报的耶稣会也通过让的忏悔师安东鼓励让去铲除异端。

于是"背黑锅大家来，送死让去"的行动计划完美出炉，预定行刺时间是5月18日。在这一天，胡安和卡斯巴尔提前逃到西班牙军队驻守的图尔内，让则去教堂等待威廉的到来。当威廉·奥伦治亲王来到忏悔室时，埋伏在里面的让用手枪开火，威廉应声倒地。虽然亲王只是下颚受伤而已，但他的头发、眉毛、胡子都被枪口的火焰烧着，可见射击距离之近。而让竟没能击中近在咫尺的目标要害，也算是差劲得可以。

威廉的宫廷侍卫官没给让逃跑的机会，他冲进来一刀劈死了让。在随后对让的尸体进行的搜身检查中发现了一份计划书——这位天才的刺客竟然把行动计划和同谋者名单都带在身上！

这到底是不是为了被捕后祈求饶命而准备的呢？可惜死人是不能做出回答的。既然计划书被缴获，安东和维涅罗自然是立即被捕，在严刑拷打后他们招供了一切。

耶稣会的努力是不会因为一次小挫折而放弃的，谋杀威廉的阴谋仍在持续。

1580年，西班牙国王菲利普二世公开宣布威廉的生命安全不再受到西班牙法律保护。于是耶稣会的第二名刺客出笼了，一名叫作巴尔查塔尔的信徒又被耶稣会教士忽悠成"送死你去"的不二人选。

这次耶稣会的准备工作细致了很多，他们伪造了一份身份文件，证明巴尔查塔尔是一名因为坚持信仰而遇难的著名新教徒的儿子吉依昂。吉依昂这个名字让巴尔查塔尔在威廉的阵营里得到了充分的信任，他在那里得到了家人般的温暖关怀，这使得这位良心未泯的年轻人失去了信心。

当他惆怅地回到耶稣会教士身边时，耶稣会出动了四名教士对他进行反复洗脑，成功消灭了受害者最后一点残存的良知。

1584 年 7 月 10 日，巴尔查塔尔来到王宫请求觐见威廉，威廉答应在午饭后见他。当威廉走出来时，巴尔查塔尔迎着亲王走过去，连开三枪杀害了这名尼德兰革命领袖。巴尔查塔尔在开枪后试图逃跑，却被愤怒的卫兵抓获，几天后被处决。

耶稣会教士们狂喜地庆祝自己的成功，可是尼德兰革命仍在继续。西班牙军队在战场上节节败退，这使得耶稣会决定再度动手行刺，这次的目标是威廉的儿子莫里斯・奥伦治亲王。

1595 年，又一个被洗脑的间谍彼得・潘来到了莫里斯居住的莱顿。他先同两名化装潜伏的耶稣会教士接头，教士们给他指示了行动路线和行刺计划，还提供了凶器——一把被神父“净化”过的淬毒匕首。

彼得・潘是个蹩脚的外行，还不如当年的让。他愚蠢到在街上详细打听莫里斯的住所和出行规律，结果立即被捕。这个可怜虫在招供后得知：那两位鼓励自己不惜抛头颅洒热血捍卫宗教荣誉的教士早已逃之夭夭。

几天后彼得・潘被处决，耶稣会的阴谋再次遭到可耻的失败。

1609 年 1 月 9 日，西班牙国王菲利普三世被迫与尼德兰签订《十二年停战协定》，在事实上承认了尼德兰王国的独立，尼德兰革命成为第一场胜利的资产阶级革命。

同一时间在英国，耶稣会的秘密活动也在持续进行。为了消灭可恶的异教徒女王伊丽莎白一世，重新让天主教控制英国，耶稣会以秘密布道的形式招募了一批间谍。当时教皇西克斯图斯五世明白无误地宣布：杀死伊丽莎白女王的人将以圣徒的身份直升天堂，而耶稣会也物色好了继承英国王位的人选，那就是身为天主教徒却被自己表姑伊丽莎白一世囚禁的苏格兰女王玛丽・斯图亚特。

耶稣会一直在英国持续努力发展势力，他们甚至秘密印刷反英小册子，并且一直等待着预计中的西班牙无敌舰队登陆的消息。耶稣会的英国负责人是罗伯特・帕松斯神父，他曾在 1580 年率领耶稣会团队秘密潜入英国后被识破，他的助手凯姆皮翁被绞死，帕松斯则逃回罗马。

帕松斯的重要助手还有威尔士贵族休・欧文和红衣主教阿伦，欧文在其后的时间里多次潜入英国从事秘密任务。他最成功的一次努力是在杰文特尔堡战斗

但耶稣会努力的成果却是让身为天主教徒的苏格兰女王玛丽被送上了断头台

中策反了由威尔士人组成的英国守卫部队，帮助西班牙军队和平接收了城堡。

这支叛变的部队随后被安置在欧洲大陆上，耶稣会希望能在有朝一日推翻伊丽莎白一世的行动中用到他们。

从1586年开始，西班牙在英国组织了一系列颠覆活动。他们在耶稣会的协助下，怂恿不承认新教徒伊丽莎白的英国天主教徒谋刺女王，另立被英国囚禁的玛丽为王。然而西班牙的计划惨遭失败，伊丽莎白乘机处死了玛丽。

1588年8月6日，西班牙无敌舰队在加莱海战中全军覆灭，耶稣会在英国的天主教复辟计划也随之流产。从此海上霸主地位由西班牙转到了英国手中，西班牙一蹶不振，英国则揭开了日不落帝国时代的序幕。

伴天连大名高山右近

1549年8月15日，耶稣会创始人之一方济各·沙勿略在日本人弥次郎的带领下，携同两位耶稣会士经马六甲海峡，抵达日本南部九州的鹿儿岛。方济各成为第一位踏上日本国土的天主教传教士。

耶稣会忽悠头脑简单的日本农民很有一套，到年底鹿儿岛附近地区已经有600人领洗入教。

16世纪中叶的日本是个极端封闭的社会，所以当时的日本人对西方的新奇事物和信仰非常倾慕。加以当时的日本处在封建诸侯割据，各自为政的分裂局面，不少诸侯为了表示自己不受中央的指挥管辖，往往以选择信仰天主教来显示自己的独立自主。

耶稣会在日本很快打开了局面，此后几十年间，日本皈依天主教的人数达到

30 万人。

在日本的基督徒被称为“伴天连”，教堂被称为“南蛮寺”，其中很有意思的一个人物就是高山右近。高山右近是飞骅守友照之子，本名重友。

飞骅守是个典型的两面三刀型人物：他最初从属于松永久秀，后来又跟随了和田惟政以及其子和田惟长，到了 1568 年 9 月织田信长开始露出争霸姿态后又曾向信长表示效忠。

不久后由于幕府将军义昭与信长翻脸（虽然新任将军是靠信长上台的，但过河拆桥是日本战国时代的惯例），所以和田惟长便参与了将军一方讨伐信长。

按理说飞骅守友照父子应该追随主人和田惟长，但经过仔细考虑之后这对父子认定加入信长一方才会有未来。于是飞骅守友照给和田惟长写了封绝交信：“和田君，我们之间的感情破裂了……”随后高山右近干脆引军进攻和田惟长镇守的高槻城，并在战斗中亲手砍伤了惟长。不久后惟长伤重死去，飞骅守父子理直气壮地霸占了主人的高槻城。

可笑的是他们虽然自称加入了织田军，但直到这时才给信长写信表示归顺——因为这对父子阴谋家的主要目的是先找个理由霸占主人的家产，然后再看

耶稣会创始人之一方济各·沙勿略将天主教传入日本

将军与信长之间谁占优势就投靠谁……

织田信长在同年 11 月回应了飞驒守友照父子的效忠信，他正式宣布承认这父子俩对前和田惟长势力范围的“继承”。不久后飞驒守友照宣布引退，高山右近继承家督职位成为高槻城主。

高山右近是有名的热心于宗教的大名，他早在 1563 年 5 月就在父亲飞驒守友照的影响下改信了天主教。飞驒守友照将耶稣会传教士们看作是“京都地方的柱石”，对天主教那是相当的虔诚。

在父亲的影响下高山右近也成为虔诚的信徒，而那些投桃报李的教士便在教堂里起劲地为这对父子祈祷——这是明面上的事情，暗地里耶稣会教士们在临近大名的辖区策划信徒发起起义，以便让“自己人”的地盘顺利扩大。

1578 年 10 月，高山右近的近亲村重突然宣布背叛信长，右近也随之而叛。一个月后勃然大怒的信长亲自率领大军进入摄津境内进行讨伐。信长虽然恼火，但还是决定采取计策来分化敌军阵营：他首先派遣手下的家臣向龟缩在高槻城中的右近展开拉拢劝降的政治攻势，在劝降未果后，早就注意到右近热心于基督教事业的信长便派遣了一位与自己手下的重臣羽柴秀吉和松井友闲关系都很好的耶稣会教士再次前去劝降。

当时信长对教士宣称：如果劝降成功，他将对耶稣会在日本的传教活动加以保护，不过如果失败的话，将会对日本的天主教势力展开全面镇压——也就是说，失败的话“死啦死啦的”！

虽然被称为第六天魔王之类，但真正的织田信长长相也是个普通人

耶稣会教士表面上唯唯诺诺，心里却乐开了花。当他把信长的话转达给右近之后，虔诚的信徒高山君果然立刻表示：俺决定为了神圣的传教事业而屈服！

高山右近于 11 月 16 日前往位于郡山城的信长本阵拜谒信长，经过高山的一番溜须拍马吹捧之后，信长非常高兴，一口气赐给高山右近名贵和服和宝马，后来又追加赐予右近金子 20 枚。

因为果断地遵照耶稣会的指示说叛乱就叛

乱，说投降就投降，高山右近被教士们吹捧为“圣徒”。但是就在右近投降的时候，他的父亲飞骅守友照正在寄亲村重的有冈城里协助守城，同时在那里做人质还有右近的儿子和姐妹们……

右近经过痛苦的选择之后决定牺牲亲人们以成全自己：最终他不仅如约开城投降，还跑去参加了对有冈城的攻城战。幸亏他的老爹飞骅守友照也是一只老狐狸，他在强硬地谴责了儿子无耻的背叛行径之后竟然取得了村重的理解，一举保住了自己和女儿、孙子们的性命——真是不服不行啊！

经过一年的苦战之后村重的有冈城被攻陷，村重一族都被处死。右近的父亲飞骅守友照也被捕，这位信誓旦旦地高喊与城共存亡的老先生到最后也没舍得切腹自杀，后来他被信长从轻发落，只被流放到越前农村种地而已。而高山右近则获得了优厚的待遇——他又“继承”了村重的领地。

这是耶稣会在日本的重大胜利，织田信长认为可以利用教士们控制大名（诸侯），教士们认为可以利用织田信长迅速扩张天主教势力。双方一拍即合，开始大规模合作。由于当时欧洲的火枪刚传入日本，于是耶稣会客串起军火贩子来，帮助织田信长从欧洲商人那里大批量采购优质枪支。织田信长凭借火枪的压倒性优势连续击败其他强大的军阀势力，大有一统天下之势。

日本各地的大名们有样学样地纷纷引入天主教势力，伊达政宗就曾派家臣支仓常长前往欧洲，谒见罗马教皇和西班牙国王要求通商。常长本人因此直接得到教皇的洗礼，被授予罗马公民权。在耶稣会看来，一个天主教日本似乎近在眼前。

此后的高山右近老老实实地臣服于信长，他在高槻城中开展了广泛的传教活动，并负担起城内南蛮寺的建设任务，经过一番努力之后，高槻城附近的 25000 人口中有 18000 人成为天主教徒！除了传教之外，高山右近还建立了西式学堂来教育家臣的子弟，耶稣会教士便是自告奋勇的教师，他为欧洲文化和天主教在日本的传播做出了巨大的贡献。

右近愉快的传教生涯于 1582 年 2 月结束，当时信长命令他跟随自己进攻中国的毛利家领地。就在右近准备出征的时候发生了一件大事——本能寺之变爆发，信长挂掉了！接到本能寺之变的报告之后，右近与羽柴秀吉合兵一处以神速的进军打得叛徒明智光秀措手不及。之后右近卖力地替织田势力的继承者秀吉卖命，他接连参加了秀吉对外征伐的战争，就这样在 1585 年 8 月受封为播磨明石城 6 万石得知行，成为秀吉方比较受重用的家臣——从这时起他正式成为一个大名了。

天有不测风云，对高山右近和耶稣会来说黑暗时期闪电般地来临了：在 1587 年 5 月，高山右近讨伐岛津氏获胜之后正在长崎逗留游玩时，突然收到了秀吉发布的《伴天连追放令》，老猴子秀吉出于维持自己独裁统治的考虑而采取了驱逐南蛮，闭关锁国的政策。所有热心基督教的大名都被要求在大名的荣华富贵和对基督教的信仰之间做出选择。

对于高山右近而言，似乎又该使出他拿手的见风使舵本领了，不过出人意料的是他竟决定为了忠于信仰而舍弃大名的地位，于是右近不顾家臣们的挽留离开了领地。

对于一个诸侯而言能为了信仰放弃权力，这也算是耶稣会在惨败中的小小胜利。后来前田利家将已经剃发并改称南坊等伯的右近招至麾下保护起来。在利家去世之后，他仍然跟随利家的继承者利长在加贺一带活动。到了庆长十年，右近在金泽建立了南蛮寺，在加贺开展传教活动——这位前诸侯成为耶稣会教士了！

在德川家康的江户幕府成立之后，日本对天主教的镇压更加残酷。这种情况要拜耶稣会的长久敌人新教国家所赐，英国和荷兰的商人与使者频繁接触德川家康，他们把耶稣会的底细都抖搂出来，还添油加醋地说耶稣会教士都是西班牙和葡萄牙国王派来的间谍，他们的最终目的是把日本变成自己的殖民地。

家康本来就不满天主教宣扬上帝万能从而淡化世俗领主的权威，进而看到很多九州诸侯通过与西、葡等国通商获得了大批物资和武器，认为如果不加限制任其发展，将会动摇幕府的统治基础。恰巧此时发生了信仰天主教的大名有马晴信贿赂幕府大臣的“冈本大八事件”，促使家康颁发了禁令。

1610 年，有马晴信通过冈本大八贿赂幕府大臣本多正纯，希望本多正纯能够帮忙恢复有马氏的旧日领地。然而中间人冈本大八却是个两头通吃的无良中间商，他吞掉贿金却不肯办事，有马晴信越等越急，直接越过大八去催促本多正纯——贿赂事件就这样爆发了。

德川家康闻讯大怒，他将冈本大八严刑拷问，大八反咬一口，供出有马晴信勾结传教士和西、葡商人的诸多不法之事。于是幕府将冈本大八一把火烧死，勒令有马晴信切腹自杀——身为天主教徒的晴信不肯自尽，命令家臣将自己刺死了。

以“冈本大八事件”为导火索，德川家康对天主教的反感变得更加强烈。

1612 年 9 月，日本全国范围内禁止天主教活动，各地南蛮寺陆续被破坏，日本籍伴天连纷纷遭到逮捕。

1614 年发布了全面禁止基督教的禁令，这个禁令比秀吉的追放令更加彻底——右近于 9 月 24 日与妻子和 100 余人的信徒一起被流放到吕宋。这位圆滑的日本战国大名与虔诚的耶稣会教士集于一身的传奇人物于 1615 年 2 月 5 日在马尼拉病死，享年 63 岁。

高山右近跑得快，因为 1616 年 8 月，第二代幕府将军秀忠颁布了第二次“禁教令”，命令对被捕的伴天连嫌疑犯举行“踏绘”仪式。

所谓踏绘，是指将刻有耶稣受难像的木牌扔在地上，让被怀疑为教徒者用脚去踩，肯乖乖从命的定非天主教徒，或者虽是教徒却有心悔改，否则就将被处以火刑。

宗教裁判所在欧洲放火烧死异教徒的时候，肯定没想到自己在东方的教友也有如此待遇。

经过几十年的渗透与较量，保守的幕府采取闭关锁国政策，最终日本还是将耶稣会拒之门外了

1620 年，日本船长平山常陈的船被荷兰东印度公司的海盗船抓获。荷兰人在船上意外地发现了两名耶稣会教士，于是如获至宝地进献给德川幕府。幕府经过审讯后，将平山常陈和两名教士全都处以火刑，其余 12 名船员也尽皆处死。

此后，幕府驱逐了葡萄牙、英国和西班牙的商人，居住在外国的日本人也一律严禁归国，敢回来就“死啦死啦的有”——由此，日本进入长达两百年之久的“锁国状态”。

唯一例外的是荷兰人，因为他们向幕府保证决不传播基督教，荷兰商船一到日本，商馆馆长立刻向幕府提交《荷兰风说书》，充当了幕府派驻国外的间谍。

1637 年，残留在日本的天主教徒曾发动过一次大起义，史称“岛原之乱”。起义首领是 16 岁的天草四郎时贞，这个名字是化名，他真正的名字是益田时贞。

益田时贞从小就居住在长崎港，在与耶稣会的长期接触中，成为一个极其虔诚的信徒。当日本开始迫害基督徒后，益田时贞流浪到岛原，成为那里的基督徒浪人首领。虽然没有证据表明益田时贞是正式的耶稣会修士，不过他的煽动手法却和耶稣会惯用的伎俩很相似，起义者相信益田时贞是上帝派下凡的“天使”，将拯救日本的教徒于水火之中。

在幕府大军的镇压之下，起义者退守到被废弃的城堡原城，在那里坚守了两年之久。借着起义造成的轰动，耶稣会残余势力在日本到处传播岛津、伊达等同情基督徒的大名将呼应起义，一举消灭迫害天主教徒的德川幕府的谣言。而将军德川家光的反应就是继续派遣军队镇压，还请来长崎的荷兰武装商船炮击原城。此举对起义者信心打击极大，因为益田时贞一直期望同样信奉上帝的荷兰人前来救援。幕府军队趁机展开宣传攻势：天主教有何可信，上帝又有什么用？同样信奉所谓“上帝”的荷兰人，不也是你们的敌人吗？

在长期的围困之后原城断粮，大量老弱妇孺被饿死。1638 年 2 月 28 日幕府军队在付出死亡 3000 人、受伤上万人的代价后攻陷原城。城内剩余的两万余人不论男女老幼，全都遭到残酷的屠杀——益田时贞也在其中。

“岛原、天草之乱”是对幕府和诸藩横征暴敛以及迫害宗教信仰的大反抗，它的失败促成了幕府锁国体制的最终完成。这次起义被镇压标志着耶稣会在日本的最终失败，他们再进入日本的时候已经是在明治维新之后了。

下一站，中国

当年沙勿略在印度和日本建立了耶稣会组织后，下一个目标就是中国。

由于南洋民丹岛的穆斯林首领马来苏勒檀曾向明朝政府密告说，欧洲人为未来的征服在从事间谍活动，所以明朝政府严禁耶稣会进入自己的国土。

1552 年，“壮志未酬”的沙勿略死在中国广东外海的上川岛，终究还是没能踏上中国的土地。在他之后继续有耶稣会教士尝试前往中国传教，1557 年葡萄牙人用贿赂和欺骗的手段非法占据了中国的澳门岛，随后耶稣会教士便接踵而来。1576 年教皇格里哥利十三世下令在澳门设立东亚第一个教区，负责中国、日本等地区的传教事务。1579 年与 1582 年耶稣会意大利传教士罗明坚和利玛窦先后来到澳门，他们先学会了中文。这是耶稣会的策略——“练习用他们的语言写作，作为一种吸引捕捉他们心灵的手段”。同时他们也准备了贿赂中国官员的礼物，然后从澳门到广东肇庆等地建造教堂传教，开始了天主教在中国内地的传播。

1583 年，30 岁的利玛窦到了广东。一开始为了掩人耳目，利玛窦穿着和尚的僧袍，对中国官员自称来自“天竺”，致使中国人以为他们是佛教徒。

利玛窦如此解释来中国的原因：“我们是从遥远的西方而来的和尚，因为仰慕中国，希望可以留下，至死在这里吃斋念佛。”这位狡猾的教士知道不能直接回答来此的目的，否则他会被立即驱逐。

为了传教，罗明坚和利玛窦从西方带来了许多用品，比如圣母像、地图、星盘和三棱镜等，其中还有欧几里得的《几何原本》。利玛窦带来的各种西方的新事物，激发了许多中国人的好奇心。特别是他带来的地图，令中国人大开眼界，由此揭开了“西学东渐”的潮流。

进入了中国的利玛窦对中国文明非常称赞：除了还没有沐浴“我们神圣的天主教信仰”之外，“中国的伟大乃是举世无双的”，“中国不仅是一个王国，中国其实就是一个世界”。他感叹“柏拉图在《共和国》中作为理论叙述的理想，在中国已被付诸实践”，而且他还发现中国人非常博学，“医学、自然科学、数学、天文学

为了能够融入中国社会，利玛窦等传教士学习中文，并在饮食衣着上与明朝人保持一致

康熙皇帝之后，耶稣会在华活动范围被进一步压缩，只有郎世宁等少数几人被留在宫廷中作为画师使用。他们也曾抱怨说自己成为皇帝的艺奴，完全没有传教的时间了

都十分精通”，但是他也发现“在中国人之间科学不大成为研究对象”。

在中国南方辗转度过18年后，利玛窦终于在1601年进入北京。

汉学家李约瑟在《中国科学技术史》的《总论》中说：“中国的科学在耶稣会传教士来到之前已有二千年的历史，……它和西方科学却很少有共同之处。”

十年中，利玛窦以其精湛的欧洲天文、数学和地理知识和对中国经典的通晓，在中国的知识分子中建立了良好的形象，更得到了明朝皇室的器重。他吸收很多官员入教，明代大科学家徐光启就是其中之一，在徐光启的故乡上海徐家汇，至今还耸立着天主教圣依纳德大教堂。

利玛窦在写给耶稣会的报告中这样写道：“他们拥护孔夫子，可以对孔夫子著作中遗留下来的这种或那种不肯定的东西，做出有利于我们的解释。这样一来，我们的人就可以博得儒士们的极大好感。”

利玛窦的成功模式被其他许多相继来华的耶稣会士采用，但是他们的大规模渗透也始终令明朝政府警惕，曾有过不少教士擅自前往内地传教被驱逐的情况，而这时渗透到中国的教士已经达到472名之多！

当1644年清人入关后，顺治、康熙皇帝继续重用耶稣会教士。汤若望、南怀仁相继出任钦天监正，全国信徒已达27万。这时发生了著名的“礼仪之争”，其焦点集中在两方面：第一，关于“天主”或“上帝”名称之争。天主教传统上称神为“天主”，故而得名。利玛窦发现中国传统文化中“上帝”这个词具有同样的含义，所以出于融合中西文化更好为中国信众接受的考虑，主张上帝和天主可以并用。当时的耶稣会士大多支持他，但其他派别的传教士则反对。第二，关于尊孔祭祖的问题。利玛窦认为尊孔祭祖是中国的传统礼仪活动，没有宗教意义，没有必要禁止信徒参加。而其他派别的传教士则认为此举是异教徒的举动。

1631年，在福建传教的多明我会士以“耶稣会士允许中国信徒尊孔祭祖”为名联合方济各会士上书教皇乌尔班八世控告耶稣会，教皇未做答复。

1637 年，来华传教的多明我会士黎玉范返回罗马后向教皇英诺森十世指控耶稣会渎神，梵蒂冈于 1645 年 9 月 12 日向中国天主教徒正式发出了禁止称造物主为“上帝”和禁止尊孔祭祖的命令，并谴责了在中国的耶稣会教士。到了 1661 年，教皇本笃十四世发布《自上主圣意》通谕，对中国礼仪之争做最后裁决：坚决禁止尊孔祭祖。康熙闻讯大怒，认为这样会直接威胁封建王朝的统治基础，遂一改过去对天主教传教活动的宽容政策，转而实施比较严厉的禁教政策。

1722 年雍正继位后，采取了更为严厉的禁教措施。清朝政府在全国查禁天主教，大量的传教士被驱逐出境，但在北京宫廷里却留用了一批耶稣会士，担任御用的学者和艺术家。其中有擅长绘画的郎世宁和负责制作地图的蒋友仁神父。由此直到 17 世纪后期，耶稣会传教士是西方了解中国的最高权威。

当然，在清朝皇帝严格控制下的耶稣会教士们并不是毫无所获，他们努力渗透到中国社会的每一个角落，如同海绵一样无声无息地收纳信息涓滴，并汇聚成无价的情报，其中尤以殷弘绪窃取景德镇陶瓷烧制机密最为典型。

在康熙之前的时代，中国的陶瓷对于欧洲人而言是高大上的东方奢侈品。欧洲的贵族巨富之家在饮茶喝咖啡的时候，如果不能捧起一只精致的中国瓷杯来的话，简直要被舆论视为穷鬼笑掉大牙。

漂洋过海而来的中国瓷器被称为“东方白金”，可见其在欧洲的身价如何。欧洲人脑子又不是不会转圈，自然想在本土也烧制出瓷器，但他们竭尽全力也只能烧制出普通白瓷器具，与景德镇彩瓷对比根本就是傻大笨粗的“扔货”。

历代中国王朝都将瓷器的生产技术视为绝密，不但欧洲商人难窥究竟，就连普通中国人也不懂其奥妙——景德镇的工匠以父子相传的形式保护着工艺秘密。

直到殷弘绪来到景德镇之前，这一切都按照祖宗成法完美运转着。

殷弘绪虽然是个白人，但他在中国生活数十年，讲着纯正的中文，用着中国式名字，与江西巡抚是私人朋友，还通过进献法国红酒博取了康熙的好感。对于这样一个善良无害的洋人朋友，难道不能破例让他在景德镇出入几次么？尤其是他还是位洋大夫，能看好达官贵人家属的病呐！

于是殷弘绪顺利地渗透进景德镇，他花费了数年时间，一点点从众多工匠口中搜集到中国陶瓷工业的核心秘密。他甚至通过查阅地方县志资料，推敲破解了已经失传的古代陶瓷工艺。

随着1712年一封寄往耶稣会的长信，中国的陶瓷工艺奥秘尽数被欧洲人盗走，在法国拥有高岭土矿藏的利摩日诞生了欧洲的瓷都，那里生产出的高档瓷种等产品甚至返销回中国，被大清的宫廷所收藏。

看起来是东西方技术的美妙交汇，但给中国带来的代价就是陶瓷业出口的毁灭……

耶稣会教士在中国小心翼翼地活动不是他们放弃了初衷，而是他们懂得当时的中国是欧洲天主教势力无法征服的强大国家。当清朝衰落之后，当年马来苏勒檀的警报就变为现实。耶稣会成为帝国主义侵略中国的帮凶，他们通过自己的教民做间谍大肆刺探情报，教士们在清朝境内横行霸道，比政府官员还威风。连中国的野心家也开始借助基督教的影响力，1843年，洪秀全借助基督教的教义，自称是耶稣的弟弟，建立"拜上帝会"，不久后便开始了震惊中外的太平天国大起义。

自清末以后，耶稣会等基督渗透势力在中国的传教方式大致如下：重点发展中老年妇女、没受过良好教育的体力劳动者、病人、生活贫困者，以及生活中的弱者和社会较少关心的边缘人物。

信徒传教往往从几方面来说服对方：首先是宣传神迹，往往以自己的亲身经历作见证，宣传信耶稣能治病、能免灾祸、能得到幸福。相信神秘主义是宗教共同的信仰基础，这种劝说往往很灵。其次是介绍教会做礼拜不像去寺庙要收香火钱，信徒的经济负担轻，贫困者很愿意一试。耶稣会等基督教团体还会以做礼拜后免费吃饭，甚至提供信徒少量资金的办法吸引人。再次是信徒的团结精神强，互相关心，互相帮助，解决一些实际困难，这种感情投资往往使人难以拒绝。需要指出的是这种传播方式绝不仅限于耶稣会，其他基督教团体在向中国民间渗透时的做法也基本与之相同。

耶稣会在中国的活动曾受到义和团爱国主义运动的沉重打击，5000名平时横行乡里、作威作福的信徒被愤慨的民众杀死，但是耶稣会迅速恢复了元气并继续发展。直到1952年，所有的耶稣会教士全被中国政府驱逐出大陆地区。

随着耶稣会势力的不断扩张，这个秘密组织也越来越受到来自天主教势力内部的质疑。很多任教皇都担心这个宣誓效忠于自己的组织将来会反噬主人，而天主教各国也越来越对这个任意行动的间谍组织感到担心。在启蒙运动和理性主义的影响下，欧洲一些民族国家如法国、葡萄牙、西班牙等，对教廷的离心倾向日益增强。没有任何一个国家喜欢自己境内存在不受控制的间谍集团，更何况是个试图干涉并控制所有国家内政外交的可怕组织，最令各国君主恐惧的是耶稣会是如此钟情于暗杀这种手段，到 18 世纪中叶以后，他们的忍耐到了终点。

1762 年，法国颁布了解散耶稣会的命令。教皇克雷芒十四世迫于法国政府压力，于 1773 年宣布解散耶稣会。但是耶稣会已经强大到教皇不能将其消灭的程度，教士转而前往不承认教皇统治的俄罗斯和普鲁士继续活动，在各个欧洲国家中秘密的耶稣会组织也始终存在着。此外梵蒂冈始终对失去了一个得力工具感到惋惜，所以到了 1814 年教皇庇护七世时，又再度认可了耶稣会。

1929 年 2 月 11 日，教皇庇护十一世的代表与意大利王国代表在罗马的拉特兰宫签署了解决双方悬案的最终协议，即《拉特兰条约》。根据条约规定，教廷最终承认意大利的统一，罗马成为意大利首都，意大利王国承认教皇在梵蒂冈城堡内至高无上的权威和世俗统治权力，梵蒂冈城堡成为独立的梵蒂冈国。

从法理上说，延续了 11 个世纪的教皇国在 1929 年 2 月 11 日这一天正式灭亡，由梵蒂冈城国取而代之。不过梵蒂冈的传统并没有被舍弃，教会组织的间谍情报工作从来也未曾结束过，直到今天，包括耶稣会在内的各种基督教情报组织仍在各个国家活动。

第三节 忍者的最后舞台

《孙子兵法》的倭岛传人

上一节我们提到过天主教徒在日本的起义，这场起义毫无疑问是带有正义性质的。

日本肥前岛原半岛的大名松仓胜家是个虐待狂，他喜欢强迫交不起租子的农民穿上沾满油的蓑衣，然后一把火烧死，还把这种酷刑命名为“蓑衣舞”。这种行为无论放在哪里都是民众无法忍受的，更何况岛原曾是耶稣会的根据地，当地农民中隐藏着数量很大的天主教徒，还有大量因为信教而成为浪人的前武士混迹其中。

残余的基督徒趁机在1637年10月20日发动了大起义，起义者有数万之多。

当时的幕府将军德川家光大为恼火，他没想到境内还有这么多的伴天连分子，赶紧派遣大军镇压。起义军退守到被废弃的城堡原城坚守，由于起义军中有很多参加过战国混战的浪人，所以幕府军队始终无法攻克原城。

1638年元旦，平叛总指挥板仓重昌都被流弹击中身亡。将军家光赶紧派诡计多端的松平信纲赶赴前线指挥，松平不愧是日本了不起的智谋之士，他盘算半天之后拿出了万全之策：大伙就在城下守着跟叛贼们耗下去，城里总有粮食吃完要完蛋的一天嘛。当然，将军那边也是需要交代的，所以得先派人进去看看城里

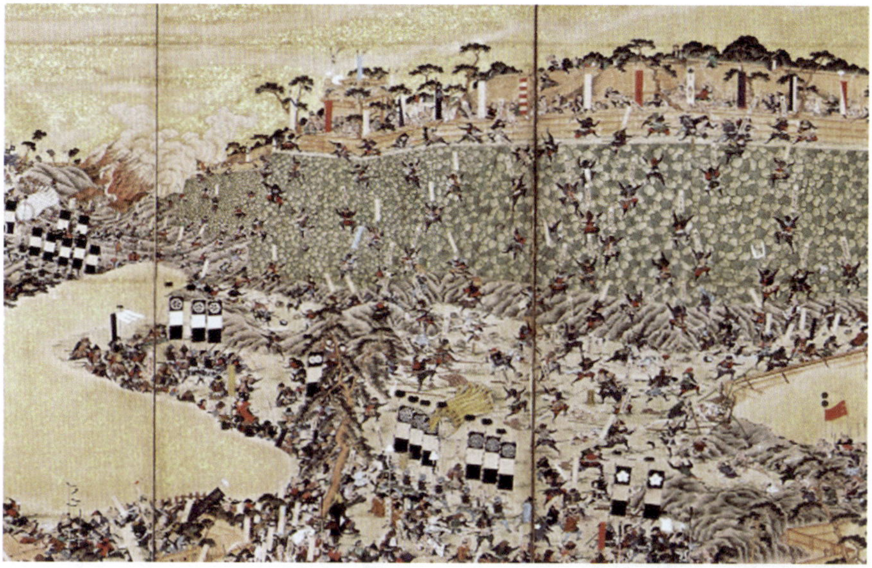

幕府大军围攻起义者守卫的原城

的粮草到底有多少。

派谁去呢？那就是刚从古贺雇用来的忍者间谍。

在日本的历史上使用忍者做间谍有着悠久传统，忍术由忍者的家族世代相传，在各流派中，也有类似中国青、洪帮内那种森严的等级。

忍者分为上忍、中忍、下忍。上忍：又称“智囊忍”，专门策略作战整体计划。中忍：实际作战时的指挥头子，当然忍术也得超群出众才行。下忍：又称“体忍”，相当于现代的特种部队，在最前线冲锋陷阵的炮灰忍者。

忍者这个称谓是在日本江户时代开始有的，不过忍者的历史从更为久远的时候便开始了。据说在日本首次派遣“忍者”完成任务的是圣德太子。在当时，忍者被人们称为“志能便”。

根据时代和地点的不同，忍者有各种各样的称谓。以下是各个时期忍者的当时的称谓：飞鸟时代——“志能便”；奈良时代——“斥候”；战国时代，叫法甚多，流传最广的叫法是“乱波”，这是武田信玄给起的名字；江户时代——“忍者”。

忍术，又名隐术。

关于忍术和忍者的起源说法不一，中国有学者认为，忍术起源于中国汉代的五行术，后来传到了日本。同空手道、柔道、少林寺拳法等日本武技一样，忍术是由中国古武术传到日本后逐步发展起来的日本特色武术。

日本的古典忍术权威著作《万川集海》中指出：忍术思想的根源来自中国周朝的姜子牙姜老特务。是他首先提出了忍术概念，并写在了传世名著《六韬》之中。后来，孙武、张良、韩信等相继对忍术理论进行了完善。特别是孙武的《孙子兵法》备受忍者阶级推崇。此时忍术也基本形成了由权谋、形成、阴阳、技巧等几部分构成的雏形。

随着忍术传到日本，忍者也就在日本出现并发展起来。

日本忍术的具体理论基础是在提炼《孙子兵法》精髓后，加上修炼道和山中伏击战技巧综合而成。

735年返回日本的遣唐留学生吉备真备带回了《唐礼》13卷和历书、兵书、音乐书、武器、乐器、测量器具等，他是将中国《孙子兵法》引入日本的第一人，也是忍者思想的引路人之一。

关于神秘的山中伏击战，其实起源是贫瘠地区的日本农民在山谷中埋伏抢夺旅客财物的强盗袭击，后来发展为所谓的“风、林、火、山”四字真言。在平安时代时武士阶级兴起之后大力吸取了山中伏击战的兵法加以发展。到了源平时代，源义经成功地使用了山中伏击的技巧，完成了攻击面战法的理论。在南北朝时代，楠木正成发展出防御面的兵法。到此为止，忍术跟武术才分开成不同的系统正式独立出来。

在日本的早期官方史书《续日本纪》中详尽记载了《孙子兵法》的内容，并对其中的间谍内容赞叹不已。在早期的武士战争故事中，就有过使用忍者间谍的记载，在编撰于940年的《绳文记》一书中就记载了一个被雇用的内间执行刺杀任务的故事。

来自中国和朝鲜的移民与日本忍者的发展也有极大的渊源。因为古代日本很落后，所以日本政府非常欢迎来自科技文化高度发达的中国的移民到日本定居，甚至受到中华文明熏陶的朝鲜人也受到欢迎，日本人把这些移民叫作“归化人”。

虽然欢迎，但日本人同时又歧视他们，移民很难进入上流社会，而且不能沿用原居住地的语言和文化，必须改成日本姓名使用日语。这些古代的技术移民将大量的先进科学技术和文化知识带到了日本，例如制造陶器、盔甲、服装技术，以及决定性地促进了日本忍术发展的中国武术。

因为忍者的出身多半来自社会最底层的农民，而不是出身高贵的武士。所以作为很难被上流社会接纳的移民，“归化人”大量进入了忍者这一行。“归化人”通常都定居京都，随后有大量的人迁移到附近的伊贺或甲贺去居住，这也是这两个地方忍术异常发达的主因。

日本战国时期大名鼎鼎的服部半藏正成就是中国人后裔，他的家族原姓秦。秦氏家族是公元3世纪末4世纪初时从中国吴国（日本和服的传统称呼是“吴服”，正是取自秦氏家族出身的吴国）渡海定居日本的，之后就改了个日本姓服部。

服部半藏投效德川家康，后来移居江户。传说中这位忍者最终悟出了忍的真谛，这是多少代忍者所不曾有过的，至今日本人提起他来还是交口称赞“鬼半藏”的传奇。

在战乱的战国时代，大名们需要大量的间谍去刺探敌军情报和对敌人城市开展破坏活动，所以忍术在这一时代出现了飞跃性的发展。

忍术发达的地区有以下几处：武藏、甲斐、越后、信浓、伊贺、甲贺、纪伊等地区，其中伊贺、甲贺的忍术在日本是最为发达的。伊贺与甲贺离京都很近，地势都属于重山险阻的封闭小盆地。虽然贫瘠，但是在战略上的位置却是十分的重要：因为它们靠近日本的中央近畿地带。在战国时代在伊贺与甲贺的弹丸之地上先后崛起了60多家“土豪”。每家的最大兵力不超过50个人，按中国的算法他们充其量就是小股的土匪武装。地盘虽小，这里的竞争却是超乎外人想象的激烈。土豪们彼此虚情假意地结盟，暗中互相刺探，一旦抓住机会就予以对手无情的打击。这两块儿充满了残忍、狡诈的血腥山地逐渐演化成忍术发展的大本营。

伊贺跟甲贺对忍者事业的最大贡献就是对忍术的理论基础和技能做出了系统化，编出了一本忍者的修炼宝典——《万川海集》。虽然流派不同，忍者们修炼的经典都是《万川集海》这本书，这本书的内容就是教导忍者如何施行忍术的一切理论基础与技能指导。

1676年，在德川家族第四代将军德川家纲统治下的时代，甲贺隐士藤林保武结合中国和日本历代名将的思想与武学精华，参照《六韬》和《孙子兵法》的

甲贺隐士藤林保武写下了著名的忍术理论著作《万川集海》

内容写成了集忍道、忍术、忍器于一体的忍者究极修行指南。并参照中国古籍《文选·左思·吴都赋》中的“百川派别，归海而汇”思想，将书命名为《万川集海》。正如书名所示，《万川集海》就是海纳百川取各流派精髓的意思。

《万川集海》由正心、将知、阴忍、阳忍、天时、忍器六部分组成。此书成为后来忍者修行的必读教材。《六韬》和《孙子兵法》是对《万川集海》及忍术整体发展影响较深的两部古代著作，由此也可以看出，这些中国古代的军事武学思想为以后日本忍术的发展壮大奠定了充实的理论基础，这是忍术最早的确源于中国的明证，可以说《万川集海》是日本人学习中国古代军事精华和密术玄学修炼之道后的概括总结。

忍术在日本战国时代盛行一时是因为其极强的实用性。

忍术是古代日本忍者所掌握的整套完善的间谍情报技术体系，包括有追踪、侦察、谍报、保镖、暗杀等多方面的内容。忍者技艺超群，擅长使用剑、钩等各种兵器与飞镖暗器；他们能飞檐走壁，在沙地上飞跑不发出一点声响；在水中屏息可长达 5 分钟，如用特殊器具可在水底待上一天一夜；他们善于在水面和水底搏斗，甚至能潜到船底，偷听船上人的对话……这种种的超人技能是通过非人的磨炼才能习得的。

忍术和其他武术流派强调体质训练不同，尤其强调精神上的修炼，并将其整个的训练体系，建立在超乎想象的精神修炼基础上。因为忍者所执行的大多是一去不返的高风险性任务，独自一人在敌人的巢穴中完成任务要克服死亡、孤独、黑暗乃至于饥饿、寒冷、伤病等诸多困难，所以拥有强大的精神力量，是忍术无坚不摧的真正原因。

忍者的残酷道路

作为一名忍者家族的后代，一经降生就必须接受残酷的命运现实——或者成为忍者，或者死。

忍者从很小的时候起，就被灌输以对主人绝对忠诚的思想：除了自己的主人，任何人的命令都不会听，哪怕是日本天皇也不行。一个忍者最大的罪孽就是私自离开自己的村落，这样做的人都是背叛者。他的亲属有义务将他捉拿回去，无论死活。

通过从小开始这种精神洗脑而打造出的忍者比任何的宗教信徒都更加狂热，更加无所畏惧。不过忍者也不是僵尸般的战士，忍术有着一套切实可行的强大精神力量的训练方法。这种技术才是忍术的秘中之秘，它就是东密的修行。

东密和我国的藏密、印度的杂密一样，是佛教中密宗的一个支派，而且东密对于人体念力的开发，向来有着自己独特的传承，在密教界一直以显著快捷著称，忍者通过东密秘法的修习，锤炼自己的意志，精神变得无比纯粹和坚韧，体内的潜能将得到最大限度的开发。可以完全除去心灵的迷惑和恐惧，全神贯注地投入战斗。

此外密宗认为人的身体有许多奥秘和潜能，只要通过密宗法门的不懈努力就能使修行者发挥全部潜力，让身体与宇宙沟通达到天人合一的境界，这和忍者追求的极限体术不谋而合。

密宗视大日如来为万物之主，极力推崇传承、真言和密咒。我们在一些影视作品或者漫画中经常可以见到忍者做出许多古怪的手势，那便是在表述东密主要修法之一的“九字秘印”——“临、兵、斗、者、皆、阵、列、在、前”这九字真言。

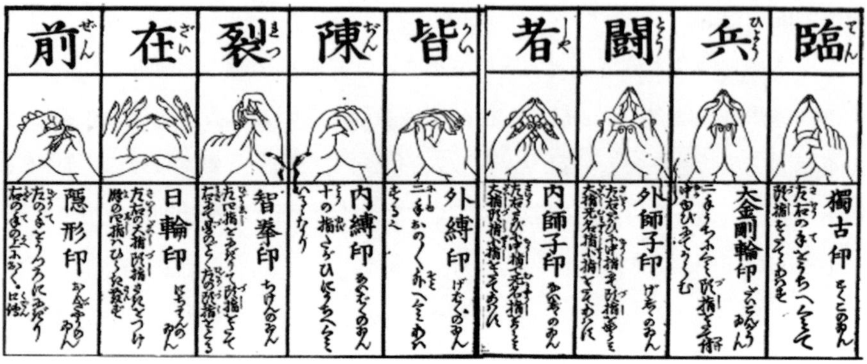

东密主要修法之一的“九字秘印”：“临、兵、斗、者、皆、阵、列、在、前”

忍者家族的小孩不论男女，都必须继承祖先的职业传统，一般从五岁开始就接受训练。训练的种类有五种，即平衡、灵敏、力量、持久及特殊技巧。平衡训练从走竹竿开始，当能够在滚圆的竹竿上行走而不滑下，就将竹竿逐渐升高，最终要升到三四十尺高，达到奔跑跳跃如履平地的境界，这样就能在树上、屋顶及墙头上下攀缘，行走如飞。灵敏的训练也是如此，跳过插着刀片的绳子，在布满利刃、枪尖的狭道中拐弯抹角急速穿行。持久及力量的训练最为艰苦，如双手挂在树上，支持全身，下面放满暗器，不容你松手跳下，以恐惧来激发体内的潜能做长久的支持。长跑更是忍者的基本功，要求连续跑上50公里路而不停下来休息，日行百里是家常便饭的事儿。至于特殊技巧训练就更令人吃惊。除了上述说过的，还有徒手搏斗、投毒解毒等。化装术更是忍者的特长，他们能制造人皮假脸，改换性别。让一个忍者在人群中穿行，由几个人在一旁辨认，结果各人所见都不相同，高矮胖瘦，不一而足，真可谓是“千面人”。

隐身术是忍者事先挖好一个地洞，然后趁着尘土烟雾掩护跳入地洞中，令追捕者失去目标，以为真有“隐身术”。不过一般这样的洞都是挖在树林等便于遮掩躲藏的地方，像电影里那样在水泥地上消失也太夸张了。

忍术对于身体训练的强度也是非常残忍的。忍术所包括的内容，忍者都必须精通。并且每项训练，都是死亡淘汰赛，无法承受的人是不允许生存的。除了常规训练外，忍术还包括多种“怪力训练”，忍者通过这些训练进一步磨炼意志、忍耐力、生存能力。这些怪力训练包括连续数天不食不动，杀死自己的同伴，以及与猛兽搏斗等，是令人难以想象的。

通过这些死亡率极高毫无人性的修行，忍者从精神到肉体都实现了超人的飞跃，获得了超越常人的毅力、耐力、战斗力。通过忍术的训练而幸存的忍者，个个都是一部绝对可靠的全功率杀人机器。

战国时代中，虽然同为大名服务，忍者和武士的身份可谓一个天上一个地下，形象一点说就是——忍者是家奴，武士是家臣。由于忍者们干的大都是涉及上层权力争斗的秘密事件，而且危险性相当大，因此他们的结局往往十分可悲。危险首先来自雇主。这些阴险毒辣的社会头面人物在不择手段达到自己的目的后，怕事情内幕泄露，往往将执行任务的忍者杀死灭口。

忍者最大的敌人是武士。因为武士在明处，忍者在暗处，防不胜防，故武士最憎恨忍者，忍者一旦被武士捕获，必然受到最残酷的刑罚处死。活剥皮就是其中的一种——皮肤被一片片剥下来，极其痛苦，又不能立即死掉。所以忍者是绝对不肯让武士活捉的。例如传奇般的忍者猿飞，他叫这个名字是因为他有像猿猴一样在树上攀缘飞跃的本领，来去无踪。同时他徒手格斗的武功也很好，人们根本无法捕捉他。有一次他被派去侦察住在某城堡中的一个大名，偷听到大名和一位大臣的密谈。当他离开城堡时被守卫发现，他立即跃上城墙，巧妙地避开了追赶的人，但当他跳落花园时，踩上了一只暗设的捕熊钢夹，将他的腿紧紧夹住。这时将

忍者的训练过程

军手下的卫士围了上来，猿飞见状，一刀将夹住的腿砍断，单脚逃了很长一段距离。猿飞见卫士越来越近，知道自己没有希望逃脱，便索性站定，大声辱骂了追赶他的卫士，用剑毁掉自己的面容，使人无法辨认，然后挥剑砍断自己的脖子。一个闻名遐迩的忍者就这样可悲地结束了自己的一生。

忍者的最后舞台

1562 年，80 名忍者进攻一个叫作神代的城堡。他们的任务是在城外 200 名士兵的协助下纵火，这是忍者在袭击敌人城市时最常用的手段。因为多地震台风，日本房屋大多由薄木板制成墙壁，屋顶铺着稻草，所以一点火星就足以酿成大祸。忍者在攻城时寂静无声，他们从城外隐蔽的地方冲进城里，用各种方法偷袭哨兵，在无声中渗透进去。这些忍者换上被杀死的敌人的军服，在城内各处放火。城内一片大乱，200 余人被烧死，城外的士兵们轻而易举地占领了城堡。

在 1638 年的岛原之乱最后阶段，幕府雇用来的忍者们表现出极高的间谍素质。这些忍者对原城堡进行了详尽的侦察，包括护城河、周围的道路、工事和陷阱、城墙的厚度与高度、坍塌部位和薄弱点、瞭望哨位和射击口位置等等都被详尽记录。此外，古贺的忍者们还换上起义军的服装混入城内，他们窃取了口令摸到粮库旁边，确认了城中已经没有粮食，这份情报直接宣判了起义者的死刑。

忍者的工作与暗杀、破坏和刺探纠缠在一起

忍者们在回报以后，松平信纲却担心其中有诈，他要求忍者再度潜入确认一次。武士们明确告诉忍者们这是一项有去无回的任务，因为城中肯定已经因为被渗透过一次而提高了警觉，但是忍者们毫无惧色。因为“为完成主人交代的任务而赴死”是忍者的基本信念，在他们还是幼儿时就已经被灌输了这种思想。为了掩护忍者再度潜入，幕府军队在夜间炮击城堡，守卫者的火把还被迫熄灭了。一片黑暗中，两名被挑选出来的忍者再度出发。他们依旧穿着敌人的军服，爬过城墙进入城堡。这次为了证明自己到达敌军内部，两名忍者窃取了一面基督教旗帜。当守卫者再度燃起火把时，两名忍者从起义军士兵中间飞奔而过，从城墙上沿着事先系好的绳索一下子滑下去。起义军朝他们猛烈开火射箭，两名忍者都身负重伤，但是出色地完成了使命。

忍者虽然本领超人，但执行任务中也经常有失算的时候。

有一个忍者冒着夏日的酷暑，潜入一个诸侯住宅行刺。为了不发出声响他硬是用手在土中挖洞，用了十几天的时间才潜入室内的榻榻米之下。就在即将大功告成的时候，他身上的汗臭招来了苍蝇和蚊子，昆虫的嗡嗡声引起一个卫士的怀疑，于是卫士抽刀向下刺穿地板，将藏匿在下面的忍者杀死。

那些幸存下来的忍者也往往在寂寞中了却残生。侍奉德川家康多年的“鬼半藏”可谓黑白道俱通的忍者，他深得德川家康信任，无数次拯救过德川家康的性命，还多次挥戈上阵参加三河军团的征战，他的一生可谓是忍者最辉煌的典型了，临死时的俸禄也只是八千石而已，只是同等功勋武士出身将领待遇的零头。他的两个儿子都是悲剧型人物：长子服部半藏正就因为自私自利和愚蠢而激起部下忍者集体叛乱（这是极为罕见的），后被德川家康贬为平民。后来为了重振家道，正就参加了 1615 年德川家康进攻丰臣秀赖的“大阪夏季战役”，在战斗中阵亡。次子服部正重也因为妻子娘家涉嫌叛乱而遭到株连，最后穷困潦倒，客死异乡。

1638 年起义之后，日本进入了长久的和平时期。忍者在这段时间毫无作为，逐渐被社会淘汰。至于明治维新之后的日本间谍，就又是另一番模样了。

今天的忍者，只剩下在公园中供游客进行文化体验的娱乐价值了

第四节 英格兰的秘密战争

恺撒、维京和 Rap

英格兰人等不列颠民族居住在海岛上，极其崇尚独立地位，标榜自己与欧洲大陆上各民族的迥然不同。不列颠民族认为自己具有崇尚公平、自由、遵纪守法、坚韧不拔等诸多特质，然而以欧洲其他民族的眼光来看，这些居住在岛屿上的人性格狭隘内心卑鄙，对他们“肮脏的传统伎俩”津津乐道。欧洲大陆民族眼中的不列颠伎俩是什么呢？也许古英格兰史诗《贝奥武夫》中的段落可以说明问题：“拜托你转告你的亲朋好友，别在丹麦地区四处游走，以免被人怀疑为间谍。现在各地的居民们，来往于海上的旅人们，请尽快接受我的建议，越早越好，因为我听说过你的国家（英格兰）。”

公元前 900 年，来自欧洲的凯尔特人渡海迁徙到英格兰，由此开创了外族人侵犯英伦三岛的序幕。当公元前 55 年恺撒征服高卢时，他决定将不列颠群岛也一同征服。在发动首次远征之前，罗马人对这几个荒蛮岛屿的情况根本一无所知，只知道上面居住着野蛮的凯尔特部落。恺撒召集曾与不列颠人做生意的高卢商人，但他们能提供的信息也很有限，根本不足以供远征之用。恺撒自己是如此记载的：“我虽然会见了来自各地的商人，但仍然不能确定不列颠岛的大小、特征、岛民的数量、作战方式和习惯，以及港口是否足以容纳下一个装备有大型战舰的舰队。”

由于高卢人的情报令恺撒不得要领，他派遣了一艘罗马战舰前往侦察。罗马舰长沃鲁色纳斯因为担心登陆会被蛮子们抓住而丧生，所以这位崇尚安全第一的军官只是出海转了一圈就回报恺撒。无奈之下，恺撒派遣两个军团乘坐 80 艘运输船在舰队保护下登陆英格兰岛。

在此之前凯尔特人曾经派遣使者团抵达罗马表示臣服，可是从罗马军团一登陆便遭迎头痛击来看，凯尔特人的使者团只不过是在释放和平烟雾，他们将罗马军团的动向摸得一清二楚，在组织严密的抵抗下，罗马军团被迫撤退。

第二年恺撒再度入侵不列颠群岛，可是照旧被凯尔特人击退。

直到一个世纪之后，罗马才征服了不列颠。恺撒的失败是日后英国征服者们一次次重复的样板，因为要渡过一条湍急的海峡并不容易，更别说在海岸线上聚集舰队时做到保密了。从欧洲大陆向英格兰渗透间谍极为困难，以至于在漫长的古代历史中罕有成功记录。

古罗马在英国的占领史从 43 年一直持续到 410 年，英格兰和威尔士岛组成了不列颠尼亚行省，而苏格兰则是化外之地，罗马人懒得统治那里的皮克特等蛮族。当最后一个罗马军团撤出后，盎格鲁和撒克逊等日耳曼蛮族部落迅速入侵不列颠群岛，从此英国进入历史上被称为黑暗时代的战乱时期。盎格鲁人、撒克逊人的征服大获成功，以至于英国人也被称为盎格鲁 - 撒克逊人。

在这个黑暗时代中，英国的古老间谍故事层出不穷。例如在那些小国混战的年代中，生活在 5 世纪的肯特国王沃迪根曾劝说邻近国家的国王康斯坦斯雇用皮克特人做间谍来消灭北部的人民起义。而到了 11 世纪时的凯纽特王时期，英格兰人已经有能力对远在挪威和瑞典的敌人军队派遣间谍了。

这段时期，正是维京海盗纵横四海的时代。

这些来自斯堪的纳维亚半岛的野蛮强盗自称维京人，原意是“在海上冒险的人”，可是由于他们的“冒险”范围太大，从俄罗斯到北海全都留下杀人放火的记录，所以维京这个词变成了海盗的代名词。维京人的军队是烧杀抢掠无恶不作的匪徒，整个欧洲都在他们的船桨下瑟瑟发抖。最早见于历史记载中的维京海盗是记录在《盎格鲁 - 撒克逊编年史》中的公元 789 年一次对英格兰的袭击，英格兰人看见船队就以为是来做生意的，于是屁颠屁颠地跑去收税。没想到来的人是专做“无本生意的”，英国佬的脑袋变成了完税证明。

此后维京人屡次入侵英格兰，而最浪漫的间谍故事就发生在9世纪末的一次入侵中。当时英格兰国王是阿尔弗雷德大帝，维京海盗首领古斯鲁姆率领他的丹麦大军入侵英国。阿尔弗雷德是个狡猾的君主，他不信任自己的间谍，但又迫切需要了解敌军的实力。于是这位英格兰君主换上吟游诗人的衣服，抱着竖琴走到丹麦军队的营地外面边弹边唱，表演撒克逊民歌。

古斯鲁姆在阿尔弗雷德的劝说下皈依了基督教，两人还商定平分了英格兰

古斯鲁姆没想到居然有人敢在自己的营地边上公然唱起Rap，他侧耳一听感觉不错，就把吟游诗人叫到自己的营帐里现场表演。阿尔弗雷德轻抚琴弦，在悠扬的竖琴声中两人逐步建立了深厚的感情。被艺术征服的古斯鲁姆盛情款待吟游诗人，让这个大间谍把自己的军营里外看个遍，一周后才酒足饭饱地告辞而去。由于阿尔弗雷德了解到丹麦人的惯用战术是分成小部队四处劫掠，所以他集中军力来消灭丹麦小分队。就这样丹麦军队很快便实力大减，最后在艾丁顿之战中古斯鲁姆也做了俘虏。当他发现英格兰的国王竟然是那个吟游诗人时不由得分外震惊。两个人相对无言——我的眼中流出你的泪……最后古斯鲁姆在阿尔弗雷德的劝说下皈依了基督教，两人还商定平分了英格兰。

诺曼王朝的锅盖头

维京人不光骚扰英格兰，法兰克王国治下的诺曼底地区也被他们占据过，当时的国王查理三世不敢得罪这帮白刀子进去红刀子出的海盗，便顺水推舟地承认了他们的诺曼底公国。

1066 年，英格兰国王爱德华去世。

爱德华没有子女，所以曾答应把王位传给自己的表弟诺曼底公爵威廉。没想到就在威廉准备去英格兰“哭丧”顺便登基时，爱德华的小舅子哈罗德却捷足先登当上了国王。

威廉气得吐血——维京人后裔哪能忍得下这口气？于是战争便迫在眉睫。

在威廉入侵之前，英格兰国王哈罗德派遣间谍渡海来到法国的诺曼底侦察。一名间谍被抓住，威廉公爵亲自审问了间谍，他让间谍回去报告哈罗德说诺曼底大军将在年底入侵英国，到时候哈罗德就可以知道诺曼底军队的数量了。实在人威廉果不食言，他的 8000 军队如约登陆英国，而哈罗德在战前刚刚击败了也来抢王位的挪威国王，他的 5000 英格兰军队已经疲惫不堪。

10 月 14 日，在著名的黑斯廷斯战役爆发前，哈罗德再度派遣懂法语的间谍去确认威廉军队的数量。他的间谍们喜滋滋地回报说：“恭喜大王，贺喜大王——威廉军队人数虽多，但是一大半全是神父。”——诺曼底骑士都不留胡子而且头发也剃成很短的锅盖头，当时只有神父才会这样打扮。哈罗德曾在诺曼底待过，所以知道底细，他一听间谍的回报不由得一跺脚说完蛋了……果不其然，战役以威廉大胜而告终，哈罗德及两个弟弟均战死疆场。威廉直奔伦敦，二话不说捡起王冠就扣在脑袋上，由此开始了诺曼王朝的统治。

威廉做了国王后第一件事是要求所有贵族都对自己效忠，大大加强了中央集权。其次是立即派出税务官员调查全国户口和财产情况，以保证国王得到最大程度的税收利润。别看当年维京人砍了向自己收税的英格兰人，现在他们反过来向英格兰人收税时可一点都不含糊。由于税务官们如狼似虎，以至于英格兰人把他们下发的财产登记表称之为“世纪末日书”。

威廉的征服使得英国一改之前总是充当被征服者的命运，这个缩在欧陆一隅的荒蛮小国迅速强大起来。维京人的强大航海技术也改变了英国的军事实力，使其逐步变成一个海洋国家。之后再也没有外来的征服者能打败英国，几乎所有战争都是英军在别国领土上开展的。此外威廉还顶住来自教皇的压力，保留了对英国境内主教的任命权，这也使得后来的英国宗教改革能够顺利开展。

虽然哈罗德失败了，可是他是个受到英格兰人拥护的国王。

威廉在随后的日子里一直忙于四处镇压英格兰人的反抗，这也使得他讨厌在英国生活。于是他任命老友兰弗朗克为坎特伯雷大主教，把英格兰朝政交给主教掌管，自己回到了诺曼底老家。

征服者威廉死后，他的接班人威廉二世是个大腹便便的同性恋者。这位国王对税收有极大的热情，以至于他的税务官把英格兰逼得盗匪遍地烽烟四起。不久后威廉二世死于一场可疑的狩猎意外——一支箭准确地射穿了他的胸膛。

随后即位的亨利一世一生都在和手下的叛臣作战，迫于这种压力，亨利一世组建了英国历史上第一个隶属于政府的间谍组织，这也是中世纪时期欧洲最先进的情报部门。

英国间谍们紧密注视着萨洛普伯爵罗伯特的一举一动，这位实力强劲的贵族是国王的心腹大患。当时机成熟之后，国王把伯爵召到王宫里，指控他触犯了45项罪名，打算立即把伯爵干掉。

狡猾的罗伯特请求给自己时间准备，好为自己做辩护。亨利一世同意后，罗伯特却趁机逃之夭夭。不过国王的间谍们紧紧追踪着他，在他逃回封地后不久便被捕，最后被流放到诺曼底。

黑斯廷斯战役以威廉大胜而告终，哈罗德及两个弟弟均战死疆场

亨利一世虽然建立了强大的情报组织，却无法改变自己儿子的命运。他的独生子在渡海时船毁人亡，亨利一世因过分忧郁患上消化不良而死。他死之后，威廉一世的外孙斯蒂芬与亨利一世的外孙安茹伯爵亨利展开争斗，最后叔侄俩达成协议：斯蒂芬担任国王，死后由亨利继承王位。次年斯蒂芬死去，亨利二世即位，诺曼底王朝结束，金雀花王朝开始。

爱打仗的狮心王

亨利二世上台后与自己的坎特伯雷大主教贝克特・托马斯因为教会的权力问题屡起争执，因为他相信国王的权力来自上帝而不是教皇，但贝克特持有异议。

1164 年 10 月，亨利二世将贝克特召到开普敦接受审讯，罪名是侵吞公款。贝克特见势不妙拔腿逃离英国，途中他试图摆脱国王间谍的追踪，并联系国内的支持者展开反对国王的秘密行动。1170 年，亨利二世与贝克特试图达成和解，贝克特手里持有教皇开出的将亨利二世革除出教的破门律，所以回到英国后底气很足：在中世纪，如果一个国王被教皇宣布革除教籍的话，他国土中的教堂要关闭，而百姓们会因为担忧失去上帝庇护下地狱而暴动，如果在一年内不能恢复教籍的话，贵族们对国王的宣誓效忠也自动作废。

虽然亨利二世知道对方有破门律在手，可还是不买账。两人谈判最后以破裂而告终，亨利二世决定不给对方宣布破门律的机会，他命令：“让那个老家伙住嘴！”四名骑士便冲到坎特伯雷大教堂刺死了贝克特。

亨利二世在手下的间谍们杀死目标后，才装模作样地表示手下错误理解了自己的话，他为“挂掉”的老主教戴孝，而下一任主教自然是忠于国王的人选。

虽然亨利二世的间谍们很擅长做刺客，可是却没能看住他的儿子。

1189 年，理查一世憎恨父亲亨利二世立幼子约翰为王储，便串通法王菲利普二世发动叛乱并成功夺取王位，他就是著名的狮心王理查。

狮心王同志是热诚的国际主义战士，他积极参加十字军东征，结果反被神圣罗马皇帝亨利六世扣为人质百般勒索。为了赎回国王，英国政府挖地三尺搜索税金，逼得人民一再造反。后世还有绿林游侠罗宾汉反抗狮心王弟弟的暴政，拯救狮心王的传说。其实罗宾汉这个名字是从1227年开始出现在英国法官案卷上的一种缩写名词，指的是任何逃犯或亡命之徒，跟狮心王并没有什么关系。

狮心王在位10年，身居英国的时间只有6个月。平时不是参与夺回耶路撒冷的战斗就是与自己的老友菲利普二世兵戎相见，还要平息法国领地的叛乱，最后在战斗中中箭身亡——他死之后英国好歹过了几天省心的日子。

1295年，英王爱德华一世吞并了苏格兰，随后屡次出兵镇压风起云涌的苏格兰贵族叛乱。1503年，他花了40枚银币使得苏格兰内奸出卖了素有“勇敢的心”之称的英雄威廉·华莱士。这个间谍是华莱士的仆人杰克·肖恩，他将主人出卖给承认爱德华一世统治的苏格兰男爵约翰·曼台。爱德华一世奖励给曼台151英镑和一份领地，并赏赐给其他出卖华莱士的间谍一共100枚银币。这帮苏格兰的叛徒得到这么点钱，出卖的却是苏格兰争取自由的唯一机会。

爱德华一世不只是发布悬赏通缉令的高手，还是出色的保安公司总经理。在他统治时期，在英格兰内部建立起严密的警卫和监视系统，这一系统类似古波斯帝国的“国王的耳目”组织，密探遍及全国每一个角落，这样，不仅可以镇压反叛还起到反间谍的作用。

凭借被破门律革除教籍者必下地狱的传统信仰，教士们可以轻易煽动起一场大规模叛乱

1283 年，伦敦城开始设立夜间警卫巡逻人员。1285 年，这一制度推行到全国。夜巡人员从黄昏一直执勤到黎明，他们在大门外盘查陌生的过路人，并将其在第二天送交治安官处审理。如果有需要，夜巡人员可以大喊发出警报，所有自由人听到喊声的都必须联合起来追捕可疑分子。这一制度持续到 1434 年，红衣主教博福特对其进行了加强，又设立了国家直辖的告密者。随后，改进版的监控制度一直持续到 19 世纪。

亨利二世的间谍没能保护国王被儿子推翻，爱德华一世的保安系统也没能保住儿子的性命。英国王室盛产同性恋者，爱德华一世的儿子爱德华二世又是一例。他的“男朋友”极多，令王后伊莎贝拉忍无可忍。1326 年，伊莎贝拉串通情夫罗杰·莫蒂默率领叛军击败了国王的军队，爱德华二世被国会废黜，两年后在流放地被杀害，死法极为恐怖：王后派人将他穿到了烧红的铁叉上。在此期间负责国王安全的保安系统人员冷眼旁观，因为无论在任何国家，特务们都只会服从当权者的命令。

出卖圣女贞德的人

自 1216 年开始，诺曼王朝的统治者逐渐失去了对诺曼底的控制。不过直到 14 世纪初期，他们仍然控制着法国英吉利海峡沿岸的一些地区。历代法国国王都试图把英国人从西南部赶走，统一法国；历代英王都不愿退出，并打算夺回如诺曼底、曼恩、安茹等祖先的封地。

当法国卡佩王朝末代国王查理四世去世后，没有后代的法国王室绝嗣。这时有两个竞争者要求继承王位：安茹伯爵菲利普六世（查理四世的堂兄）和英格兰国王爱德华三世（查理四世的外甥）。由于在严格遵守萨利克继承法的法国，女性及其后代无权继承一切封号，菲利普六世最后获得了王位。对此结果，爱德华三世勃然大怒。1337 年英国对法国宣战，由此揭开了长达 116 年之久的百年战争序幕。

昔日战争双方的权贵早已化为粪土，只有贞德之名万古流芳。

在漫长而又血腥的百年战争时期，最著名的间谍事件就是圣女贞德被出卖事件。着手这个事件的间谍是一帮被亲英的博韦主教皮埃尔·科雄收买的卑鄙小人，他们列出了一份长长的名单，其中有勃艮第公爵、教会的神父和宗教裁判官。他们在确定贞德有罪的前提下举行了审判，并诱惑不识字的贞德在一份文件上签名，显然贞德并不知道自己签写的是足以判决火刑的异端认罪书，她以为那是为自己指定一名忏悔神父的请愿书。

百年战争的结果是法国付出惨重代价后获胜，从此走上了欧陆强国的称霸之路。英国丢掉了全部的法国领地，从此放弃了陆地争霸，把注意力彻底转向海洋，为日后的世界第一海洋强国奠定了发展基础。百年战争也是欧洲骑士的谢幕演出，此后民族主义战争兴起，火器也开始被大量使用。

宗教改革——亨利八世的快速离婚通道

1455—1487 年之间，英国发生了著名的玫瑰战争，分别以红、白玫瑰为家族纹章的金雀花王朝的两支后裔展开了争夺王位的内战。在这场战争中对立的约克家族和兰开斯特家族展开了“狗咬狗一嘴毛”的混战，王冠像澳大利亚土著手里的飞去来器一样来来回回，其中最阴险的理查三世国王拥有庞大的间谍网络，

1455—1487 年之间，英国发生了著名的玫瑰战争

他们在英国各处活动，策划了无数的暗杀、绑架等阴谋活动。身为摄政王的理查三世宣布自己去世的哥哥爱德华四世婚姻无效，爱德华四世的两个儿子于是忽然变成了私生子，理查将他们监禁起来，后来干脆杀掉他们，自己登上了王位。

1485 年，野心家理查三世被亨利七世打败，最后的胜利者确定了。亨利七世上台后立即组建了一支干练的间谍队伍，其使命就是“一有机会就栽赃其他王位继承人,将其送到断头台上来确保国王的地位”,其子亨利八世继续了这个策略，这一时期的英国皇亲国戚被一扫而光，都铎王朝得以巩固中央集权。亨利七世把两个女儿分别嫁给苏格兰和法国的王储，又给自己的长子亚瑟迎娶了西班牙公主凯瑟琳为妻。结果痨病鬼亚瑟结婚才几个月就撒手归西，亨利七世为了不得罪西班牙，就让凯瑟琳嫁给自己 12 岁的次子亨利。当时贵族结婚不是随便闹着玩的事情，嫂子嫁给小叔子要教皇同意才行。不过西班牙是天主教大国，英国也是正在崛起的一霸，于是教皇受了点小贿赂后就同意了。

1509 年，17 岁的亨利八世登基，随即又立寡妇嫂子凯瑟琳为王后。结果凯瑟琳只为亨利生了一个女儿玛丽，其他几次生育的孩子都早夭。此前英国从来没有出现过女王，而且《圣经·利未记》上说“人若娶弟兄之妻，这本是污秽的事，羞辱了他的弟兄，二人必无子女”。所以亨利八世着急了，他这么一着急就跟宫廷女官安妮·博林勾搭上了，勾搭上之后女方很快怀孕，因为私生子同样不能继承王位，亨利八世更着急了。

在 1525 年，亨利让自己的枢机主教托马斯·沃尔西向教皇申请离婚，理由是“《圣经》上都说不能娶嫂子，你们趁我年幼无知的时候让我结婚不能作数！”不过梵蒂冈一不敢得罪西班牙，二不愿坏了自家规矩，所以死活不肯答应。热衷于婚姻自由的亨利八世与教皇克莱门特七世决裂，1534 年，他颁布了《最高权威法》宣称自己是英国新教圣公会的教主。

既然是教主，自然可以随便休老婆娶媳妇的。没有了来自梵蒂冈的约束后，亨利八世发出了心花怒放的感慨：“太方便了，太方便了。”——结果，他一生中结过六次婚。

英国新教是宗教改革中最不彻底的一个分支，除了不承认教皇的地位之外，其他一切都与天主教毫无二致，它是举世罕见的为了离婚而创立的宗教派别。

亨利八世成为一个暴君，英国也变成了警察国家

为了镇压国内不服的天主教徒，亨利八世又颁布了《叛国法》，任何不同罗马教皇说拜拜的天主教分子都成了该死的卖国贼。亨利八世成立了一个皇家委员会，由建议他与梵蒂冈决裂的宠臣托马斯·克伦威尔担任宗教特使，代表国王巡视全国修道院。表面上是为了确保法令的实施，实际上则是在评估修道院的财产。

1536 年，亨利八世没收了年收入少于 200 英镑的小型修道院财产。天主教徒们看穿了国王打算消灭教会的力量的企图，在同年 10 月发动叛乱。亨利八世宣布他将宽恕叛乱者，并感谢他们提出了值得注意的问题。他邀请叛乱者的首领罗伯特·阿斯克吃饭，两人亲切地坐下来边吃边谈，亨利请阿斯克写下事件经过和天主教徒们希望改进的问题。阿斯克相信国王言出必行，就解散了叛军。没多久他们就发现亨利八世政策照旧，而克伦威尔派来逮捕他们的士兵已经站在门前了。结果阿斯克等人都被以叛国罪处决，那份写给亨利八世的报告成为他们亲笔书写的认罪书。

84 岁的格拉斯顿波里修道院院长理查德·怀特是最悲惨的牺牲品，这位可怜的老头在亨利八世的淫威下瑟瑟发抖。他承认国王的绝对权力，不敢做任何非分之想。一天夜里，克伦威尔带着手下的特务们闯进他的卧室，声称在他的书房里搜出了谋反的文件——毫无疑问这份文件是克伦威尔带进去丢在桌上的。于是又聋又病的老人被从床上拽到囚车上直接送伦敦，经过寥寥数语的审讯后就被处决，尸体被肢解分送四方展示，他那颗白发苍苍的人头则被钉在自己的修道院大门上。

理查德・怀特之死只是因为亨利八世在示威，表明他可以随心所欲地处决任何人。1539 年，较大的修道院也先后被解散。这样一来全国共有 376 座修道院被解散，教会的力量从此一蹶不振。

从这时起，亨利八世成为一个暴君，英国也变成了警察国家。皇家密探深入全国的乡村城镇，在每一个角落窃听居民谈话，偷看来往信件。被捕杀害的人犹如过江之鲫。英国人不敢写字，不敢聊天，不敢去教堂忏悔，不敢交换礼物，人人自危，个个害怕。不知什么时候克伦威尔的特务就会踢破房门冲进来逮捕“叛国贼”，英国史书称这段时期就像“每块石头下都隐藏着蝎子”一样。

经历了这么一番折腾以后，安妮给亨利八世生下的还是一个丫头片子：伊丽莎白公主。由于她没能再成功生育，克伦威尔的特务们给王后安上了如下罪名：使用巫术诱使国王与之结婚、与另外五个男人通奸、与兄弟乔治・博林乱伦、伤害国王、阴谋杀害国王——这都是在厚颜无耻的亨利八世本人指使下发生的。

1536 年，可怜的安妮及其家人都被处决，直到临死前她都在抗议自己的冤屈。亨利八世的前两次婚姻视为无效，并且把两个女儿都宣布为私生子。就在安妮被斩首的第二天，亨利与王后的侍女珍・西摩订婚，十天后正式结婚。1537 年，珍生下了一个儿子爱德华，同年 10 月 24 日因产褥热在格林威治去世，亨利为此哀悼了比较长的时间。他将珍・西摩视为唯一“真正的”妻子，因为她为他生下了渴望已久的男性继承人。

为了多生几个儿子，亨利八世再度寻觅新娘。红娘托马斯・克伦威尔郑重推荐了德国公主安妮。于是德方送来安妮的画像，亨利八世接过来一看顷刻两眼放光，朝臣们也争相赞美安妮的美貌。于是安妮公主被送来成亲，双方一见面亨利八世顿时双目发直——他深刻体会到“广告”与“实物”之间的巨大差距。不久后新娘子被退货，而克伦威尔先生倒霉的时候到了，亨利八世决定让这个宠臣为自己的行为负责——一封里通外国的信件被半夜里塞进克伦威尔家的门缝，随后一队冲进来的特务“惊讶”地发现了这份确凿的证据。

1540 年 7 月 28 日，前秘密警察首领克伦威尔在伦敦塔下被斩首。

亨利又杀了第五任妻子

此后亨利又杀了第五任妻子，在没来得及砍掉第六任妻子的头时就死了，并且没有再生下儿子来。他死之后，爱德华、玛丽和伊丽莎白先后登上王位，全部没有留下后代，看来坏事做绝了是比较可能遭到报应的。

伊丽莎白和她的黄金时代

1558年，伊丽莎白一世登基，她开创的伊丽莎白时代被英国人认为是历史上最好的黄金时期之一。经过她近半个世纪的治理后，英格兰跻身欧洲最强大富有的国家行列，英格兰文化也在此期间达到了一个顶峰。威廉·莎士比亚使英国戏剧达到前所未有的高度，桂冠诗人爱德蒙·史宾沙和哲学家弗兰西斯·培根等也名噪一时，此外，英国在北美的殖民地也于此时建立。

伊丽莎白女王在特务统治方面仍然很有一套，在她的时代中照旧充满了腥风血雨。伊丽莎白女王的间谍总管是她的首席枢密大臣弗朗西斯·沃尔鑫爵士，这位先生和他手下的英国间谍们令欧陆和国内的敌人都闻风丧胆。与众不同的是，沃尔鑫的间谍网不是由国家出钱而是自掏腰包的，也就是说他私人承包了这一时期的英国情报系统。正因为如此，沃尔鑫留给后代的唯一遗产就是巨额负债，在他死后这个恐怖的间谍网也随之消失。

沃尔鑫出生于1530年，曾经担任驻法国大使，后来成为伊丽莎白的国务秘书。其主要工作就是保证女王的人身安全，他的主要功绩也在于此。在伊丽莎白的时代，西班牙国王菲利普二世和教皇及其耶稣会策划过多起叛乱，尤其在教皇西克斯图斯五世于1570年2月25日革除伊丽莎白的教籍之后。英国的宗教宽容政策终止了，天主教徒由于受到迫害使得来自外国的阴谋更容易被实施。

1571年的“里多夫阴谋”事件导致诺福克公爵被处决，1583年的斯洛克莫顿谋逆案直接导致英国下议院建议女王处决被囚禁的苏格兰女王玛丽一世。玛丽是天主教徒，也是女王的表侄女，很多讲述这段历史的文章都将她与伊丽莎白的姐姐英格兰前任女王玛丽一世混淆。她是伊丽莎白最合法的继承人，所以被没有结婚的女王视为最大威胁。而欧陆上的所有敌人都迫不及待地希望救出玛丽，将她扶上英国王位。

虽然伊丽莎白一世对西班牙和耶稣会的阴谋震怒，可是始终无法下定决心杀害玛丽。倒不是因为大家是亲戚不大好意思下手，而是因为20年来玛丽一直试图不向伊丽莎白挑战，伊丽莎白一世不愿意让自己的双手沾满鲜血，以免在历史上留下如她父亲一样的污名。

倒霉的玛丽自1568年开始便被自己的表姑囚禁，她对外界的各种阴谋是否知情尚不可知，而沃尔鑫的任务就是找出玛丽勾结叛逆的罪证，或者至少是制造出来这种罪证，以便于自己的主人有理由下手。

1585年12月，这样的机会自己送上门来。一个叫作吉尔伯特·吉福德的天主教间谍抵达英国，这个既卑鄙又贪婪的家伙是经典的无耻之徒，他主动向沃尔鑫招供说自己是玛丽与欧陆支持者之间的信使，表示愿意做双面间谍，并交出所携带的密信作为凭据。沃尔鑫派人破译了密信，由此确定了信件的真实性。他派遣吉福德前往法国驻英国大使德夏迪乌纽夫那里做内间，吉福德把一种通过啤酒桶底夹层传递密信的主意介绍给大使，于是德夏迪乌纽夫如获至宝，立即按此方法实行，这下玛丽与法国大使馆的信件联络全被沃尔鑫截获并复制。

1586年，林肯法学院大学生巴宾顿和天主教神父巴拉德密谋策划英格兰和苏格兰的天主教徒起义，他们与教皇国、法国和西班牙等国取得了联系，希望在无敌舰队登陆时动手。不幸的是，他们的朋友中就有沃尔鑫的卧底，而且吉福德先生也被派遣来“支持”这项起义工作。巴宾顿按照吉福德提供的“啤酒桶快递”给玛丽送去了行动计划：大约会有100名起义者劫狱搭救苏格兰女王，另外还有6名刺客去干掉伊丽莎白女王。这封信异想天开，虚张声势，因为全部同谋者加起来只有7人。可怜的玛丽回信表示感谢这一计划，并提出了改进意见：营救应该在行刺之前进行，否则看押自己的卫兵肯定会加强戒备。

在此之前，沃尔鑫已经掌握了玛丽写给西班牙大使多撒的信件，在信件中她强烈支持来自欧陆天主教军队的入侵，并且再三催促菲利普二世尽快实施登陆计划。这些信件全被交给了伊丽莎白一世，把玛丽的这位表姑气得七窍生烟。但她仍不满意，要求沃尔鑫弄到那六名刺客的详尽名单。这可不太容易，因为谋反者都是些说空话的胆小鬼，只有一个叫作萨维奇的大学生意志坚决。虽说送死有萨维奇去，可剩下的人连黑锅都不愿意背。这时他们已经意识到发动起义根本不可

美丽的玛丽女王被押赴审判法庭

能，竟然打算去自首出卖萨维奇。不久后七人全部落网，1586 年 9 月 13 日，他们被判处死刑。

处决前，伊丽莎白女王特别提出了自己关心的问题：是否有超乎寻常残忍的处决方式好震慑潜在的叛国者，沃尔鑫向主人保证绝对会令其满意。于是这些犯人被活生生地开膛破腹掏出内脏，被愚弄的巴宾顿在临刑前发出一连串狂暴的诅咒和谩骂，被围观的人传出去并在英格兰流传了几百年，其中有一条兑现了——都铎王朝后来的确是完蛋了。

1586 年 10 月 14 日，玛丽被自己的表姑判处了死刑。玛丽在审判时为自己辩护，坚决否认犯了叛国罪。后来巴宾顿的供词让玛丽难以抵赖，于是她大哭着说自己从未想过谋害伊丽莎白一世，可是一切都是徒劳，玛丽被判处死刑。

1587 年 2 月 8 日，玛丽被斩首。她死之后，她的宠物狗跑过来舔血的情景日后成为无数恐怖故事的灵感源泉。

1603 年 3 月 24 日，伊丽莎白一世去世。她选择的继承人令人大吃一惊：苏格兰国王詹姆士六世。这位国王正是玛丽的儿子，按照法律他是伊丽莎白血缘关系最近的继承者。

伊丽莎白一生中最爱的就是权力，她选择詹姆士更证明了这一点，那就是一切恩怨情仇都无所谓，唯一重要的是巩固英格兰的王权。两国王室合并后，英国迈出了走向联合王国的第一步。

第五节 滑头的红衣主教

文艺复兴与间谍技术

文艺复兴时代也是谍报工作的复兴时代，在这个日趋理性的时代中，欧洲各国开始了民族化国家的建设。在这个历史阶段中，向其他国家派驻使节成为一种惯例，而所谓的使节全部都是些披着外交伪装的职业间谍。与古代的使者不同，外交使节们常驻在对方国家中，可以进行长时间的持续情报收集和间谍渗透工作。他们的出现极大地改变了欧洲各国情报系统的工作方式，在彬彬有礼的微笑掩护下为钩心斗角的间谍战开辟了新的战场。

一般来说，派驻到各个国家的使节们要收集的情报犹如大百科全书。从所在国的地理资料、政治制度、官僚派系、宫廷斗争、军事实力、武器装备、国库收支、民众情绪等等都是情报目标。这么繁重的任务不可能完全交给使团完成，尤其是所在国内陆的区域出现外交人员的身影是很不合适的。于是各国的间谍们伪装成为旅行者、商队、朝圣者、流动戏班、新闻记者、科学家等身份，对潜在对手进行全方位的渗透侦察。

最好的间谍来自于敌人内部，尤其是那些君王和高官、将领身边不起眼的仆从、副官、秘书、情妇，甚至是妻儿都成为被拉拢诱惑的对象，他们一旦背叛主人或是己方渗透人员能够成为上述人物的话，都会成为极具潜力的情报来源。

到了 16 世纪时，常驻的使节已成为固定制度，这种使节制度带来的国际交往关系变化逐步显现出巨大的影响力。

1525 年，法国国王弗朗西斯一世在意大利战败后被俘，他的对手西班牙国王兼神圣罗马帝国皇帝理查五世将俘虏押送到马德里。法国王太后是很有政治经验的女人，她派遣信使去和正与理查五世争夺匈牙利的土耳其苏丹苏里曼缔结盟约。理查五世的间谍刺探到这条情报后迅速上报，于是理查五世派出大批刺客截击法国信使。他几乎得手，但最后还是有条漏网之鱼抵达土耳其。这条鱼就是弗朗特日巴尼伯爵，这是土法联盟迈出的第一步，在随后的岁月中，这种联盟关系对欧洲政局产生了巨大的影响。

这一时期的大使馆也逐步成为间谍和反间谍工作交流中心，外交人员经常在大使馆中交换情报，就像是做买卖一样。在英国的西班牙大使经常与英国王室官员和仆从们交换情报，甚至是亨利七世也亲自把英国的秘密情报交给西班牙大使，目的是交换西班牙驻其他国家使节发回的情报。当然，这样做需要两国处于友好状态下才能做到。当亨利八世上台后，西班牙大使的情报交换生意就比较难做了，他立即采取了古老而又速效的办法——向有影响力的英王内侍人员行贿，于是情报再度源源不绝。

不光是各民族国家之间派驻使节，躲藏在梵蒂冈的老特务头子教皇也向各个国家派驻大使，这种大使一般是由红衣大主教担任的。不要以为教皇身边都是忠心耿耿的信徒，安德烈六世教皇在位时，他的枢密大臣奇士齐列尔就是神圣罗马帝国理查五世皇帝的间谍。理查五世一方面频繁使用使节间谍，另一方面也大为提防对手的间谍。他的大臣加特吉纳拉专门负责反间谍工作，他在怀疑某位外国使节进行间谍活动时，便让手下的间谍去截获敌人的外交信件。而英王亨利八世的大臣托马斯·克伦威尔的手段更高明，他截获外交信件后立即复制一份，然后再将信件寄给原收件人。到了 16 世纪下半叶，各国的反间谍机构已经能熟练地拆装邮件，收件人往往不知道邮件已经被别人看过了。就在这一时期，密码作为保护情报的一种手段被广泛使用。起初，密码并不复杂，只是用符号取代字母，不久后就变得花样百出了，在那个没有计算机的时代，往往要密码专家们花费数百年时间才能破译。都铎王朝时代的威尼斯大使米凯尔的密码信件直到 300 年后的 1868 年才被英国情报人员破译，估计这份情报破译后只能直接送往博物馆展出。

滑头的红衣主教

就在这情报工作方法一跃千里的进步时代，一个法国人开始崭露头角。

1606 年，年老的保罗五世教皇接见法国留索斯科郊区的主教候选人阿尔曼·波利西。由于这个自称年满 30 岁的年轻人看起来极为稚嫩，所以教皇问道："你是否已经达到教会规章所规定的任职年龄？"波利西立即回答说已经到了，并且奉上自己的出生证明文件。于是教皇为他举行了祝圣仪式，等到就职庆典结束后，波利西忽然跪倒大呼："教皇陛下，请宽恕我犯了大罪，我还未到就职年龄！"老教皇愣了一下，忙问，那你的出生文件是怎么回事啊？波利西大大咧咧地说那是我伪造的。由于对方有法王亨利四世做靠山，教皇不得不放弃惩罚波利西的念头。面对着这个无耻的 21 岁年轻人，保罗五世坚信这将是一个改变世界的滑头。这位波利西就是日后的法兰西首相兼红衣大主教黎塞留公爵，是他和他的情报战改变了世界。

法国波旁家族成员是卡佩王朝的后裔，因为属地被封于法国中部的波旁公国而得名，是波旁家族的一个分支。法国南部又小又穷的纳瓦拉王国国王亨利四世在长达 31 年的法国宗教战争中最后获胜，结束了新教和天主教之间连续 8 次的全国混战，由此开创了法国波旁王朝。虽然亨利出身于新教家族，可是他确定天主教为国教，又执行宽容的宗教政策，令新旧教徒和平相处。亨利四世的名言是"要使每个法国农民的锅里都有一只鸡"，说明这位国王还是很注意百姓疾苦的。就是亨利四世提拔了黎塞留，可是 1610 年亨利便被刺客弗朗索瓦·拉瓦莱克在巴黎的打铜街刺杀。即位的路易十三只有 9 岁，他的母亲玛丽·德·美第奇被加冕为法兰西女摄政王。玛丽是一位肥胖、愚蠢、任性和极易受他人控制的弗罗伦撒女人，她的妹妹卡琳娜和妹夫郭奇尼两口子成为法国的实际掌权者。

1613 年，黎塞留前往巴黎寻求发展，被有癫痫病和疤瘌眼的卡琳娜撵出门去，因为他的阴沉目光令对方难以忍受。然而不久后黎塞留取得了郭奇尼的信赖，这要归功于年轻的主教善于溜须拍马的缘故。与此同时，15 岁的小国王在侍臣鲁伊尼的唆使下，认定一直鄙视自己的姨妈和姨夫定是谋害父亲亨利四世的凶手。黎塞留通过自己初步营建的情报网听到了这些消息，立即与鲁伊尼建立了联系，同时继续维持着对郭奇尼的奉承。

1617 年 4 月 24 日，郭奇尼在街头被国王的禁卫军枪杀，卡琳娜以女巫的罪名被砍头，他们的财产全归鲁伊尼所有。路易十三把母亲软禁起来，玛丽的时代似乎已经结束了。黎塞留立即赶到国王身边，发表了精彩的演讲，内容大意是“可恶的郭奇尼夫妇一向欺凌我这个国王的忠实仆人”。他被半信半疑的国王剥夺了大臣职务，但保留参加御前会议的权利。不久后黎塞留又同被流放的玛丽勾搭起来。但是一封封寄给鲁伊尼的密信表明，黎塞留还兼职做监视王太后的间谍工作。

随着中欧地区爆发了新旧教之间的“三十年战争”，法国国内也迅速陷入动荡之中。

1621 年 12 月鲁伊尼神秘暴死，三年后特别擅长策划暗杀阴谋的红衣主教黎塞留便成为路易十三的首相。

黎塞留在首相的位置上一直工作了 18 年，直到他去世才宣告退休。借助着国家的力量，黎塞留编织了一张令人恐惧的庞大间谍网络。他继承了亨利四世的政策，一门心思与西班牙和奥地利哈布斯堡皇室争夺欧洲霸主地位。他的间谍积极策动同样信仰新教的瑞典国王古斯塔夫二世和德国新教联盟诸侯起来反对神圣罗马皇帝，至于法国内部和宫廷中的敌人们也不会被黎塞留的间谍们放过。法国当时采取了极具创意的“以税养谍”政策，那些经营赌场、妓院、当铺等高利润行当的老板被强制征收特别情报费，以作为国家情报工作的经费。

黎塞留是个极为慷慨大方的人，他喜欢在国家津贴之外再自掏腰包奖励间谍，不过不用担心首相会破产，因为完成任务失去作用的间谍们会被立即处死，财产最后还会回到黎塞留手中。黎塞留具有情报工作人员的极强警惕性，他几乎谁都不相信，在秘书们抄写机密文件时要亲自在场看着，以防止文件被秘密复制。当然，几乎谁都不相信并不表示他一个亲信都没有，约瑟夫神父就是其中一个。

在黎塞留执政初期，西班牙和奥地利皇室积极策划了以路易十三的弟弟卡斯多诺、沙列伯爵等为首的政变阴谋。他们打算劫持国王，干掉黎塞留。

红衣主教的卧底间谍揭穿了西班牙策划的政变阴谋，将路易十三身边亲信中的叛徒一网打尽

约瑟夫神父的间谍洛什福尔受命前往布鲁塞尔，他化装成天主教修道士取得了叛乱分子的信任。反法阴谋家什弗列兹公爵夫人和列优克侯爵交给他几封密信，要他带给巴黎的朋友们。洛什福尔一口应承下来，转手就把密信交给了约瑟夫神父的信使。约瑟夫神父复制了这些信件，虽然信件使用了密码，但还是被破译出来，国王的宠臣沙列伯爵暴露了。由于密信上有杀死路易十三的内容，所以黎塞留自信满满，打算把信件交给国王看。约瑟夫神父劝阻了他的上级，认为应该放长线钓大鱼。于是在密探们的密切监视下，沙列伯爵与西班牙王室之间的密信再度被截获，一长串阴谋叛乱分子被揭发出来。最后无耻的卡斯多诺出卖了自己的同谋，沙列被推上了断头台。

毫无疑问，法国王室与西班牙王室有着密切的亲戚关系，可是这种关系并不能阻挡黎塞留与西班牙争霸的决心，玛丽·德·美第奇为此同旧情人恩断义绝，成立了以谋杀黎塞留为目的的阴谋团伙。路易十三不得不警告自己的首相说在未经化验的情况下，即使是以自己名义给黎塞留送去的水果和野味也不要碰。这种提醒对于老狐狸黎塞留而言其实并不需要，为了防止出门散步时遭遇刺杀，黎塞留的锻炼方式是在室内的办公桌之间跳来跳去。

1630 年 11 月 10 日，玛丽再次企图推翻黎塞留。她趁着儿子生病之际用眼泪和哀求使得路易十三同意抛开黎塞留，于是王宫内的风向标忽然转向，一大批人赶着去讨好王太后。闻讯而来的黎塞留被玛丽及其新附庸们粗暴地赶了出去。但是当路易十三痊愈之后立即忘掉了自己的诺言，他召回黎塞留宣布首相官复原职。而那些傻眼的王宫官员随即被黎塞留报复性地“扫地出门”，以至于法国历史将这一天称之为“受骗日”。玛丽在失败后被迫逃往贡比涅，接着逃到布鲁塞尔，最后去了科隆。

这位愚蠢的女人在失去地位后立即被外国盟友抛弃，1642 年，玛丽在贫困中死于科隆。

窝囊枭雄华伦斯坦先生

在黎塞留的外国敌人当中，捷克贵族华伦斯坦首当其冲。这位奥地利皇室的军事支柱镇压了捷克同胞的起义，还通过没收新教徒贵族的土地成为捷克最富有的地主。丹麦国王出兵德意志时，华伦斯坦自己掏钱招募扩充了一支 10 万人的

由于华伦斯坦的军队酷爱屠城烧杀，马克思曾很形象地把华伦斯坦的军队比作“蝗群”

大军为皇帝作战，并被皇帝任命为帝国军队总司令，还获得了大元帅的称号。

表面上华伦斯坦是皇帝的部将，其实他和一个独立的军阀也相差无几，皇帝从不干涉他，他想怎么指挥就怎么指挥。他采取抢掠新教联盟诸侯领地和其同盟者丹麦国王领地的办法来以战养战，后来发展到连奥地利的同盟诸侯领地也被劫掠。由于华伦斯坦的军队酷爱屠城烧杀，马克思曾很形象地把华伦斯坦的军队比作“蝗群”。黎塞留看出奥地利宫廷对华伦斯坦的忌惮心理，约瑟夫神父劝诱奥地利皇帝斐迪南二世辞退了华伦斯坦，同时又诱使瑞典入侵德国。

感觉受骗的皇帝重新启用了华伦斯坦，在对抗瑞典国王古斯塔夫二世的吕岑战役中，华伦斯坦的士兵们高喊着“圣母玛利亚！”冲向敌军，古斯塔夫二世战死，瑞典从此退出德国。

这位神圣罗马帝国的守护神也经营自己的间谍网络，他通过间谍向敌军提出和谈，拉拢分化那些新教诸侯，自然严重威胁到法国的战略目的。为此约瑟夫神父的堂兄弗盖尔被派遣到德国活动，这位狡猾的间谍四处收买德国的大小诸侯，以避免因为瑞典国王战死而使得恐慌的新教联盟向皇帝投降。与此同时华伦斯坦的间谍们也在四处忙碌，他一边劝诱萨克森和瑞典人和谈，一边向奥地利皇帝施压要求得到捷克国王的头衔，同时还派代表同弗盖尔谈判，试探法国承认自己为捷克国王的可能性。黎塞留此时则通过约瑟夫神父与耶稣会建立了暂时的合作渠道，能影响斐迪南二世思想的耶稣会教士拉莫尔曼将皇帝的真实想法传递给法国人知道。对黎塞留而言这是不会输的赌局：如果奥地利和华伦斯坦翻脸就趁机拉拢华伦斯坦倒戈，如果奥地利满足华伦斯坦的愿望则把谈判的事情宣扬出去让他们反目。随后黎塞留意识到华伦斯坦大张旗鼓的背叛已不可避免，于是便指示自己的间谍们策动奥地利对华伦斯坦下手。

1634年，斐迪南二世下令派到华伦斯坦身边监军的嘉乐斯将军逮捕华伦斯坦。发布命令要比执行命令容易得多，因为斐迪南二世不像嘉乐斯一样身处华伦斯坦比尔岭城的军营中，身边全是忠于华伦斯坦的士兵。嘉乐斯没有轻举妄动，他收买了华伦斯坦的文件抄写员，知道了华伦斯坦以隐退为要挟逼迫手下军官们签署效忠书，最重要的一点是效忠书上没有不背叛皇帝的条款。不久后华伦斯坦召集各将领到比尔岭城打算统军回到布拉格自立为王，但嘉乐斯的间谍们把华伦斯坦的计划告诉将领们，这些将领便纷纷返回驻地。嘉乐斯欺骗华伦斯坦说自己去拜访某位将军，还把华伦斯坦的马车也搞到手。他和他的助手比考劳米尼先后溜走，去指挥忠于奥地利的军队捉拿华伦斯坦。

华伦斯坦回过味来之后发觉不妙，因为签过效忠书的将领们一个都没来，他的间谍还报告说斐迪南二世已经宣布他为叛国者。于是他仓皇出逃，同时派间谍联络瑞典和萨克森要求保护。瑞典和萨克森打算保护这位独立失败的大元帅，他们派出军队支援华伦斯坦。

2 月 25 日，华伦斯坦带着几个随从来到埃格尔城，这里的守将是他的心腹郭尔东中校。他决定在这里与自己的军队等待援军，但是这位郭尔东早已受到奥地利间谍的诱惑，决定出卖自己的主子。本来他们打算抓住华伦斯坦送交维也纳领赏，在华伦斯坦布置他们抵御奥地利军队进攻的时候，郭尔东改变了主意，打算刺杀主人以免得受到奥地利军队的攻击。阴谋者邀请华伦斯坦赴宴，华伦斯坦没心情喝酒，只有随从们愿去。于是郭尔东灌醉那几个随从后一一杀死他们，接着派刺客把熟睡中的华伦斯坦刺杀。

斐迪南二世在得知华伦斯坦死讯后表示遗憾，下令为他做 3000 次弥撒以示哀悼。还慷慨宣布赐予郭尔东等人贵族爵位，只是许诺中的赏金和封地却日后再说了。

华伦斯坦死后，奥地利失去了最优秀的军事和情报指挥官。不久后法国联合瑞典出兵进攻奥地利，1648 年 10 月，奥地利战败求和。

当华伦斯坦被刺的消息传回巴黎时，国王已经换成了狂妄而又多疑的路易十四。路易十四只说了一句话："我希望这将是一切卖国贼的下场。"间谍们赶紧把这句耐人寻味的话传给黎塞留，法国首相随即愉快地给国王写信，提醒他正在与法国交战的西班牙等敌人未必会把法国国王与他的首相分开对待，同时还把刚截获的西班牙大使的密信敬献给路易十四，上面写着的话绝对是令他无法忍受的。

1642 年，黎塞留去世，死前他宣称自己一生只有公敌没有私敌。他的继任者水平不如他高，但是法国在国境内外的间谍网络仍在持续发展。黎塞留的间谍机构后来被融入警察部门当中，尤其在刑事侦查方面大有进展。

法国在路易十四手中达到了封建时代的巅峰，凡尔赛宫等名胜全由这位“太阳王”所建。路易十四一生酷爱铺张浪费的奢侈生活，又频繁对外发动战争。在他的统治下，法国成为欧洲霸主，法语成为各国贵族通用语言。但是路易十四对农民施加的重税使得下层阶级满腹怨言，国家经济一再处于破产边缘，再加上这位君王偏偏又很长寿，比自己所有的儿孙都活得长，波旁王朝的寿命因此而大为缩短。

1715 年，77 岁的路易十四去世，他唯一的曾孙路易十五即位。优柔寡断的路易十五无法挽救国家财政，更无法抑制平民的反皇室情绪。他的情妇蓬巴杜夫人对他说：“我们死后，将会洪水滔天。”但是这句话很快被革命的宣传家们描述为路易十五说过“我死之后，哪管洪水滔天！”，于是法国民众的愤恨使得波旁王朝的统治决堤溃坝。

路易十五死后 15 年，改变世界的法国大革命爆发。

第六节 伊斯兰之剑

伊斯兰之剑

610 年，40 岁的哈西姆家族商人穆罕默德声称他在麦加的洞穴中冥想时见到天使长加百列，真主派加百列启示他创造一个宗教，此事称为“天启”，加百列命令穆罕默德“你读”，借此将《古兰经》的内容传授给他。613 年，穆罕默德开始他的传教生涯，他将自己传播的宗教称之为伊斯兰，意思是遵从神的旨意。他的教徒被称为穆斯林，意思是信奉伊斯兰教的人。

中东地区的神话中有很多天使下凡点化智者的传说

伊斯兰教中的真主“安拉”是唯一的神，这位神和基督宗教的“上帝”，犹太教的“耶和华”所指的都是同一位神。在《古兰经》中承认耶稣、亚当、亚伯拉罕、摩西等人与穆罕默德同为先知，虽然穆斯林认定穆罕默德是最伟大也是最后一位先知，但是绝对不崇拜使者，因为他跟其他先知一样都是凡人。

穆罕默德去世归真后，其继位者称为哈里发，其意为继承者，而不敢再称先知。

阿拉伯人和犹太人一样，同属闪族的分支。根据伊斯兰传统的说法，犹太人和阿拉伯人的祖先是同胞兄弟。在穆罕默德所处的时代，正是一盘散沙的阿拉伯民族意识逐步苏醒的时期。原始部落多神崇拜宗教的崩溃和犹太教、基督教的影响，都对伊斯兰教的产生起到了推动作用。

634年3月15日，穆罕默德带领自己的支持者开始统一阿拉伯的战斗。

先知本人是一个很注重情报和策略的战略家，他的信徒早在麦加人试图抓捕穆罕默德时便通风报信，使得穆罕默德得以逃脱到麦地那城，而他的第一场战斗也是由于间谍的卓越工作才得以获胜。当时穆罕默德袭击一个麦加商队但未成功，他并不知道这支商队已经招来麦加的援兵打算报复。幸而他的间谍们捕获了麦加人的两名士兵，这两名士兵供认说有800人的麦加军队正打算袭击穆斯林的营地。由于自己的人数只有300人，所以穆罕默德赶紧转移阵地，控制住附近唯一的水源。在沙漠地带作战，水源比人数更具威力。于是在著名的伯德尔之战中，穆斯林军队获得了首次胜利。

627年4月，一支1万人的麦加军队进攻穆斯林的根据地麦地那城。城中的犹太人虽然与麦加人派来的间谍建立了联系，双方约定当麦加军队攻入城市后犹太人从城内发动起义策应。麦加的间谍工作卓有成效，他们还恐吓拉拢了一些不坚定的穆斯林叛变，背叛者将与犹太人合作协助麦加军队。当麦加的军队最后攻城未果撤走之后，城里的穆斯林开始对他们的叛徒进行清算。尤其对犹太人的报复最残酷：所有成年男人被杀，妇女和儿童沦为奴隶。到627年，穆罕默德彻底控制了麦地那地区，连沙漠里的贝督因人都皈依了伊斯兰教。

630年1月，穆罕默德率领1万名穆斯林反攻麦加。在此之前，已经有数量庞大的穆斯林渗透进入麦加做内应，麦加人情知不敌只得投降。到了632年穆罕默德去世时，伊斯兰教的传播范围已经覆盖了大部分阿拉伯半岛。

在穆罕默德的时代中，哈立德·本·瓦利德将军是最高明的军事家，由于他在木塔之战中一连砍断了九把剑，所以先知称赞他为“安拉之剑”。

634年，哈立德率军越过沙漠绕过东罗马帝国的边防线突袭大马士革。抵达城下之后，城中有个内奸投靠了阿拉伯军队。他报告说城中的罗马总督正在举办宴会庆祝儿子诞生，守城士兵大多醉醺醺的无法战斗。于是哈立德派遣一些精锐士兵跟随间谍爬上城墙打开城门，大马士革就此陷落了。

大马士革陷落后，东罗马皇帝赫拉克利乌斯率领 20 万大军反攻叙利亚，哈立德通过审讯战俘和遍布叙利亚各地的间谍们迅速得知敌军来袭的方向和数量，甚至连罗马军队的作战计划都被他摸得一清二楚，因为在那 20 万敌军当中混入了数量惊人的阿拉伯间谍。可怜的赫拉克利乌斯自信满满地进军，却不知道自己犹如裸奔一般被敌人一眼看穿了。哈立德迅速集结自己分散在各地的军队，在 636 年 8 月 20 日的亚姆克之战中战胜了赫拉克利乌斯。东罗马的皇帝在败退时哀叹道："美丽的叙利亚，永别了。"

634 年，当欧麦尔・伊本・哈塔布继任哈里发后立即解除了哈立德的兵权，他对着"安拉之剑"说："你做到了别人无法做到的；但成事者并非是人，而是安拉。"

641 年，哈立德郁郁而终，古今中外功高震主的名将下场大多如此。

由于对继承人人选发生分歧，什叶派坚持只有出身于哈希姆家族的阿里及其直系后裔才是合法继承人，他们否认艾布・伯克尔、欧麦尔和奥斯曼前三代哈里发的合法性。而大多数承认和支持包括阿里在内的四大哈里发的穆斯林，就构成了逊尼派。两派之间的战争是伊斯兰的第一次内战，从 656 年一直持续到 661 年，直到阿里被政敌刺死才告一段落。

679 年，麦加贵族出身的逊尼派哈里发穆阿维叶一世宣布其子叶齐德一世为哈里发继承人，从而将哈里发的选举制破坏。从此阿拉伯帝国成为一个由世袭王朝统治的封建国家，由于崇尚白色衣服而被古中国人称为"白衣大食"的倭马亚王朝由此开始。

希腊火传奇

在倭马亚王朝时代，阿拉伯帝国的对外征服达到了一个高峰。他们的疆域最广阔之时，东至中国、西至西班牙，不过君士坦丁堡城一直将他们挡在门外。

678 年，穆阿维叶一世对拜占庭帝国发动了陆海联合进攻。

6月25日，阿拉伯舰队向君士坦丁堡发动总攻。东罗马海军出动一些小船迎战，就在阿拉伯人哈哈大笑着表示蔑视时，一条条火龙从小船上射向阿拉伯军舰。这些措手不及的入侵者惊恐地发现自己落入传说中为异教徒准备的火地狱，满载着士兵和攻城器械的战舰变成了一座座火山。指挥官法达拉斯赶紧下令“扯呼”，但已有三分之二的船只被焚毁。

这就是中世纪最神秘的武器“希腊火”，发明者是叙利亚基督徒建筑师加利尼科斯。和平时期的加利尼科斯在盖房子之余刻苦钻研炼金术，炼金术虽然没有炼出黄金却促进了化学的发展，加利尼科斯也变成了业余化学家。当阿拉伯人入侵时，他在逃亡路上见到石油后突发灵感发明了希腊火。

东罗马皇帝利奥六世在其《战术学》中指出，这种“人造火”用虹吸管喷出，此管由青铜制成，放在战船的前端，能将火射向上下左右各个方面。士兵则用小手筒从铁盾后面放出火。

717年夏季，阿拉伯人卷土重来。阿比杜斯率领近2560艘战舰封锁了君士坦丁堡的运输航线，与陆地封锁配合打算让君士坦丁堡断粮投降。9月1日，东罗马皇帝利奥三世命令舰队出战，使用希腊火烧毁了20艘阿拉伯战舰。被这种武器吓坏了的阿拉伯舰队逃之夭夭，封锁计划宣告失败。到了718年春天，东罗马的间谍探得阿拉伯舰队集结地点，于是利奥三世的火船再度出击，一把火烧得阿拉伯舰队只剩下五艘船逃之夭夭。

希腊火的威力令阿拉伯海军魂飞魄散

这次战争结束后，深受其苦的阿拉伯人给这种武器起了个正式名称希腊火。关于希腊火的配方后世所知甚少，只知道这种武器不需要点火，一旦从喷管喷出后便自燃，而且遇水后燃烧更加猛烈。东罗马皇帝们世代严守秘密，石油燃料的配方不许有书面记载，只有生活在深宫中的加利尼科斯家族控制生产调配。君士坦丁七世曾告诉儿子说："若有人敢问这个秘密的话，你必须严词拒绝！"

希腊火的秘密被严格保密以致竟然失传，等到几个世纪后阿拉伯人终于破解其奥秘以后，却只剩作为街头巷尾聊天谈资的价值了

东罗马帝国为了防止泄密，甚至很少在战场使用希腊火，以防被敌军缴获而泄密。由于极端的保密措施，竟然导致几个世纪后，竟然在东罗马自己手中失传。但是阿拉伯人最后还是通过数百年里间谍前赴后继的努力刺探出大致的配方，在14世纪化名为"希腊人马克"所著的阿拉伯科学著作《焚敌火攻书》中的第26节描述了希腊火的配方："你可用此法制希腊火：取活性硫、酒石、沥青、煮过的食盐、石油以及普通的油，将它们共煮之，再浸沉之，提起并放在火上……火将无法扑灭，除非用尿、醋或砂。"

这个配方基本正确，唯一的缺憾是无法做到正版产品那样无须点火喷射即燃。这种绝密配方虽然终于被间谍搞到手，可是阿拉伯人却不再使用——那时已经进入火炮时代了。

阿拉伯的科学和恐怖事件

倭马亚王朝时代建立了伊斯兰教历史上最重要的几座清真寺，包括耶路撒冷的圆顶清真寺和阿克萨清真寺，以及大马士革的倭马亚大寺。在阿卜杜勒·马利克任哈里发时代，发行了阿拉伯人自己的第一种金币"第纳尔"。直至今日，不少阿拉伯国家的货币名称仍然叫第纳尔。由于与什叶派和哈瓦利吉派的持续冲突，倭马亚王朝的统治长年陷于不稳定的情况之中。两派都采取暴力手段抵抗倭马亚王朝的镇压行动，教派斗争催生出无数的政治间谍互相渗透。几乎所有倭马亚王朝哈里发的在位时间都极短，很多哈里发死于刺客之手。国内的政治冲突最后葬送了倭马亚王朝。

749年，阿布·阿拔斯·萨法赫利用什叶派与哈瓦利吉派暴动之机，借助波斯人阿布·穆斯里姆的军事力量最终推翻了倭马亚王朝。所有倭马亚家族成员都遭屠杀，阿拉伯帝国时代中最辉煌的阿拔斯王朝拉开了帷幕。

中国史书称旗帜多为黑色的阿拔斯王朝为黑衣大食，这个王朝主要因为曾跟唐军在中亚血战一场而被中国人所知。阿拔斯王朝的历任哈里发大多能较好地使用间谍组织为自己服务，他们的密码破译技术已达到了很高的水平。

在首都巴格达城中居住着100万居民，阿拉伯科学家埃布·优素福在密码破译方面取得极大的进展，他通过翻译并研究储存在巴格达图书馆的希腊文书籍和文献，领悟到在任何一段密码文字中如果某些字母出现的频率大大高于其他字母的话，通过对比找出同种语言的普通文本中出现最频密的字母，就可以将彼此之间画等号了。这种信号分析的方法是出类拔萃的，在阿拔斯王朝的时代中，阿拉伯发展出极为灿烂的科学文化成就，尤其是唐朝的造纸术传入之后，其文化成就达到空前灿烂的地步，特别是哈伦·拉西德和麦蒙执政时期，阿拉伯帝国进入极盛时代。

就在阿拔斯王朝陶醉于其灿烂的成就之中时，极端的穆斯林恐怖组织也悄悄萌芽。什叶派穆斯林由于人数少，一直受到其他派别的打击，在长期的受害心理积压之下，极端的哈桑老人及其恐怖组织出现了。1090年，什叶派主要派别七伊玛目派中出现了一个极端恐怖的阿萨辛派，它以波斯西部的里海山区为根据地，在神秘的山中老人霍山统率下专门从事暗杀哈里发、苏丹及达官贵人的活动。霍山本名为哈桑·本·萨巴赫，善用毒品麻药控制徒众卖命，所以他的组织被阿拉伯人称之为“哈斯细辛”，意思是吃麻药的人和哈桑追随者。哈桑把自己的组织称之为费达伊，意思是准备为事业奉献生命的殉道者。这个派别的信徒都是亡命刺客，专门以匕首行刺。而且多选择在朝圣者云集的清真寺或宫廷中动手，以制造最大的轰动效应。自认教长的哈桑率领徒众首先控制了里海南面大山中的阿拉穆特要塞，随即继续蚕食周边地区，这就引起了赛尔柱苏丹的注意。

此时的阿拉伯帝国实际控制者不是哈里发而是突厥人担任的苏丹。阿拉伯王朝的继承制度是极为独特的长者继承制，即由皇族中现存的最年长者继承。由于政治斗争的残酷性，一个新的哈里发上台后第一件事就是把所有的兄弟姐妹全部杀掉，或者把他们关在深宫中不见天日。这样极易造成王位潜在继承者的心智扭曲或是知识匮乏，最终造成哈里发素质低下，无力治国的局面。在这种情况下，哈里发往往依靠奴隶出身的突厥人治理国家，于是国家逐步转入突厥人手中。

自 9 世纪起，担任哈里发御林军指挥官的突厥人便有了苏丹的称号。到了 11 世纪的时候，遭受欧洲十字军反复入侵的阿拔斯王朝境内已经是军阀割据各自为政了。哈里发软弱无力，只得将苏丹的头衔挨个派发。此时的哈里发完全被身边的赛尔柱突厥苏丹所控制，苏丹们随意废立君主，巴格达街头不时就会出现一个被剜掉双目沿街乞讨的前任哈里发。

在哈桑的时代中，赛尔柱苏丹是辛加。辛加打算剿灭境内的恐怖组织，没想到哈桑却抢先下手给他一个意外惊喜。一天清晨苏丹醒来，发现枕边插着一把匕首。这是一个明确的信号——再敌视哈桑的话，下回匕首就直接插进他心脏了！辛加吓得屁滚尿流，再也不提“反恐战争”的话题了。

在哈桑最猖狂的时期里，各地的苏丹都要争着向他行贿以免被刺杀

在哈桑最猖狂的时期里，各地的苏丹都要争着向他行贿以免被刺杀。

马可·波罗在他的《马可·波罗游记》中这样描述哈桑一党："他派杀手到附近某地区暗杀某人，他们毫无疑问会遵守首领的命令。杀完人后，能逃脱的杀手就返回驻地，被抓住的就会被处死。当逃脱的杀手返回到教长身边时，教长就会为他举行盛大的庆功宴会。同时，教长清楚地知道手下有谁尽了最大努力，因为在每个杀手外出执行命令的时候，都会有其他间谍跟随监视，以考察哪一个更强壮、更勇敢。于是，他希望谁死时就派出得力的刺客，到任何地方去除掉目标。他告诉自己的杀手说自己可以决定他们是否能升入天堂，而杀手们便更卖命地去行刺，因为教长说在执行任务中死去的烈士会直接升入天堂。"

哈桑的继任者路那得丁在费达伊组织的最盛时期迎来了毁灭，1252 年，成吉思汗之孙旭烈兀奉其兄蒙哥之命西征。四年后，一名勒令被征服的穆斯林停止宗教仪式的蒙古王子被费达伊的刺客杀死。狂妄的费达伊教长又派出 400 名刺客前往中国刺杀蒙哥大汗，蒙哥闻讯大怒，下旨要旭烈兀铲除这个狂妄的恐怖组织。于是一名汉族将领郭侃率军横扫里海山区，他是大唐名将郭子仪的后代子孙。5 万名费达伊组织成员固守要塞，新任的教长路那得丁本来打算亲自和蒙哥谈判，郭侃假意答应，却让蒙古护卫人员在路上残忍处死了路那得丁。蒙古军随即开始攻击，在汉族工匠制作的火炮和西域工匠制作的投石机面前，阿拉穆特要塞土崩瓦解。费达伊组织成员全被处死，这个猖狂了 64 年的恐怖组织再也没有复兴过。

郭侃随即挥军直捣阿拉伯帝国腹地，他连续攻克 128 座城市，于 1258 年打下了巴格达。

旭烈兀下令赐末代哈里发穆斯台绥木不流血而死，于是他被裹在地毯里由千万匹战马踩死。蒙古军队按照惯例屠城，除少数工匠外，巴格达全城居民都被屠杀，被屠杀人数约为 80 万人。

至此为止，阿拉伯帝国终于灭亡。

瘸子帖木儿

蒙古人虽然摧毁了阿拉伯帝国，但是他们所建立的汗国却反过来被伊斯兰所同化。百余年之后，中亚地区就满是突厥化的穆斯林蒙古王公了。

1369 年，帖木儿杀死西察哈台汗忽辛，宣称自己是成吉思汗的继承人，建立了帖木儿帝国。由于年轻时偷羊被箭射伤弄瘸了腿，所以他也被人称为瘸子帖木儿。他的血缘关系来历不清，可能真是铁木真的后裔，也可能只是个冒充名人之后的蒙古人，不过他的帝国却是蒙古人最后的辉煌。

帖木儿是个惯用铁血手段的狡猾君主，他的间谍们遍布从欧洲到亚洲的每个角落。他口头上对土耳其奥斯曼帝国和明帝国臣服，却又扣留对方的使者，做灭掉这两个强敌的打算。帖木儿一生都效仿铁木真的做法，他的军队所过之处屡屡屠城，而他本人对于认定的征服目标也绝不手软。

1398 年，帖木儿南侵印度。

当时印度是外来征服者眼中的异域，这里充斥着高山大河和毒蛇猛兽，酷热的气候和喜怒无常的土人，以及传说中的“人类毁灭者”战象都让帖木儿的儿子们为之胆寒。不过帖木儿本人还不为之所动，因为他的间谍们早已渗透到印度并发回了情报。帖木儿知道印度正陷入叛乱之中，人们憎恨国王，许多省份出现了自立为王者，现在正是他征服的大好时机。

帖木儿沿着当年亚历山大大帝的行军路线穿越旁遮普，一直攻下了德里。

1402 年，帖木儿在安哥拉战役大败奥斯曼帝国，俘获苏丹巴耶塞特一世，使其帝国成为从帕米尔高原到小亚细亚、阿拉伯半岛的大帝国。

1404 年 11 月 27 日，帖木儿率领 20 万军队进攻中国，明成祖朱棣急忙备战。结果瘸子在进军途中病死，他的帝国如昙花一现般分裂消亡。

1500 年，帖木儿帝国最后的残余势力被乌兹别克人汗昔班尼所灭。

1526 年，帖木儿的后裔巴卑尔南下印度建立了莫卧儿王朝。这个以穆斯林上层和印度教徒底层构成的帝国继续延续了 300 多年的蒙古帝国血脉，1857 年亡于英国殖民者之手。

特日莫亲王的奇妙旅程

1324 年，奥斯曼土耳其苏丹穆拉德一世建立了奥斯曼帝国，这支突厥人的余脉因而被称为奥斯曼土耳其人。奥斯曼帝国迅速崛起，虽然在15世纪初，土耳其曾一度被帖木儿打得半死。但后来趁着帖木儿帝国完蛋，土耳其再度复兴成为穆斯林世界的统治者。由于地理位置特殊，土耳其凭借着控制欧亚陆上交通线的便利条件，在长达6个世纪之久的时间内向过境商人征高额税收，于是输往欧洲的香料、茶叶等商品价格飙升，由此使得西欧诸国寻找去东方的新航路，从而促进了大航海时代地理大发现的来临。

土耳其是15至19世纪唯一能对欧洲列强构成挑战的伊斯兰势力，因此历代苏丹与欧洲国王们也进行过尔虞我诈的间谍大战。

1481年，消灭了东罗马的土耳其苏丹穆罕默德二世去世。他的两个儿子巴耶塞特与特日莫为王位而打作一团，特日莫战败后先是投靠埃及苏丹那里，后来干脆跑到罗得岛，向医院骑士团寻求援助。

医院骑士团本是十字军的历史产物，算是穆斯林的老冤家。但是在这个宗教热情不如金币耀眼的时代，骑士团首领比埃尔·奥比尤松先是拍胸脯保障特日莫的安全，等人一到就立刻扣押，然后觍着脸向新任土耳其苏丹索要巨款。

奥比尤松要的不是赎金而是保证金，也就是说他答应把苏丹的竞争者关押一辈子，不过前提是每年苏丹给他45000枚杜卡特金币，这相当于一个欧洲小国一年的税收。此外，骑士团还提出要保障罗德岛不受侵犯，因为他们知道自己无法抵御土耳其的入侵。

巴耶塞特二世屁股还没坐稳就得到老弟被扣押的好消息，于是心花怒放的苏丹打发走骑士团的使者。他一分钱都不想花，而是派遣间谍去毒死特日莫这个叛徒。苏丹的图谋没有成功，奥比尤松一看对方居然比自己更无耻，只好把特日莫押送到法国的一个城堡里。特日莫不愿束手待毙，他派遣自己的手下去偷偷联系法王，但医院骑士团对待这种小把戏根本不成问题，特日莫的信使全在路上被杀。

作为一个标榜“守护信仰，援助苦难”的骑士团来说，这起绑架勒索案件对其形象伤害很大，尤其是在此事已经传遍欧洲的情况下。于是奥比尤松收买了特日莫的秘书做内间，骗取了特日莫亲笔签名的白纸，然后伪造出赞美骑士团优待俘虏的鬼话来四处散发。奥比尤松没能成功占据道德制高点，他的方法过于拙劣，只有弱智才会信他。

骑士们的智商无下限，道德更没有底线。

1482 年，由于母亲的苦苦哀求，苏丹答应每年支付 4 万金币作为倒霉弟弟的生活费。而此时埃及苏丹接待了骑士团的使者，他们开价 10 万金币作为特日莫的赎金。在拿到这笔钱之后，骑士团使者转身去了特日莫的母亲那里，以买船送特日莫去埃及为理由再度敲诈 2 万金币。最后特日莫被骑士团送上路——通往罗马的道路，奥比尤松已经把他卖给了教皇依诺增爵八世。

中世纪德国讽刺画：特日莫在不同势力之间被卖来卖去

1489 年，特日莫抵达罗马，受到依诺增爵八世的热情款待。教皇一方面呼吁组织十字军东征，认为特日莫是很好的争取穆斯林的人质，另一方面手头比较紧的教皇也想从苏丹那里敲诈点小钱花花。最后教皇决定还是赚钱要紧——巴耶塞特二世每年向他进贡 4 万金币，外加基督教圣物隆基努斯之枪。对于缺钱缺到典当了教皇皇冠的依诺增爵八世而言，苏丹的慷慨足以打消组建十字军的热情了。虽然急于借助特日莫煽动土耳其内乱的埃及苏丹先后给了教皇 60 万枚金币，可这时依诺增爵八世与巴耶塞特二世之间已经建立了商业上的合作关系，来自土耳其的所谓基督圣物源源不断送到罗马，有耶稣的斗篷、圣母的拐杖等等，依诺增爵八世靠兜售这些圣物大发其财，哪顾得上心急如焚的埃及苏丹。

当然，苏丹也不是傻子，他的间谍继续寻找一切机会干掉特日莫。

1490 年，土耳其使者抵达罗马带来苏丹的口信：一定要见见特日莫本人——苏丹担心自己做了冤大头，一直为已经死掉的弟弟支付金币外加伪造那些没完没了的耶稣家族圣物。依诺增爵八世拍着胸脯保证特日莫还活着，并且还是虔诚的穆斯林。其实只要钱给得足够，连教皇也未必就不肯皈依真主。依诺增爵八世很担心土耳其使者会趁机谋杀特日莫，所以他强迫使者把信件用牙叼出来，然后再用舌头舔上一遍，这出乎寻常的“外交礼仪”让土耳其人相信特日莫果然还活着。苏丹得到的情报是得到验证的，因为依诺增爵八世的宠臣奇波主教就是土耳其间谍。

到1492年著名的亚历山大六世教皇即位，这位老先生对苏丹的弟弟极为上心，为了能继续收取生活费，他干脆主动建议和苏丹联手破坏了法王查理八世组建十字军的计划。

亚历山大六世是个守信用的买卖人，他不光破坏了组建十字军，还在收了苏丹一笔手续费后晋升奇波为红衣大主教。苏丹此举是为了感谢奇波这么多年来一直协助自己的间谍刺杀特日莫，不过既然奇波始终无法成功，苏丹决定直接求助自己的好朋友教皇。

1495年，苏丹的一封信被送给亚历山大六世，上面写着用30万金币作为特日莫的丧葬费用。苏丹很关心弟弟的灵魂能否得救，他建议让可怜的特日莫早日摆脱尘世的苦恼升入天国。在信中苏丹还特别提到“亲爱的主教，你可以用这笔钱为您的孩子买块领地”——苏丹对教皇们的风流韵事了如指掌。

波尔查的毒药威名远扬，不过亚历山大六世仍在考虑是否值得为这钱丢掉每年固定的生活费收入。经过一番权衡利弊，尤其是在查理八世逼迫教皇把特日莫交给他之后，梵蒂冈悲痛地宣布特日莫亲王由于脓疮恶化，在那不勒斯的一所监狱中逝世。

红胡子海雷丁

自古以来地中海就是海盗的窝，自伊斯兰兴起以来，穆斯林出身的海盗们也开始称霸海洋。

霍雷克和海雷丁兄弟是穆斯林海盗中的佼佼者，说起来海盗并不是他们这份很有前途职业的准确定义，事实上这是欧洲人对穆斯林私掠船队的称呼。一般情况下海雷丁兄弟只攻击欧洲商船，穆斯林船只是不受侵犯的。

私掠船是对海军战斗力的重要补充，以受官方庇护的海盗行为来打击敌国。欧洲各国中最典型的例子就是伊丽莎白时代英国私掠船对西班牙和法国的攻击，直接挑起了无敌舰队远征英国的行动。

1516 年，海雷丁兄弟被阿尔及尔苏丹招揽，后来却鸠占雀巢地赶走主人自立为苏丹。阿尔及尔由此也成为大航海时代中最著名的海盗之国。

后来霍查克战死，海雷丁便投靠了奥斯曼帝国，去掉苏丹封号，把阿尔及尔变成了一个行省。苏莱曼大帝对海雷丁的投靠欣喜若狂，他让海雷丁继续治理自己的阿尔及尔，并任命他为帝国海军统帅。还特别赐予他海雷丁这个名字，意思是“信任的美德”。而深受其害的欧洲各国则称海雷丁为巴巴罗萨，意思是“红胡子”，后来红胡子的形象干脆变成了强盗的代名词。

阿尔及尔的海盗之王红胡子海雷丁

海雷丁是使用间谍的一把好手，一方面是由于海盗这个高风险行业需要准确的情报支持，截击商船队躲避军舰都需要那些安插在地中海沿岸港口中的间谍提供信息。另一方面，由于被俘虏的人众口一词地表示自己“很穷”，以避免被勒索巨额赎金，所以调查他们的财产情况是海盗的必修课。有些守财奴历经酷刑折磨仍守口如瓶，这时候假扮俘虏的海盗间谍就会试图从难友口中套出真相来。有钱赎身的俘虏受到优待，他们被严密监视着住在阿尔及尔城中，一旦赎金送到立即重获自由，而那些货真价实的穷光蛋则变成了奴隶去做苦工。

此时的西班牙国王兼神圣罗马皇帝查理五世正同苏莱曼大帝激烈争夺地中海霸权，海雷丁借助奥斯曼帝国的实力纵横海上。1519 年，他击败了试图夺回阿尔及尔的西班牙及意大利联军，从此以后，不断对法国南部、意大利沿岸、西班牙沿岸进行侵扰。

由于查理五世的军队在西班牙残酷屠杀穆斯林，海雷丁使用自己的舰队把大量教友撤回阿尔及尔，这种英勇的拯救行动使得他被伊斯兰教徒们敬爱地称之为“父亲”。

虽然海雷丁长期被基督教世界的史书所丑化，并且他的确有杀人越货、掠夺奴隶甚至是屠杀平民的举动，不过在长达数十年的地中海争霸战中他始终是胜利者。他尊重勇敢的敌人，并且在绝大多数时候都能把战争限制在一定程度，避免过多的屠戮。从他的死敌查理五世都从来没有称他为海盗也可以看出对手对他个人的尊重。

1535年，查理五世决定调集舰队反击海雷丁。他的行动计划并不令土耳其海军感到意外。因为正与查理五世争夺欧陆霸权的法王弗朗西斯一世暗通土耳其，他的间谍把进攻计划传回巴黎，然后再通过法国的情报部门代表——一位佛罗伦萨神父传递给海雷丁。

法国的援助是如此的无微不至，以至于在围攻突尼斯时查理五世发现射进他帐篷里的炮弹上雕刻着法国王室的百合花图案。

由于海雷丁不擅长陆战，导致最终突尼斯陷落。不过他在之后立刻率领舰队洗劫了西班牙的美诺尔古岛，57000军民俘虏都成了奴隶。除此之外，海雷丁还把北美开来满载黄金的西班牙殖民船队全部消灭。

查理五世气得暴跳如雷，他的海军统帅安德鲁·多利亚却始终无法抓住狡猾的海雷丁。于是秘密战争再度上演，查理五世收买了一个叛教徒试图刺杀海雷丁。

叛教徒是指那些被俘虏后改信伊斯兰教的前基督徒，这些家伙心怀鬼胎，脚踩两只船。一边参加海盗洗劫欧洲，一边则时刻准备着一旦失手被捕就立即“悔改”。叛教徒是土耳其和西班牙共同争取的理想间谍，他们对于卖身投靠非常在行。同一时期的西班牙作家塞万提斯在他的《堂吉诃德》中描述过：“原来有些叛教徒存心要回到基督教国家去，身边往往带着有地位的俘虏为他们出的证书。证书不拘方式，只要证明某某叛教徒是好人，对基督徒常有照顾，并且立志一有机会就逃回本国。弄这种证书有的是出于诚心，有的是为应急或取巧的。他们到基督教国家去抢劫的时候，如果偶尔失散或被俘，就拿出证书为凭，说自己跟土耳其人来抢劫，是为了要回基督教国家居住。他们就免得吃眼前亏，可以丝毫无损地重入教会的怀抱；以后如有机会，还可以再回蛮邦做叛徒。”

海雷丁的助手阿里·巴沙风得知有此项行动后，一边策划让海雷丁虚张声势趁机溜走，另一边干脆拿出钱来贿赂了西班牙间谍。查理五世的间谍实在是缺乏职业道德，干脆反过来为新主人服务了。

土耳其苏丹继续信任海雷丁，他授权海雷丁组建新舰队反击夺回突尼斯。就在欧洲各国的间谍们紧锣密鼓地刺探海雷丁的下一步方案时，教皇国、威尼斯和西班牙组成了神圣同盟，约定一起讨伐土耳其。

1537 年他们组建了地中海历史上最庞大的舰队，共计有 202 艘大型战舰、100 艘运输舰和 5 万名精锐士兵，这些兵力是土耳其帝国海军的两倍多。就在这时海雷丁向安德鲁·多利亚提出议和的条件，他表示自己想脱离奥斯曼帝国自立为王，他要求将突尼斯还给自己，并要求得到查理五世承认自己为北非之王。

由于热那亚人多利亚本身就是从法国叛变到西班牙的，所以他对同行的跳槽想法大为支持。经过查理五世同意后，多利亚在帕尔卡港会见了海雷丁的代表。多利亚表示西班牙可以交还突尼斯，不过巴巴罗萨先生需要先一把火把土耳其海军舰只都烧掉。海雷丁的代表说这条件比较难办，那些船还没有上保险，这样做危险性太大。接着，海雷丁的代表提出要求先交出突尼斯，多利亚表示反对说船都没烧就来骗保，这也太过分了。就这样双方扯皮一番，最后同意继续保持接触。

在接下来的波列维斯海战中，海雷丁大获全胜。安德鲁·多利亚观望着等待海雷丁叛变，却使得威尼斯海军全军覆灭。最后威尼斯被迫与土耳其讲和，支付 30 万枚金币的赔款，并让出在希腊的领土。

从此之后，曾强大一时的商业帝国威尼斯一蹶不振。

西班牙军队溃退之后，大批俘虏被押上阿尔及尔的奴隶市场售卖

1540年9月，不耐烦的查理五世派出间谍直接找上门来——开价吧，巴巴罗萨同志，你要多少钱才肯叛变？海雷丁解释了自己名字的含义后，[1]微笑着把间谍打发走了，他终其一生都不曾背叛奥斯曼的苏丹。

查理五世大为愤慨暂且不提，奇怪的是到了1541年，从海雷丁的地盘上再度传来叛变的消息，这次是他的阿尔及尔留守宦官哈桑·阿里。当时土耳其陆军主力正在匈牙利打仗，而海雷丁也远在伊斯坦布尔海港，查理五世认为这是一个千载难逢的好机会，纵使他刚上过海雷丁假和谈的恶当。多利亚坚决反对皇帝远征，认为海雷丁及其手下都不可靠，哈桑·阿里所谓的投降和所谓请求支援都是骗局，目的是把西班牙海军精锐诱入陷阱。

刚愎自用的查理五世坚持出兵，他认为纵使阿里·哈桑派来联系的间谍都是骗子，他的大军也照样能消灭阿尔及尔守军。根据西班牙叛教徒间谍的情报，阿里手下只有900名精锐卫队，其他守军全是乌合之众。

于是在10月份，西班牙舰队再度出征。从整个西班牙和神圣罗马帝国中精选出来的24000士兵乘坐运输舰登陆阿尔及尔，这些身经百战的老兵得到了大量西班牙贵族志愿者和骑士们的支援，阿尔及尔沿海部落做出的轻微抵抗均被粉碎。但是在登陆时遭遇到暴风雨，很多战舰搁浅损失。

查理五世在阿尔及尔城下苦等了三天，阿里却不按照约定献城投降——这根本就是海雷丁的又一次骗局。虽然又上当了，可是辛苦跋涉而来总不能就此撤退。于是查理五世率军进攻，一打起来他才明白中计了——此时正是阿尔及尔的雨季，他的火炮和火枪全因受潮变成了废铁。阿里指挥手下用原始的弓箭射杀毫无办法的敌军士兵，当查理五世在前线指挥时，还被对方的要塞火炮击中受伤——土耳其的火炮在堡垒中完全不受天气影响。

陆战连遭败仗的同时，多利亚的海军运输舰再度遭遇暴风雨袭击，只有几艘船幸免于难。多利亚向皇帝报告说如果再不快跑的话，海雷丁的舰队一出现大家就得在做俘虏和跳海自杀中二选一了。

断粮的查理五世狼狈撤退，根据混在他军队中的法国间谍的报告，西班牙军

[1] 海雷丁这个名字是苏莱曼大帝赐予的，意为“信任的美德”。

队只能“靠猫、狗和野菜糊口”，船上的划手因为饥饿都无法划桨，包括皇帝本人都差点饿死在海上。因为他在撤退上船时为了轻装快跑命令把马匹都丢进海里淹死，结果在海上连马肉都吃不上。

身在巴黎的弗朗西斯一世看着间谍们发回的情报笑逐颜开，尤其是当他看到西班牙港口的间谍报告说查理五世的军队比任何想象中的糟糕程度还要不幸的时候。

此战查理五世失去了 8000 名精兵和 300 名贵族高官，从此之后他再也不敢发起海战，海雷丁的舰队彻底控制了地中海。

1544 年，查理五世与苏莱曼大帝达成和平协议。

1545 年，海雷丁在伊斯坦布尔退役，他儿子哈桑成为他在阿尔及尔的继承者。

1546 年，海雷丁于伊斯坦布尔逝世。

维也纳城下咖啡香

在 13 世纪时，入侵也门的埃塞俄比亚把咖啡传入阿拉伯世界，不久后便在上层人士中风靡一时。这小小的咖啡豆也见证过狡诈的间谍故事：1683 年 7 月 14 日穆罕默德四世的大将穆斯塔法・巴沙率领着 138000 大军开始围困维也纳，这是奥斯曼土耳其帝国时隔 150 年后第二次围困老冤家神圣罗马帝国哈布斯堡皇室的巢穴。

波兰立陶宛联邦国王约翰三世率领着 7 万欧洲联军驰援维也纳，在将自己的 3 万名波兰骑兵投入战斗之前，约翰三世派出了大量间谍渗透到土耳其人的阵地当中。其中有个叫作科尔希斯基的波兰商人会说流利的突厥语，他扮作叛教者混迹于土耳其军队的营区。这个狡诈的间谍赢得了不少土耳其军官的欢心，很多人请他喝咖啡。在此之前，只有少量的咖啡被偷运到欧洲，顽固的天主教保守派认为这是异教徒从魔鬼那里弄来的饮料，不过教皇克雷芒八世却很喜欢喝。由此贵族们偷偷私下品尝，咖啡豆贵如黄金一般。

科尔希斯基一边喝着昂贵的咖啡一边从土耳其军官口中套情报。他不仅了解了土耳其人的军事部署，更弄清了这 138000 大军中只有 5 万战斗部队，剩下的都是些勤杂仆役人员。而穆斯塔法在使用火炮轰开城墙缺口后不进城进行巷战却试图招降守军的怪异举动也有了解释：一方面是由于战斗兵员不够，另一方面是接收敌人首都的投降将是极大的荣誉。

这一决定性情报使得援军勇气大增，9 月 12 日，约翰三世的联军与土耳其军队展开了一场决定性的会战。穆斯塔法败退撤离，饥饿的维也纳人冲到土军阵地上寻找食物，其中就有大量的咖啡豆。从此咖啡正式进入欧洲，间谍科尔希斯基得到的奖励是获得了神圣罗马帝国的第一份咖啡屋执照，他在维也纳开了一家咖啡馆，他给咖啡起了个“伊斯兰酒”的名字。

这场维也纳围城战是欧洲与奥斯曼帝国持续 300 年争斗的转折点，在战役后的 16 年中，奥地利的哈布斯堡王朝逐渐从奥斯曼帝国中夺回匈牙利南部和特兰西瓦尼亚，伊斯兰征服欧洲之旅就此停步了。

1918 年，哈布斯堡的最后余脉奥匈帝国解体，奥地利成立共和制政府，哈布斯堡家族被永久性驱逐。1922 年，土耳其大国民议会废除苏丹制，奥斯曼帝国正式灭亡。昔日的皇帝、苏丹都已化为尘烟，只有咖啡仍在涌动着暗香。

LIZHI YU JIQING

第四章 理智与激情

○帝国的盛世与危机 ○北美的隐身人

○拿破仑的双面间谍 ○童子军领袖的另一面

第一节 帝国的盛世与危机

“鸟人”老朱和他的儿子孙子们

1368 年 1 月 23 日，出身底层的朱元璋在应天称帝建立了明朝。

明太祖朱元璋先生虽然没有受过什么教育，可是对鸟尽弓藏的道理非常明白。以前元帝国就是那只鸟，所以那些谋臣良将组成的弓箭是他的得力工具。如今他和他的明帝国已经变成了那只鸟，所以为了不让弓箭威胁自己，他决定采取行动。

刘邦和朱元璋是中国历史上仅有的两位贫民出身的皇帝，他们有共同的特点：杀戮功臣。出身底层使得他们对曾统治过自己的官僚阶层分外的憎恨，灵魂深处的自卑感让他们只能用践踏、蔑视和屠杀来满足自己。以上是精神方面的原因，朱元璋还有个继承人的问题：他的太子早死，留下的皇太孙年龄幼小，恐怕会镇不住场子。镇不住怎么办呢？老朱决定提前清场，决不让世上还有弓箭存在威胁到自己和后代这只鸟的安全，至于会不会被骂作“鸟人”，已经顾不得了。

老朱是个很有组织能力的老板，为了牢牢控制自己的帝国，他特意创建了由皇帝直接指挥的“锦衣卫”特务系统。很多人以为锦衣卫的制服就是黄色的飞鱼服和绣春刀，但据后世考证，飞鱼服与斗牛服、麒麟服等都为明代的赐服之一，而非锦衣卫制服。

锦衣卫是明朝专有的军事特务机构，他们直接听命于皇帝，可以逮捕包括皇亲国戚在内的任何人，类似于今天的宪兵和国家安全局及总统卫队。锦衣卫起源于朱元璋的私人卫队“亲军”，首任指挥官是亲兵卫都指挥使赖汉臣。明朝建立后，老朱最怕大臣对他不忠，因此将自己最信任的卫士派出做“检校”，负责监视朝廷百官。

明初的军制比较简单，其基层单位是“卫”和“所”，每卫辖正规军士约5000人，其下设所，分为千户所和百户所，京城的禁卫军所辖卫所为48处。

1382年，朱元璋建立了12个亲军卫，其中最重要的就是“锦衣卫”。在锦衣卫组织当中最高的领导是三品武官万户都指挥使，出任此职者资格为“皇亲国戚或战争功勋者”。佐官有同知、佥事、镇抚以及千户等，部属有将军、力士与校尉，并设南、北经历司和镇抚司，朱棣时又新设北镇抚司。

锦衣卫是著名的铁饭碗单位，内部职位世代相传，如果有锦衣卫士兵去世，他的儿子或兄弟可替补。如果不幸是绝户的话，则从外界招募合适人选，所以锦衣卫中不会出现职位空缺的情况。锦衣卫内设镇抚司，即审判所。而锦衣卫处理的案件，其他司法部门无权干涉。凡是皇帝认为应该处理掉的人，立即由锦衣卫逮捕，然后送镇抚司判决，最后在午门外斩首。老朱把锦衣卫形容为如臂使指，快捷了当，没有任何顾忌。想抓谁就抓谁，想灭谁就灭谁。丞相胡惟庸、大将蓝

乘坐龙舟出行的嘉靖皇帝和他身边的锦衣卫仪仗

玉等一口气杀掉五万多人的两大冤狱，都是锦衣卫特务的杰作。

后来老朱觉得人杀够了，他宣布因锦衣卫“非法凌虐，诛杀为多”所以予以解散，但是他儿子朱棣很快又恢复了锦衣卫。

锦衣卫一直延续到明朝灭亡后，才结束长达 262 年的历史。

话说“弓箭”都废掉了，明太祖也安心了。具有讽刺意味的是，1398 年老朱一蹬腿归西之后，小朱就闹出问题了：即位的建文帝朱允炆是一朵温室里的花朵，借助几个光会夸夸其谈的儒生大搞削藩。朱允炆刚把老朱埋了，转身就派军队逮捕了开封的周定王朱橚，朱橚被废为庶民赶到云南种地。倒霉的朱橚胸无大志为人懦弱，对皇权无法构成任何危险，拿他第一个开刀纯粹是因为柿子要拣软的捏，此外朱橚是燕王朱棣的同母兄弟，这也是对野心勃勃的朱棣的威慑。

朱允炆的冷酷无情让他所有的亲王叔叔都大为震恐，不过这只是一连串风暴的序幕罢了。1399 年，朱允炆宣布“有人”告发昆明的岷庄王朱楩犯法，旋即将朱楩废为庶民。不久又“有人”告发荆州的湘献王朱柏犯法，朱柏得到消息后不愿受侮辱而全家自焚。接着青州的齐王朱榑、大同的代简王朱桂也纷纷落马。

朱允炆这一串严打风暴说明了他的目的并不是惩治不法，而是要消灭他的叔父一代。朱允炆的叔叔燕王朱棣早就怀着篡位的野心，一看侄子明显是拿着把刀要挨个砍人了，他决定先发制人。朱允炆对自己的这位叔叔也格外不放心，派出一大票间谍特务在北京盯梢，其中有北平左右政使张芮、都指挥使谢贵、北平都司事耿瓛、北平布政司参议景清、大将宋忠，甚至连朱棣的大舅子徐辉祖也是朱允炆的间谍，他从妹妹那里旁敲侧击地刺探情报。

1399 年春天，燕王派王府长史葛诚入京奏事，顺便充当间谍刺探朝廷动向。朱允炆厚待葛诚，反而把他争取到了自己这一边，葛诚回北平后充当朱棣身边的卧底内间。这样一来，虽然北平有这么多人，可是依然没看住朱棣造反！

1399年7月，装疯卖傻整整一年的朱棣忽然宣称“我侄子小炆炆身边有坏人！作为叔叔我能不管吗？所以我要清君侧，我要靖难！”按理说江湖规矩是先打招呼再动手，可是朱棣先砍了身边监视自己的张芮、谢贵和葛诚之后，才宣布动手。遇到这种不讲道义的人，还真没处讲理去。老朱要是九泉下有知，恐怕会气得活过来。可是“弓箭”早已没有了，只能听凭“野鸟”赶走“家雀”。朱棣听罢手下不仅有精兵强将，更有出色的谍报人员。

1399年9月，明将耿炳文率30万大军进驻真定准备攻打燕军。燕将张玉亲自充当间谍，他化装后对明军进行了一番实地侦察，回来向朱棣报告："炳文所率明军毫无纪律，自恃人多，杂乱布营。潘忠、杨松扼我军南路，应该先吃掉这两个人的部队。"

朱棣便亲自领兵夜袭雄县，将明军先锋杨松与其9000精骑全部斩杀。接着又在半路设伏消灭明朝援军，活捉明将潘忠。连番胜利之后，耿炳文手下部将张保跑来投降。朱棣立即派张保以兵败被俘后逃回为借口，回到明军内部做内间。接着他率军猛攻，大破明军。

"小炆炆"一听这消息急坏了，他的智囊黄子澄又建议他把李景隆派上去替换耿炳文。朱允炆亲自在江边为李景隆送行，却不知道自己的这位表哥纯粹是个草包饭桶。李景隆一到前线二话不说就连吃败仗，损失了百万大军，把建文帝的家底都败光了。

1401年5月，朱棣进攻明将吴杰镇守的真定。为了诱引吴杰军出击，他规定不能离营太远，派遣士兵出营四处搜粮，又派间谍化装成老百姓，怀抱婴儿逃入真定城，报告明军说："燕兵四散出去寻粮，营中无备。"吴杰果然上钩，他率军从真定城进军滹沱河。结果被擅长野战的燕军击败，死亡6万余人。

连番败仗下来，朱允炆只好使出和平攻势打算和谈。朱棣接待了朝廷使者，宣布自己一定要除掉小炆炆身边那几个坏人才能收兵。无奈之下，朱允炆的老师方孝孺出了个反间计——派间谍渗透到北平城给朱棣的世子朱高炽送了封皇上的亲笔信："会归朝廷，许以王燕。"

北平城的留守宦官黄俨素来与朱高炽不和，他得知密信事件后马上派人飞报朱棣说"世子将反"。老狐狸朱棣谁都不相信，包括自己的儿子。他在犹疑中询问另一个儿子朱高煦的意见。朱高煦早就盼着除掉大哥自己做世子，所以虚言恐吓朱棣说："大哥本来就跟小炆炆关系很好，备不住这会已经背叛老爸了，他肯定会把您一刀砍了去换燕王王位的！"朱棣竟然信以为真，他和朱高煦等人正商量怎样除掉"叛父"的世子时，朱高炽已派人把间谍和没拆封的密信送来了，于是方孝孺的计策也宣告失败。至此，朱棣起兵造反三年，虽然多次大败明军，然而“但所得土地仅永平、大宁、保定，旋得旋弃，战死者甚众”。明军虽屡遭挫败，但“分布频盛，时时告捷”，从整体形势讲朱棣并没有任何优势。如果战事久拖不决，燕军必定会人心离散，没准就会杀出几个疯子砍了朱棣父子人头换取富贵。就在这紧要关头，小炆炆皇宫里的叛徒帮了朱棣的大忙。由于老朱当年严禁太监干政，只把他们当作会说话的牲口使用。所以有样学样的朱允炆也是“帝御内臣甚严，皆怨望”。于是这些宦官纷纷投靠朱棣做了他的奴才，这些内间报告说“金陵空虚”，建议燕军“乘间疾进”。这真是一席话点醒梦中人，朱棣二话不说直扑京城。守城的李景隆坦然自若，立即派手下和朱棣联络投降。

1402 年 6 月 13 日，经过四年战争之后，朱棣从金川门进入金陵。朱允炆在宫中放了把火，朱棣估摸烧得差不多了才率领“消防队员”们来到现场。在一片尸体的焦臭味道中干号了两声：“傻小子，何必如此？”说完转身就要去登基，这时候有宦官报告说：“灰烬中只有皇后尸体！”朱棣一拍大腿骂道：“小炆炆这混蛋居然跑了！”

史书中记载着皇后自焚死，朱允炆带着太子朱文奎“逊国而去”，由此构成了历史上的一大谜团。明朝官方记载中也含糊讲“宫中火起，帝不知所终”，但朱棣“遣中使出帝后尸于火中，越八日葬之”，也就是说朱棣单方面宣布小炆炆已被烧死，来了个自欺欺人的“空棺”计。

毕竟是做贼心虚，朱棣篡位后始终担心侄儿东山再起，他立即四处捉拿朱允炆的旧臣，一共屠杀一万余人。旧臣中只有朱棣的大舅子徐辉祖幸免于难，他在被妹夫召见时一言不发，最后被撤销一切职务，取消一切待遇，在家里软禁到死。

虽然杀光了效忠朱允炆的人，可是正主毕竟还没找到。朱棣于是派遣两名特使四处寻找，其中有一位是宦官郑和，他自 1405 年起七次下西洋远航，一方面宣示大明国威，另一方面则探访海外有无朱允炆下落。另一位是给事中胡濙，他在国内秘密寻找朱允炆的踪迹。直到 1414 年，历经 14 年奔波的间谍胡濙被召回北京，任命为礼部左侍郎。但是朱棣仍旧派遣间谍四处探访，除了继续寻找朱允炆，还要监视天下的一切臣子。朱棣设立了分遣御史巡行天下的制度，鼓励官吏互相刺探互相揭发。1417 年，朱棣恢复了锦衣卫特务组织。结果立竿见影，居然找到了朱允炆的蛛丝马迹。1419 年，朱棣命令胡濙出巡江浙。1423 年的一个深夜，胡濙赶到行军途中的朱棣营帐，把熟睡的皇帝叫醒进行汇报。虽然史书上没有记载他们到底谈了些什么，不过从此以后朱棣再也没有继续寻找过朱允炆，24 年的恩怨至此了结。

朱棣终于可以踏实地睡觉了，1424 年朱棣在行军途中死去。他的宝贝儿子汉王朱高煦一直对皇位虎视眈眈，在老爹死之前就派了大批间谍潜伏北京侦察消息。朱高煦派出自己的儿子朱瞻圻潜伏在京城做间谍总指挥，父子俩用快马传递消息，一晚上甚至会有七八批人往来报信。朱高煦一心想夺了大哥明仁宗朱高炽的差事，可是朱高炽的支持者技高一筹，利用朱棣行军在外的机会秘不发丧，直接通知朱高炽即位登基。朱高炽是明朝皇帝中少有的好人，可惜命太短，只干了不到一年就撒手归西。大哥虽然死了，朱高煦的贼心可是一直没死过。有父亲朱棣的光辉范例在前，他立即开始准备造反夺了侄儿明宣宗朱瞻基的“鸟位”。由于数十年一贯的骄横跋扈和公开化的图谋不轨，朱高煦先生的谋反计划早已是天下皆知，尤其是朝廷的间谍们时刻监视着他的举动。

朱瞻基、锦衣卫和全天下的人都在等着，看他到底什么时候宣布造反。可是朱高煦先生还是比较谨慎的，1426 年正月，他以献元宵灯为名派间谍刺探朝廷的战备情况。7 月，又派遣间谍枚青潜入京城联络好友张辅做内应。张辅二话不说，找根绳子把枚青捆上就交给了锦衣卫。8 月 1 日，朱高煦宣布谋反。8 月 21 日，朱瞻基御驾亲征直抵乐安城下。朱瞻基没有攻城，只是把敕令宣布了一下：首恶必办，胁从不问。至于首恶朱高煦先生，名下标注了生擒和击毙两种价码。城内顿时轰动，大伙都准备砍了汉王去换富贵。面对这种险恶的局面，朱高煦二话不说出城投降。后来他被朱瞻基煮死，儿子们全被斩首，当然，也包括那个间谍头子朱瞻圻。

宦官特务的乐园

由于在打败建文帝的过程中宦官的情报立了大功，所以朱棣重用宦官，让他们读书。任命其中有外交才华的出使外国，有军事能力的做远征军指挥征讨四方，有情报能力的做东厂提督，啥也不行的至少也能做监军监视将领们。

虽然锦衣卫有如此强大的情报能力，可是朱棣还是对这个方便的特务工具心怀猜忌，锦衣卫是大臣在指挥，不如身为家奴的宦官们忠诚可靠。

明朝政治斗争最核心的问题是皇帝独裁与首辅内阁制度产生的变相“宰相”专权之间的冲突，所以明朝皇帝往往利用宦官特务统治来约束打击官僚系统。朱棣开创的宦官特务制衡外臣专权的制度，很快就在他的后代执政时演变为皇帝一味依赖宦官特务。

1420 年，朱棣创立了由宦官控制的特务组织“东厂”。锦衣卫向皇帝报告要写奏折上奏，而东厂只要口头说说就行了。朱棣还赋予东厂首领“督主”以监督锦衣卫人员的权力，东厂除了监视百官外还负责监视锦衣卫，锦衣卫首领见到东厂提督太监时往往还得下跪请安。于是厂权高于卫权，宦官又直接控制厂权，使宦官拥有随意逮捕、刑讯、杀戮臣民的特权，从而加速了宦官专政的过程。

明英宗朱祁镇时候的大太监王振为非作歹，连特务系统中有良知的人士都看不下去。锦衣卫中曾有一位王永散发传单揭露王振的罪恶，结果立即被西厂逮捕，凌迟处死。

1476 年，以“左道”驰名一时的大臣李子龙进入内宫，在亲信的帮助之下到万岁山等地窥察。李子龙被锦衣卫校尉所发现后，以弑君的罪名逮捕处死。当

明代宦官极受皇帝宠信，往往被委以重任，他们在明代政治生活中频频出场，但能够像郑和那样万古流芳的却寥寥可数

时二十余岁的明宪宗朱见深得知此事后大为恐慌，立刻组建了西厂特务组织，其成员从锦衣卫中选拔。1482 年，引起无数天怒人怨的西厂被撤销，后来明武宗朱厚照时曾短暂恢复西厂，不久后又撤销。1505 年，朱厚照宠信的太监刘瑾矫诏设立了"内行厂"，这个特务组织监视东厂西厂锦衣卫和一切单位。到了 1510 年，随着刘瑾的倒台而被解散。

如此多的厂卫交织构成了特务间谍系统的天罗地网。布满全国的秘密警察将街头巷尾的一举一动、夫妻争吵和市井打斗都逐一记录上报，许多事情往往早上发生，晚上就到了皇帝或掌权太监的耳朵里。

1620 年大太监魏忠贤当权后，宦官特务统治达到了空前绝后的巅峰。《明史・魏忠贤传》中记载，曾有北京市民四人在密室饮酒，其中一人喝醉后怒骂魏忠贤，其余三人不敢出声。骂者话音未了，旋即被破门而入的东厂特务逮捕直送魏忠贤处。魏忠贤下令将骂人者当场剥皮，另三人赏钱放回。生还者吓得魂飞魄散，险成疯疾。身在密室饮酒的普通市民居然也会被东厂的间谍窃听监视，这个世界又是怎样的人间地狱呢？

宦官们控制特务组织和皇帝本人控制特务组织有极大的不同，他们不仅威胁到文武大臣和平民百姓的身家性命，还会威胁皇帝本人。朱厚照手下的御马太监张忠先与江洋大盗张茂财结为兄弟，后又与宁王朱宸濠勾结叛变，直到事泄后才假装举报。朱祁镇手下的大太监曹吉祥与他的侄子曹钦蓄养了大批蒙古族死士，1461 年 7 月发动叛乱，打算自己做皇帝。结果他们手下的蒙古族军官马亮畏罪告发，曹钦率叛军与守卫皇宫的锦衣卫混战一场未获胜利，只好投井自杀，曹吉祥被凌迟处死。

到了明神宗朱翊钧在位时，宦官人数已经从老朱手下的百余人发展到 10 余万人。其实宦官不等于太监。在西汉之前并不是所有的宦官都是被阉割的不男不女的人，而在唐代以后只有高级宦官才被称为太监，因为这是个官名。到了明朝的时候，几乎所有的宦官都被尊称为太监，是因为特务系统权势滔天。

与此同时，北方的女真部落已经崛起，努尔哈赤率领着残暴的军队建立了后金国。1619 年，辽东经略杨镐兵分四路进攻后金，在萨尔浒大败，死 4 万余人，开原、铁岭沦陷，北京震动。在明朝内部，专权贪婪的宦官弄得官场极度腐败，多如牛毛的各个宦官矿监税使和地方官勾结起来，百姓遭到重重盘剥，一旦遭遇天灾，充满愤怒的百姓起义就成为摧毁朱家王朝的怒潮。

1644 年 3 月 6 日，李自成占领宣府，宣府总兵王承允和监军太监杜勋出城三十里迎接，巡抚朱之冯大骂：皇帝信任你才让你监军，你一来就通贼叛变，将来有什么脸去见皇帝？杜勋一言不发，大笑而去。3 月 18 日，李自成起义军由居庸关逼近北京。明思宗朱由检，也就是那位著名的崇祯皇帝，此时手下有 5 个月没领过工资的 10 万卫戍部队，这 10 万伙计个个儿都是实在人，大伙二话不说，马上叛变跳槽换了老板。

杜勋劝告守城的太监同僚说："我们的富贵另有地方，不要太死心眼。"于是太监曹化淳开彰义门投降，农民军立即进占外城——这两人都是朱由检的心腹太监。

李自成决定给崇祯帝最后一次投降的机会，他命令杜勋进城代表"大顺王"入宫谈判。朱由检接见了这位前亲信，他听杜勋说明了交换条件：明朝封李自成为王，赐银 100 万两，承认陕西和山西为其封国；李自成则负责平定国内其他起义军，并为明朝抗击清朝，保卫辽东。

从这个条件来看，李自成是非常真诚慷慨的。可是朱由检并不领情，他打发走杜勋后立即下旨：赦免除李自成外的一切反贼，能够擒杀李自成者封万户侯。接着，他送儿子们逃跑，逼老婆们上吊，还砍掉亲生女儿的手臂。不过朱先生自己不打算死，他拎着三眼铳试图逃跑。守卫宫门的宦官们用乱箭射向这位皇帝，朱由检敲钟召唤百官护驾，结果无一人愿意来送死。最后走投无路的朱由检只好在煤山上吊自杀，时年 34 岁。

明朝皇帝信任东厂和锦衣卫等特务组织近 300 年时间，在危急时刻却只有一个太监王承恩陪他一起踏上黄泉路。

李自成进入京城时，太监王德化领着内官 300 余名排班迎接。这些昔日倚仗明朝皇帝权势作威作福的人，现在又聚集到李自成的周围了。然而这一次他们却打错了算盘：4 月 1 日，李自成下令"尽驱阉宦出城，不许复入，群呼打逐老公。寺人贵贱老少，哀泣奔走，失履裂衣坠帽，首面血淋漓""一钱不得随身，都人大快之"。对于东厂和锦衣卫，李自成断然地予以废除，厂、卫头目一律从严惩办。

"向来厂卫知名者咸从束缚，要津猾胥，先倾其家而后杀之。此举差强人意"。

自此，明朝的特务系统荡然无存。

河山残破，南明悲歌

朱由检死后，明朝变为村里一栋无主的大屋，包括和前房东打过架的邻居如李自成、张献忠以及那些远方亲戚如明朝诸王都打算宣布这是自己的产业，没想到最后却落到了外村人爱新觉罗家族的手里。

在濒临崩溃的时刻，村民们抛弃仇恨合作抵抗过，那就是南明 18 年的挣扎历史。

面对着南下的清朝军队，南明大将李定国可谓是中流砥柱。他本是起义军首领张献忠的义子，在大西军覆灭后与义兄孙可望率部退入云贵。1652 年，他们与南明桂王朱由榔的永历政权合作，以明朝官军的身份收编了各个割据武装，在西南建立抗清基地。李定国劝告孙可望说："若是，则为朝廷官，不再作贼，勿反复也！"

不久，以大西军残部为主体的南明军对清军展开了全面反击。李定国率军 8 万东征，一连收复广西、湖南和广东的大部分地区，先后击杀清军亲王孔有德、尼堪，一时间天下震动。同时刘文秀出击四川，克复川南。东南沿海的张煌言等抗清军队也乘机发动攻势，并接受了永历封号，抗清斗争再次出现高潮。整个中原地区的抗金武装与团伙如风起云涌，不愿做异族奴隶的汉人争当南明的耳目，清朝统治区的情报源源汇入李定国帐中，为他的军事行动提供了极大便利。

然而大好形势没有维持多久，刘文秀在四川被吴三桂所败，而孙可望妒忌李定国的功劳，他的逼迫害得李定国最终无功而返。此后李定国又于 1653 年和 1654 年率军两次进军广东，约定与郑成功会师广州一举收复广东。但郑成功按兵不动，使得李定国两度功败垂成。

1656 年，孙可望密谋篡位失败后降清，西南军事情报尽为清军所知。1658 年 4 月，清军主力从湖南、四川、广西三路进攻贵州，年底吴三桂攻入云南。1659 年 2 月（明大统历闰二十一日），清军渡过怒江逼近腾越州。李定国在怒江以西20里的磨盘山沿羊肠小道两旁草木丛中设下埋伏，吴三桂进入伏击区。正在这一决定胜负之际，明光禄寺少卿卢桂生被吴三桂的间谍诱降，李定国的作战计划全被这个汉奸交出，南明最后的反击计划失败了。

1659年5月，郑成功趁清军主力大举攻击西南之际，率领十余万大军北伐，一度兵临南京城下，江南似乎唾手可得。抗清志士张煌言配合郑成功的行动，凭借多年经营的情报网，派出众多手下间谍组建反清义军，诱降清将。一时间江南各州县投降者颇多。随着张煌言的谍报人员传檄大江南北，一时间太平、宁国、池州、徽州等四府，三州、二十二县纷纷起义，清朝顺治皇帝福临甚至准备亲征江南。可惜郑成功误认为大局已定，骄傲轻敌，中了两江总督郎廷佐的缓兵之计。1660年6月23日，清军奇兵突袭郑军，郑成功大败。由于自觉这次北伐志在必得，他命令将士们携带家眷一同作战，结果一遇到失利的情况，许多将士为了保全家眷而投降。最后郑成功从镇江出海撤退，北伐宣告失败。当时张煌言正在江南接收反正清朝汉族将领投降，得知情报人员传来郑成功失败、清军水师截断长江的消息后，便决定进军鄱阳湖组建义军。但行至半路被清军追兵击败，张煌言突围后化装潜逃，他历尽千难万险，潜行2000里抵达浙东海滨再度招募义军反清。

郑成功在16年中6次进军都遭失败，于是接受荷兰东印度公司通事何斌的建议收复台湾，何斌被郑成功派回台湾做间谍内应。何斌返台后迅速采取行动，派人暗测鹿耳门港道，并绘制沿岸地图。1661年正月，何斌逃离台湾，携带全部资料回到郑成功身边。有了这位爱国间谍的协助，郑成功于3月亲率大军3万进取台湾，到12月11日，荷兰总督揆一投降。

当郑成功进军台湾的时候，清军直下云南，终使永历政权覆亡。朱由榔父子不听李定国苦劝进入缅甸避难，却被软禁在茅草屋中受尽凌辱。张煌言派人催促郑成功出兵闽南，但郑成功认为台湾初定，需要亲自经营镇守，拒绝出兵援救永历政权。张煌言又派人到湖北的郧阳山中，去说服李自成余部“夔东十三家”出战。郝永忠、刘体纯等起义军将领慨然允诺，但起义军兵力薄弱，他们的干扰作战没起到什么作用。

12月1日，吴三桂逼迫缅甸国王交出被其软禁的朱由榔父子，1662年4月25日，吴三桂派人用弓弦勒死朱由榔父子，永历政权彻底覆灭。噩耗传来后，李定国感觉失去了反清复明的最后希望，在悲愤之下一病不起。6月27日，42岁的爱国将领李定国与世长辞，临终前嘱咐儿子说："宁死荒徼，无降也！"

呜呼！一代豪杰终于赍志以殁。

朱由榔死后，郑成功继续奉永历帝指派的宁靖王朱术桂为监国。

1662年6月23日，39岁的郑成功突然病逝于台湾，致使抗清斗争形势更为严峻。张煌言转战于宁海临门村一带，清廷百般招降都被他拒绝。1663年，一直被张煌言侍奉的鲁王朱以海在金门岛病逝。张煌言悲痛欲绝，眼见抗清斗争大势已去，于是将义军人马全部解散。本人携随从数人，在荒僻小岛上隐居。7月17日凌晨，被叛徒出卖的张煌言被捕就义。

1662年以后，各地抗清武装先后失败，夔东十三家只剩李来亨孤立无援地据守茅麓山。1664年8月4日，清军利用叛徒引路，乘雾从后山偷袭得手攻陷山寨。李来亨举家自焚，大陆上的最后一支明朝武装力量被消灭。

郑成功的儿子郑经继承王位后向清政府提出和解，要求清政府承认台湾是一个独立王国，允许台湾像朝鲜、安南、琉球一样，不剃发也不改换服装，只向清政府称臣进贡，永远作为中国的藩属，清政府表示同意。郑经又要求保留海峡对岸的厦门给自己作为贸易口岸，清政府大为反感，谈判破裂。

在吴三桂等发起三藩之乱时，郑经跟三藩之一的耿精忠结盟，曾派遣军队到福建和广东参战。三藩失败后，郑经在大陆上的根据地全部丧失。根据降将施琅的提议，1683年清军展开收复台湾之战。8月13日，郑成功的孙子郑克塽投降，清军占领台湾，朱术桂自杀殉国，标志着南明最后一个政权的覆灭。

爱新觉罗家的间谍大师们

1644年，清摄政王多尔衮迎顺治皇帝福临入关，清王朝正式建立了。作为一个以少数民族统治多数民族，并且推行残暴的民族歧视和压迫制度的王朝而言，如何维系自己的稳定统治是首先要面对的问题。清朝的皇帝们吸取了元朝覆灭的教训——他们采取了截然不同的控制手段。

与南北朝时期的胡人一样，满人迅速汉化。因为他们极其落后的社会文化必须接受中原的先进文明，汉语和汉字成为满人的日常社会交流手段，事实上没有多久，满人就以土生土长的中国人自居。

不过，满人和汉人这两个民族之间的界线仍划分得十分森严。由于满汉两个民族人口比例过分悬殊，所以清朝统治者严禁满汉通婚，以防止自己如历史上的胡人那样被汉人同化消融，最后变成汉民族的一部分。此外，民族上的不平等充分在官僚系统内部体现，同样的官职，满人的权力绝对大于汉人。汉人一般不可以做到高级将领的职位，纵使有些汉族名字出现在将军名单里，往往也是汉军八旗里的人物。在满人眼里那算是奴才。

由于满人内部存在着严重的奴隶制残余，所有的满人都被视为是皇室的奴才。《清代野记》中记载着："每有旗主，贫无聊赖，执贱役以糊口，或为御者，或为丧车杠夫，或为掮肩者。若途遇其奴，高车驷马，翎顶辉煌者，必喝其名，使下车代其役，奴则再三请安，解腰缠以贿之，求免焉。故旗奴之富贵者，甚畏见其贫主也。"这就叫"严分主奴"，这种习惯反映到典章制度上，便是满大臣奏事时要自称"奴才"。满大臣自称奴才，不仅表示自己是皇帝的臣子，更表示自己是皇帝的家奴，而汉大臣则没有满洲人传统的主奴关系，所以只有臣子的身份，不能称奴才。

满人从一出生就有俸禄，单凭这一点他们就会誓死捍卫自己的特权，做皇帝的忠实奴才，而汉人则往往求做奴才而不得。

乾隆皇帝弘历统治时期曾有过满汉官员连署的奏折上出现署名问题，1773年，满大臣天保和汉大臣马人龙，共同上了一道关于科场舞弊案的奏折，写在前面的自然是满大臣，天保的用词必定是奴才天保，而马人龙一想"你用奴才我用臣的话,好像有点自外于皇上的意思不是？"于是便一起称为"奴才天保、马人龙"。

弘历看后大为恼火，斥责马人龙是"冒称奴才"。弘历特别做出规定："凡内外满汉诸臣会奏公事，均一体称'臣'。"你瞧，在清朝体制中汉人自动凑上去给人做奴才都不成！在这种赤裸裸的压迫之下，还有那么多的汉人争先恐后地踏上科举之路，谋求满大人赏赐的一点残羹冷炙，可见做官对于中国的知识分子具有多么大的诱惑力。

但是光有诱惑力还不够，还得有间谍特务们盯着——清朝统治者对使用间谍这门技术早有心得，远在后金的时代，皇太极就曾用反间计除掉了明朝最优秀的军事人才袁崇焕。

1626年，后金可汗努尔哈赤亲率13万大军攻打宁远城。袁崇焕带领将士坚守孤城，利用先进的西洋技术制造的红衣大炮击溃金军三次进攻，连努尔哈赤也被击中负伤，不久伤重而死。这是明朝对后金的第一次胜利，史称“宁远大捷”。袁崇焕此后被授予辽东巡抚。第二年，立志为老爹报仇的皇太极围困锦州，袭击宁远，结果又被袁崇焕击败。这次因为还有一个锦州，所以明朝称之为“宁锦大捷”。

皇太极明白在关外这么死磕下去，自己手里的老本迟早会输光。同袁崇焕进行消耗战是肯定要完蛋的，所以在1629年，皇太极绕道千里从蒙古草原越过长城，分兵三路直奔京师。袁崇焕闻讯带兵两日急行三百里回援京师，他本应将来犯之敌阻挡在蓟州至通州一线，但关宁军这次只是一路跟随后金军队抵达广渠门外。

时人看来袁崇焕如此之举俨然有牺牲别人保存自己的私心，后金军在北京城外任意烧杀掳掠，引起了社会舆论的极度不满，史载：“都人骤遭兵，怨谤纷起，谓崇焕纵敌拥兵。”再加上袁崇焕擅自斩杀毛文龙导致重要战略据点皮岛陷落和向后金转口出售粮食之事早被人诟病，于是兵部尚书梁廷栋请朱由检立斩袁崇焕，“则逆奴之谋既诎，辽人之心亦安”。

与此同时，金军抓获两名明朝监军太监。皇太极授意手下在两个太监能听见的地方互相耳语说：“今日撤兵，乃是大汗的决定。刚才我看到大汗一个人单骑出营，与敌军那儿来的两个人密谈了很久才各自回营。大概与袁将军有密约，可能攻占北京的大事就快要成功了。”

有一个姓杨的监军太监把这些话全偷听到，随后金军故意让两名太监逃走。

杨太监逃回京师后立即如复读机一般向皇帝把后金军人的谈话回放一遍，朱由检大怒。恰好有人提及袁崇焕此前用尚方宝剑杀了一直威胁后金后方安全的皮岛总兵毛文龙，才使得皇太极得以毫无后顾之忧地倾国远征北京。所以朱由检深信不疑，立即逮捕袁崇焕。

袁崇焕被下狱之时，北京城外后金军队尚未退去。袁军一齐愤慨痛哭，部将祖大寿等大怒，立即率军撤退。朱由检听说“老子们不干了”的消息后吓得不轻了，连忙请袁崇焕写信召他的部将回来作战。但是当后金军撤退后，朱由检一想起这件事来第一反应就是——他们居然听你的不听朕的！于是更是恨透了袁崇焕。

1630 年 9 月，朱由检将袁崇焕凌迟处死。

《明史》评价：“初，崇焕妄杀文龙，至是帝误杀崇焕。自崇焕死，边事益无人，明亡征决矣。”袁崇焕的继任者才能平庸，关外明军连遭失败，而对明朝皇帝心灰意冷的将领们大量叛变。袁崇焕组织起来的炮兵技术人才被皇太极俘虏后，红衣大炮的制造技术也落入后金手中，后金建立了炮兵部队重军，明朝的坚城再也无法阻挡后金的进攻了。

清朝康熙皇帝玄烨也是善用间谍的高手，在他的时代，蒙古准噶尔部的噶尔丹可汗拥有雄才大略，直接威胁到清朝的边疆稳定。

1688 年，噶尔丹向外蒙古进军。分裂中的喀尔喀部溃不成军，不得不停止内斗，紧急会商救亡措施。他们面前只有两条路，一是归附俄国，一是归附中国。蒙古大喇嘛库伦活佛坚持归附中国说：“俄国不信佛教，穿的衣服也奇形怪状。中国一片和平景象，又信佛教，穿的衣服看起来好像神仙。而且中国繁华富庶，有用不完的财宝，绸缎锦绣更多，依靠他们，生活一定愉快。”

除了这些理由，还有一个更重要的没有说出来的理由，就是他是清朝的政治间谍。

于是喀尔喀部撤退到内蒙古，玄烨率军亲征噶尔丹。

清朝军队在乌兰布通使用火炮大破蒙古人的骆驼防线，噶尔丹大败而归。他的侄儿策妄阿拉布坦在首都伊犁宣布即位，下令通缉弑君篡位的叛逆噶尔丹。噶尔丹向俄国求援，愿做俄国收复雅克萨城的先锋。俄国因跟中国刚签订了《尼布楚条约》，所以对噶尔丹的提议，不做回答。

噶尔丹继续垂死挣扎数年，在 1697 年绝望自杀，外蒙古自此并入中国版图。

拒绝援助噶尔丹的沙皇俄国并不是出于对中国人民的友好感情而坚守中立的，因为他们在《尼布楚条约》中大占了便宜，所以不愿得罪清朝，以至于还要撕毁条约再次作战。在清朝初年，沙皇俄国向西伯利亚扩张，由一帮俄国流氓无赖组成的殖民军在黑龙江流域建造尼布楚城和雅克萨城。

俄国人侵略和煽动当地土著背叛清朝的做法激怒了玄烨，不过由于从未与俄国人打过交道，他还是谨慎地先派人谈判。

1676年双方政府开始谈判，这时候他身边的耶稣会间谍被激活了——南怀仁向沙俄透露说清政府现在正面临着汉族百姓反抗、蒙古族又难以控制的难题，还向沙俄使团提供了一张机密的中国地图。这个康熙身边的内间使得沙俄使团的态度十分嚣张，最后谈判无果而终。玄烨的做法是谈不来就打。1685年黑龙江将军萨布素率领15000士兵攻陷雅克萨木城，俄军40多人投降。

清军撤退后俄军卷土重来，老毛子们这次学乖了，改建土城。

1686年夏，萨布素率领清军重新攻打雅克萨。俄国当时正和瑞典争夺芬兰，彼得大帝无暇东顾。于是双方再度开始议和，在尼布楚进行的谈判中，担任清政府使团翻译的耶稣会教士葡萄牙人徐日升、法国人张诚全是内间，他们向沙俄使团提供了中国的内部情况和中国地图。

1689年9月7日中俄签订《尼布楚条约》，俄军撤出雅克萨，毁掉雅克萨城——所得补偿是得到从额尔古纳河到贝加尔湖的大面积中国领土，玄烨在耶稣会间谍的“帮助”下只赢得了一个面子。俄国人投其所好，面子继续给过去：1693年俄国派使节赴北京觐见要求通商，由于其使节行三拜九叩之礼，玄烨见洋人居然也行这种奴才的大礼而大喜，于是特准俄国在北京建“俄馆”，每三年可以派200人商队入京逗留80天，其他国家不得享受此待遇。

自此开始，沙俄不断地把东正教传教团派往北京，传教团的真实目的与耶稣会毫无二致，实际上是西方列强在中国最早的常驻间谍机构。此外，沙俄在北京设立的俄罗斯书馆也是一个特务窝点，他们不仅搜集中国情报，而且还侦察中国与其他国家的外交活动。

诡计和阴谋围绕下的中俄和平维持了大约一个半世纪。当清朝衰落后，沙俄再度举起屠刀来切中国这个无力抵抗的蛋糕。1858年的《瑷珲条约》和1860年的《北京条约》取代了《尼布楚条约》，确立了俄国和中国的现代疆界——沙俄是抢夺中国领土面积最多的帝国主义国家。

文字狱间谍和杀人狂主子

虽然清政府对洋人的间谍战一开始就吃了大亏，可是对汉人的间谍战却大获成功。爱新觉罗家的皇帝们在发明对内镇压的特务组织方面一点都不输给老朱他们家，自从立国以来，文字狱就是清廷特务们手抓的第一要务。所谓文字狱，指的是通过对文章著作中摘取字句，进行扩大化和歪曲化的解释，进而罗织罪名进行迫害的行为。文字狱在中外各国历史上早有出现，在清统治者手中达到登峰造极的程度。因为以往历代文字狱所迫害者是少数特定人士，而清朝文字狱所迫害者是帝国统治下的所有民族——包括满人自己。

清政府专门豢养大批主抓文字狱的间谍特务，四处寻觅翻阅他人著作。一旦发现一点就立即进行扩大化打击，其主要对象是汉族读书人。清朝不仅要用科举做官这条胡萝卜来诱惑知识分子做奴才，还用文字狱这条大棒来时刻提醒知识分子要记得自己是奴才。

文字狱的审判是中国历史性司法黑暗——人权毫无保障。每个案件发生时，皇帝先交给高级官员组成的专案小组研究如何处理，向皇帝提出“九卿公议”。专案小组所提出的公议当然千篇一律认为那倒霉的被告罪大恶极，坚决要求凌迟处死，家属全部砍头。一般情况下皇帝会立即表示他的宽宏大量，特别加恩免去凌迟，改处绞刑或改处斩首，全族或全家男女老幼改为发配到黑龙江或宁古塔给披甲人为奴。不过有时候清皇帝会怀疑将所有案犯统统杀光还不够，因为一定有漏网之鱼隐藏在民间，这时候就会立即开展新一轮的大屠杀。没有人敢为被告主持公道，也不会有任何公道。

1647 年，发生了清朝第一起文字狱“函可案”。一位法号函可的和尚因藏有“逆书”《变记》而被逮捕，后来流放到沈阳。和尚的运气不错，再晚几年的话那颗光头就保不住了。

1661 年发生了“明史案”，浙江乌程盲人庄廷拢先生立志，著写一部明代史书以名垂青史。庄先生虽然肚子里的才华很少，不过手里的钱倒很多。他从邻居手里买到明大学士朱国桢的《明史》遗稿，以每千字三十两白银的巨额稿费为报酬延揽江南才子做枪手，用自己的名义整出一部《明史》来。

庄先生后来如愿以偿名垂青史，不过不是因为这本弄虚作假的书，而是因为他的行为正好撞到了文字狱的枪口上。归安知县吴之荣就是文字狱的优秀特务，他发现书中提到明末建州女真的事，并增补了明末崇祯和南明史事，在清朝建立后仍然奉南明弘光、隆武、永历帝为正朔，用永历等朝的年号，斥明将降清为叛逆。这些全都是清朝所忌讳的，更有趣的是书中直呼努尔哈赤为“奴酋”、清兵为“建夷”。

于是吴之荣立即秘密上报朝廷，当时的辅政大臣鳌拜下令逮捕并严厉处置涉案的相关人士。由于盲人历史学家庄先生已经病故，所以替儿子刊印发行的庄允城被逮捕上京，后来死于狱中，庄廷拢被掘墓开棺焚骨。

到了1663年，凡作序者、校阅者及刻书、卖书、藏书者均被处死。先后因此狱牵连被杀者共70余人，被充军边疆者达几百人。

1711年，左都御史赵申乔举报桐城派文学家戴名世“为书狂悖”，在戴所编著的《南山集》中收录了桐城学派方孝标所写的《滇黔纪闻》一文，其实著作中并无真正诋毁清朝的“大逆”之语，只是方书说到南明永历政权未可称为伪朝，戴书提到南明弘光帝及其年号，犯了清朝的大忌。戴名世因此被斩首，其家族百余人流放宁古塔。

1726年发生了文字狱史上最荒唐的大案“查嗣庭试题案”。礼部侍郎查嗣庭到江南主持科考时，试题出的是“维民所止”，这句话出自《大学》。但善于猜字谜的间谍们却向当时的雍正皇帝胤禛汇报说“维止”二字乃是砍掉“雍正”脑袋的意思，胤禛一听大怒，竟然相信如此荒谬的诬告而将查嗣庭斩首。

杀错也没问题，朕就是这般汉子。反正是别人的脑袋，掉就掉了无所谓。

胤禛当皇帝期间，湖南的曾静和张熙两个书生受到明末清初的思想家吕留良的著作中“华夷之辨”等观点的影响，到处进行反清宣传活动。

1728年，曾静和张熙策动当时的川陕总督岳钟琪谋反，鼓动他说你是岳飞的后裔怎么可以为金兀术的子孙打工？结果岳钟琪认为自己这份职业很有前途，他把两个鼓动家绑了送给皇帝。胤禛亲自审问曾静等人，结果是出乎意料的：他认为曾静等为“迂妄之辈”，决定予以赦免。而将吕留良的全部遗著焚毁，吕留良与其子葆中及鸿逵虽死，也全部从棺材里刨出来斩首。还活着的毅中、在宽等儿子都被砍头，堂兄弟表兄弟大姑子小姨夫之类的族人也全部被杀，三代以下的亲属发往宁古塔为奴。很多曾经购买、收藏和印刷吕氏书籍的人也全被株连灭族，死者甚众。同时，音乐艺术爱好者胤禛将曾静等人指责他的十大罪状（谋父、

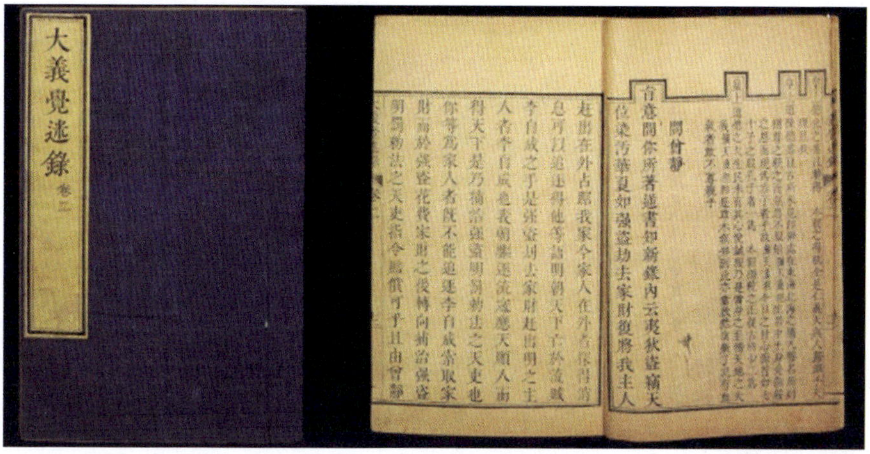

旷世奇书《大义觉迷录》令清朝皇室沦为世人笑柄

弑兄、屠弟、贪财、好杀、酗酒、淫色、怀疑、株忠、好谀任佞）一一进行了辩解和驳斥，编为同曾静进行和《吉祥三宝》一样一问一答的《大义觉迷录》。清政府印刷发行此书，并要求朝廷上下、地方官吏人手一册，还命曾静到全国各地巡讲，现身说法宣传朝廷之英明，痛斥自己误入反清邪教的歧途。曾静说我不敢再去乱说了，胤禛拍着胸脯说朕赦你无罪，还专门写了保证书让曾静壮胆。后来胤禛还觉得自己没有占据道德制高点，下令把这份宣传材料下发到村，每个村庄都要组织村民同志们进行学习。

如此一来，关于胤禛的八卦消息反而传遍全国，大家一边欣赏这场荒诞大片，一边议论皇帝到底是不是真有这么多的丑闻。到了他儿子弘历上台后，也不管老爹的保证书了，他立即以“泄臣民公愤”为由处死了曾静，然后查禁已经沦为“八卦新闻录”的《大义觉迷录》。

弘历是个喜欢读书写作的人，从业余文学青年一直当到业余文化老年，他自认为已经是不亚于李白杜甫的文豪，为此一共写了 5 万多首幼儿园级别的打油诗来证明自己的实力。业余文学青年刚上台的时候，决定表示一下自己的皇恩浩荡，干掉曾静等人之后曾一度下诏停止文字狱。但文字狱间谍们专靠干这行升官发财，岂能因为一封假惺惺的诏书而金盆洗手退出江湖？他们看清了历代清帝王的真正面目，所以文字狱从未停息。

弘历在进入业余文学中年状态后更是狂性大发，如疯狗一般咬住文字狱这块臭骨头不放松。1751 年，波及全国的“伪孙嘉淦疏稿”事件开始，文字狱迎来了巅峰时期。事件起因是在这一年的 7 月份，文字狱间谍们向弘历汇报说有一份《伪孙嘉淦疏稿》四处流传，其内容主要是斥责当朝皇帝失德，把弘历以及亲信大臣们的丑事一一列出大加鞭挞。弘历大概是杨广之后最自恋的一位暴君，他闻讯大怒下令全国缉查。不久后间谍们揪出了幕后黑手：抚州一个千总卢鲁生。原来他听说弘历将要南巡游玩，担心办差受累，所以编造和传播这份宣传稿，企图使皇帝取消南巡计划。弘历一听竟有人胆敢妨碍自己游山玩水，凌迟处死！他不仅这次要去江南，以后更要去江南，他一辈子一共六下江南，为此消耗无数人力物力。可悲的是卢鲁生并不是真正的作者，他不过是传抄者中的一员，由于文字狱间谍们实在是黔驴技穷找不到作者，所以就把卢鲁生抓出来顶缸。

从《伪孙嘉淦疏稿》事件之后，弘历大抓特抓文字狱。据故宫博物院编著的《清代文字狱档》记载，乾隆时期的大型文字狱总数在 130 起以上，小的加起来则有 160 起之多。其中大型文字狱往往株连上万人，小型文字狱也可达到百人之多。这是何等的残暴昏君！就在弘历手下，那些为非作歹的文字狱间谍一不留神也会陷进去。

1777 年，王锡侯“字贯”案发。

江西举人王锡侯为了给参加科举考试的士子提供方便，花了 17 年时间把《康熙字典》加以精简，编了一本《字贯》。这一举动在清廷眼中，已经属于“大逆不道”。因为《康熙字典》是康熙皇帝钦定的，王锡侯胆敢擅自删改，便是一大罪状。何况《字贯》没有为清朝皇帝的名字避讳，构成另一罪状。不但王锡侯被砍头，书版、书册全部销毁，而且经办此案的江西巡抚海成也因“失察”而被处斩。

海成这位仁兄本是文字狱间谍出身，专靠这门生意混饭吃的。在处理王锡侯这种小草民的时候，连海成这类没良心的官员都觉得对方可怜，只是建议皇帝革去功名。不料弘历格外细心，他把《字贯》翻阅一遍后发现王锡侯居然把玄烨、胤禛的“庙讳”，以及他自己的“御名”弘历都毫无避讳地开列出来。他认为这是“深堪发指”“大逆不法”之举，应该按照“大逆”律问罪。而海成仅仅建议革去举人，分明是替坏人说话，自然要从严从重从快惩处。江西布政使周克开、按察史冯廷丞也因为没从《字贯》一书中鸡蛋里面挑骨头而遭到革职处分。弘历在处置这一案件时坏了平时的“规矩”，没等大臣们给出公议就直接指示说“人人得而诛之”，于是王锡侯自然难逃一死。

乾隆皇帝在位时，连续对西北用兵平定了准格尔和大小和卓叛乱。他对情报工作极为重视，自然也落实在文字狱上面。

此后清廷进入了一个疯狂时代：71 岁的举人蔡显引用古人《咏紫牡丹》中的诗句“夺朱非正色，异种尽称王”被告发，弘历认为这是这里的朱就是老朱他们家，爱新觉罗家是“异种称王”。于是二话不说，人头落地。

文人徐述夔《一柱楼诗集》里有“明朝期振翮，一举去清都”之句；胡中藻《坚磨生诗钞》中有“一把心肠论浊清”的诗句，弘历认为这是反清复明和诽谤清朝的现行犯，立即灭族。

翰林官徐骏的诗集里被文字狱间谍找出一句：“清风不识字，何事乱翻书？”弘历认为这是讥讽他没文化，于是徐骏立马玩完。甚至连大理寺卿尹嘉铨自称“古稀老人”都犯了死罪，弘历酸溜溜地说：“我自称古稀老人，早已布告天下，他怎么也敢自称古稀老人？”于是一根绳子绞死了尹嘉铨。

广西巡抚满人鄂昌跟胡中藻作诗唱和，在《塞上吟》一诗中称蒙古人为“胡儿”，乾隆认为鄂昌自己就是胡儿，诋毁同类实属丧心病狂，勒令自杀。

最倒霉的是一个名叫龙凤祥的人，他喜欢刻图章，印了一部《麝香山印存》，“并无悖逆不法字句”，却也犯了罪，充军到伊犁。原来倒霉就倒霉在名字上，皇帝是真龙天子，你小子也敢姓龙，还敢叫凤祥？！

事态不受控制地发展下去，以至于没人敢写诗，没人敢印书。看起来清政府似乎打算把所有人都变成不识字的文盲才满意，可是那些没文化的底层中国人却正是清廷最危险的敌人，因为那里隐藏着无数的帮派会社，反清复明是无数秘密组织的共同口号。

天父地母，反清复明

自明朝灭亡之后，秘密结社组织天地会在清朝统治时期组织了数百起规模不等的起义和暴动，广泛活跃于福建、广东、广西、江西、浙江、湖南、云南、贵州、四川等省。这个帮派的起源众说纷纭，至今仍是一个众说纷纭、悬而未决的公案。

自从19世纪60年代荷兰人施列格首先写出《天地会》一书以来，百余年间关于天地会起源时间的说法多达五六种以上。流传最广的说法是：郑成功创办了天地会，正式名称根据老朱的年号洪武取名为洪门，因为参与者指天为父，指地为母，故又名天地会。

郑成功的军师陈永华化名陈近南潜入大陆发展天地会组织。天地会与中原许多反清小结社合并后迅速壮大，并分出许多支派，如小刀会、红钱会、哥老会、三合会等。

郑成功创立天地会之说虽然可信程度不大，不过的确是由不甘心受清廷奴役的明朝志士组建，时间大致上是在康熙初年首次出现。参加天地会的成员主要是破产农民、手工业者和其他游民群众，这些文盲半文盲给清廷制造出无数麻烦。

1786年11月的台湾林爽文起义，是天地会历史上一次空前规模的武装反清斗争。清政府先后动员了巨大的人力和物力才把这场声势浩大的起义镇压下去："若论经岁军资费，千两黄金一两骨。"

清政府为了把天地会一网打尽，"务绝根株"，在武装镇压林爽文起义的同时，又煞费苦心地对天地会的源流进行了追查。

1791年，天地会成员詹清真被捕，清朝官方审讯记录中称："该犯所供纸条内暗号，广东各处俱知底里，广东人入天地会者甚多。"而乾隆时期天地会徒众入会时"连父母妻子不许告知"，在入会仪式上，每人要发誓不得"触破事机""如若说破机关，死作刀下之鬼，若不说破，万代富贵"。

天地会的迅猛发展使得清朝统治着大为惊慌，甚至在法律中规定严禁"歃血盟誓、焚表结拜弟兄"。

乾隆末年以来，清廷在南方各省又特别加强了对天地会的侦破工作力度。在清廷与天地会的秘密战争中，双方都动用了大量间谍人员试图渗透到对方内部。虽然天地会等秘密结社组织屡被破获，但是清廷即使是在力量最强大的时候，也没能彻底获得这场秘密战争的胜利。

除了天地会之外，白莲教也颇令清廷头疼。

太平天国运动的爆发，证明清廷在镇压社团秘密战中的彻底失败

白莲教是起源于南宋的佛教分支，在融合了弥勒教和明教后迅速传播。白莲教宣扬“弥勒佛下生”“明王出世”，元末红巾军大起义就与白莲教有密切联系。朱元璋也是靠白莲教分支起家的，老朱明白这个宗教攻击性很强，所以上台后便翻脸查禁白莲教。

不过白莲教历经数百年始终不衰，在坐江山的换成爱新觉罗一家的时候，还给他们玩了场“大”的。

1796 年 4 月 17 日，嘉庆皇帝颙琰刚一上台，白莲教就在四川、湖北等省发动大起义。这场大起义花费清廷八年时间才平定下去，更让颙琰沮丧的还在后面：1813 年白莲教的分支八卦教同时在河南、河北和山东发动起义，在河北的八卦教领袖林清派出间谍深入皇宫内部，将皇帝们最信任的家奴太监们发展为内间。

虽然河南八卦教领袖李文成在起事前被官府间谍渗透而被捕，但是林清带着 200 名信徒扮作小商贩成功潜入北京。9 月 15 日，在太监内应的引导下，八卦教徒分两路攻入紫禁城。在隆宗门外与御前侍卫激战，隆宗门的匾额上至今还留有起义者发射的箭头痕迹。当时皇宫内的清贵族们得知消息后丑态百出，王公大臣们吓得屎尿皆出瘫坐在地，格格阿哥们狂呼怪叫乱作一团。只有后来的道光皇帝皇二子旻宁指挥火器营向攀登皇宫城墙的八卦教徒射击，这才把起义镇压下去。

这时候颙琰正在避暑山庄，一听到八卦教的间谍都发展到皇宫内部，自己的老窝差点被端之后，一连惊呼："这是汉唐宋明未有之事！"他赶回北京后城中仍然是一片大乱，"进城遇变，人情惶惧，讹言四起，惊诧达旦"。为了表达自己的愤懑心情，颙琰还写了一首皇家打油诗："从来未有事，竟出大清朝。"

在接下来的岁月中，此类"未有事"变成了经常事。当太平天国起义爆发后，南北方各地的白莲教和天地会起义层出不穷，充分说明了清政府是这场漫长秘密战争的失败者。

雍正和他的"粘杆处"

对于天地会这种使用暴力反抗的秘密战争对手，指望那些道德败坏的文字狱特务是没戏的。早在雍正时期，清廷就组建了训练有素的情报组织"粘杆处"。

粘杆处本是一个专事替胤禛粘蝉、捉蜻蜓和钓鱼的服务组织。当胤禛竞争皇位的时候，他意识到需要有一个自己的间谍机构，于是他招募江湖武功高手，训练家丁队伍，这支队伍的任务是四处刺探情报，铲除异己。

当胤禛坐上皇位后，在内务府专门设立了间谍机构粘杆处。

粘杆处首领的职衔是"粘杆侍卫"，由有功勋的大特务担任。他们大多是雍正藩邸旧人，官居高位，权势很大。粘杆处的一般成员统称"粘杆拜唐"，由小特务充任。他们都是内务府包衣奴才，待遇不高但跟随皇帝左右，职位可谓炙手可热。

粘杆处虽属内务府系统，总部却设在雍亲王府

粘杆处虽属内务府系统，总部却设在雍亲王府。

雍正三年，胤禛降旨雍亲王府改为雍和宫，定为"龙潜禁地"。粘杆处在紫禁城内还设一个分部，御花园堆秀山"御景亭"是他们值班观望的岗亭。

山下门洞前摆着四条黑漆大板凳，无论白天黑夜，都有四名“粘杆侍卫”和四名“粘杆拜唐”坐在上面。胤禛交办的任务，由值班人员迅速送往雍和宫，再由雍和宫总部发布命令派人办理。胤禛的间谍们刺探反清活动，窥探王公大臣隐私，尤其是严密监视曾与他竞争皇位的兄弟们，以防止政变出现。胤禛去世后，弘历继承了老爹的特务财产，继续利用粘杆处控制京城内外和外省大臣的活动，直到弘历死后，粘杆处的特务活动才逐渐废弛。

胤禛除了设立粘杆处之外，还发明了别出心裁的“密折”制度。密折不同于一般奏折，只能由皇帝亲自拆阅，保密性远远高于由通政司转送内阁申请拟旨，再呈送皇帝的普通奏折。

胤禛在登基的第 14 天就下了一道收缴前朝密折的谕旨，使密折逐步形成了一种固定的文书制度。在胤禛钦定的规章里，从缮折、装匣、传递、批阅、发回本人，再缴进宫中，都有一定的程序，不允许紊乱。按照密折的内容，分别规定用素纸、黄纸、黄绫面纸、白绫面纸四种纸缮写，并使用统一规格的封套。密折须本人亲笔，臣工缮写完后，加以封套、固封，装入特制的折匣，用宫廷锁匠特制的铜锁锁住，坊间锁匠配制的钥匙是绝对打不开密折匣的。密折派专人送达，只能由皇帝打开。

胤禛的密折内容包揽万象，尤其允许大臣们互相揭发不法事，支持越级上告，支持地方官越境奏事。这样可以越级监视，上下牵制——人人都是皇帝的间谍，个个都有被揭发的危险。

密折制是胤禛控制官僚的有效手段，首先皇帝可以直接处理地方事务，强化了权力；其次，密折有效地控制了官员，在雍正时代每一个具有奏折资格的人都有权向皇帝密告自己的同僚、下级甚至上司；同时在他监视别人的过程中，自己也被置于别人的监视中。这样的互相牵制，保证了地方官效忠皇帝。

胤禛很得意于自己的情报网络，雍正并不忌讳谈到告密，他标榜自己“励精图治，耳目甚广”。他的耳目遍及全国各地，有以奏折制度为依托的明线，又有由间谍所织成的若干暗线。其情报网组织的人员，一为科道言官和写奏折的官员；二为通过各种渠道推荐给各省督抚的书记。胤禛的耳目中还有一类是发往督抚处试用候补的侍卫，如雍正曾派遣十个御前侍卫到川陕总督年羹尧处学习军事。这些侍卫赋有了解该地官民情况的职责，同时也是监视年羹尧的间谍。这些间谍本来应该随时随地向皇帝密报年羹尧的表现，不料他们被年羹尧使用各种手段收买，在给胤禛的密折中充满了对年羹尧的肉麻吹捧。胤禛对此火冒三丈，当年羹尧获罪倒台后，胤禛给这些靠不住的间谍侍卫的朱批中连斥“卑鄙”，令他们不必再回京。

清代赵翼在《檐曝杂记》中述及：官僚王云锦元旦在家里与亲朋好友打叶子牌，不知怎么丢了一张。第二天上朝，雍正询问他新年假期做了些什么。他从实回奏，雍正点头称是，说他细事不欺君，不愧为状元郎，随手从袖中把那张丢失的叶子牌掏了出来。王云锦惊骇莫名，清皇帝的监视网络不亚于明朝的厂卫组织，帝国的每一个臣民都在被监视中度日。

就在清皇帝们防备汉人、防备大臣甚至防备亲兄弟的时候，世界格局已经悄悄地发生着变化。强盛的清帝国已经从盛世走向危机。来自境外的威胁正汹涌而至，可是紫禁城里的独裁者仍在自得中麻木不仁地度日。

从玄烨时代开始，对西方的情报战一败再败，并且不引起任何人的危机感。

1831年，普鲁士传教士郭士立等间谍乘商船在中国沿海测量航路并侦察重要港口的通航能力。他们在长江入海口附近侦察，连续一周记录进入吴淞口帆船的数目，还窥探了海防重地和驻防清军的武器装备，搜集中国的军事、政治、经济情报，测绘了中国沿海港口、海湾、河道地图，这是西方列强一次有目的的战略侦察。

西方间谍的活动很快在1840年的鸦片战争中起到了巨大效果，随着战败和《南京条约》的签订，中国陷入了苦难的近代史时代。

第二节 北美的隐身人

吸毒者华盛顿和他的业余间谍们

以英国人的眼光来看，发生在 1775 年 4 月 19 日清晨的一切都是严重的暴力叛国罪：波士顿城的不法民兵们在莱克星顿村突然袭击国王的军队，经过一整天的战斗英军死伤 247 人，从此叛乱之火燃遍整个北美殖民地。

6 月 14 日，叛匪们成立了所谓的大陆军，在叛徒、前英国殖民地民兵首领乔治·华盛顿的指挥下与英军为敌。

乔治·华盛顿是个大奴隶主、毒品贩子兼吸毒者。他指挥黑奴在自己的大庄园里种植印度大麻，并以治疗牙疼的名义吸毒。但最让大英帝国头疼的不是华盛顿那些连鞋子都没有的大陆军，而是他的情报战。

让我们将时光回溯到 20 年前，22 岁的英国热血青年乔治·华盛顿还是个殖民地的穷光蛋，他热切地希望能成为英国正规军军官，好有份不错的薪水和社会地位。英法争夺北美殖民地的战争给了他希望，英国弗吉尼亚总督罗伯特·丁威迪任命他为殖民军少校，让他带领着弗吉尼亚第一军团的民兵们参加对法作战。

1755 年，在英军企图夺回俄亥俄的“布雷多克”远征中，华盛顿参加了莫农加西拉河战斗。他所在的英军纵队在毫无准备的情况下遭到伏击，法国军队及其印第安同盟部落的子弹将华盛顿外衣击穿四个大洞，但他奇迹般的毫发无伤。

撒丫子跑回维吉尼亚后，凭借着衣服上的枪眼，华盛顿变成了英雄人物。虽然最后他还是没混成一个正规军军官，不过这场战争让他体会到游击战的威力和情报战的重要性，这两点在 20 年后对英国殖民统治造成了致命性的伤害。

22 岁的英国热血青年乔治·华盛顿是个殖民地的穷光蛋，他曾热切地希望能成为英国正规军军官

1775 年 6 月 15 日，华盛顿就任大陆军总司令，英军一定很后悔当初没给他个副连长之类的职务干干。不过华盛顿的军事生涯并不顺利，经过一系列头破血流的阵地战碰壁之后，他明白手下这些乌合之众打不赢英军。所以游击战术和情报战便摆在他的日程表上了，而且是刻不容缓的。

华盛顿的对手，英军情报部门的负责人是托马斯·盖奇将军，这位敏锐的英国人早在北美革命爆发之前就预感到即将来临的风暴，因此他立即组建了一个情报网，并且派遣间谍渗透到被称为“爱国者”的殖民地独立运动人士当中。

盖奇屡屡秘密袭击大陆军的补给仓库，波士顿爱国者的秘密组织“自由之子”则成立了“绿龙”小组来反击英军间谍的破坏活动。不幸的是，其中的一个成员

华盛顿率领自己那些乌合之众的大陆军走向战场时，一是指望着法国的援助，二是寄望于自己指挥的情报战

本杰明·邱齐医生正是英国人的间谍。虽然邱齐是以宣传独立运动和革命战争起家的，可是奢侈的生活使他负债累累，于是英国人的金钱诱惑将他拉下水。有了出卖同志的酬劳后，邱齐另买了一栋豪宅，豢养情妇在里面鬼混。

绿龙小组的领导人保罗·莱维也派遣间谍渗透到盖奇的英军司令部中，于是盖奇和莱维都知道内部有奸细，但是都无法找出来。最后绿龙小组成员不得不求助于宗教的约束力，每次聚会的时候都手按《圣经》向上帝发誓不泄露秘密，但是这种约束对邱齐而言绝对无效。

莱克星顿和康德战役之后，英军继续盘踞在波士顿。

1775 年 4 月 21 日，邱齐进入被北美民兵围困的波士顿与盖奇会晤，两人见面时被莱维的间谍发现。当邱齐回到营地后立即被莱维质问，邱齐诡辩说自己被捕，盖奇是在审问自己。由于自己没有暴露身份，所以被英军释放。莱维暂时相信了盖奇。5 月，马萨诸塞州的民兵并入大陆军中，邱齐成为大陆军总医师。在这个位置上，他能给盖奇提供更有价值的情报。

邱齐的暴露源自于他愚蠢的情妇，由于需要把一份加密情报送交给波士顿的英军，邱齐让自己的情妇把密信送给英军“玫瑰”号舰长华莱士。他的情妇拜托当地一个面包师转交，说是一封普通家信。面包师办事拖拖拉拉，到了 9 月份信还没有送出，于是邱齐的情妇催促他赶紧送信，面包师觉得其中有问题，便把信件交给了华盛顿。华盛顿逮捕了邱齐的情妇，又审问邱齐本人。邱齐坚称那封信是写给自己在波士顿的妹夫的，但无法解释为何通过英军战舰转交，也拒绝提供破译密码。

这时邱齐的朋友韦斯特牧师和波特上校联手破译密码，结果让他们大吃一惊：密信上详细记录了大陆军的现状，涉及军队人数、伤亡情况、火炮数量、后勤补给状况、弹药生产、征兵状况等等诸多方面，邱齐还在密信中呼吁英军与大陆军和谈，避免采取战争手段。

华盛顿要求邱齐解释自己的间谍行为，邱齐则诡辩说这是为了夸大自己人的力量，使得敌人提出有利于大陆军的和谈条件。这种理由不能说服任何人，全赖当时大陆军没有惩处间谍的法律，所以邱齐在被监禁一年后竟然释放。

获释后的邱齐乘船离开美国，自此再无音讯。

英军咄咄逼人的情报战促使华盛顿建立了美军第一个情报机构。华盛顿的第一个也是最有名的间谍是内森·黑尔，他是托马斯·诺尔顿中校手下的“诺尔顿游骑兵”成员，这个由150人组成的志愿间谍小分队就是华盛顿简陋的战地情报班底。

1776年9月，在纽约长岛敌后被捕的黑尔上尉被推上绞架。临刑前英国军官问他有什么遗憾没有，黑尔说：“我唯一遗憾的，是我只能为我的国家献出一次生命。”

虽然此刻美国还没有建立，可显然英国军官并不认为黑尔所说的国家是指英国，于是他们绞死了这个华盛顿的间谍。黑尔的临终遗言成为西方世界的一句名言，可惜他的详细事迹已经湮灭，没人知道他被捕时到底在执行怎样的间谍任务。

从纽约败退后，华盛顿指定自己的情报部门负责人为本杰明·特尔麦茨少校，这是个化名，他的真名是约翰·帕托。

1778年，帕托在纽约等敌占区发展了一个“卡尔普”间谍网，这个间谍网的间谍都是彼此认识的老友，帕托希望自己这种独特的组织结构可以在出现被捕牺牲的间谍时，其他间谍以充满复仇情绪的激情继续工作。

帕托的第一批间谍全部都是他的耶鲁校友，虽然他们都是外行出身，但其中的大部分都能适应自己的新工作。为了保护自己的间谍，除了帕托之外没有任何大陆军军人知道这些间谍的真实姓名。在纽约被英军完全占领后，帕托招募了一名叫作罗伯特·汤森德的间谍，他的化名是小塞缪尔·卡尔普。他名义上的“亲戚”塞缪尔·卡尔普是帕托在赛陶科特的情报负责人亚伯拉罕·伍德哈尔。汤森德的活动能力很强，他在纽约城中拉拢到不少市民充当间谍。其中有个出版商詹姆斯·里温顿是专门出版反美拥英书籍的，因此得到了英国人的信任。

里温顿借机与汤森德合伙开了一家咖啡馆，那些总喜欢来这里喝咖啡的英国人不知道自己的谈话会被好几双耳朵窃听。为了增强英国人对自己的信任，汤森德为里温顿主办的《皇家公报》撰写了一系列吹捧英王的文章。

华盛顿建议自己的间谍们使用密写墨水，帕托还编制了一套数字密码。密码使用763个数字，每个字代表一个单词，例如华盛顿的代码是711、英格兰的代码是745、袭击的代码是38、纽约的代码是727——以此类推，波音公司的代码可能是 737，如果当时它存在的话。

在如何传递情报这点上，帕托招募了一个纽约城外长岛的酒店店主来解决问题。奥斯丁·鲁为了维持他的酒店正常运营，有足够的理由经常进入纽约采购货品。情报由他带出，再藏到伍德哈尔的农场。伍德哈尔获取情报不需要出门，也不会招惹别人注意。伍德哈尔把情报交给一名叫作克拉伯·布鲁斯特的船夫，由他将情报传出长岛。

为了能够让布鲁斯特及时上门提取情报，几个间谍还采用了一套旗语信号系统。需要发出信号的时候，卡尔普间谍安娜·斯特朗就把一件黑裙子和手绢挂在晾衣绳上。看到信号后布鲁斯特就去伍德哈尔的农场取情报，然后摇船离开长岛，穿越康涅狄格州送到帕托手里，再由帕托直接送交华盛顿。

殖民地来的双重间谍

由于路易十六急于报英法七年战争失败之仇，所以当北美殖民地革命的消息传来后，法国政府的第一反应就是支援叛乱者搞垮英国佬。

不过由于上次战争失败已经被迫将北美殖民地加拿大和印度的大部分领土

英法七年战争的失利是法国决定支援北美殖民地造反的重要诱因

割让给英国，所以路易十六也担心如果这次再押错宝会失去什么。虽然他的叔叔西班牙国王查理三世一直鼓动法国支援北美革命，还拿出一百万利佛尔来第一个捐款。可是法国国王依旧犹豫不决，就在此时北美殖民地代表塞拉斯·金抵达巴黎。

金是个生意人，对金钱比对政治更感兴趣。而法国外交大臣威尔尼伯爵顶着英国大使斯图蒙塔勋爵的绝大压力接见金时，他的第一句话就是警告对方留心英国间谍，不能相信任何一个在法国遇到的英国人。

金赶紧使用假名字换了旅店，可依旧被英国间谍死死盯住。不久后，他得知英国方面专门派出总检察长韦德别尔和罗斯福尔特勋爵来巴黎主持对他的监视工作。金简直要崩溃了，他在给殖民地大陆会议的信件中哀叹："所有的咖啡馆、戏院和其他一切社交活动场所都充斥着英国间谍。"

1776 年 12 月，本杰明·富兰克林博士作为殖民地全权代表抵达法国。虽然法国政府隆重接待了他，可是此时华盛顿的军队连吃败仗的消息实在让威尔尼伯爵没有信心。而此时西班牙的立场也出现了转变，新上任的首相弗洛里德·布利卡伯爵是北美革命的反对者，他坚信一个独立的美国会威胁到西班牙在西半球的所有殖民地安全——他的见解是正确的，日后西班牙的殖民地领土大都被美国夺走。

富兰克林的殖民地驻法国非正式大使馆坐落在一座豪宅之中，他的秘书长是马萨诸塞州的波卡洛夫托博士。在这一阶段，金一直被同样来自殖民地的波卡洛夫托博士的抱怨所感染，那就是殖民地政府对自己的工作人员过分吝啬。金先生知道这位博士为了支持殖民地独立运动曾在英国坐牢，从而得到了殖民地高层人士的普遍尊重，所以他对波卡洛夫托的建议照单全收，对他的抱怨也感同身受，因为金为殖民地购买军火物资垫付的 12000 英镑货款迟迟没有得到补偿，更何况他本人的薪水了。金不知道这位博士是英国人派来的间谍，他的昔日言行包括坐牢都是英国当局精心制造的谎言，为的就是让他得到北美叛乱者的尊重和支持。波卡洛夫托这么做是因为他做投机生意破产急需金钱，而他本人确信这场战争英国必输无疑。所以这位心怀鬼胎的间谍一边诱惑金，另一边则时刻打算摆脱英国间谍机关的控制。最后金还是被他拉下水，所有被发回北美的情报都被复制送交伦敦，金用这种方式来补偿自己因为垫款和拖欠工资而蒙受的损失，也算是一种恶意讨薪的方式。与此同时，波卡洛夫托的手段更为大胆，他同时将英国和殖民地的情报出卖给对方，两头通吃。当他又在投机生意中发了财时，他把英国人支付给自己的薪水还了回去，洗手不干了。

1777 年的 11 月，萨拉托加大捷的消息传到了巴黎。路易十六大受鼓舞，立即同富兰克林签署盟约，并正式支付几百万利佛尔的援助金。

1778 年 2 月 6 日，法美签订了《法美联盟条约》。1778 年 6 月法英开战，西班牙也于 1779 年 6 月对英作战。俄国于 1780 年联合普鲁士、荷兰、丹麦、瑞典等国组成“武装中立同盟”，打破英国的海上封锁。1780 年 12 月荷兰进一步加入法国方面对英作战。北美独立战争扩大为遍及欧、亚、美三大洲的国际性反英战争，英国陷入空前孤立的境地。

在南部战场上，美国大陆军和民兵以游击战和游击性的运动战与敌周旋，日趋主动。在 1781 年的吉尔福德之战中，英军伤亡惨重。在大陆军和民兵的持久消耗下，英军渐感力量不支。

1778 年金回到殖民地，可是他的灾难也随之而来。金的政敌揭发他在法国侵吞公款，金被迫逃亡欧洲，最后来到英国。但是他的同胞们并不知道金除了侵吞公款外还是间谍，直到英国方面又把他和英国间谍机关的信件公布出来以打击大陆会议的威信时，这位间谍才正式曝光。

克林顿与西点叛变案

1780 年 7 月，卡尔普间谍网获悉英军准备出动 8000 人袭击刚在罗德岛登陆的 6000 名援美法军。华盛顿接到情报后立即指挥大陆军虚张声势地向曼哈顿岛逼近，还让即将发动进攻的情报故意泄露给英方。

英军司令亨利·克林顿别无选择，只好放弃袭击法军的计划固守纽约。

从此以后，来自欧洲的法军源源不绝而来，这些法国精锐部队成了日后彻底击败英军的决定性因素。不过克林顿将军并不是在情报战中一味吃亏上当的人，他在 1780 年 9 月发生的西点背叛事件中扳回了一局。

虽然得到了欧洲的援助，可是美国独立战争进展到此刻并没有让所有殖民地人民团结一致。仍然有以大种植园主、大资本家和上层宗教界人士组成的效忠英王的派别存在，他们自称托利派和效忠派，而大陆会议则称其为叛徒。

托利派的影响力遍及三分之一的殖民地居民，其中有5万人干脆加入英军对抗同胞。而在大陆军内部也有不少骑墙派存在，他们对于美国独立后是否会沦为一个庞大而又贫困的国家感到忧心忡忡，关于“平民统治的危险性”以及与英国国王即将达成和平协议的流言蜚语影响力极大。

在这种背景下，宾夕法尼亚州前任军事长官本尼迪克特·阿诺德将军的思想出现点小活动也就不足为奇了。

阿诺德将军是个军人，同时也是个生意人，他一边指挥作战一边做生意的风格引起了州执委会的强烈不满。以至于他们公开斥责将军利用军队大搞投机生意，阿诺德将军愤而辞职，结果竟无一人挽留他。

大陆会议分析了整个事件的前因后果，结果做出将军有罪的决议，并要求华盛顿对阿诺德予以谴责。华盛顿以最温和的方式批评了阿诺德，同时表示相信将军在指挥岗位上可以重新证明自己的能力。

此处不留爷，自有留爷处，阿诺德决定走人。但是没想到面临的局面却成了“处处不留爷”，当然这位“爷”也没处去投八路，只有到处躲债主——由于出名吝啬的大陆会议拒绝支付这位曾在战场上身负重伤的将军的工资，而他新娶的18岁小媳妇又是挥金如土的戏子出身，所以结局可想而知……

此时克林顿将军面对的局面也非常糟糕，他已经知道自己再也无法得到本土的增援，面对着一波又一波登陆法军的威胁和那些打了兴奋剂一般的大陆军游击队员的骚扰，千疮百孔的英军阵线几乎无法支撑。

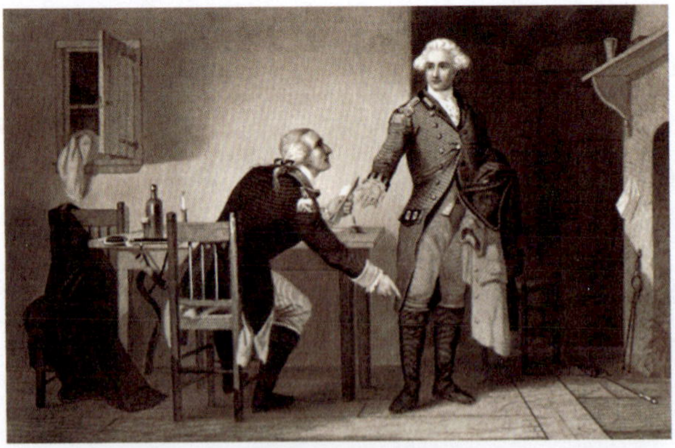
阿诺德将军将情报交给英军间谍安德烈少校

在英国殖民当局的临时首都费拉德尔菲亚市，苦恼的将军把他的情报部门当成唯一的希望。不久后他的情报军官——27 岁的安德烈少校真的报告了一个好消息：自己情人的老公打算通过自己的老婆联系其情人出卖情报。

这起空前错综复杂的叛变事件放在安德烈身上一点都不令人奇怪。这位大众情人有两大爱好：戏剧和勾引已婚妇女。他刚与漂亮的女演员波姬·西宾勾搭上不久，就发现情人的丈夫正是不得志的阿诺德将军。于是同时面临着“我爱国但国不爱我”和“我爱钱但钱不爱我”双重苦恼的阿诺德将军找到了解决方案——虽然是通过如此令人作呕的方式。

安德烈少校是很喜欢在殖民地军民当中发展间谍的，除了阿诺德之外还有其他的达官贵人被其收买。例如罗得岛州立法会议议长和布朗乌列尔神父等等，其中，倒霉的神父身份曝光后被其教民们丢进河里淹死了。

所幸神父虽然淹死了，还有其他一些身份低微的普通间谍存在，所以整个情报网的运作还是比较可靠的。但是由于与波姬·西宾的独特关系，安德烈采取了绕开自己情报网的联系办法。他把西宾的女友奇尤女士当作自己的信箱，他和波姬分别把密信寄给奇尤，再由奇尤分别寄给对方。奇尤一直以为自己在掩护朋友的秘密恋情，完全不晓得自己已经成为英国人的“地下交通站”了。

安德烈与阿诺德的密信密码是由英国法学家波列卡斯顿的《英国宪法注释》指定的，他们约定密信中每组数字的第一个字母代表页数，第二个数字代表行数，第三个数字代表第几个单词。

英国人指示阿诺德最好留在军队中为自己服务，并且迫切想知道如下内容：著名的殖民地政治家中有哪些可以被争取到英国方面的，大陆会议外交文件内容、军事部署、物资储备、可以通行的道路、对英军的打击手段、军事仓库所在地等等。特别是将军如果能带领部下一起投奔英国的话，那将会得到荣誉、职务和财产等所有方面的满足。

为了证明自己的诚意，克林顿将军吩咐安德烈少校把每项情报的具体价格都开列在密信中。阿诺德看着英国人的情报采购单心花怒放，但不久后这位精明的将军开始担心把自己卖得太贱了——难道亨利·克林顿先生真是最慷慨大方的客户吗？他决定去向法国公使兜售情报，但是被婉言谢绝，因为法国方面作为美国的盟友实在没有必要高价采购一位美国退役将军的情报。于是阿诺德将军立即决定恢复现役，好带领军队投靠英国人，他断定这是发财的捷径。

此时华盛顿正缺人手，所以立即同意了阿诺德的请求。不过阿诺德明确提出了任职地点：西点要塞，这令华盛顿感到意外。他善意地认为在这里任职不易实现将军洗雪前耻的目标，不过他还是满足了将军的愿望，委任这位心怀鬼胎的将军为西点要塞司令。

西点要塞位于哈德逊河“S”状的拐弯地点，由于弯度很急，所以过往的大型船舶经此必须减速，在这里设立居高临下的要塞颇有“一夫当关，万夫莫开”之势。

华盛顿认为西点是美国最具战略价值的一块阵地，是“打开美国的一把钥匙”。有鉴于此，他在1778年邀请萨拉托加战役中的英雄萨丢斯·科什乌兹科上校设计西点军事要塞。经过一番勘察，科什乌兹科在此建立了大小14个据点，控制河道和防御水陆两栖进攻。各据点彼此呼应，相互支援，形成一个合理有效的防御体系。英军若乘船来犯，则无异于自投罗网。

华盛顿本人也曾在1779年把他的司令部搬至西点，后来西点要塞成为西点军校的一个重要组成部分。阿诺德自我感觉极好，他现在可以将西点待价而沽了，由于这里还囤积着大量军火，他更觉得可以卖个好价钱。于是一封写给安德烈少校的密信发出去了，阿诺德为自己的“货物”开价2万英镑，同时他也没忘记敦促大陆会议立即支付拖欠的工资。

不过阿诺德明白这样的大买卖不是一下子就能谈成的，他决定顺便做几笔小生意。法国志愿兵司令拉菲耶塔将军和西点要塞前任司令高将军都被阿诺德一个奇怪的请求所困扰，他要求得到美军在英军内部及后方的所有间谍名单。阿诺德的要求立即遭到拒绝，不过最后他还是得到了那些同时为双方服务的双重间谍名单。于是进货成功的情报商阿诺德再次向商业伙伴安德烈发出邀请，要求立即进行谈判。

9月份，安德烈少校启程前往西点。

在此之前，卡普顿间谍网已经得悉安德烈少校特别频繁地同其他英国军官讨论西点要塞问题。于是，关于西点方向可能出现问题的预警报告发到了帕托手里。就在帕托接到报告的半小时之后，本尼迪克特·阿诺德将军也给帕托送来一封信，声称他的朋友约翰·安德烈先生要到西点拜访，由于他不熟悉路，请派遣几名骑兵护送。

帕托感到事态严重，他命令手下立即去迎接安德烈先生，并直接“护送”到自己这里来。

不过安德烈少校诡计多端，他没有按照阿诺德的提议沿着陆路前往，而是乘坐英国军舰“猛兽”号来到哈德逊河边的约定地点。两人见面之后，激烈的讨价还价持续了整整一晚。

9 月 22 日清晨，猛烈的炮战打断了两个间谍的谈判。原来是美军终于发现了英舰，在岸炮打击下“猛兽”号中弹起火，舰长丢下安德烈逃跑，这下少校傻眼了。阿诺德赶紧给他一套便装和一本护照，以及六份建议英军如何进攻西点要塞的文件，安德烈把文件塞在自己的袜子里。

第二天，安德烈在阿诺德安排的向导指引下沿陆路返回英军阵地。向导把他带到距离英军战地不远处就离开了，安德烈自己继续前进时遇到了一伙穿着英国军服的武装人员。他警惕地问对方是什么人，经过短暂的沉默后其中一人回答说他们是英军士兵。于是安德烈声明自己是英军少校，要求他们护送自己回军营。

安德烈向这些一言不发的士兵解释说自己是英军情报军官约翰·安德烈，在路上使用的护照上写着假名字约翰·安德尔逊，这护照是一名美军的叛变将军阿诺德发给自己的，最后他手腕上金表背面刻着的名字证实了自己的身份。那伙士兵认真听完了安德烈的说明，然后宣称自己是美国民兵，现在要逮捕他这个英国间谍。安德烈当下傻眼，他没想到自己被一伙换上敌军制服的外行给骗了。少校眉头一皱计上心来，他拍着其中一人的肩膀说：“小鬼，我是美军军官，刚才都是骗你们的，为的是考验你们的警惕性够不够高。”

爱好戏剧的安德烈演技水平太差，以至于连几个乡巴佬都糊弄不了。民兵们从他的鞋子里搜出了情报，于是安德烈拿出大笔现金试图贿赂但惨遭失败，最后他被押送到民兵指挥官杰姆逊少校那里。就在同一天早晨，阿诺德将军吩咐妻子设早宴款待华盛顿及其司令部人员。就在华盛顿即将进门时，杰姆逊少校的信使送来了抓住英国间谍安德烈的报告。阿诺德将军临危不乱，他把妻子拉进房间告诉她这个消息后，不顾晕倒在地的波姬·阿诺德，径直冲出门去跳上马投奔英军去了。

阿诺德在英军那里立即得到将军的头衔，后来还因为成功镇压后方的居民反英起义受到表彰，英国政府最后支付给他几千英镑作为他当间谍的报酬。后来他给华盛顿写了封信，吹嘘自己的所作所为完全是为了英国的利益，因为他一直认为自己是英国臣民。

阿诺德要求交还自己的夫人，而华盛顿和他的司令部人员被职业演员波姬·阿诺德的演技欺骗。这个女人一直装疯卖傻，并表示因为丈夫背叛了祖国和她自己而伤心到精神失常，只可惜当年还没有奥斯卡奖，否则最佳演技奖非波姬·阿诺德女士莫属。

夫妻团聚的阿诺德一家后来到英国定居，虽然背负着骂名，但阿诺德将军在1801 年去世时已经是位富翁了。

不过倒霉的约翰·安德烈少校就没那么幸运了，在内森·黑尔被绞死后，死刑就是美军对英军间谍做出的唯一判决。

华盛顿给克林顿写了一封信，宣布安德烈被判处间谍罪，将于 10 月 1 日处决，克林顿为了挽救自己的情报指挥官尽了最大努力，他借口安德烈已经表示过

10 月 19 日，华盛顿接过了康沃利斯的佩剑，英军宣布投降

投降，所以他是一个战俘而不是间谍，还请求推迟一天行刑，请华盛顿派代表来进行谈判。与此同时厚颜无耻的阿诺德也写信求情，他说安德烈已经投降就应该得到宽恕。华盛顿没搭理叛徒的呼吁，他直接向克林顿提出一项交易：用阿诺德交换安德烈。克林顿自然不会答应，于是 10 月 2 日中午，约翰·安德烈被绞死，临刑前一句话都没来得及留下。

1781 年，美军以及法国陆军和海军一同包围了康沃利斯在约克敦的军队。10 月 17 日，康沃利斯投降。

10 月 19 日，华盛顿接过了康沃利斯的佩剑，英军宣布投降。这场战役成了独立战争最后一场主要的战斗，不过残余英军仍在纽约市和其他地点坚持。到了 1783 年，随着《巴黎条约》的签署，英国承认了美国的独立。华盛顿解散了大陆军，随后在 1789 年和 1792 年连续当选首任和次任美国总统。虽然欧洲的国王们都认为他会自立为王，不过华盛顿还是按时离开了总统办公室，把权力交给继任的约翰·亚当斯。

自从 1797 年 3 月退休后，华盛顿带着轻松的心情回到弗农山农场继续种植包括大麻在内的作物，还开始酿酒。

1799 年 12 月 14 日，华盛顿去世。

平克顿和他的生意

新的时代来临了，19 世纪以后一种新的间谍应运而生，那就是新闻记者。随着电报的出现，窃自前线的秘密会被记者用光速发回后方出版。在克里米亚战役期间，由于记者威廉·霍华德·拉塞尔对英军士兵恶劣生活环境和缺医少药现状的报道，使得沙皇得意扬扬地宣布说："我们不需要间谍，因为我们有《时代》。"

在 1860 至 1865 年间的美国南北战争时期，新闻记者泄密更成为严重的问题。当时大约有 150 名战地记者紧紧跟随北军一起行动，其中的摄像师和画家把战地情况描绘得清清楚楚，而文字记者则把军队的所有日常情况都列了出来。

战争报道总是最吸引读者的目光，所以记者们迫不及待地挖掘细节、刺探情报，甚至报道军队的每一次行动、每一个作战计划和每支军队的战斗序列。北方的报纸成为南方的主要情报来源，华盛顿和巴尔的摩的报纸会在 24 小时之内出现在南方政府总统杰斐逊·戴维斯的办公桌上，来自纽约和费城的报纸则会在次日送达。

北方政府对新闻泄密事件造成的麻烦忍无可忍，1861 年 8 月 2 日，麦克莱伦将军迫使记者们同意不得在没得到指挥官许可的情况下报道敏感信息。

平克顿的公司标志是一只眼睛，还配有“我们从不睡觉”的标语

1862 年，战争部尝试建立电报审查制度，但遭到媒体的抵制。不过政府坚持要求记者在发表稿件时必须经过宪兵部门审核，随着战事紧迫，关于新闻自由的争论也渐渐平息。

北军中著名的威廉·谢尔曼将军对待记者的办法是统统赶走，他著名的“向海洋进军”横扫南方的行动计划因此被严格保密没有丝毫泄露。至于南方政府也同样对新闻记者的泄密苦恼，最后他们的办法是勒令记者不得接近前线。

在美国内战中最富传奇色彩的情报专家非苏格兰移民阿伦·平克顿莫属，他是一家私人侦探社的老板。平克顿的公司标志是一只眼睛，还配有“我们从不睡觉”的标语。平克顿最擅长铁路护送和追捕逃犯，他的公司是美国现代私家侦探的雏形。

内战爆发前，美国存在两种制度：南方以棉花、烟草种植业为经济支柱的各州可以合法蓄奴，而北方各州则禁止。1854 年北方各州主张废除和限制奴隶制的人士成立了共和党。1860 年 11 月 6 日，亚伯拉罕·林肯击败民主党候选人斯蒂芬·道格拉斯，当选为美国第十六任总统，他的胜利成为压垮南方的最后一根稻草。

道格拉斯落选后奔走于各州，呼吁人民支持林肯维护联邦的统一。不过南方的激进分离主义者已经开始策划暗杀阴谋，为此林肯雇用平克顿保护自己平安到华盛顿上任，对此平克顿早有安排：他事先已经派遣两名间谍渗透到南方定居。其中一名叫作蒂莫西·韦伯斯特的间谍扮作分离主义者，参加了南方一支为“组织北方佬入侵”而建立的骑兵部队。另一名间谍哈里·戴维斯则设法接近分离主义分子的领导人，他发现了刺杀林肯的阴谋。

就在得到林肯当选的消息之后，马里兰州首府巴尔的摩的激进分子西普里安诺·费尔南迪斯便开始密谋刺杀林肯。戴维斯探听到大致的行动方案：阴谋者伪装在街头打架吸引警察的注意力，然后由秘密抽签选出的八个刺客冲到林肯坐车行刺。

平克顿宣称自己的间谍就在那些参与抽签的阴谋分子中间，于是林肯不得不乘坐防护严密的轿式马车来到火车站，同时铁路公司禁止其他车辆行驶，以避免袭击者撞击总统乘坐的特别快车。平克顿的间谍们剪断了电报线，使得铁路公司内部的阴谋者无法通知同伙关于总统乘坐列车的变动情况。

林肯改赴费城乘坐前往华盛顿的列车，铁路沿线遍布平克顿和总统的官方警卫，他们化装成粉刷桥梁的油漆工人，确保火车顺利通过自己负责的区域。在列车上的林肯伪装成一个正与妹妹一同旅行的游客，他的“妹妹”是平克顿的得力助手凯特·沃尼。

凯特是美国历史上第一位女子私家侦探，1856 年进入平克顿的公司工作，

平克顿在战争爆发后曾数次深入南方侦察，凭借脑子快和好运气竟然全身而退

多次与平克顿假扮夫妻执行任务。在火车开动之前要在车站等待两个小时，这漫长的候车时间十分危险，因为林肯相貌特殊，拥有令人难忘的丑陋，他的诋毁者将他称为“猴子”。不过林肯成功消磨了这段难熬的时间，他靠给“妹妹”讲笑话度过了紧张时刻。

在1861年3月4日林肯就职典礼的当天早晨，同情南方的人们聚集在华盛顿街头巷尾散布流言蜚语，传闻会有刺客蓄意行凶。这回负责总统安全的是联邦陆军总司令斯科特中将，他派出士兵在宾夕法尼亚大街两侧警戒，还在国会大厦附近派驻了一个炮兵连。

实际上，那天是平静的。林肯宣誓就职后，由骑兵护送前往白宫，开始履行总统职务。但是战争已经不可避免。

一个月后，南卡罗来纳军队进攻联邦军队在本州驻扎的桑特要塞，打响了南北战争的第一枪。

平克顿在战争爆发后再度被林肯雇用，那些怀疑他的“巴尔的摩袭击阴谋”纯属捏造的人士也顾不得反对他了。林肯要求平克顿成立反间谍部门来对付政府内部的南方同情者和间谍，同时俄亥俄州的麦克莱伦将军也邀请他为自己组建情报部门，于是平克顿使用化名“阿伦”在辛辛那提市成立了一个办事处，为自己的雇主搜集南方情报。

韦伯斯特凭借自己的分裂主义者伪装第一个进入南方侦察，他在孟菲斯组建了情报网。平克顿自己也多次进入南方，有一次他被熟人认出，对方没有揭破他的身份，才让这个间谍头子得以逃命。此后他网罗了英国人普雷西·刘易斯，利用这位英国人的中立国公民身份在南方各州四处活动。刘易斯在查尔斯顿附近执行任务时被南方军上校巴顿拦截盘问，这位巴顿上校就是二战名将乔治·巴顿的祖父。刘易斯的花言巧语欺骗了上校，巴顿还将这个间谍邀请到自己驻守的要塞中参观了一番。

1861年7月22日，麦克莱伦接到了华盛顿卫戍任务。于是平克顿的工作重心由南方转到了首都，首要任务就是肃清华盛顿和巴尔的摩两地的南方间谍及其支持者。在此之前平克顿曾经提交过一份南方同情者的名单，但是上面那些大资本家和金融家的名单令林肯感觉很棘手。

即使是如他这般坚定的反分裂主义者也难以承担与对方决裂的风险，纵使事态已经严重到这些家伙公开在报纸上呼吁与南方和解，并且在纽约和其他城市挑起反政府的骚乱以阻碍政府征兵计划的程度：1863 年 7 月 13 日，在南方同情者的煽动下纽约发生了反征兵暴乱，这次事件造成 1200 人死亡。

到了第二年，亲南方的《纽约世界报》和《纽约商业报》刊登了伪造的林肯宣言，声称战争即将失败，政府要强征 40 万人入伍！这两家报纸后台够硬，林肯政府只对它们处以停刊三天的惩罚。这帮被称为“毒蛇”的叛国者安全地度过了整个战争时期，没人能动他们分毫，因为他们才是美国的上帝和国王。

平克顿只能对那些“小角色”动手，其中最有名的便是华盛顿交际花罗斯·奥尼尔·格林霍夫人。

早在战争初期，格林霍就被南方的情报员头目托马斯·乔丹招募为间谍。乔丹毕业于西点军校，在战争开始后加入了伯乐嘉德将军的军队，担任情报部门首脑。在离开华盛顿前，他交给格林霍一份简单的密码和联系方式，并以托马斯·雷夫德的化名与其保持联系。

1861 年 7 月，格林霍获得了一个机密消息。根据她的情报，伯乐嘉德将军在布尔郎战役中轻而易举地击败了正向弗吉尼亚进军的北军部队，数万人在这个寡妇间谍的叛卖下送了命。

格林霍很快意识到自己被平克顿盯上了，这位讨厌的私家侦探显然不太可能拜倒在她这位已经 44 岁的半老徐娘裙下，所以格林霍使用了一切在政府内部的情夫和朋友的关系想赶走平克顿，但最后不但宣告失败还激起政府对她的怀疑。

在一个雨夜中，一位爱慕者探望了格林霍女士。这位情郎是一位宪兵上尉，他带给主人一份华盛顿城防工事图和无数的热吻与情话。之所以了解得如此清楚，是因为平克顿率领三名手下搭成人梯隔着二楼窗户偷窥的缘故。四名间谍在雨夜中哆哆嗦嗦地站了两个小时，直到上尉结束了与情人的龌龊约会。

上尉离开后被平克顿等人紧紧跟踪，然而这个间谍非常狡猾，他意识到这一点后立即闪身溜进一栋大楼。平克顿等人一冲进去面对着的就是四把闪亮的刺刀，原来这里是宪兵的一处营房。

上尉得意扬扬地审问自己的俘虏，打算把他们以南方间谍的罪名干掉。平克顿坚称自己是所谓的阿伦先生，他在地下牢房里设法说服卫兵把自己被捕的消息传递给麦克莱伦将军。等到天亮之后，就已经变成平克顿审问上尉了。

随后平克顿得到了斯科特中将关于逮捕间谍格林霍的授权，当这位女士正在看书的时候，一大群充满报复欲望的侦探破门而入。在她的书房中搜出了成捆的北方政府机密文件，包括华盛顿地区的军事地图、兵力配置和防御作战计划书等等。其中最具价值的便是寡妇本人的日记本，这位天才的女士大概有健忘症，所以把自己组建间谍网的所有细节全部记录下来以免遗忘，所有的联络人姓名及其地址和职务、情报来源和传递方法，以及密码编制破译方法等都赫然在目。被她的日记本拖下水的包括诸多北方政府政要人物，其中还有前总统詹姆斯·布坎南。

就在平克顿搜查书房时，格林霍忽然掏出手枪对准监视自己的普雷西·刘易斯开火。幸亏手枪也对要射击中立国公民身份感到害臊，撞针竟然没能击发子弹。最麻烦的是格林霍八岁的小女儿，这个小间谍爬到树上，对所有接近房子的人喊："我妈妈被捕了！"

就在平克顿感觉大功告成的时候，他才发觉根本不是那么一回事。由于丑闻涉及了太多的达官贵人，以至于林肯政府无法惩处。格林霍女士继续从监狱中向外传递情报，其中包括自己是如何落网的。她的情夫们帮她编制了牢固的保护网，反观那位宪兵上尉，则早已被割断了喉咙，不明不白地死在牢房里面。

南方女间谍罗斯·奥尼尔·格林霍夫人和她的小女儿

最后，格林霍受到了审判，惩罚措施是将其驱逐到南方首都里士满。在那里，她得到英雄凯旋一样的热烈欢迎。交际花继续自己的名流生活，后来还到英国执行间谍任务并得到了维多利亚女王的接见，随后她游历巴黎并得到拿破仑三世的接见。

在1864年，当格林霍写完自

己的回忆录后大限来临了。她乘坐“秃鹫”号武装快船返回南方时，因遭到北方炮艇追捕而搁浅沉没，作恶多端的格林霍像老鼠一样淹死在海中。

格林霍案件还没结束，韦伯斯特又出现了问题。

这位功勋卓著的间谍已经混入了南方高层当中，他协助南方政府的战争部长处理私人信件，从而为平克顿发回大量的重要情报。不过由于风湿病情加重，他不得不要求暂停工作。为了满足雇主麦克劳伦将军对情报越来越大的需求，平克顿犯下了一生中最致命的错误——急于求成。

普雷西·刘易斯和约翰·史卡利这两位英国籍间谍被派去接替韦伯斯特的工作，他们伪装成走私的进入南方。1862 年 2 月 27 日，这三名间谍在韦伯斯特的病床前碰头时，一位前北方参议员的儿子带着一名做侦探的朋友来看望韦伯斯特。这真是一场“老朋友”间的巧遇，因为刘易斯和史卡利曾经负责逮捕这位参议员并看押他的家人，所以被一眼认出。南方秘密警察首脑温德尔将军认定这两人是间谍，于是两个倒霉的地下工作者还没开始干活就结束了自己的职业生涯。

一开始刘易斯和史卡利都坚称自己只是来看望老友韦伯斯特，以保护自己的同志。可当南方佬们拿绞刑来威胁的时候，胆小鬼史卡利出卖了自己人。最后韦伯斯特和他的女助手嘉丽·劳顿也被捕入狱，韦伯斯特被判处绞刑，嘉丽、刘易斯和史卡利被判处徒刑。

平克顿很快从一家南方报纸上得悉消息，他恳请林肯出面交涉。于是林肯给南方总统杰弗逊·戴维斯写信说北方政府从未绞死过一名南方间谍，如果韦伯斯特被绞死，那么从此以后任何南方间谍都难逃一死。但南方以沉默来回答他的表态，韦伯斯特依旧被绞死。

韦伯斯特死后，平克顿的事业坠入无底深渊。由于他缺乏起码的军事素质，所以导致他对手下间谍所汇报的军事情报难以做出判断。为了保险起见，他总是夸大敌人的数量。为此麦克莱伦将军在约克镇战役中缩手缩脚地不敢发起攻击，因为平克顿将当面的 8 万敌军汇报为 20 万之多。

麦克莱伦选择撤退后被林肯解职，平克顿也随之失去了主顾。他的失败证明了一个情报界的规律：军事情报部门的指挥官必须是军人，秘密警察是无法对军情做出正确理解和判断的。不仅如此，林肯政府还拒绝支付平克顿的开支。他们宣称平克顿只是麦克莱伦将军私人雇用的侦探，与政府无关。随后战争部长斯坦顿指定拉菲特・巴克及其领导的情报部门取缔了平克顿及其公司。

人人都爱汉森

与失败的平克顿不同，南北战争期间有一位出类拔萃但两面三刀型的间谍，他就是一仆六主的菲利普・汉森。

家住密西西比州的汉森是个地地道道的南方人，虽生在南方，他却完全支持北方政府。当然在战争期间他把自己的嘴巴闭得很紧，连老婆也不知道他的真实想法。为了不当兵做炮灰，汉森跑到朋友的种植园里做监工，这样就可以不必服兵役。当北军占领他的家乡之后，汉森与负责情报工作的德留斯特尔相识了。起初汉森帮助北军收购和运送北方工厂需要的棉花，后来生意越做越大，竟然改成情报买卖。德留斯特尔请求汉森侦察南军将领普拉伊斯的行动，汉森答应下来。

人到中年的汉森很有人缘，南军士兵们喜欢汉森带来的好酒，他们无论如何也不相信自己面对着北方佬的间谍。汉森通过与多嘴官兵们的聊天了解南军动向，他的记忆力超群，从不需要记录。汉森的窃密手段大胆而惊人——他从北军防线直接进入南军防线，与哨兵开几句玩笑后便走进普拉伊斯的司令部，再与那里的熟人一边喝酒一边吹牛之后，便赶紧往回走，把套出来的情报告诉德留斯特尔。

由于到处都有朋友，并且家在北军占领区，所以到处乱窜的汉森并不被人怀疑。有一次南军方面的洛奇将军忽然下令将汉森逮到自己的司令部，汉森看着将军阴冷的目光装疯卖傻，对方的质问却让他松了一口气。原来洛奇对于一个精明强干的汉子居然胆敢不参加军队保卫家乡而愤慨，汉森辩解说自己的家人全在北军控制区，由于认识自己的人太多，害怕参军会连累家人。他答应将家人转移到南军控制区后立即参加洛奇将军的骑兵部队，洛奇相信了这位间谍的谎言，便放他走了。

1862 年底，南北两军在密西西比州大规模集结对峙，一场大战即将展开。此时，汉森这位差点被拉了壮丁的间谍转而为北军的格伦威尔・道奇将军服务。

道奇希望得到南军拉格尔斯将军下一步的军事计划，于是汉森施展老一套方法溜进南军防线刺探情报。这次南军巡逻队逮捕了这个可疑分子，当拉格尔斯将军审讯汉森时，他看中了这个南方人的精明狡猾。于是他提出招募汉森做自己的间谍，任务是刺探北军道奇将军下一步的军事计划。汉森得意非凡，一口应承下来并且预支了工钱，然后每周往返于道奇和拉格尔斯之间。为了行动方便，这个厚脸皮的间谍穿越北军防线时宣称自己是北军情报上校，穿越南军防线时宣称自己是南军情报上校，虽然没有任何人授予过他哪怕是下士的军衔。

汉森对自己的两个雇主都说实话，不同的是对道奇说全部实话，对拉格尔斯只讲一小部分实话，他交给南军的所有北军情报都是些鸡毛蒜皮的小事，绝对正确但又不起决定性作用。这样使得两位将军都非常信任他。当南军退守威克斯要塞后，北军花费数月也无法攻克这一堡垒。于是道奇将这一任务委托给王牌间谍汉森先生。这问题难不倒汉森，他的邻居琼斯有一个儿子正在威克斯堡垒中服役。于是汉森建议自己陪着琼斯去探望儿子，还借给他一匹好马。有了这样热情的邻居，琼斯焉能不去探望儿子？于是两个南方父亲手拉手溜进了要塞，一路上南军士兵们都为汉森“上校”放行，因为他带来了家乡的最新消息。

进入要塞后，吉姆·别而顿将军接见了汉森和琼斯。汉森趁机详尽描述了南方的爱国乡亲们在可恶的北方佬统治下遭受到的巨大苦难，眼泪汪汪的将军立即决定请汉森为全部守军做一次忆苦思甜现场教育。在鼓舞了南军士兵斗志的同时，威克斯要塞的内部情况全被汉森摸得一清二楚。

在完成这个任务之后，汉森又成为两位南军将军格尔斯顿和菲尔森的间谍。左右逢源的汉森成为南北双方情报界的耀眼明星，他通过将北军情报送交南军的方法探得更有价值的南军情报回馈北军。由于他能够通过北军封锁线为将军们搞到南方奇缺的奢侈品，所以他也成为将军们的私人朋友。

不久后，道奇将军再次交给他一个艰难的任务：前往南军最重要的将领之一福列斯特将军那里窃取情报。道奇拉开自己的抽屉，把全部作战计划文件都提供给汉森挑选，汉森选择了几份标题比实际内容更重要的文件，在征得道奇授权使用后踏上了又一段漫漫征程。

福列斯特将军是南军中的情报战高手，曾经枪毙和绞死了很多北方同情者和间谍。虽然汉森通过在福列斯特手下工作的朋友介绍，但仍然被严重怀疑。福列斯特问他从哪里来，汉森知道撒谎会被立即识破，于是他表示自己来自道奇的司令部驻地，是格尔斯顿将军命令自己来的。福列斯特立即让人去叫格尔斯顿来确认，这差点让汉森魂飞魄散——他不知道格尔斯顿已经来到福列斯特的身边！

幸运的是，格尔斯顿见了汉森后非常高兴，他以为这位忠诚的间谍是专程赶来为自己送情报的。格尔斯顿拍着胸脯为汉森担保，汉森也拿出北军文件证明，可是福列斯特依旧表示怀疑。于是汉森使出撒手锏来，透露说道奇将军派遣了大量间谍到南军后方来。这个情报千真万确，在福列斯特面前就站着一个呢！

福列斯特得知这个消息后显得很焦虑，于是汉森谦虚地补充说所有这些间谍他都认识。于是福列斯特立即命令汉森带着他的一名反间谍军官去搜捕北军间谍，这下汉森得以周游列国般的转遍了南军战区，在此期间还为南军的波尔克将军效劳过。

1864 年春末时分汉森返回道奇身边，身上带着难以计数的重要情报。

在泥泞中挣扎的南军已经看不到任何希望

这时已是南北战争的最后一年，北方已经获得了压倒性的胜利，南方的崩溃无法挽回。道奇希望自己的间谍再做一次旅行，汉森二话不说立即出发。他不知道自己的好运已到头，一通过战线之后就被骑兵逮捕了，根据洛奇将军的命令，逃避兵役已经整三年并且有间谍嫌疑的汉森立即被送交李将军处理。

李将军是个心狠手辣的家伙，他将汉森拷打得遍体鳞伤。汉森感觉自己命在旦夕，所以便效仿独立战争时期的黑尔那样发表了遗言，大意是：啊，一个多么伟大的、崇高的、无辜的南方爱国者就要蒙冤而死了！可惜我看不到北方佬完蛋的那一天到来，美利坚联盟国万岁！

李将军感到束手无措，他再度提审犯人，逼问他是否到过北军占领的一个城市。汉森立即承认自己到过那个城市，并且编造出极为真实的经历。李将军被吸引住了，他试探地询问北军会在何地发起攻击，汉森毫不犹豫地指出了准确地点。这都是道奇告诉他的，南军已经没有时间和实力做出反应了。

几天后李将军收到电报，果然和汉森所说的丝毫不差。于是李将军被折服了，他准备释放汉森，还希望他能为自己服务。不过洛奇将军不同意让汉森获得自由，他联系到了福列斯特将军，让这个一直怀疑汉森的大人物出面表示质疑。于是汉森继续被关押，直到几个月后福列斯特又想起他时为止。

这个时候的南军已经到了山穷水尽的地步，每一个能拿得动枪的男子都被他们逼上前线。福列斯特勒令汉森立即加入现役部队去做炮灰，没想到汉森反过来上演了一出炮灰向前冲的好戏。他请求加入故乡的密西西比第 26 步兵团，这个团正要去战火最激烈的弗吉尼亚前线。福列斯特立即批准了这个英勇的请求，将军不知道汉森打算的是趁机在路上逃跑。后来他果然这么做了，逃兵汉森躲藏在亲戚家，迎来了南军宣布投降的胜利时刻。这个幸运的家伙创造了美国间谍史上的奇迹。

暴君的下场？

1865 年 4 月 9 日，南军总司令罗伯特・李投降，美国内战结束。

林肯获得了巨大的声誉，他成功维护了国家的统一，并解放了千千万万的奴隶。可是秘密战争并没有随之结束，南方抵抗者在暗中策划新的阴谋。虽然里士满已经投降，可相当多的顽固分裂分子和种族主义分子都团聚在地下运动周围。一方面以南军退伍老兵为主的 3K 党疯狂推行自己的反黑人、反犹太和反共和党主张，南方各地烧杀事件层出不穷；另一方面一些更激进的分裂分子则直接瞄准了他们心中的罪魁祸首：林肯。

约翰・威尔克斯・布斯出身于美国戏剧界名门之后，演技出色的他拥有很多女性支持者。

布斯是一个坚定的南方支持者，在内战期间他就纠合了一群人暗中活动，这些人包括他的好友米切尔·奥劳夫林和萨姆·阿诺德、马里兰州的马车匠乔治·阿茨罗德、23岁的药店员工大卫·赫罗尔德、前南军老兵路易斯·鲍威尔，还有一个南军间谍约翰·萨拉特。

这个组织曾经在华盛顿的一所公寓中密谋绑架林肯以交换南军战俘，但这些白日梦一样的计划最后都无疾而终。布斯变成失意的酒鬼，他那小小的阴谋组织只剩下佩因、赫罗尔德和阿茨罗德了。

按照留存下来的审讯记录，行刺那天的经过大致如下：4月14日中午时分，布斯去福特剧院取邮件时无意看到海报上说，林肯和格兰特将出席晚上的节目。他心中忽然涌起一个大胆的计划，于是召集仅有的三位同党分配工作：阿茨罗德去刺杀副总统约翰逊，佩因和赫罗尔德去刺杀卧床在家的国务卿西华德，布斯自己去刺杀总统林肯。

这伙阴谋分子随后分头行动，阿茨罗德喝醉了酒临阵退缩，根本没有去刺杀约翰逊。佩因和赫罗尔德摸到西华德家外面，由赫罗尔德守在马车上接应，佩因直接进了西华德家。佩因打算用手枪行刺，结果却遇到哑火。于是他用枪柄和砍刀打倒了西华德的两个儿子、女儿和一名护士以及一名倒霉的国务院信使，他朝西华德猛刺数刀后逃走，一路尖叫："我疯了！我疯了！"

佩因是个蹩脚的刺客，被他袭击的人最后都康复了，而西华德在林肯死后的约翰逊总统任期里还继续做他的国务卿。

晚上，林肯按时来到福特剧院观看歌剧《我们美国的表兄弟》。

他在前往剧院时曾有不祥的预感，要求陆军部长增派警卫。就在戏剧进入高潮之际，布斯平静地进入了总统包厢。本来包厢是有个锁的，但这锁在几天前就坏了，也没有人报告此事。由于布斯本来是个演员，所以警卫总统的人都没有为难他。警察约翰·派克本来应该是守在大厅通往包厢的必经之路上的，但是他对看戏毫无兴趣，所以躲到另一个房间去喝酒去了。

这一切巧合使得刺杀异常顺利，布斯连开8枪，林肯身中6弹，其中5处枪伤是致命伤。随后凶手从包厢里跳到舞台上，转身向观众喊了句："一切暴君

当时的新闻报道绘图：凶手向总统连开 8 枪！

都是这个下场！”观众都惊呆了，眼睁睁看着布斯逃走，虽然他在跳跃时还扭伤了脚。

布斯和赫罗尔德一路潜逃，最后到达了理查德·加勒特农场。与此同时，缉拿凶手的联邦侦探和纽约第 16 骑兵队在夜间也追到了农场。骑兵队长爱德华·多尔蒂中尉率众包围罪犯藏身的谷仓，布朗试图顽抗，但看到士兵准备放火后便宣布：“噢，中尉先生，这儿有一个人想向邪恶势力投降。”就在中尉要将布斯捉出来时，一名士兵忽然开枪打死了凶手。在后来的凶手缉拿报告中居然写着：凶手系自杀身亡。

死无对证的凶犯和行刺一连串巧合使得民众疑窦丛生，布斯是否另有主使？

林肯之死成为情报战中的不解之谜，不能忽视的一点是他的货币政策侵犯了大资本家阶层的利益，对于美国总统这个大资本家代言人的角色而言，这样的行动不可能不引起强烈的反应，别忘记谁才是美国真正的统治者。

第三节 拿破仑的双面间谍

科西嘉来的波拿巴

在拿破仑战争时期的英国曾发生过一件绝妙的间谍入侵事件：一艘法国军舰在英国的哈特尔普洱港外遭遇风暴沉没，船和水手们都葬身海底，只有一只穿着特制的法国海军制服的猴子被冲上海岸。

猴子毫无疑问是法国军舰上的吉祥物，可是它却给没见过世面的英国佬制造了不小的恐慌。哈特尔普洱港的居民从未见过猴子，却一直传说法国人身材矮小毛发茂盛。于是可怜的猴子立即遭到逮捕，并被指控为法国间谍。

猴子声嘶力竭的嘶叫被当成了法语招供，反正法官既不懂法语更不通猴语。由于猴子无法提供自己的无罪证明，所以它被当庭判处绞刑后吊死在一艘渔船的桅杆上。这件匪夷所思又荒谬绝伦的乌龙案件除了让后人开怀大笑外，也从侧面印证了当时欧洲间谍战的激烈程度。

公元 1769 年，在法属科西嘉岛的阿雅克修城中，一个没落的意大利贵族世家中生了个儿子，起名叫作拿破仑·波拿巴。大伙都知道拿破仑是法国永远的骄傲，可是这大胖小子本人的整个童年和少年时代都是在反对法国的理想中度过的。这与科西嘉岛的归属有直接关系，因为就在他出生的前一年，科西嘉岛才刚被法国占领。

科西嘉岛位于法国东南部的地中海上，形状如鸡蛋，面积为 681 平方公里。这个不大不小的岛屿基本都是贫瘠的山地，它本来属于意大利的商业国家热那亚共和国，就在 18 世纪上半叶，岛上的岛民在保利的领导下发起独立战争赶跑了热那亚统治者。不过那些热那亚的奸商也不是好欺负的，他们转手就把已经不属于自己的科西嘉岛卖给了法国政府。这样一来法国军队理直气壮地来接受新领土，保利刚端走了意大利面又被迫开吃法国大餐，拿破仑的父亲夏尔·波拿巴也带着妻子莱蒂齐亚·拉莫利诺参加了抗法起义军。由于一出生就随着父母亲躲避在潮湿的山林里，营养不良导致拿破仑个子不高。他在肖像中有将右手插入腹部衣服的习惯性动作，原因也是由于小时候患上顽固性皮癣所致。

幼年时代的拿破仑·波拿巴跟随父母在抗法游击队中成长

好在法王使出了怀柔手段，承认夏尔·波拿巴等人为法国贵族，许诺改换门庭之后舞照跳马照跑。于是科西嘉人没抵抗几年，这小打小闹的独立战争就宣告破产了。不过他们一直是口服心不服，直到现在科西嘉岛上还有个叫作科西嘉国民解放阵线的抵抗组织存在，平时主要干点抢抢法国佬的银行，收收科西嘉人“革命税”的活动，偶尔也炸炸公共建筑和法国军营，导致法国政府宣布他们为恐怖组织。

在九岁时，拿破仑又被送到法兰西共和国布里埃纳军校接受教育

法国大革命开始后，命运让这个身高 169 厘米的年轻人将法兰西握在自己手中！

新法国人夏尔把九岁的儿子送到法兰西共和国布里埃纳军校接受教育。可是他的儿子却不领情，拿破仑曾说：“我永远

这下拿破仑转变了思想，这个身高 169 厘米的年轻人决定将法兰西握在自己手中！

不能原谅我父亲，当过保利的副官，竟会同意科西嘉并入法国，他应该与保利共命运。”

豪言壮语说归说，小拿破仑书还是念得很好的。1784 年以优异成绩毕业后，他被选送到巴黎高等军事学校学炮兵技术。拿破仑怀着“打着红旗反红旗”的伟大理想，只用一年时间就考取了别人用三年才能取得的军官资格，被任命为皇家炮兵少尉。1789 年法国大革命爆发后，拿破仑回到科西嘉推动独立运动，遭到亲英反法的保利集团排挤，最后全家逃往法国。

皇帝与富歇的游戏

凭借着无与伦比的军事才能和政治手段，拿破仑很快便爬上第一执政官的高位。这位年轻的将军引起了国内外间谍机关的注意，尤其是法国的宿敌英国。

1800 年，英国指示残留在法国内部的保皇派朱利安党间谍对拿破仑动手。12 月 24 日，拿破仑夫妇分乘马车通过圣尼克斯街道前往巴黎歌剧院时，一颗定时炸弹在两辆马车之间爆炸，附近的 46 栋房屋全部被摧毁，居民死伤惨重。

只是由于一秒钟左右的误差，拿破仑才幸免于难。

震怒的拿破仑要求警察总长负责侦办此事，于是约瑟夫・富歇得到大展手脚的机会。富歇是法国大革命时期崭露头角的间谍和秘密警察头子，他以善于编织无孔不入的庞大间谍网而著称。

早年富歇曾获得“里昂枪手”的称号，原因是他在镇压里昂地区的反革命运动时，逮捕并处决了太多的人。当等待枪决的队伍排成不见首尾的长龙时，善解人意的富歇同志便贴心地命令军队使用大炮向死囚犯发射榴霰弹解决问题。

一般来说心狠手辣是间谍的基本性格条件，富歇在这方面绝对是出类拔萃的。

富歇所网络的间谍数量惊人，涉及各行各业，当拿破仑营造自己的帝国时，富歇首先把法国打造成了一个秘密警察国家，其严密程度堪比 200 年后的纳粹德国。富歇规定法国人不准集会，普通的家庭聚餐或朋友约会也必须有秘密警察的代表在场监督。有一次，一位著名的将军打算邀请 12 名老战友聚餐。结果他被告知如果没有富歇密探在场的话，这顿饭是不可以吃的，于是他拿着自己的礼宾名单找富歇评理。富歇友好地接待了将军，但坚持自己的原则。就在将军怒火冲天的时候，富歇忽然提出看看名单，他的目光刚扫过开头的两三个名字后就平静地说："好，将军。不需要有警察代表出席了……"

事实上连拿破仑的妻子约瑟芬也为他提供情报，甚至连拿破仑本人也说过："我不知道是不是连我都在为富歇工作……"

富歇的间谍网大致如下：副手由 4 个国会议员组成，他们就有关警察和国家安全方面的事务与法国 96 个地区的部门官员进行沟通。每个部门划分为 4 至 5 个区，每个区有一个负责人。在这些区里，超过 5000 人居民的社区就配备一名宪兵督察和一名市长。通过这种指挥关系，富歇把自己的触角伸向每一个警察局、监狱、居民点，理论上每一名警察和宪兵、每一个居民都是告密者和眼线，他们严密地监视身边的生人、移民和嫌疑分子，并且严密地互相监视。每一个间谍都有义务和权利向宪兵督察、国会议员及富歇本人汇报情报，为了让他们对自己的言行负责，情报上必须有本人签名或指印为证。

在法国境外，间谍被派遣到欧洲所有的主要城市和各国宫廷内部。间谍们将外国的报纸、截获的邮件和情报送回法国巴黎富歇的办公室，为此每年要花掉天文数字的经费。

富歇每周向拿破仑汇报六次，其详尽程度令人惊叹，因为涉及内容太多，现在就举其中几个很有代表性的例子：宫廷流言、股票和债券市场价格、军队逃亡情况、火灾或其他灾难详情、有关犯罪的新闻、破获外国间谍网的进展、拿破仑政敌的活动情况、法国人对战争进程的看法、重大建设承包投标情况、截获的私人信件、政府部长间的通话情况及官员们的私生活情况等等，甚至还有自杀者的情况和观众对新上演戏剧的看法等等，可谓是包罗万象。

事实上富歇的监视对象涵盖法国各个阶层的每一个人，其中也包括拿破仑本人。拿破仑对此心知肚明，由于常年出征在外，他必须依靠富歇这样的鹰犬来牢牢控制住法国。就在巴黎爆炸案发生后，富歇首先向拿破仑汇报说可能是残余的雅各宾派革命党人所为，他们打算夺回法国大革命的胜利果实。由于此前不久革命党人曾发动过类似的炸弹袭击，拿破仑相信了富歇的话。于是很多革命党人被捕，大部分被送上了断头台，剩下的人遭到流放，以迫使“雅各宾反动派”拥护执政府。由于富歇本人先前曾被雅各宾派领袖罗伯斯庇尔赶出权力中枢，他这样做的目的显然并不单纯。

公报私仇之余，富歇也没有放过真正的罪犯。策划这件事情的人是朱利安党魁乔治·卡图达尔，卡图达尔在接收到英国的指示后有自己的打算，他认为谋杀第一执政官没有意义，因为还会有别的执政官接替拿破仑，而法王复辟则依旧遥遥无期。但是英国是朱利安党的金主，不执行伦敦的指令是不可能的。为此他想出一个办法，那就是绑架拿破仑作为人质，好向法国执政政府讨价还价。

卡图达尔派遣自己的两个助手列让和里摩耶兰去巴黎绑架拿破仑，这两个家伙到时恰好碰上警察宣布发现雅各宾派的炸弹袭击阴谋，巴黎警方为了夸耀自己的成绩把炸弹的原理也公之于众，于是他们两个自作主张决定仿造一个定时炸弹干掉拿破仑。可惜搞恐怖袭击不是玩电子游戏《炸弹人》那么简单，他们还是功亏一篑。

富歇的突破口集中在爆炸现场运送炸弹的马车上，他通过马匹尸体找到了马贩子，通过审讯马贩子探知购马顾客是一个叫卡邦的仆役，而密探们早就怀疑卡邦与朱利安党有牵连。于是一场大规模的搜捕开始了，1801 年 1 月 18 日，在酒店喝花酒的卡邦被捕，这位“忠诚”的保皇党人立即供出了列让和里摩耶兰。此时嗅觉灵敏的里摩耶兰已经逃到了美国，而列让则傻乎乎地留在原地，结果被抓个正着。富歇缴获了朱利安党人之间的邮件，一切阴谋真相大白。不久后巴黎法庭做出了有创意的判决：两个间谍被绞死在相邻的两棵大树上。

从此后，幕后黑手卡图达尔成了富歇的目标。但是富歇的几次投毒谋杀都被卡图达尔躲了过去，朱利安党人并不都是笨蛋。早在大革命兴起的时代，他们就是搞阴谋诡计和冷血谋杀的高手了。在当时活跃着的众多保王派间谍当中，有个叫作里奇伯格的奇人，他身高只有 58 厘米。本来是奥尔良某贵族的仆役，在大革命时期他为保王派人士传递情报时，经常被裹在襁褓里冒充婴儿蒙混过关。里奇伯格是间谍史上最矮的成年间谍，这一光辉纪录至今无人可及。

罗伯斯庇尔时代的秘密警察首脑是治安委员会的头子海格，不过这位先生跟哈利·波特毫无关系，既不是巨人更不会魔法。他会的是杀人，被称为“罗伯斯庇尔的斗牛犬”。法国历史书往往将其描述为一个带有妄想症的精神病患者，理由是他每次出门时都要在自己的斗篷下藏着一把大猎刀、两把匕首、一支手枪和两支短柄火枪，以及大量的弹药。

其实海格是个知道保护自己的明白人，这种移动军火库的着装风格实际上反映了当时革命党与保皇党之间极为血腥的较量。他把自己的工作简单描述为："（按照告密名单抓捕犯人后）名字点过，头颅坠落，噗！噗！完事！"这种风格简单明确，省去了审讯的麻烦，更节省了监狱的伙食，唯一的麻烦之处在于，由于处决的次数太过频繁，以至于政府官员在监斩的时候会睡着，而断头台也由于附近的泥土太湿润无法吸收血液而被迫频繁更换位置，更有劳累过度的刽子手累得昏死过去的案例。

经历过治安委员会考验的朱利安党人是个身经百战的老狐狸，而富歇则是诡计百出的毒蛇。1803 年的时候，事态有了转机。当时卡图达尔再度潜入巴黎，打算亲自实施绑架拿破仑的计划。聚集在巴黎的保王派间谍们大为振奋，打算好好干上一票，而富歇则比他们更加兴奋，准备狠狠捞上一把。因为他手下的一个间谍已经成功渗透到朱利安党人中，并完全掌握了卡图达尔的计划。

富歇早就准备好收网行动了，他专门制作了一份绝密文件《朱利安地图》，这实际上记载着 1200 名朱利安党人的姓名住址相貌特征和联络暗号的卡片，其详尽程度比美军在伊拉克使用的扑克通缉令不知强到哪儿去了。

不久后，一名朱利安党人被秘密逮捕，这位坚强的党人立即为了活命而招供，于是秘密警察们扑向几个秘密据点，在其中一个据点抓住了卡图达尔的仆人。经过一番富歇所谓"带威胁性的严厉审问"后，受尽酷刑虐待的仆人招供了。于是一连串顺藤摸瓜的追缉顺利展开，最后老狐狸卡图达尔被捕，成百上千名朱利安党人被送上了断头台，为了警告流亡中的波旁王朝王室成员，拿破仑还派军队从国外逮捕并处决了路易十八的近亲恩金斯基公爵，虽然他显然是无辜的。

虽说巴黎爆炸案促成了对朱利安党人的大扫荡，不过拿破仑也从没放弃过对他们进行分化拉拢的机会。法国各种间谍机构常常雇用逃亡的保皇派人士，目的除了监视其他保皇派人士外，还利用他们执行各种间谍工作，他们身上披着的保皇派外衣正是绝好的伪装。有个叫作杜·布舍的人物就是这些保皇派的典型写照，他曾在路易十八的宫廷做仆人，后来成为保皇派地下组织的成员。当拿破仑垮台以后，他在写给路易十八的信件中叙述了自己为国王而献身的感人事迹，这些事迹在拿破仑上台后却戛然而止。原因就是此时杜·布舍的忠诚是奉献给拿破仑的，他被秘密警察雇用先是担任驻伦敦的间谍，后来又担任驻华沙的间谍，直到拿破仑嫌他的情报素质低劣，所提建议荒谬而解雇他为止。

拿破仑的保密局

富歇是很能干的，也是极为危险的。他这条毒蛇可以咬死拿破仑的敌人，更能随时反噬主人。所以拿破仑一直没有放弃过组建直属间谍组织的努力，他自己也在法国境内境外安插了无数的间谍和线人。

最早由拿破仑编织的间谍网是保密局，保密局局长是原骑兵团团长让·郎达，保密局由拿破仑大本营情报组织和各军指挥部的谍报组织组成，因此它一开始就是为了拿破仑的战争服务，具有浓厚的军事色彩的组织。

早期拿破仑招募间谍的手法别具一格：从战俘中选拔。他注意广泛审讯俘虏，从中选择那些可能为自己服务的间谍苗子，尤其是军官，只要他们能拉拢更高级

高效率的情报组织帮助拿破仑塑造了在战场上战无不胜的神话

的军官来投靠就能获得丰厚的报酬。其次是与会社力量合作，在他进军意大利的时候，曾在共济会组织中找到了不少同情者，这些同情者希望趁着法军入侵的时机统一四分五裂的意大利。他们起初策划了在意大利的都灵发动起义，可惜由于叛徒出卖失败了，逃出来的人大都加入了拿破仑的间谍组织。

在拿破仑所撰写的向意大利进军的回忆录中，故意回避了坚固的凯拉斯科要塞是怎样被攻克的。其原因就是因为那是一次经典的间谍收买案例：效忠于拿破仑的瑞士银行家哈列尔与要塞司令达成了协议，这座拥有数百门大炮和弹药储备的要塞一枪未放便投降了。

同样倒在法郎银弹攻势下的还有奥地利的将军，法国历史学家萨翁列举过两个例子：10 万法郎贿赂阿根度将军，5 万法郎贿赂劳尔将军。

对于贪婪的人，金钱这最古老的间谍武器依然是无往不胜的。

拿破仑的将军保罗·铁保尔曾经为法军参谋人员编写了一份《特务人员工作细则》，在细则中他明确提出，“特务组织是指一切与间谍和间谍活动有关的机构，组织实施间谍特务活动是军队中最为重要的事情”，“军队要实现用假情报误导敌军或探知敌军虚实的唯一办法就是使用间谍”。他建议法军各级指挥官尽最大可能招募间谍，要确保间谍收到的是最清楚、简洁和完整的指令，对任何一条反馈情报都要做分析。

铁保尔把间谍分为五类，第一种是对敌方政府不满的上层人士，这些人大多受过良好教育，能做出正确判断。对这类间谍要不惜代价去发展使用，满足他们的所有要求。第二种是拥有极高爱国心的人，这些间谍可以被派遣去执行危险性极高的任务，对他们的奖励应该以荣誉性奖励为主。第三种是一般的泛泛之徒，他们是为了金钱而不惜叛卖一切的无耻之徒，总是倒向钱更多的雇主。铁保尔建议最好选择荡妇和神父，因为人们容易轻信他们，丧失警惕心。第四种是双面间谍，这类间谍是会向双方同时提供情报，对于他们要严密监视并绝不能留在总参谋部。可以通过他们来向敌人传递假情报，在最关键的时候才能启用。要提防他们的欺诈，因为敌方指挥官也会来这一手。第五种是被迫从事间谍活动的人，例如战俘、已占领地区的农民、穿越战区的商人等等，他们的忠诚度很低，但可以大量使用并从细枝末节中印证其他渠道的情报正确性。

铁保尔还认为不能轻信任何一个间谍的情报，所有的情报都必须得到其他情报的印证，只有那些互不认识的间谍都提供了同一内容的情报时才可以相信。对于只能依靠一个间谍情报的特殊时刻，必须对其进行冷酷无情的警告和威胁，让其明白会拘禁他直到情报被验证，而如果情报有误就会被处死，要让间谍拿自己的生命对自己的话负责。

拿破仑时代的法军对间谍工作的重视程度极高，有时候他们甚至会故意让间谍军官被敌人俘虏，这些间谍会在敌营和敌后收集情报，随后通过交换战俘回到自己人身边。保密局规定的暗号是“不要忘记要换俘虏的协议”，说出这句暗语的军官会立即被交换回来，因为这暗语意味着他携带了重要情报。

在意大利战场上，保密局的间谍事业达到了巅峰。但是拿破仑永远不会单方面地信任手下，他背着让·郎达让人在维罗纳城煽动反法起义，好名正言顺地实施军事占领，结果这一起义造成大量留在那里的法军伤员被屠杀，死亡人数至少达到了 3000 人。

让·郎达为了这件事情与拿破仑闹翻，最后被迫辞职回法国。当然他也不是空手回去的，骑兵团长拿走了所有的间谍经费做自己的养老金。顺便说一下：维罗纳事件不是拿破仑唯一一次拿自己人做牺牲品的例子，在后来远征埃及的时候，他下令军医用毒药毒死几千名无法撤走的伤员。当少数幸存者指控拿破仑时，拿破仑摸着自己的良心说我只下令把药瓶放在伤员床边，喝不喝都是他们自己选择的。当然，放药瓶的时候可没说明里面到底是治病的药还是要命的药。

可爱的意大利人托里

拿破仑不只使用自己的间谍，他也会借用敌人的间谍。

1799 年法国“雾月政变”后，奥军重新占领了意大利北部，不仅使拿破仑在意大利之战中所取得的胜利前功尽弃，而且对法国本土也构成了极大威胁。

在意大利战场上，奥地利老帅梅拉斯拥有 12 万人的军团，而法军仅有不到 4 万人。拿破仑认为法国必须及早投入新的强大军团，才能打败奥军。由于其他军团无力向意大利战场行动，所以他决心秘密组训一个 6 万人的预备军团。

组建如此规模的军队是不可能滴水不漏的，拿破仑的办法是把组训预备军团的消息公之于众，而且把预备军团的编制、实力经加工后泄露出去。

1800 年 4 月，拿破仑在巴黎正式宣布：预备军团正在第戎地区集结，他将亲往检阅这支新的生力军。与此同时，拿破仑将预备军团的主力秘密转移到新的便于隐蔽的集结地，第戎只保留少量供间谍“刺探”的部队。

大批间谍从欧洲各地赶到了第戎，他们在那里看到的是一些刚被招募来的法国乡巴佬，不仅人数很少而且连枪支都没多少。看完了这场拿破仑导演的大戏之后，观众们纷纷表示“情绪稳定”，预备军团这群鸟人对自己国家的安全基本不造成影响。

连奥军统帅梅拉斯也一再强调：“用来威胁我们的预备军团只不过是一群乌合之众”“法国人把我们看得太简单了”，他放心地统率大军猛攻仅有 15000 名法军守卫的意大利名城热那亚。

然而，就是这支预备军团以一往无前的勇气翻越白雪皑皑的阿尔卑斯山，就在热那亚守军在绝望中陷入崩溃边缘时，拿破仑带领着援军天使般地出现在了奥地利军队的后方！

在这一时期的意大利战场上出现了一个拥有戏剧性遭遇的双面间谍，那就是弗朗西斯科・托里。

托里是意大利人，在都灵做律师。当拿破仑第一次远征意大利的时候，他慕名加入了法国军队并被保密局征募为间谍，在巴萨诺战役期间他的情报起了不小的作用，这让法国人开始重视他。但是当第二次反法联盟的俄国和奥地利军队入侵意大利，法军呈现支撑不住的迹象，于是托里决定换个东家。他投靠了奥地利军队的扎奇将军，当时扎奇正在围攻坚固的库内奥要塞。而法国援军只需几天就可抵达，奥军面临着狼狈撤退的局面。意大利业余演员托里奉命进入要塞传达假命令，他拿出做律师的专业精神，巧舌如簧地劝说法军司令投降，说援军已经不可能抵达。结果法国人刚走出要塞几步远就听到不远处援军的枪声，可是已经悔之晚矣。

当奥地利人听到拿破仑再度进攻意大利的消息时，他们又给了托里一笔钱要他去侦察老东家的驻地、实力和部署情况。托里费尽周折才潜入法军阵地，结果却被法军巡逻骑兵发现，托里只好投降，并请求面见拿破仑。在经过严格的搜身之后，他见到了正在吃饭的拿破仑。

拿破仑用意大利语对他说："我的朋友，当初你为我做事，后来你为扎奇做事，同时也不忘记收我的钱，现在你又是为何而来呢？"托里表示自己都是被生活所迫云云，并宣布每个人都想追求更好的生活，所以逼急了叛变一把也不是什么大不了的事情。拿破仑笑着问奥地利人开给托里的薪水有多少，托里决定坚守个人隐私就是不说，拿破仑告诉他说出来法郎大大的有，不说就"死啦死啦地干活"。托里还是不吭气，于是拿破仑宣布："这里有个间谍，通知行刑队做好准备。"托里一听就崩溃了，赤胆忠心地表示自己生是拿破仑的人，死是拿破仑的……死人。他把奥地利人的打算和自己每月 100 弗罗林的工资单都交代清楚了之后，拿破仑表示很满意。拿破仑看着地图问托里是怎么穿越雪山渗透进来的，托里厚着脸皮说您是知道我的能力的，接着把一路上的艰难叙述了一遍，差点整出一部伟大的冒险史诗来。拿破仑很感兴趣，约定每月付给他 1000 法郎，要托里做双面间谍。

于是来自意大利人的情报源源不断地流向法奥两军统帅的办公桌，当然这是有主次之分的。根据拿破仑秘书布里恩的记录，托里向拿破仑报告了奥地利各军团的番号、部队实力、驻地位置、将领的名字等等，还提醒拿破仑在亚历山大港的奥地利军队补给严重不足，他们伤员满营，药品奇缺。而梅拉斯率领的奥军实力强劲，法军暂时不能进攻。

作为回报，拿破仑指示手下为托里提供了一张字条，上面写着法军的大致状况和粗略行动计划。这些情报是真实的，否则托里就无法瞒过他的奥地利老板，毕竟扎奇将军雇用了不止一位间谍。

6 月 10 日，当扎奇从托里处得知拿破仑企图切断奥地利军队与首都维也纳的通信联系时，他从围攻热那亚的军队中抽调了奥特将军的 16000 人去打破法军对自己后方的封锁。奥特在动身时延误了时间，结果半路上遇到了拿破仑的朋友——猛将拉纳率领的 5000 名法军先锋。

拉纳的手下全是没有经验的新兵，而奥特的手下全是老兵。法军由单纯的轻步兵构成，没有骑兵也没有炮兵，而奥军有炮兵和骑兵支援，无论怎样来看拉纳应该做的就是赶紧撤退以免被围歼。所有的奥地利军官和几乎所有的法国军官都是这样想的，只有拉纳除外。这位出身底层的法国人一生不知胆怯为何物，有点像电视剧《亮剑》里的李云龙。他明白如果被奥军打开口子的话，12 万敌军就会从拿破仑的包围圈中逃脱，那么翻越阿尔卑斯山的艰苦行军的目的便成为泡影。于是拉纳拿出了“亮剑”精神，率领 5000 法军主动发起了猛攻。

虽然奥军有些意外，但是他们还是凭借人数和火力上的绝对优势顶住了法军的进攻，就在奥军发起反击时，拉纳跳下战马，手持利剑率领最后的几营步兵发起进攻。他们排成散兵线，走几步放一轮枪，用狙击战术把密集队形的奥军打得死伤惨重。其余本来已经溃散的法军部队看见拉纳像个下士一样站在最前方指挥，便恢复了勇气再度返身进攻。经过 10 小时苦战，拉纳死死缠住了奥军。当拿破仑的大部队出现在不远处时，奥军崩溃了，所有大炮都被法军俘获，这就是欧洲著名的以少胜多的蒙特贝罗战役。

这场战役告诉我们，拿破仑不是单纯靠阴谋诡计获取胜利的，在战场上他和他手下的将领从不缺乏用牺牲维护法兰西光荣的勇气。拉纳后来成为法兰西第一帝国的元帅，在拿破仑称帝后仍然坚持用你而不是您来称呼自己的朋友。八年后，拉纳被封为蒙特贝罗公爵。封爵仅一年之后，拉纳在阿斯佩恩—埃斯林战役中被炮弹炸去双腿，六天后在皇帝的怀抱中安详死去。

“蒙特贝罗公爵的死令我无法再支撑下去，完了，一切都完了！再见，我只恳请你尽你所能安慰公爵夫人。”这是拿破仑皇帝写给妻子约瑟芬最短的一封信。

蒙特贝罗战役之后，奥军被压缩在亚历山大港动弹不得。扎奇在绝望中把托里当成了救命稻草，派遣托里向拿破仑传递假情报说奥军正在等待热那亚的援兵，然后向北突围渡过波河。

6 月 13 日，托里把情报交给了拿破仑。拿破仑对这份情报产生极大的怀疑，因为他的侦察兵从未发现奥军有派人测量河流察看地形的行动。那么托里是否在故技重施呢？因为没有其他渠道可以证明，为了以防万一，拿破仑派出一个骑兵师去南边拦截不存在的奥地利援军。结果第二天奥军就向法军发起凶猛的突围作战，法军阵地被突破，拿破仑派上了最后的预备队才顶住了进攻。幸运的是骑兵师在晚上赶回来了，这支生力军打垮了奥军的士气和突围的希望。

6 月 15 日，奥军被迫求和。第二次反法联盟中的法奥战争正式结束，反法联盟彻底瓦解。拿破仑也扫清了通往皇帝宝座上的障碍。

幸运星托里可能是世界上混得最好的双面间谍之一。第二次意大利战役之后，拿破仑认为是托里的好运帮自己赢得了战争，为了奖励他提供的准确情报而支付了 1000 枚金币。同时梅拉斯将军也代表奥军重赏了他，毕竟他也提供了不少有价值的情报并在最后关头成功欺骗了拿破仑。

托里最后对拿破仑说的话是："现在我终于可以告别我的罪恶生活了。"他带着鼓鼓囊囊的金币回到家乡隐居，对于一个双面间谍而言，这样的结局太成功了。

夏尔先生的伟大传奇

做了皇帝之后，拿破仑更抓紧了间谍组织的建设。因为富歇肚子里到底有什么打算，连拿破仑也摸不透。这位警察总长在拿破仑称帝以后试图染指军队，当拿破仑远征西班牙时，英国趁机在比利时登陆，富歇以皇帝的名义迅速组建了新的军队赶跑了英国人。但这时拿破仑对他"忠诚"的警察总长派人与流亡在外的路易十八勾搭的行为忍无可忍，最后富歇被赶下台。

这位警察总长把自己手头的间谍资料烧毁，试图令继任者束手无措。可是接替他的萨瓦里将军从灰烬中寻找到线索，重建了法国间谍网络。富歇愤而暗示自己手头有皇帝家族种种丑闻的八卦材料可以抖落给"狗仔队"，而拿破仑的反应是宣布将派遣 10 个宪兵去逮捕前警察总长。说起来这些狗咬狗一嘴毛的事情还闹了不少，不过都比不上一个即将出场的人重要——这就是拿破仑的王牌间谍卡尔·路德维希·舒尔梅伊斯特尔，法国人称他为"夏尔先生"。

舒尔梅伊斯特尔是德法边界一个新教牧师的儿子，不过后来他却宣称自己的父亲是匈牙利贵族。舒尔梅伊斯特尔在年轻时就成为帮派势力的领袖，他的主营业务是钢铁生意——不经过海关私自渡过莱茵河的免税买卖。因为这种买卖来钱快，所以引起了海关人员的注意。舒尔梅伊斯特尔很坦然地接待了逮捕他的海关人员，然后将他们的尸体友好地抛进了莱茵河。

胆大心细的舒尔梅伊斯特尔很快引起了法国军队的注意，1794年，正在德赛将军的师部担任参谋的萨瓦里雇用了舒尔梅伊斯特尔。舒尔梅伊斯特尔在斯特拉斯堡开设了两家商店，分别经营杂货和烟草。借商人身份为掩护，舒尔梅伊斯特尔在德国和瑞士建立起蛛网般的间谍网络。由于工作出色，他被提升为保密局驻德国间谍组织首脑。当然，舒尔梅伊斯特尔先生的经营业务是多渠道的，他另外跟远在巴黎的富歇也挂上了钩，帮助监视进出瑞士边界的法国流亡者。他曾经穿着偷来的军服化装成将军，参加奥地利皇帝弗朗西斯召开的军事会议。他还喜欢把狗毛剃光，然后给狗套上一层用鬃毛做的皮套，把重要文件藏在皮套里，然后牵着狗悠闲地通过检查哨卡。

1805年，拿破仑皇帝远征德国。当时库图佐夫率10万俄军、马克率25万奥军准备会师，拿破仑打算通过情报战来破坏俄、奥军队联合作战。这就需要让停留在乌尔姆的奥军按兵不动，而不是主动与距其还有一个月路程的俄军会合。他的间谍已经收买了普鲁士使其保持中立，并且迫使准备参加反法联军的巴伐利亚等小国与自己结盟，现在只缺一个对付奥地利人的间谍，这工作难度极大，一般间谍无法承担。于是萨瓦里推荐了舒尔梅伊斯特尔。

拿破仑踌躇满志地运筹帷幄，因为他的夏尔先生已经将敌人虚实尽数送上

据后来流传很广的一个说法，拿破仑听萨瓦里汇报说舒尔梅伊斯特尔是一个头脑发达而没有良心的人，于是他见到舒尔梅伊斯特尔后故意问：“你的介绍信呢？”舒尔梅伊斯特尔自信地说没有准备介绍信，而且连身份证、居住证、计划生育光荣证什么的都一概没有。拿破仑说不能信任他转身离开，但舒尔梅伊斯特尔毫不在意，他重新化装后再次觐见皇帝。拿破仑没认出他来，就问：你是谁？这位冷静的间谍说：我就是舒尔梅伊斯特尔。这下拿破仑信服了，他同意派遣舒尔梅伊斯特尔去奥地利军队工作。

从事对军队的间谍工作危险性是极大的，因为军人的警惕性比普通人高得多。因此拿破仑的骗局是全方位展开的，他一面率领17万大军快速接近乌尔姆，另一方面则指示巴黎的报纸不断报道关于皇帝本人在首都寻欢作乐的新闻。这一切都是为了让奥军将领马克以为他没有率军远征。

当他以迅雷不及掩耳之势迅速抵达多瑙河时，麦克竟然不相信自己军队的警报，认为拿破仑还在巴黎。

而在此之前，舒尔梅伊斯特尔去了趟维也纳。这位自称是匈牙利贵族的骗子自称因为在法国发表亲奥言论而被驱逐出境，这句话有一半是真的，因为舒尔梅伊斯特尔的确被判处驱逐出境，不过是因为走私行为。

舒尔梅伊斯特尔竭力讨好奥地利军队情报部门指挥官温德上校，通过与温德的几次交谈他不但取得了对方的完全信任，还套取了关于奥军意图的全方位情报。随后舒尔梅伊斯特尔被介绍给奥军总司令马克将军，他通过一次又一次的忽悠让马克完全把注意力放到错误的方向上，而奥军的动向全传递给了拿破仑。

就在拿破仑抵达莱茵河的同时，俄国军队也赶到了莱茵河边。拿破仑派大将缪拉率军进攻乌尔姆，马克打算赶紧撤退。在这个节骨眼上，舒尔梅伊斯特尔再度出现在他眼前，拿出一份伪造的巴黎报纸，上面写着英国已经在法国登陆，巴黎发生了反对拿破仑的起义，拿破仑本人正率领军队赶回法国平息叛乱。

可怜的马克被一份伪造的报纸迷惑，下令军队追击“撤退”中的法军，马克将军激情四射地呼喊道：“奥地利前进，目标是巴黎，目标是暴君拿破仑！”于是在乌尔姆地区的奥军一头撞进了缪拉的包围圈，马克像只被捕鼠器夹住的老鼠一般动弹不得。法军封闭了包围圈后发动猛攻，四面受敌的奥军被迫投降，马克和手下的18名将军一齐被俘。

在奥地利战俘中混着一位特殊的战俘：舒尔梅伊斯特尔。他的传奇还没演完，这位幸运地从战俘营中“逃脱”的大骗子带着伪造的信件赶到奥地利皇帝弗朗西斯身边，通过一番巧舌如簧的鼓动，促使皇帝写信给库图佐夫，催促他迅速进军解救奥地利，而拿破仑正等着俄军匆忙进军钻进自己的埋伏圈。

舒尔梅伊斯特尔随后来到耶拿地区的奥俄联军营地，他在那里找到了自己的酒友——奥地利情报军官罗兹中尉。这位粗心大意的中尉恰好负责在奥俄两军司令部之间传递情报，于是奥俄联军的虚实全进了舒尔梅伊斯特尔的耳朵里。接着，中尉又把自己的朋友引见给奥军新任的总司令梅尔维尔托，因为舒尔梅伊斯特尔宣称自己身上携有关于法军的重要情报。

梅尔维尔托将军是个和马克一样可悲的受害者，他的侦察人员从各方面证实了舒尔梅伊斯特尔情报的可靠性，当然这些情报都是过时的，因为在他“逃脱”的这几天中法军已经离开了原来的营地。不过这样就在奥地利人中确立了舒尔梅伊斯特尔的可靠印象，于是来自奥军最高司令部的情报源源不断流向拿破仑。

就在舒尔梅伊斯特尔如鱼得水地在奥地利后方活动时，他被奥地利人盯上了。舒尔梅伊斯特尔在拉拢收买间谍的时候遇到了一个来自法国的逃亡者留夫，留夫很快地被舒尔梅伊斯特尔拉下水，随后舒尔梅伊斯特尔也被他拉下水——留夫是奥地利人派来的间谍，这下拿破仑的王牌间谍在阴沟里面翻船了。

舒尔梅伊斯特尔一再声称自己是梅尔维尔托将军的谍报人员，并拿出有将军签名的证件，可这一切都无济于事。由于维也纳命令把这个间谍送到首都去审问，而使得舒尔梅伊斯特尔逃脱了间谍被就地绞死的惯例。

奥地利军人的军纪很差，由于舒尔梅伊斯特尔身上带着不少现钞，负责押送的军人们竟然在半路上把舒尔梅伊斯特尔抢劫一空，然后用步枪上的通条把他打得昏死过去，几个奥地利人以为已经灭了口，就开小差逃走了。被丢在路上的舒尔梅伊斯特尔醒过来，潜逃到维也纳附近的小旅店里养伤。不久后法军占领了维也纳，舒尔梅伊斯特尔立即现身在拿破仑面前。拿破仑对王牌间谍的归来欣喜若狂，立即委任舒尔梅伊斯特尔为维也纳的警察总专员。

经过这场事件后，舒尔梅伊斯特尔获得了天文数字般的金钱报酬，后来他在斯特拉斯堡购买了一栋童话般美丽的古堡，并在花园中竖立起拿破仑的石像。还有一样东西是舒尔梅伊斯特尔极为渴望的，它既不是金钱也不是女人，而是荣誉。

间谍人员也和其他人一样有虚荣心，希望自己的功绩能够得到君主的赏识，得到大众的崇拜。可是他们的丰功伟绩往往都被隐匿不提，战胜敌人的荣誉只属于将军和皇帝。舒尔梅伊斯特尔渴望得到一枚荣誉军人十字勋章，但是拿破仑就是不给他，法兰西的皇帝在这一点上很固执，那就是只给予间谍金钱奖励。也许是因为这个原因，舒尔梅伊斯特尔后来参加了法军，担任萨瓦里的副官，军衔是上校。他在战斗中浴血奋战，曾经额头被击中留下难看的疤痕。后来拿破仑与沙皇亚历山大会晤时，舒尔梅伊斯特尔又被调去担任警卫任务。他最高的职务是法军军需供应总监委员，借这个机会他变成了百万富翁。

然而不久之后，拿破仑的辉煌时代结束了。随着拿破仑的倒台，在拿破仑时代间谍战中崭露头角的人物也都随之星散。富歇在拿破仑第一次被废黜时投靠了路易十八，但路易十八直到拿破仑从厄尔巴岛返回发动复辟行动后才授予富歇警察总长的职务，富歇愤而拒绝，反而接受了拿破仑的任命。但他在心里清楚拿破仑这次回来是回光返照，所以一直和波旁王朝以及英军统帅惠灵顿串通一气，当滑铁卢战败的消息传来时，富歇已经做好向路易十八移交巴黎城的准备了。

拿破仑第二次被废黜后，富歇起劲儿地追捕拿破仑的支持者。但他没有被新主人原谅，1816 年，他因为弑君罪被起诉并判处流放，四年后在寂寞中死于里雅斯特。而拿破仑的情报头子萨瓦里则在希望追随皇帝流放被拒绝后投靠了新政府，他在军队继续服役，于 1833 年去世。

曾经无所不能的间谍舒尔梅伊斯特尔的下场极为落魄，极度憎恨他的奥地利人派了一个炮兵团，将他的古堡炸成废墟。而他本人则被新政府逮捕并没收了四分之三的财产。在重获自由后，这位王牌间谍把剩余的资产投身股票交易，结果输了个精光。他忘记股市是骗子和强盗最多的地方，哪怕是他这样狡猾的间谍也不是对手。

晚年的舒尔梅伊斯特尔回到斯特拉斯堡开了家小小的烟草铺，他始终没有得到渴望的荣誉军人称号。在 1850 年，在位的拿破仑三世视察斯特拉斯堡时，专门上门慰问叔叔的这位忠实战士，但是舒尔梅伊斯特尔的邻居们却都不了解这个老头为何会被皇帝如此重视。

三年后，舒尔梅伊斯特尔结束了自己传奇的人生。

1821 年 5 月 5 日 17 时 49 分，被流放到南大西洋圣赫勒拿岛上的拿破仑与世长辞，波旁王朝随后宣称这位皇帝死于“心血管疾病”。不过，相当多的法国人都相信皇帝是被英国间谍下毒害死的。在现代 DNA 技术发达的时代，弄清拿破仑死因的最好方法就是能开棺验尸，但这对法国国民感情来说是件完全不能接受的事情。拿破仑的仆人马尔尚在其日记中写道，拿破仑去世前“经常失眠，腿部肿胀无力，掉头发，偶尔抽搐，总是觉得口渴”。这种状况与砒霜造成的慢性砷中毒吻合，而且通过对拿破仑的头发进行化验也证实了这一点。下毒谋害拿破仑的主要嫌疑犯是拿破仑的朋友兼副官查尔斯·蒙托隆伯爵。一些历史学家认为蒙托隆是法国波旁王朝和英国的双重间谍，而这两派力量均希望能“尽早除掉拿破仑”，以防他再次回到法国“闹革命”。

无论是不是死于间谍之手，拿破仑这位伟大的将军和皇帝都已名垂青史。对于他的伟大无须评论，在这里只说最后一点关于这位天才间谍战组织者的话题：在密特朗时代，法国曾在拿破仑陵墓底下的地堡里设置了一个窃听站，400 名秘密警察在那里监听多达 5 万法国人的个人通信，这些人直接向密特朗负责。如果拿破仑九泉下有知，不知该对这帮后世子孙哭还是笑？

第四节 童子军领袖的另一面

维多利亚时代的贝登堡

1837 年，18 岁的英国公主亚历山德拉·维多利亚登基成为女王。维多利亚女王拥有男人般的野性和蛮横，为了帝国的利益可以毫不犹豫地发起战争。这位陛下做生意是把好手，尤其对贩卖毒品特别在行。当 1839 年不识相的林则徐在虎门销烟后，彪悍的鸦片女王维多利亚在议会上发表了著名演说，呼吁"为了大英帝国的利益"，向中国发动第一次鸦片战争。

除了贩毒之外，维多利亚也很擅长生孩子。她与自己的表哥阿尔伯特亲王结婚后一口气生了九个孩子，但由于是近亲结婚，四个王子中的三个都是血友病患者。所幸的是五位公主个个健康美丽——但也全是血友病基因携带者，她们与欧洲王室联姻的结果是使这一可怕的疾病在欧洲王室中蔓延，直到今天的英国王室成员身上仍然有后遗症存在。

由于维多利亚之前的英国王室成员中没有任何血友病患者，而女王母系的德国萨克逊—科堡—萨尔费尔德王室家族成员中也没有任何血友病患者，所以在遗传学方面便出现了巨大的尴尬——如果她是父亲肯特公爵爱德华亲生骨肉的话，应该不会携带血友病基因。而女王母亲在出嫁前与家庭教师关系亲密，这位教师的家族中可是有血友病史的……

不管怎样，英国人用一句基因突变解释了这场可怕的“生化危机”。

对于英国而言，维多利亚的名字象征着一个最辉煌的时代。在她统治期间，特别是1851年以后，在英国历史上被称为维多利亚时代。她在位的六十余年正值英国自由资本主义由方兴未艾到鼎盛，进而过渡到垄断资本主义的转变时期，英国极度强盛，经济、文化空前繁荣，科学、艺术都有很大的发展，君主立宪制得到充分成熟，维多利亚女王的名字成了英国和平与繁荣的象征。

为了控制占地球表面积四分之一的日不落帝国，军队成为民众崇拜的偶像，从军是一种大众阶层的爱国风尚。而对于一些更为野心勃勃的人而言，间谍生涯才更有挑战性。在帝国的巅峰时期，有无数业余间谍为女王服务。其中最成功的典范莫过于罗伯特·贝登堡·鲍威尔男爵，他的名言是：“对于那些厌倦了生活的人，充满刺激的间谍生涯将是最好的治疗。”

贝登堡天生具备探索精神，做事喜欢独来独往。他曾经在英国驻南非和印度的部队中服役。在南非的日子里，他与土著的祖鲁猎人一起行动，学会了在草原和从林中谋生的知识与技能，这就为他以后的间谍生涯打下了良好基础。退役之后的贝登堡再也无法忍受正常人的生活，他受雇于一家私人间谍机构，以马耳他岛为据点陆续在阿尔及利亚和达尔马提亚进行了三年的间谍工作。

1899年，希望恢复南非共和国独立的荷兰移民后裔布尔人发动第二次布尔战争以后，贝登堡回到南非为英国效力。当时只有10名英国间谍志愿去南非为

维多利亚女王的九个子女均与欧洲王室联姻，几乎每个欧洲国家的王室都有她的血脉，她也被尊称为“欧洲老祖母”

国效力，贝登堡就是其中最优秀的一个。

布尔战争是一战之前最血腥的战争之一，由于敌对双方实力差异悬殊，所以布尔人采取了全民皆兵的游击战争，他们化整为零到处骚扰偷袭英军。而英军则以创立封锁区、焚烧支持游击队的农场、强奸游击队员妻女、流放或枪毙俘虏等方式进行镇压。

到了 1900 年 9 月，英国率先建立了近代历史上第一批死亡集中营。英军总指挥基钦纳将军下令先后将 13.6 万名布尔人妇女，儿童和老人以及 8 万多黑人仆役统统从被焚毁的农场中抓走，用敞篷货车或牛车运到集中营。后来英军干脆把游击区的所有平民全部关押到集中营里面，南非境内的集中营有 50 多座，分布在开普、德兰士瓦、奥兰治和纳塔尔的铁路线两侧，以及约翰内斯堡、布隆方丹、德班等大城市近郊。集中营的四周环绕铁丝网，凡有试图翻越逃跑者一律射杀。单以奥兰治地区的白人集中营为例，在 1901 年 10 月一个月内死亡率就高达 40.1%。

在这种情况之下，英军间谍在布尔战争中发挥的作用显然不如集中营明显，但一些业余间谍却硕果累累——英军使用当地的偷牛贼传递紧急情报，这些情报使用密码编写，以防止被布尔人获悉。

英国军官大部分使用拉丁文密码，而在印度服役过的人则按照罗马字母发音把情报写下来。信使在穿越敌军封锁线的时候，脖子上挂着一个包裹铅皮的小球。情报就搓成小团放在里面，一旦遭遇敌军盘查信使就把小球丢在地上，它们的颜色与当地的石子很像，不会引起特别注意。当危险过去后，信使再返回来捡起小球继续传递。

还有一些简单的技巧，例如将情报放入中空的手杖内、缝到衣服的衬里或夹在鞋底等等。最妙的一个办法是把情报塞在烟斗里，如果被敌人怀疑要搜身时可以点起烟斗抽烟，就在自然而然中销毁了一切证据。

在布尔战争中有一位业余间谍会在日后主宰英国的命运，他就是温斯顿 · 丘吉尔。

丘吉尔担任间谍的资历相当长，早在 1895 年 10 月，21 岁的丘吉尔就被英国情报机构招募到古巴收集西班牙军队所使用的枪弹情报。他还接受《每日纪事报》

的聘请做西班牙军队的随军记者，在采访中了解到情报搜集的方式方法。1896年，丘吉尔在印度服役时还充当了《加尔各答先驱报》和《每日电讯报》的记者。

1899年9月，丘吉尔以《晨邮报》记者的身份去南非做随军记者。虽然号称是记者，但他依旧兼职做间谍的老本行，甚至还在与布尔人的战斗中放弃记者的中立伪装参加战斗。可是丘吉尔不是兰博，他的参与照样改变不了战斗结局。他被俘后才声称自己是记者要求得到释放，不过布尔人可不是傻子，于是这个滑头的英国佬被关进普勒多利亚的战俘营。

到了12月，丘吉尔独自一人越狱成功，在当地一个英国侨民的帮助下逃到了罗伦索玛科斯城的英国领事馆。这一经历使得他在英国名声大噪，也成了他日后的政治资本。

曾经的军旅生涯，使得贝登堡在南非不是以间谍而是以战地指挥官的身份大出风头。在1899年10月至1900年5月间发生的梅富根城防御战中，已获得上校军衔的贝登堡担任守城指挥官。当时6000名布尔战士围攻守城的1213名英军，贝登堡临时招募了大批当地青年加以训练，临时教他们急救、传讯和侦察等各种技能来协助驻军，尤其是那些肩负着侦察任务的临时间谍对守城起到关键性作用。

经过了217天以后，梅富根城在1900年5月17日解围。当此消息传到英国时，正在用餐的维多利亚女王离开餐桌亲自撰写电文向自己的间谍致贺。

一战成名的贝登堡被英国人视为英雄人物，而他以自己的训练大纲编写成的《侦察指引》一书也成为畅销的间谍技术入门读物。

布尔人的间谍们

在准备武装反抗英国殖民统治之前，布尔人的领袖们就注意到应该设立一个专门的间谍机构。他们面临着人才缺乏的窘境，甚至连会讲英语的人都很少。于是南非共和国的国务卿赖斯在荷兰首都鹿特丹雇用了两名海关人员，将他们送到巴黎和柏林进行特工培训。培训结束后，两名“毕业生”来到南非首都比勒陀利亚。两相比较起来，出于削弱英国实力的目的，德国方面对于培训南非特务更为上心。

甚至连赖斯本人也秘密领取了德国情报部门的薪水，兼职成为一名德国间谍。

在第二次布尔战争正式爆发前六个月，南非秘密情报局正式成立了。南非司法部长杨·思慕茨主管这一机构，他手下的间谍们将报告伪装成普通邮件寄给他，或者是直接送交。南非司法局的间谍们大都是侦探之类受过专业训练的人员，并辅以由商人、海关人员、邮局职员和铁路员工发展来的业余间谍。

思慕茨为自己的组织搞到了充足的经费，在战争爆发时南非政府已经累计拨款 28.6 万英镑，而英国当时全国情报预算只有 2 万英镑，其中用于南非方面的开支只有 2000 英镑。

一开始，间谍们主要监视那些被英国人策动的颠覆共和国的阴谋。

1899 年初，两个粗心大意的英国间谍尼古拉和帕特森被思慕茨的手下抓获，这是一个“开门红”。接着，南非间谍们发现英国官员经常以摄影和写生为掩护，悄悄进入南非境内进行间谍活动，贝登堡先生自然也不例外。

战争开始后，由于英国公民对于南非的经济贡献很大，所以被允许继续留下来，这样就造成了令人头疼的潜在间谍问题。南非秘密情报局在反间工作方面成绩斐然。当时大量的英国间谍从莫桑比克边境渗透进来，而南非方面也相应地派遣间谍渗透过去。一时间，莫桑比克的首都罗伦索玛科斯城成了秘密战争的竞技场。

随着战事进展，秘密情报局组成战地情报分部派遣到各个指挥官身边。这些战地情报人员熟悉当地天文地理情况，经常担任参谋或高级指挥官的职务。为了确保不发生新闻泄密行为，他们还要对记者的报道进行新闻审查，并且承担战地反间谍任务和确保电报线路畅通等工作。正当战地情报分部热火朝天地工作时，1900 年 6 月 5 日比勒陀利亚失守，南非秘密情报局也随之被消灭。由于失去了中央领导，各个战地情报部门也相继烟消云散。

1902 年 5 月 31 日，布尔战争结束。

这场战争深刻改变了现代战争理论和日不落帝国的政治走向。获得胜利的英国将南部非洲的殖民地连成一片，世界上最大的兰德金矿落入“约翰牛”的腰包。来自南非的黄金使得伦敦迅速成为全球金融业和黄金交易的中心，英国由此得以控制全球经济命脉。但是，第二次英布战争也标志着英国的海外扩张史的终结。英国政治家发觉由于近代化战争代价高昂，同时保卫大英帝国海外领地和英国本土的做法，在经济上和战略上都是不可行的。英国开始了全球范围内的战略收缩，将部分海外势力范围转托给加、澳、新等白人自治领，英国本身的战略重点则转回欧洲。

布尔战争造成的民族隔阂影响深远，绝大多数布尔人对英国人怀有深刻的敌意。1914年第一次世界大战爆发后，部分南非荷兰人发动了亲德反英的武装暴动。在第二次世界大战期间，纳粹德国招募了不少布尔人间谍渗透到英国本土。

1961年5月31日，南非联邦政府宣布不再臣服于英国女王，退出英联邦，建立了现代的南非共和国。

欧洲各国从布尔战争中汲取了大量的经验，瑞士等小国吸取了布尔人“全民皆兵”的军事思想，建立了自己独具一格的国防体系。而德国等大国则从英军的胜利中验证了自己的 “总体战”军事学说，尤其对德国而言还有一个额外的学习成果——死亡集中营。

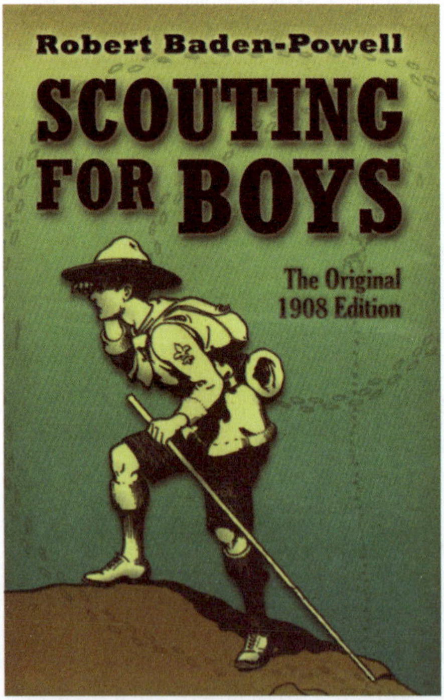

退役之后的老特务贝登堡开创了现代童子军运动，并撰写了《童子军手册》

童子军领袖的另一面

贝登堡后来返回本土出任骑兵总监，到了1910年，他以陆军中将的军衔退役。此时的英国情报部门已经失去了向外大规模渗透的兴趣，把主要精力放在本土的反间谍任务上。

退役之后的老特务贝登堡却不肯闲着，他在1906年7月曾与欧尼斯特·汤普生·西顿交流过青少年训练的方法。在1907年时，贝登堡写下了一个训练方案《青少年小队》。同年，为了测试他的方案，他集合了20位来自不同社会地位的青少年，并且在 8 月于英国英格兰多塞特郡普勒港的白浪岛举行为期一周的露营——这就是现代童子军运动的起源。

贝登堡重写了《侦察指引》，将其中的军事内容转换为野外生存训练技巧和探险技术指南，还加入针对心理教育的竞赛和游戏方案。这本书后来成为《童子军手册》，贝登堡摇身一变成为儿童教育家了。

1915 年，当全英陷入癫狂般的搜捕德国间谍热潮时，贝登堡趁热推出了自己的新作《间谍历险记》，通过自己早年做间谍时的一些有趣经历，帮助英国人了解间谍到底是怎么一回事。

贝登堡将间谍分为两类，一类是他自己这样勇敢的军人间谍，另一类是出卖情报的卑劣叛徒。可惜如今间谍已成为贬义词，大多数人都认为间谍是道德败坏见钱眼开的阴谋分子。间谍就像幽灵一样，人们相信他们存在，可是又看不见他们，也不信任他们，更不愿与他们打交道。贝登堡特别指出当间谍特指在战时担负军事任务的人时，应称呼他们为“调查员”或“特工人员”。在大多数情况下间谍是一些经过伪装的侦察人员，他们所从事的活动实际上就是伪装侦察。

间谍必须勇敢无畏，因为他们的精神始终处于高度紧张的状态。一个间谍必须懂得一旦自己失手被捕后，国家绝对不会承认和拯救自己，他只能独自面对被处决或终身监禁的下场，所以没有顽强的献身精神是难以从事这项工作的。

除了奉献之外，一个能干的间谍还必须拥有善于自我克制、能够胜任任何角色、敏锐的观察力、善于思考问题、坚如磐石的意志力，以及一个强健的身体。间谍必须有察言观色和对身边环境的出色的观察判断能力，他还要有福尔摩斯一般的推理能力，以便将琐碎的情报拼凑完整。对于那些肩负破坏任务的间谍而言，还需要进行相关专业的科学知识培训，例如负责爆破堡垒和桥梁的间谍就必须了解建筑学知识，懂得在支撑建筑物的关键点安置炸药。至于化学药品、轻武器和冷兵器的使用知识更是间谍的基本技能。

基于上述原因，巴登顿喜欢从军事人员中挑选合适的情报人员，而不是使用那些什么都需要从头教起的社会人员。不过他也承认军事人员中会演戏和化装侦察的人很少，更勿论要满足上述那些苛刻条件了。

在巴登顿的时代，不少同行质疑他对化装术和杂耍技能的追求，认为特别强调间谍善于化装实在是强人所难。不过巴登顿却坚持认为这一点对于间谍的生存能力至关重要，他更进一步指出间谍不但要善于化装，更要有在危急时刻迅速改头换面的能力。不但包括川剧变脸般迅速地改变容貌，更要在言行举止尤其是走路姿势上做出彻底改变，这会让追踪者完全失去目标，从而轻松脱险。

他本人曾为了侦察德国的新式机枪而伪装成醉汉，用白兰地酒泼了哨兵一身。德国人认为他只是个喝醉酒的蠢货而放过了他，从而令他的诡计得逞。巴登顿认为未经训练的普通人难以记住别人的面部特征，要记住一个间谍独特的领带或帽子也是很困难的。

巴登顿对新时代的间谍做出了如下分类，他的分类方法至今仍然没有过时。

战略特工：在和平时期他们研究潜在对手的军政情况，在战争时期他们在敌国内部掀起不满情绪制造社会动荡，迫使敌国撤回军队甚至是被迫求和。巴登顿认为第一次世界大战前德国为了骚扰英国就使用了这一手段，他们的间谍在埃及和印度的穆斯林当中、在南非的布尔人当中、在爱尔兰共和军当中广泛发起煽动，为英国制造了无数内部动乱。

战术特工：这类特工关注的是特定目标国的具体情报，包括常备军的战备状态和战术特点、公路铁路和航运能力、可能战场的地形地貌特征，以及初步判断可能的炮兵阵地位置和屯兵场所等等。

战地特工：这类特工人员是人数最多的，他们在化装后渗透到敌方执行侦察敌军调动情况、装备情况、火力点分布情况等战地情报任务。

常驻间谍：这是一种常驻海外的特工人员，虽然他们可能会有渴望荣誉表彰的富商或者政客，但更多的还是一些没有背景的普通人。这种间谍通常是为了钱才干的，除了搜集情报之外，他们还充当情报中转传递的中间人，向其他间谍传递指挥部的命令并向指挥部传递任务完成情况。其中专门负责情报中转的间谍便是德国情报术语中的“信箱”。

商业间谍：这类间谍是德国人首创的。一些年轻的德国人被派遣到英国的商业机构中工作，他们不收取报酬只为学习英语。沾沾自喜的英国商人在省去工资的同时却被窃取了大量的产品制造和贸易往来方面的秘密。

1901 年 1 月 22 日，大不列颠和爱尔兰联合王国女王和印度女皇维多利亚以

82 岁的高龄去世，临死前吩咐给自己换上白色的衣裙。日不落帝国的辉煌一直持续到 1914 年，欧洲所有重量级的王室成员都是她的后代子孙，维多利亚被称为欧洲的祖母。

老祖母刚一咽气，她的儿孙们就开始蠢蠢欲动，继任的爱德华七世只比老娘多活了九年。

1914 年，德皇威廉二世与英王乔治五世这对表兄弟纷纷被卷入了第一次世界大战彼此厮杀。乔治五世为了表示和威廉势不两立，连自己的德国姓氏都不要了，他把英国王室的姓氏改为“温莎”。

不久后他们的表妹夫俄国沙皇尼古拉二世也加入战团，一场大战将古老的欧洲皇族与他们的帝国都打了个稀巴烂，而日不落帝国也在这场亲戚之间的窝里斗中失去了昔日的辉煌。

ZHANZHENG YU HEPING

第五章 战争与和平

○天朝沦陷 ○一战奇谋 ○光明与黑暗

第一节 天朝沦陷

修约危机和美国籍的中国大使

以李鸿章等人的话来说，近代历史中的中国面临着“五千年未有之变局”和“五千年未有之危局”。叱咤风云已久的天朝上国在内忧外患的折磨下已经是摇摇欲坠，唯因数千年辉煌历史构筑的地基太过牢固，以至于列强组成的强制拆迁队暂时还没能得手，不过大清国这栋大厦却已成危房，眼看着早晚都得垮塌下来。

从这一时期开始，中国成为各国间谍的乐园。活跃在中国境内的间谍们素质良莠不齐，类型千差万别。既有已经嚣张起来的传教士间谍系统，更有各国流氓骗子冒险家等构成的乌合之众，其中最有组织性的莫过于外交系统的间谍了。鸦片战争之后，洋人的大使公使们不请自来，充当起从传教士到鸦片贩子等外来洋盲流们的保护伞。这帮家伙没有一点“暂住”的意思，大咧咧地在北京城里住下来。在清廷的官僚机构中，本来是有一个理藩院来接待这帮洋盲流的。因为在中国辉煌的时代中，外国使者并不是以平等身份来华访问，而是以附属国或者藩国的身份来天朝朝觐，天朝要对他们“册封”和“颁历”及“颁正朔”。

爱新觉罗家的生意还红火的时候也是如此，拿朝鲜王国举例来说，朝鲜王想立个王后、太子什么的都得派使臣请求中国大皇帝同意才行。朝鲜王能自己做主的也就是泡菜口味之类的小事而已，这就是宗主国和藩属国之间的关系写照。可惜这是以往的幸福时光，鸦片战争之后的大清朝只能从故纸堆里寻找安慰了。对于那些船坚炮利、青面獠牙的外国侵略者而言，理藩院是无论如何也打发不过去的。到 1860 年 9 月英法联军逼近时，咸丰皇帝奕詝带着老婆孩子撒丫子就跑。爱新觉罗一家躲在热河两腿发软打哆嗦——那情景用一句本人独家奉上的打油诗来说就是“秋风瑟瑟如筛糠”。

按说你一家人筛糠就筛吧，奕詝还不许国人说自己临阵脱逃，非要起个雅名“秋狩热河”。可是英法联军浑身上下没半寸雅骨，他们把北京城折腾了个天翻地覆，一番烧杀抢掠之后，爱新觉罗家几辈子积累下来的财产全都完蛋，奕詝最爱的圆明园也变成了一片废墟。

在这期间，恭亲王奕訢在京与英法联军议和。这时候才为了办事需要，临时设立了外交机构“总理各国事务衙门”，简称“总署”。这个总署虽然是外交部门，却没有一点情报站功能，因为它的主要任务就是不惜一切代价把洋大人们哄回去。在这一点上奕訢获得了成功，可是他的皇上四哥却不敢回来。

第二年奕詝一蹬腿死在了热河，经过一番钩心斗角后，爱新觉罗家的当家人换成了乳名“兰儿”的小寡妇西太后叶赫那拉氏。叶赫那拉氏统治中国 47 年之久，从小寡妇变成了老女人。

在这漫长的时间里面，却始终没有人意识到情报战的重要性。

按照西方人的思维，交往要讲求表面意义上的公平性，所以清廷也面临着派遣大使到列强各国的棘手问题。按照当时的国人思维，到那些海外的禽兽之邦纯属送死。与外国人打交道的话即使不被洋鬼子吃了，也要丢尽列祖列宗的脸面。以奕訢的亲王之尊还因为与外国人打交道被称为“鬼子六”，更别说一般的大臣了。

除此之外还有一个礼仪问题，因为各国大使不肯对大清皇帝行三跪九叩首之礼，所以一直未能获得皇帝接见。而一旦清廷出使西洋，对各国君主又该如何行礼呢？如果跪地磕头的话，简直就是让蛮夷酋长们占了大清国的便宜，丢了天朝的脸面。如果不磕头的话那不是正好给那些不肯对大清皇帝磕头的死洋鬼子们以口实吗？

相对于其他外国公使的跋扈，摆出温和姿态亲近中国官民的蒲安臣自然令朝廷喜欢

1867年，眼看着《天津条约》马上就得派遣使者修约，大清朝上上下下都傻了眼。就在这时候，天上掉下个大救星来。这位不是别人，正是美国公使蒲安臣。

蒲安臣是美国公使安森·伯林盖姆的中文名字，这位美国公使上任之时恰逢美国身陷南北战争暂时无力侵略中国，所以他贯彻了国务卿西华德提出的对华“合作政策”：开展“公正的”外交活动，以取代“武力外交”“在条约口岸既不要求也不占领租界”“也永不威胁中华帝国的领土完整”。

相对于俄、法、德等国的横暴而言，美国的对华态度赢得清政府的好感，对

蒲安臣使团造访波士顿市政府

蒲安臣也具有特别的信任。尤其是他在就任公使期间曾经吊死过一个过分欺压中国人的美国无赖，所以在大清朝廷上下看来蒲安臣简直就和正义的天使一样。

1867 年 11 月 27 日，当蒲安臣卸任归国之际，奕䜣在总署设宴钱行。大伙喝着喝着，蒲安臣随口说哥们回国以后，你们有什么事情我一定帮忙！

奕䜣一听接口就说那你是不是路过欧洲啊？

蒲安臣说对啊。

总署大臣文祥在一旁敲边鼓说干脆你当大清大使吧！

这下好了，大清国派出美国人做大使周游列国！鬼子六的打算是让蒲安臣去和他的蛮夷同类交涉，全没想过这样做是把外交大政拱手让人了。而外交使团最重要的刺探情报功能，自然也全然变成了对外输送。

于是蒲安臣以"办理中外交涉事务大臣"的头衔首先出访美国，他在会见国务卿西华德的时候签订了中国近代史上首个名义上的对等条约《中美续增条约》，史称《蒲安臣条约》。条约中规定了美国传教士受中国保护、美国人可自由在中国开设学校、美国人可以自由在中国居住以及美国享有向中国技术输出的优先权，等等。

以上这些都是美国政府急切想从中国手中得到的，借助自己人蒲安臣之手全得到了。虽然在名义上中国人也可以在美国自由传教开设学校之类，可是以当时的情形而言这纯属文字游戏而已。虽然清政府并没有授予蒲安臣任何签约权，可是这位大使全不在乎地越权而为，他清楚清政府不敢不认账。

随后蒲安臣又出访了英国、法国、瑞典、丹麦、荷兰、普鲁士和俄国，他的重要目的就是不使其他任何列强可以扩大在中国的利益，以免影响未来美国来分一杯羹。可笑的是，蒲安臣的手段也使得清政府获得了短暂的喘息之机，从某种方面而言也是有利于爱新觉罗家的买卖还能继续开下去。

1870 年 2 月 23 日，蒲安臣因肺炎在圣彼得堡突然去世，终年 50 岁。清朝政府为表彰蒲安臣在其担任驻华公使时“和衷商办”及出使期“为国家效力”，授予他一品官衔和抚恤金 1 万两白银。

从蒲安臣的时代开始，后起的列强美国借助武力之外的手段逐步渗透自己的影响力，培养代理人。随着美国国力不断增强，它在一边倒的情报战中牢牢控制了局面，使得中国逐步成为一个美国影响下的半殖民地国家。这种影响力在二战后达到了顶峰，在 1949 年之后才有所改变。

美国牧师和他的两个中国计划

蒲安臣开创的契机立即被美国传教士特务们牢牢把握，丁韪良牧师就是其中的佼佼者。这位在 1850 年便渗透到中国境内活动的基督教长老会传教士对中国社会了如指掌，为了能够融入中国社会之中，这位用心的传教士不光学会了中文，还努力学习各地的方言，了解各地中国人的不同风俗习惯。

在长达 62 年的中国生涯中，丁韪良成了彻彻底底的“中国通”。

就在丁韪良刚来到中国这一年 9 月，在广西金田爆发了太平天国起义。

早期的太平天国特别擅长使用间谍来克敌制胜或是脱离险境，1852 年 11 月，在围攻长沙失利撤退时，年仅 21 岁的翼王石达开使出疑兵计，他派间谍冒充奸细，向长沙城内清军“告密”说太平军正要挖掘地道，把炸药送到天心阁下炸城。城内清军大为紧张，注意力皆集中于城内地下挖壕埋缸防地道，根本没发现城外太平军已经全军开溜，从而失去追击的大好机会。

在清代的《金陵纪事》中对太平军有如下记载："贼善为奸细，多办（扮）医卜星相小买卖者，且杂入官所募之乡勇中。贼性桀骜，与软语乞怜，多见杀，直与硬语，竟置之。贼亦有毒烟药，战稍却，即放毒烟，使人昏闷致溃败，贼或转败为胜。初到立营，亦遍烯毒火于长围外。此方以黑砒石、黄漆叶、人粪为最毒，如无解药，预于出战前以醋洗面则不受毒，或以某草泡醋薰棉絮塞鼻亦能解。"

丁韪良一直密切注意太平天国运动的进展情况，等到太平军定都天京后，这位能够以宁波话传教的牧师就认为"一个自称是耶稣兄弟的统治者"比北京城里那位"自封为天子的皇帝更有可能皈依圣父"，也更有可能被美国控制。而此时的清政府的情报系统还在怀疑洪秀全有无其人，天京城中百官跪拜的只是放在龙椅上的木像。

丁韪良先是建议美国政府与洪秀全接触未果，后来打算自行偷渡到太平天国控制区也未能成功。这位不受本国政府重视的间谍后来干脆直接在英国政府支持的上海《北华捷报》上给美国司法部长顾盛连发了四封公开信，呼吁同时承认太平天国和清政府，利用双方对立来实现美国的利益——这是美国历史上最早提出利用"两个中国"政策来渔利的主张。

第二次鸦片战争爆发后，丁韪良毛遂自荐担任美国驻华公使列卫廉的使团翻译。他把自己在中国搜集多年的政治、军事、社会和经济等情报逐一介绍给美国政府，帮助他们制定了种种不平等的条款，还与传教士卫三畏一同直接充当美国政府的谈判代表，在逼迫清政府签订《天津条约》时立下了汗马功劳。卫三畏时任美国公使馆头等参赞兼翻译，在谈判时，他和丁韪良都主张把传教宽容的内容加进去。两位传教士用各种卑鄙下流的手段反复胁迫清朝代表桂良签订了有关条款，从此以后西方传教士在中国的传教就完全合法化了。

为了帮助美国进一步控制中国，两位传教士后来走上了不同的道路。卫三畏选择留在外交领域，并成为一名研究中国文化的汉学家。卫三畏后来写出了研究中国文化的巨著《中国总论》，这部著作是后来西洋野心家的必读课本。1876 年，他由于身体等原因辞职回国。1877 年，他被耶鲁大学聘为该校第一位中国语言与文学教授，也是美国的第一位汉学教授。1884 年 2 月 16 日，卫三畏在自己家中病故。

丁韪良继续留在中国进行他的文化渗透工作，他认定在表面化吸取中国传统文化因素的条件下可以更有效地对中国人进行洗脑，所以他到北京创办了教会高等学校崇文馆，还兼任京师同文馆和京师大学堂的负责人。为了让中国的知识分子更好地接受自己的思想，他向孔子塑像鞠躬致敬，为此不惜同长老会闹翻并辞去传教士职务。在义和团运动爆发后，热忱的美国间谍丁韪良在躲到英国使馆避难的同时，还不忘发表《告基督教世界各国书》。在书中这位道貌岸然的绅士破口大骂义和团爱国运动，并且宣称在华外国人是"异教徒狂暴下的牺牲者"。

业余的政治评论员丁韪良老先生于此刻再度提出了以华制华方案：驱逐西太后，恢复光绪皇帝载湉的权力；取消清政府戊戌政变后颁布的一切法令和人事任命，恢复百日维新时期的各项改革方案；各国成立联合委员会监督清政府，各国划定在华势力范围并且派员监督本国势力范围内的清朝政府官员；等等。

这是一份赤裸裸的瓜分中国计划书，在以后的列强瓜分中国过程中他们差不多就是这么做的。丁韪良老先生彻底露出自己丑恶的嘴脸，把宗教的伪善完全抛之脑后——只有在晚清这个特殊时期才会有如此猖狂的间谍活动和如此丑恶的间谍存在。

1902 年，清廷颁令恢复京师大学堂，丁韪良又被重新任命为总教习。但西洋教习们因向清廷要求补偿薪金引起纠纷，新任管学大臣张百熙借经费紧张为由，集体辞退了丁韪良等西洋教习。

1906 年，77 岁的老丁再度申请成为长老会传教士——人总得混饭吃不是？

正所谓"老而不死是为贼"，第二年 80 岁高龄的丁韪良在上海出席基督教来华传教百年纪念大会时，又公开鼓吹中国是个愚昧落后的半开化国家，只有接收列强用大炮送来的基督教文明才能成为文明国家。

1916 年，89 岁的丁韪良病死于北京。此时的大清已经在 1912 年先他而去，留在他身后的是更加混乱的民国军阀混战。

东瀛特产的黑社会间谍

1853 年，美国海军准将佩里的舰队抵达东京，从此揭开了日本幕府闭关锁国政策倒台的序幕。经过倒幕运动和明治维新之后，日本快速踏入了新兴帝国主义国家的行列。

日本首先师从德国和英国的模式，按照德国陆军和英国海军的建军思想分别创建了自己的陆军和海军，并且组建了相应的间谍机构——陆军宪兵队和海军特警队，它们分别由各自的上级情报机关陆军参谋本部和海军军令部指挥。其中的宪兵队在反间谍工作中卓有成效，“日本宪兵”这个名词日后成为被日本侵略国家最惨痛的记忆之一。

在明治天皇在位期间，日本社会的政治经济环境发生了剧烈的变化

对于这个贫瘠的岛国而言，放眼环球可以插足的地方已经不多了。因此他们将目光投向了中国，还在苟延残喘的清朝是日本人眼中理想的猎物，他们的理想汇聚成一句口号：八纮一宇，天下布道。这句话来自日本传说中第一位天皇神武天皇所发的诏令，意思是“以四海为家并统一之”。日本人的设想是首先征服朝鲜，以此为踏板征服中国，再以中国为殖民地进而征服全世界。早在战国时代的枭雄丰臣秀吉就曾经提出过这种贪心不足蛇吞象的军国主义构思，为此引发了明朝援朝战争，老猴子秀吉也被战败刺激得一命呜呼。

新时代的日本政客们再度将这个口号提出来作为国策，以当时的局势来看，似乎是可能实现的。为此，日本采取了非常奇特的对华情报战手段——黑社会间谍。

明治维新之后，依附幕府制度生存的武士阶层失去了饭碗。新成立的日本军队以平民为招募对象，这就让武士们成为被社会淘汰的对象。这帮家伙还被取消了随身携带刀剑的权利，纷纷变成浪人在各个城镇游荡。由于除了打仗什么都不会干，所以这帮家伙迅速发展成为黑帮势力，其中的黑老大是头山满，他被当时的日本人称之为“黑天皇”和“影子幕府将军”。

黑社会组织得到日本政府和财团的纵容和扶持，他们配合官方间谍对东亚地区进行大规模渗透。黑社会组织以结社和宗教团体等形式在朝鲜、中国和沙俄的远东地盘进行渗透，与之配合的还有来自日本的军事、政治、工商业、文化界等诸多领域的间谍。1881年，头山满和平岗幸太郎一同创立了民间特务组织玄洋社，并且对中国派遣了100余名间谍。玄洋社的目标是推翻清政府，并占据朝鲜作为侵略大陆的跳板。它最大的特点是依靠妓院开展情报活动，它在汉口、上海、天津和釜山都开设了连锁妓院。其中汉口的“乐善堂”规模最大，基本上模仿了德国情报机关的妓院“绿屋”。玄洋社依靠妓院来藏匿间谍并赚取巨额特务经费，还对客人进行各种形式的敲诈勒索，并从不断壮大的革命党力量中寻找合作对象。

1893年，玄洋社的领袖内田良平派遣了15名精干特务组建了“天佑教”。这帮披着传教外衣的日本特务渗透到朝鲜境内，迅速与极端宗教组织东学党勾结在一起，发动了东学党起义。当这些日特朝奸联手在朝鲜境内到处制造暴动之后，清政府应邀派遣军队镇压暴乱。于是日本人等待已久的机会来到了，他们先是指责中国侵略朝鲜，接着便在朝鲜内奸的配合下派兵登陆朝鲜进行“保护”。于是中日甲午战争揭开了序幕，就在此前不久中日政府间的第一次情报战也拉开了序幕。

甲午悲歌

1893年4月9日，时任陆军参谋次长的日本间谍首领川上操六潜入朝鲜釜山、仁川、汉城等地，进行实地考察达一个月之久。5月11日，他窜至山东烟台。12日到达天津，受到直隶总督、北洋大臣李鸿章的“殷切接待”。李鸿章邀请这位不速之客参观了武备学堂、天津机器局，还观看了炮兵操演技艺及步兵操练。5月14日，川上操六还在被称为日本陆军“三大中国通”之一的驻华陆军武官神尾光臣少佐的陪同下，悄悄察看了天津周围的地形，从而判定“天津西面展望自由，利于进攻；北面有水洼，不利于进攻”。

6月中旬，川上操六再赴中国，到上海、南京等地，仍是在一班清朝文武官员的陪同下，先后参观了上海江南制造局、南京金陵机器局等军火工厂，以及吴淞炮台等重要军事设施。又在荒尾津陪同下，视察了日清贸易研究所，直到 7 月初才返回日本。

据日本有关记载，川上操六经过这两次实际调查，“不仅看穿了中国的极端腐败，而且对其陆军的强弱如何，甚至对其地形、风俗人情之微，均得到详尽观察，从而确信中国之不足畏，增强了必胜的信念”。川上窜回日本后，立即密令驻华公使馆武官井上敏夫、泷川具和，分头侦察渤海湾航道及山东半岛、辽东半岛、天津、塘沽等地的设防情况。1894 年夏初，日军参谋总长、陆军大将栖川宫炽仁亲王亲自召见根津一，令他迅速指挥部下，侦察北洋舰队的动向与实力。根津一返回中国，立即将此时在汉口的宗方小太郎召回上海，命他潜入烟台、威海，侦察北洋舰队的军情。

8 月 1 日，中日两国正式宣战，双方军队在朝鲜进行了你死我活的激烈较量。

8 月中旬后，由于平壤战事紧急，清政府决定向朝鲜再派援兵。由招商局的 5 艘轮船运送总兵刘盛休的铭军十二营约 6000 人入朝。为防止日本舰队袭击，李鸿章电令北洋舰队主力护航。停泊于威海附近的“镇远”号等 14 艘中国军舰，投入出征准备。宗方小太郎在威海通过收买汉奸等手段探知北洋舰队的出发日期，立即电告在上海望眼欲穿的根津一，后者马上发电日军大本营。大本营即派

李鸿章在签订《马关条约》时还遭遇日本刺客袭击

联合舰队出发，9月17日中午，黄海海战爆发，北洋舰队损失“超勇”“扬威”“致远”“经远”“广甲”五舰，包括邓世昌、林永升在内，死伤800余人。

在东方的这片海上，断送了大清复兴海军的梦想。

战后，宗方小太郎以英雄的姿态回到日本，他穿着一身中国服装接受天皇召见。他在华搜集的情报和调查报告等材料，也汇集成《宗方小太郎文书》在日本正式出版。

黄海海战并不是战争的全部，日本间谍也绝不只有宗方小太郎一个。1893年，玄洋社间谍石川伍一来到天津，以洋行职员为掩护进行情报活动。他以送钱和免费嫖妓的方式收买了天津护卫营的一个弁目汪开甲，进而又以同样手段收买了负责北洋军队军火制造采办的天津军械局书吏刘树芬。军械局总办张士恒是李鸿章的外甥，此人早已被日本领事收买，所以对军械局里充斥里通外国的卖国贼视而不见。日本间谍组织能够清楚地了解到军械储存数量、位置和生产能力，刘树芬抄写每日汇总文件时一式两份，一份留档一份交给自己的日本主子。

丰岛海战前几天，刘树芬将清军海运援军的出发日期和航线交给石川。7月25日，清军运兵船在丰岛海面遭日本联合舰队突然袭击，甲午战争爆发。日本人素来没有道义可言，连最起码的宣战都没有表示过，这一传统一直持续到珍珠港事变。丰岛海战中护航的北洋舰队“广乙”舰被毁，“操江”舰被掳。运兵船“高升”上的清军步兵坚贞不屈拒绝投降倭寇，他们用步枪还击日寇的炮弹直至船沉，最后丧心病狂的日军禽兽用机枪扫射漂浮在海面上的清军士兵，全部清军陆军将士无一生还。

丰岛海战之后，清廷才惊觉内部是否有泄密行为。与日本人来往密切的汪开甲，引起了天津城守营千总任如升的注意。任如升吩咐手下把汪开甲吊起来臭揍一顿，这个软骨头汉奸立即招供。任如升上报天津海关道盛宣怀，听到风声的石川伍一连夜逃到刘树芬家，想依靠刘的主人张士恒保护自己。结果第二天天津衙门的捕快便破门而入，日本间谍和汉奸全都落网，这是清政府破获的第一起间谍案。同年9月20日，石川伍一被押赴刑场，“按公法用洋枪击毙”。刘树芬则“绑赴市曹”处决。由于有了这个案例，清政府各级官员对日本情报战才开始有所重视。清廷电令各地“倭人狡诈，是其惯技，所有沿海沿江及内地各省倭人足迹能到之地，均应一体访缉，以重防务”，并破获了几起大案。与此同时，在伦敦的中国使馆中也酝酿着一场秘密战争。甲午战争期间，清廷驻英参赞宋育仁提出了一个奇袭日本本土的计划。他认为“倭兵少财乏，持久足以困之”，于是在与使馆参议杨宜治和翻译王丰镐等密谋后，打算临时购买英国兵舰5艘，鱼雷快艇10艘，并招募澳大利亚水兵2000人。以澳大利亚武装商团的名义，自菲律宾北上直攻日本长崎和东京。

宋育仁等一面报请朝廷批准，一面又与两江总督刘坤一、张之洞等人联系，以取得这些封疆大吏的支持。同时，宋育仁与美国退役海军少将夹甫士、英国康敌克特银行经理格林密尔等商定：由中国与康敌克特银行立约借款200万英镑，另战款100万英镑，以支付兵船购买费用。经过一系列的努力，其所购船舰备齐了枪弹武器，各级战斗人员也已经募集妥善，组成了一支有力的海军，准备交由曾任北洋水师的英国教官琅威里率领。

这事进展顺利，不久便“炮械毕集”整装待发。但此时驻英公使龚照瑗以妄为生事的罪名电告清廷。一味主和的李鸿章坚决反对宋育仁等人的做法，而西太后慈禧也认为宋育仁“妄生事端”，立即下旨将购船募兵等事一概作废，同时电召宋育仁速速回国。不久后《马关条约》签订，大势已去。宋育仁因“潜师谋废”，败局已定，只能“抚膺私泣，望洋而叹”，着实伤心了很久。虽然他的计划很天真，但至少为挽救祖国尽力了。

1894年10月24日拂晓，日军舰队逼近辽东的庄河花园口。六名从上海日清贸易研究所毕业生中精心挑选出来的间谍从军舰上用舢板偷渡上岸。此前，金州清军一开始严加盘查缉捕日军间谍。六名间谍中钟崎三郎因无通行证在渡口被捕，山崎羔三郎因使用本地人很少使用的白手纸而被揭发落网，藤崎秀在混入逃难人群向金州奔去途中，因两手空空且毫无慌张神色而被清军巡逻队拘捕。这样一来，登陆的六名间谍中有三人落网，这些倭寇随即被清军砍头。

可是这并不能挽救战局，25日3万多日军顺利登陆，金州沦陷。

1895年4月17日，清朝签订丧权辱国的《马关条约》。条约中特别规定清朝立即释放日本间谍，并不得惩处里通外国的汉奸。甲午战争以清朝的彻底失败而告终，近代史上中日两国间的第一次情报战较量也以大清的惨败而结束。

黑龙会的革命陷阱

1901 年 2 月 23 日，头山满、内田良平等人在原玄洋社基础上于东京组织成立黑龙会，目的在于谋取黑龙江流域为日本领土，其会名即从黑龙江而来。内田自任首任“主干”，聘头山满为顾问，创建会刊《黑龙》。

黑龙会是中国人民的死敌，曾给中国人民制造了重大灾难的黑龙会成员有：日本于第二次世界大战时在上海“儿玉机关”特务头子、海军军官儿玉誉士夫，“九一八”事变和“伪满洲国”的主要策划者、陆军大将板垣征四郎，第 29 任内阁总理大臣犬养毅，日本间谍、化名为川岛芳子的大汉奸金璧辉等人。上述人等在策划对华情报战和军事与经济侵略时，都得到黑龙会的大力协助。

黑龙会的初期目标是促成日本与俄国开战，霸占中国东三省，并逐步控制蒙古和西伯利亚。其宗旨是：“回顾东亚的大局和帝国的天职，为实行兴隆东亚的经纶，挫折西力东渐之势，目前的当务是先与俄国开战，在东亚将其击退，把满洲、蒙古、西伯利亚连成一片，建设经营大陆的基础。”

在此目标下，黑龙会一度与孙中山等革命党人展开合作，图谋推翻中国清朝政府。1905 年 7 月 30 日，在黑龙会的斡旋下，各派中国革命组织在东京黑龙会总部共同成立了中国同盟会。

中国的革命党人竟是在一心灭亡中国的日本间谍组织下团结合作的，这一怪异的现象颇令后人感到难堪。这个凶恶的侵华组织黑龙会以及它的领袖内田良平，与中国同盟会以及孙中山建立了相当密切的合作关系。要和以并吞满蒙为根本目标的黑龙会达成合作的共识，除了出让满蒙之外还可能有什么其他合作条件呢？事实上当时的革命党人主要活跃于南方地区，他们的旗帜 18 星旗也表达了驱逐满蒙贵族统治后放弃边疆地区，只保留内地 18 省的意图。

内田良平 1898 年就通过黑龙会成员宫崎寅藏与孙中山相识，1900 年到新加坡帮助孙中山组织广东惠州起义。1905 年 7 月孙中山从欧洲再到日本，具有重大历史意义的中国同盟会成立筹备会就是于 7 月 30 日在东京内田良平家中召开的，会上内田良平正式加入了中国同盟会，不久后黑龙会会员兼日本法西斯主义

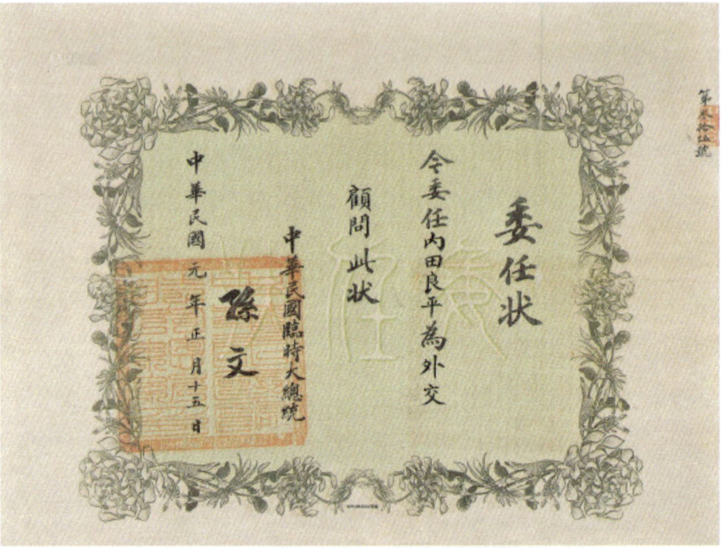
委任狀
令委任內田良平為外交
顧問此狀
中華民國臨時大總統
孫文
中華民國元年正月十五日

辛亥革命后，孙中山任命日人内田良平为外交顾问之委任书与合影

的灵魂人物北一辉也加入了中国同盟会。

内田良平在《日本之亚细亚》一书中提到，孙中山 1906 年以来曾对日本朝野人士游说，以中国革命后在长城以南建国，满蒙割让给日本，作为日本援助中国革命的报酬。据日本学者久保田文次、藤井升三和中国学者俞辛焞的考证，在辛亥革命后，1912 年 2 月初南北议和成功的前夕，孙中山、黄兴通过森恪与日本政界元老井上馨、山县有朋等商谈，提出由日本提供给革命党 1000 万到 2000 万日元的援助，换取中国以某种形式把东三省让与日本。由于 2 月 12 日南北议和成功，这一意向无果而终。

孙中山在建立共和后企图推动中日合作，曾首先提出“大亚洲主义”，成为日本大东亚战争思想根源之一。随着孙中山的战略构思越来越不受日本日趋激进的扩张派势力的欢迎，他转而寻求苏联政府的支持。但直到日本侵华战争之前，国民党政府仍与黑龙会继续保持着若即若离的关系。

赤色阵营的情报战线

俄罗斯的近代情报组织起源于沙皇时代的警备队，这个由于 1881 年暗杀亚历山大二世事件而组建的秘密警察组织负责沙皇的安全，为此必须设法渗透到国外的庞大激进分子队伍当中。显然没有国家会欢迎俄国前来营建一个间谍网，所以警备队从一开始就走上了培养密探和诱降内奸的道路。派遣自己人打入敌对组织内部是警备队的拿手好戏，这一特点被日后的苏联情报组织“契卡”和“格柏乌”完全继承下来。

契卡是“肃反委员会”，成立于 1917 年 12 月 20 日，由波兰籍共产党员捷尔任斯基出任首任领导人。苏联自十月革命之后就开始采取一系列步骤，以实现在国外的大规模“输出革命”的计划。肃反委员会在境内的主要任务是镇压反苏分子，而负责在境外掀起世界革命浪潮的则是共产国际情报组织。1920 年 12 月 20 日，在肃反委员会成立三周年之际，捷尔任斯基做出了建立“国外处”的决定，可以说是契卡工作的一大转变。

1921 年，特里利瑟尔主持了国外处的工作。大约就在此时，共产国际创建了一个秘密国际联络处。联络处给国外处以很大帮助，吸收了一些外国共产党人及其同情者进行秘密情报工作，因为这些人更愿意服从共产国际的命令而不是接受苏联情报机构的指挥，共产国际下属各情报组织中的大多数成员都认为自己是在为世界革命而奋斗。

随着时代的发展，共产国际联络处的秘密情报活动受到由契卡演化而成的苏联政治保卫总局的严格控制，而涉及军事方面的工作则转由苏联红军总参四部处理，后来又转由苏军总参谋部情报部格柏乌处理。为了对国际联络处的秘密行动加强控制，政治保卫总局扩大了自己在这个组织里的间谍数量。同时国际联络处也采取了旨在提高联络安全系统可靠性的步骤。

1925 年，苏联在莫斯科附近的城市梅季希创建了一个秘密学校，培训共产国际情报组织的电报员。很快共产国际这块招牌成了苏联情报部门的白手套，一旦自己的间谍出事，都可以推到共产国际的身上而与苏联无关。如“牛兰夫妇案”“佐尔格案”“大连放火团案”“中西功案”都是如此，使苏联摆脱了不利于自己的尴尬局面。

格柏乌一直是“苏联所有情报机构中最机密的一个”，在二战之前格柏乌便已建立了世界范围的庞大情报网，主要有：欧洲的特雷帕尔情报网、“红色乐队”情报网、“拉多”情报网；亚洲地区的佐尔格情报网、梅杰姆情报网；美国的阿姆托格公司等，其中的佐尔格情报网便是在中国诞生的。

被契卡枪决者中最著名的就是末代沙皇尼古拉二世一家，尤其还引发了是否存在漏网幸存者的真假公主谜案

1929 年，共产国际远东局从海参崴移到上海，负责与中国共产党和远东其他国家共产党组织的联络。远东局下设三个相对独立的部门，即政治

部、组织部和军事顾问，1933 年进入苏区任军事顾问的德国人奥托·布劳恩（李德）就是属于军事顾问组的，他本来的任务是进入上海进行情报工作，由于无法立足所以才转赴中央苏区。

1930 年 1 月，理查德·佐尔格以德国记者、自由撰稿人身份来到上海，开始了他三年的中国之行。他的真实身份是苏联红军总参谋部情报特工，名义上是共产国际驻华代表。佐尔格面临的当务之急是尽快恢复和重建因中国大革命失败而遭到破坏的情报网，他得到了中国共产党和共产国际的大力支援，尤其是中国共产党派遣了一批优秀干部补充到佐尔格网络中。佐尔格在上海建立起来的情报网，分为两组：国际组和中国组。美国进步女作家、时任德国《法兰克福报》驻华记者艾格尼丝·史沫特莱交际很广，她为佐尔格国际和中国组情报网的建立都起了穿针引线的作用。经她引见结识的国际组成员就有日本《朝日新闻》驻华资深记者、后来担任近卫首相私人秘书兼顾问的尾崎秀实。随后，尾崎又介绍了川合贞吉、船越寿雄、水野成等在华日本记者或报人加入情报小组。而中国组成员则有经济学家王学文及夫人刘静淑、社会科学家陈翰笙及夫人等。

“九一八”事变爆发后，准备撤往苏区的周恩来亲自会见了佐尔格。他带领中共中央机关联络员张文秋到法租界，并将她正式介绍给佐尔格，从此张文秋也成为共产国际的情报人员。开始，交给张文秋的工作是从公开发行的报刊中摘录国民党的军政、经济、文化方面的信息，包括各地的所谓“匪情”和蒋介石的“围剿”计划等，并加上自己的分析判断，整理成第一手资料。其他同事则分管翻译、打字等，最后汇集到佐尔格处，由他核对印证，再用密码电报或经微缩技术处理，经哈尔滨，转送到莫斯科的情报中心。

后来，张文秋被任命为南方站站长，负责与南方情报网的联系。

中国组的其他重要人员还有在莫斯科东方大学深造过并曾在莫斯科接受过正规特工训练的吴仙青。中共情报界称她“巾帼英雄”“远东第一谍”，她组织能力极强，参加小组不久便在华东、华南建立起 20 多个网点，并发展了沙文汉、陈修良、沙文威等成员。佐尔格的中国组电报员是蔡叔厚，他是曾留学日本的电机系高才生。而中国组的核心人员则是时任广州东山美国教会女子中学语文教师的方文。他把自己的夫人鲁丝，学生柳忆遥和肖炳实等也发展为小组骨干。因他们精通英语，平时在小组里做中译英工作，并在南京建立了新的情报网。

截至1932年8月，佐尔格在中国的情报网包括上述国际组和中国组，已发展到近百人，其间还向苏联保送了一大批青年学生学习情报技术。

佐尔格在中国期间与中共情报组织负责人潘汉年多次合作，将国民党军政情报送交中央苏区，帮助红军完成了反围剿战争的胜利。尤其是在1932年夏的第四次反围剿作战中，佐尔格从蒋介石的德国顾问处得到详细计划后，一边电告莫斯科一边通过宋庆龄及时地把它送到了苏区。据俄罗斯新近解密的档案，佐尔格在上海从事情报工作期间，共发回莫斯科597份急电，其中有335份直接通报给了中国工农红军或中华苏维埃政府。对于佐尔格这一段时期的工作，苏联安全部第四局局长帕维尔·苏多普拉托夫中将在回忆录中曾说，“佐尔格搜集到的情报在整个30年代都相当受重视”，它们为莫斯科制定其远东政策包括对华政策提供了可靠的依据。

红色间谍之王理查德·佐尔格

1931年6月15日，远东局联络员牛兰夫妇在上海被公共租界警务处英国巡捕逮捕。同年8月14日，由于顾顺章的出卖而被认定为国际间谍，秘密引渡给了国民党军事当局，并传言将被判处死刑。牛兰夫妇此时意识到，他们可能从此踏上了一条不归之路。这就是当年轰动一时的“牛兰事件”。

牛兰夫妇都是有丰富斗争经验的“契卡”人员，他们一直保持沉默，始终没有暴露真实身份。牛兰不是普通人，他的真实姓名是雅各布·马特耶维奇鲁德尼克，是俄国十月革命时攻打冬宫的指挥官。因他身兼“泛太平洋产业同盟”书记职务，营救活动遂发展成为抗议蒋介石政府任意侵犯人权的世界性运动。然而，南京方面对此始终保持缄默，从不做公开表态。

1932年新年刚过，佐尔格奉共产国际书记皮亚特尼茨基之命，开始介入此案。他一方面请史沫特莱进一步动员国际知名人士，如宋庆龄、鲁迅、高尔基、蔡特金、罗曼·罗兰、爱因斯坦等发表声明，要求释放牛兰；另一方面责成方文秘密侦察牛兰被押解南京后的下落，并疏通与国民党高层的关系。他与国民党中央组织部调查科总干事张冲达成一项协议：以 3 万美元换取牛兰在狱中的手迹，证明他们人的确在南京并且还活着。在内外舆论的强大压力下，国民党被迫开庭审理牛兰案件，于 1932 年 8 月以扰乱治安、触犯“民国紧急治罪法”的罪名，判处牛兰夫妇死刑，随后援引大赦条例，减刑无期徒刑。1937 年 12 月日军占领南京前夕他们逃出监狱，后在宋庆龄协助下回到了苏联。而这项交易也使得佐尔格的身份暴露，中统特务开始监视他的行踪。1932 年 5 月，佐尔格给皮亚特尼茨基的电报中称：“我们现在的处境已不允许我们再从事这方面的联络活动。我的身份已经受到怀疑。”

为安全起见，莫斯科要求相关人员迅速撤离中国，从而导致佐尔格在中国工作的结束。在被召回莫斯科时，他曾不无感慨地说：“如果不是为了崇高的事业，我将在中国一直待下去。我已深深地迷恋上这个国家了。”

佐尔格于 1932 年底告别上海，经海参崴回到莫斯科。同他一道撤离的，还有方文、柳忆遥和肖炳实等。佐尔格的离去意味着他在中国工作结束，张文秋等一批中国情报人员回到了中共党内。

回到莫斯科四个月后，佐尔格于 1933 年 5 月被派往东京，揭开了他特工生涯中最辉煌的一页。

当佐尔格撤离中国以后，莫斯科派约瑟夫 · 华尔顿来到上海。华尔顿通过共产国际外围情报员陆海防重建了在华情报网，并以陆海防作为他的核心助理，负责与打入国民党内部的各地情报员联络。

从 1933 年到 1935 年，在短短两年半的时间里，华尔顿使共产国际远东情报组织的工作有了长足的发展。情报人员遍设各大城市中，以上海为中心，西至南京、南昌、武汉；北到开封、天津、北平、太原、奉天、哈尔滨；南到香港、广州。这些大城市都是国民党政权或占领军的战略要地。情报组织的工作渗透到国民党的情报机关、中央党部乃至个别的省党部，在军事机关中渗透到南京警备司令部，武汉、南昌、北平的蒋介石行营，太原阎锡山的司令部。同时，也渗透到日本侵略军的情报机关，直接参与了反法西斯的战斗。情报组织中专职和兼职人员发展到 183 人。除专职人员领取最低的生活费外，兼职人员都不要任何报酬。

1935年4月，陆海防兄弟被捕叛变，出卖了华尔顿。5月初，华尔顿在上海被沈醉带军统特务逮捕。被捕后，华尔顿一言不发，问他任何问题都不回答。这样，不但他的地址查不出来，连他的国籍、姓名都不知道。当时的媒体因此给这位一言不发的间谍首领起了个名字——“神秘怪西人”。在法庭上，当着指认他的陆海防，华尔顿用英语怒斥“叛徒”，接下来就再也不发一言。

华尔顿入狱后，苏军情报部门全力营救，中共地下党也通过鲁迅及其日本友人协助营救，抗日战争爆发后，苏方代表与国民党代表张冲达成协议，蒋经国由苏返华，华尔顿也于1937年12月经新疆返苏。

就在华尔顿脱险之后，1937年苏军情报员梅杰姆出现在中国上海。同佐尔格一样，梅杰姆在保卫苏联上也建立了卓越功勋，他及时提供了日本关东军暂不发动进攻的情报，使斯大林能放心大胆地抽调远东的精锐之师支援欧洲战场。在这期间共产国际情报组织的主要任务是牵制“伪满洲国”境内的日军关东军，于是在他们的指挥下，杨奠坤的满洲第二情报组、张国文的大连放火团四处出击，在灼热的秘密战争交锋中许许多多的中华儿女为了理想牺牲在了白山黑水之间。

1943年5月28日，斯大林为了维护反法西斯战线的稳定，将共产国际解散，从此以后共产国际下属的情报组织也大多数停止工作，只有极少数转入苏军总参情报部继续工作。

新中国成立后，毛泽东在访问苏联时与斯大林达成协议，共产国际在中国境内的组织全部交还中国政府控制。至此，共产国际情报组织在中国的后续活动彻底结束。

第二节 一战奇谋

一场球赛引出的连环闹剧

在第一次世界大战爆发之前，欧洲列强们在相对缓和的状态下进行了漫长的战争准备，其中最激烈的便是情报战争了。在这方面德国取得的成就非常卓越，他们向各个潜在敌对国派遣成千上万名间谍人员。与此同时还将可能被利用的其他国家居民情况编制成册，这就是著名的“黑皮书”。在黑皮书中记载了每一个潜在对象的社会关系和家庭成员、财产状况以及他们的嗜好弱点——尤其是隐私。在需要招募间谍时，德国间谍机关会视情况对其进行恐吓、收买或是欺骗。与之相对应的，德国的盟友奥匈帝国在情报战线上却漏洞百出。1913 年 5 月 26 日，奥匈帝国第八集团军司令官阿尔弗雷德·列德尔上校由于失眠和忧郁症自杀身亡。各大报纸刊登的卜告还没发完,《布拉格演习报》便报道了一篇轰动性新闻。

原来《布拉格演习报》的编辑是一支业余球队“冲锋——1”的队长，就在列尔德上校自杀的同一天，他的球队输掉了比赛。输球的原因是“冲锋——1”队主力队员之一的钳工瓦涅格缺席比赛，而当怒气冲冲的队长找瓦涅格要说法时，才知道他的队员是被秘密警察们招去开锁的，而被翻得底朝天的屋子正属不幸的死者列德尔所有。

列德尔是奥匈帝国的情报部门负责人，挥霍无度的他早在 1900 年便被沙俄

萨拉热窝刺杀事件终于将奥匈帝国拖进第一次世界大战的旋涡

间谍拉下水。列德尔在长期的叛卖生涯中将奥匈帝国准备的世界大战作战方案全部出售给沙俄和塞尔维亚，在未来的战争中奥匈军队为此付出了沉重的代价。

列德尔落网的原因是从德国小城艾伊德库宁寄往维也纳某邮局的三封无人认领信件，这个邮局本是列德尔发出情报和接收报酬的“信箱”。但是他由于生病而没能及时领取信件，所以信件被退回德国。德国邮政人员处理无效信件的办法是交由警察拆检——里面赫然是三张大额支票，而支票上的支付人则是德国人熟知的沙俄情报部门账号。

德国人通知了自己的盟友，这下列德尔成了奥匈情报人员守株待兔的猎物。当人赃俱获的时候，他和蹲守在邮局等待收信人的秘密警察们都大吃一惊。于是为了掩盖这桩丑闻，秘密警察们塞给他一支手枪，建议他采取“光荣举措”。走投无路的列德尔只得自杀，而一个钳工却因为被找去打开列德尔的锁子而看穿了这一切。

《布拉格演习报》发布这条爆炸性新闻的手段非常狡猾，为了避开新闻检查，他们以某高官借本报发布辟谣公告的手段，用大幅标题宣称：列德尔上校不是沙俄间谍！于是汹涌的舆论洪水摧毁了情报部门脆弱的堤坝，还没等奥匈帝国谍报局长乌尔彭斯基爬上岸来，另一桩闹剧又接踵而来：列德尔上校的财产被拍卖的时候，天才的秘密警察们谁也没有想到去检查其中两台照相机中有没有胶卷！其中一个照相机被中学生买走，这名中学生冲洗出胶卷来——那是绝密的军事文件。这孩子四处炫耀的时候被老师没收并交还给情报当局，但是情报内容已经天下皆知。而另外一台照相机被谁买走，其中还有什么已经无从得知。这件事情彻底断送了乌尔彭斯基上校的职业生涯，也令奥匈帝国情报部门蒙羞。

然而奥匈帝国已经没时间整改自己的情报部门了：1914 年 6 月 28 日上午 9 时整，塞尔维亚青年普林西普在萨拉热窝刺杀主张吞并塞尔维亚的奥匈帝国皇储斐迪南大公夫妇，第一次世界大战由此而爆发。

总参谋部的犹太倒霉蛋

1870 年爆发的普法战争，以法国的彻底失败和普鲁士统一德国建立德意志帝国而告终。战争失败对法国人的心理造成了极大的创伤，这股愤恨的情绪成了第一次世界大战爆发的伏笔之一。

普鲁士的铁血宰相俾斯麦命令手下的情报头子施提伯格创建了欧洲最早的现代反间谍机关和对外情报机构。德国间谍之魔影成为几乎所有欧洲国家的梦魇，而法国更是其中最敏感的国家之一。

1894 年，法国爆发了惊天的间谍案丑闻：9 月的一天，法国情报部门派遣到德驻巴黎大使馆的一名女佣，从废纸篓中发现一封没有署名的信。这封信是寄给德国武官施瓦茨・考本的，信的内容是有关法国在德国边境掩护部队的情况和一些军事机密。这封信很快转交到法国陆军总参谋部情报局反间谍处处长桑德尔上校的手里。桑德尔上校正为一系列泄密案件焦虑，便立即召自己的副手亨利少校商量此事。当亨利接过信封一看，震惊地发现那是他的老朋友艾斯特拉齐少校的字迹。艾斯特拉齐是情报局的德语翻译，与亨利私交甚厚，他向德国人泄露的军事秘密，很多便是多嘴的亨利本人告诉他的。

在自己的前程与忠于国家之间，亨利立即以法国人的浪漫传统选择了前者。他好像是个不识字的文盲一样，认真地和桑德尔一起推测谁有可能写这封信。不一会，亨利宣布情报部门的德雷福斯上尉极有嫌疑：首先他是有机会接触上述情报的，其次他来自已被割让给德国的阿尔萨斯地区，最重要的是他还是个犹太佬！

一听到这第三点，桑德尔上校立即义愤填膺地表示自己早就认为让一个犹太人进入总参谋部，无疑是在危害国家的安全。看看，果然出事了吧？于是反犹太活动家桑德尔立即报告陆军部长，德雷福斯立即以间谍罪和叛国罪被逮捕。德雷福斯案件由此爆发，这件事在法国人权历史上占据了重要位置，当时的法国刚开始采取义务兵役制，所以素来被排斥于军队之外的犹太人也开始进入军队服役。偏偏军队又是右翼反犹主义的大本营，所以德雷福斯这个倒霉蛋便成为这起间谍案件的替罪羊。

这一轰动性新闻立即传遍法国，人人都在街上诅咒该死的犹太卖国贼。不过此刻的笔迹鉴定报告却显示德雷福斯并不是间谍信件的撰写者，骑虎难下的军方只好对此故意采取视而不见的鸵鸟手段。为了把案件办成铁案，军事法庭秘密开庭审讯。到场的除法官外，只有被告德雷福斯及其辩护律师、警察署长和陆军部队的观察员皮卡多少校四人。

被判决有罪后，德雷福斯上尉的军刀被当众折断以示剥夺军官荣誉

在法庭上，德雷福斯提出充分理由为自己辩护，证明他对信上的情报毫不知情，根本没有条件作案。接着，辩护律师也列举大量根据，来证明德雷福斯无罪。皮卡多上校是个正直的军官，他如实地向部长做出汇报，同时也指出此案很难成立。

亨利少校得知消息后，急得跳了出来——这黑锅如果不让犹太佬背上，自己就得完蛋了！他亲自上法庭指证德雷福斯，并以军官的名

无辜的上尉被判处无期徒刑丢进监狱

誉宣誓做证。而陆军部长为维护自己的尊严，故意编造一份“密档”，把过去几起未破获的窃密事件统统加在了德雷福斯头上，还塞进一份篡改编造的“罪证”材料。就这样，法庭终于认定德雷福斯有罪，判处他无期徒刑，革除军职，流放到“魔鬼岛”。

事件发生后，德雷福斯的亲属四处为他奔走，在律师、记者和作家的帮助下，他的兄弟在法国《震旦报》上把这一冤案公布于世。顿时，舆论大哗，正义人士纷纷呼吁撤销对德雷福斯的错误判决。而反犹主义者、右翼人士和军方则组成同盟，大肆宣扬犹太人都是天生的高利贷商人、骗子和卖国贼。一时间法国分成“拥德”和“反德”两派，甚至在家庭餐桌上也会因此而发生争吵。

不久后，继任反间谍处处长的皮卡尔中校得到了从德大使馆写给艾斯特拉齐少校的信件草稿，立即着手对艾斯特拉齐的调查。在调查中他发现出身匈牙利贵族的艾斯特拉齐与德国武官关系可疑，尤其是艾斯特拉齐的笔迹和那封德雷福斯“书写”的信件字迹完全相同。皮卡尔将这一重大发现向副总参谋长做了汇报，并请求重新审理此案。但军方唯恐颜面扫地，干脆将皮卡尔赶到偏远的突尼斯南部作战。

已成惊弓之鸟的亨利少校为了定实德雷福斯的罪名，便伪造信件塞进“密档”，进而伪造德雷福斯致德皇威廉二世的信件和德皇致德雷福斯的复信，以此证实德雷福斯就是德国间谍。在业余剧作家亨利的笔下，这素不相识的人彼此问候亲密无间，简直成了合穿一条裤子的好朋友。

1897 年 12 月 17 日，陆军部长宣布对德雷福斯的判决“公正无误”，内阁总理也同时宣布："德雷福斯案件没有问题。"与此同时德雷福斯的亲属和朋友们继续对案件行刑控诉，又复制了大量告密信的照片四处张贴。很快，一名银行家指控自己的客户艾斯特拉齐少校的笔记与间谍的笔迹相符，1898年1月11日艾斯特拉齐终于上了军事法庭，案件似乎要水落石出了。没想到法军高层竟然为了遮羞而干脆包庇起内部的间谍了，他们下令亨利等人为艾斯特拉齐代拟辩护词。结果，法庭宣判艾斯特拉齐无罪释放。

这下，正义人士愤慨了。就在艾斯特拉齐被宣告无罪后两天，举世闻名的作家爱米尔·左拉仗义执言，在《震旦报》上发表了致共和国总统费里克斯·佛尔的一封公开信，这封标题为"我控诉"的公开信，控告了陆军最高领导以及总参谋部的主要领导存心不良，有意诬告无辜者，开脱真正的罪犯。法国政府对左拉的控诉做出了快速的回应：法庭判处左拉一年徒刑并罚款3000法郎，左拉被迫流亡英国伦敦。但在公众舆论的影响下，陆军部只得下令对此案进行进一步审理和核实。受命重新核实此案的军官很快便发现了亨利伪造的痕迹，亨利无法抵赖只好承认有罪，他在被捕的第二天就自杀身亡。艾斯特拉齐则畏罪潜逃，到英国避难去了。

形势急转直下，陆军部长狼狈辞职，军事法庭重新开庭审理德雷福斯一案。这回法官们大大地开恩，宣布判处德雷福斯10年苦役！这种变态行径实在难以令人接受，在欧洲各地都出现了反法游行。又经过进步人士七年的努力，德雷福斯才被平反昭雪。

这就是自称为欧洲良心和人权之国的法兰西，他们的情报界除了丑闻还是丑闻。德雷福斯案件只是开端，当战争爆发后更多的丑闻继续冲击着法国军政界，以至于法国后来得到了"欧洲的老婊子"这个光荣称号。

伦敦理发师和"信箱"

1910年，威廉二世率领德国使团出访英国，参加他亲爱的舅舅爱德华七世的葬礼。一想到与自己明争暗斗的舅舅离开了尘世，威廉二世就忍不住窃喜。满载春风般情绪而来的威廉二世忍不住对团团包围自己的英国记者发表了热情洋溢的讲话："我是德国唯一一位爱英国的人！"

与陛下耸人听闻的言论不同，德皇的随从人员尽量做到不抛头露面以减少外交摩擦。其中的海军上校罗斯托克伯爵就是如此，他彬彬有礼地对待英国民众，每天在大街上遛弯，时不时地以非常自然的街头偶遇方式与一些潜伏在英国境内的德国间谍接头。

鉴于罗斯托克是德国海军情报部门的负责人，而且还在南美某国做武官从事间谍活动时被抓获过，所以英国反间谍部门伦敦警察局特别科一直紧盯着他不放，终于有一天英国警探发现罗斯托克光顾了一家不起眼的小理发店。按理说纵使是间谍也总有理发修面的时候，不过上校的出行时间格外晚——半夜十二点钟，所去的小理发店又与他下榻的贵族宾馆相距甚远，要说其中没鬼实在是说不过去，于是小理发店的主人卡尔·古斯塔夫便落入了英国人的视线当中。

理发师卡尔是一位加入英国国籍的德国侨民，他除了理发之外还经营进口理发用品的小生意。每天都会有数十封外国商行寄给他的业务信件，他拆开信件后装入另外的信封分别寄到英国的各个角落——包括各重要港口、军事基地和兵工厂附近，这样来自柏林的指示便传达到分散在各地的德国间谍手上。卡尔是个"信箱"，他的小店是罗斯托克设立在英国的唯一一个情报中转站。

英国人很狡猾地没有打扰卡尔的生活，因为他们知道和平时期的间谍网络很容易营建，贸然敲掉这个理发店之后难免还会有新的德国情报网出现。所以他们做的就是拦截检查所有的来往邮件，这样就将德国在英国全部间谍的姓名和地址都搞到了手。

当第一次世界大战爆发后，卡尔间谍网被一网打尽，50 多名德国间谍无一漏网。顺便说一下，罗斯托克是个小气的老板，卡尔的津贴只有每月 1 英镑。

此后德国情报部门再也未能在英国建立起完善的情报网，就在这种"双目失明"的情况下，9 万名英国远征军浩浩荡荡地开赴欧洲大陆。在 8 月 23 日的芒斯战役中，德国第一集团军与英国远征军不期而遇。英国步枪手受过严格训练，他们发射子弹密集、快速而又准确，以至于德军认为自己遭到了大量的机关枪扫射。

打败仗的消息传到柏林后，威廉二世大发雷霆，尤其是当他得知这是由于驻英间谍全部落网所导致之后，立即严词下令恢复在英国的情报网，于是一位著名的菜鸟间谍卡尔·汉斯·劳迪隆重登场了。

在英国故意泄露德国策动墨西哥进攻美国的情报之后，竭力想保持中立的伍德罗·威尔逊总统对德宣战

劳迪是一位海军预备役军官，他移民到美国成家立业，在战争爆发前回到德国汉堡看望家人，结果被战时的德国情报主管瓦尔特·尼古拉招募到自己麾下。

劳迪化名为查尔斯·英格丽斯潜入英格兰，他凭借自己一口流利的美式英语，以美国游客的身份搜集情报。这位拥有怪异名字和怪异举止的美国游客很快引起当地人的注意，尤其是英格丽斯先生向中立国瑞典首都斯德哥尔摩的上级机关发报时，此地无银三百两地在电报结尾加上一句：希望我们能很快打败该死的德国佬！这让当地邮电局长实在不能不严重怀疑这位客户的身份，于是英格丽斯先生的电报和活动记录迅速出现在英国反间谍部门的办公桌上。

此时劳迪还不知道自己已被盯上，他优哉游哉地到处打听小道消息。9 月 4 日，劳迪把自己听到的关于俄军在英国登陆并将增援法国战场的消息未加辨别地发回柏林。正苦于两线作战的德军总参谋部大惊失色，毛奇将军被迫从正进行马恩河血战的部队中撤下两个主力师应付虚无缥缈的“俄军援军”，这直接导致了德军占领巴黎构想失败，法国战线进入阵地对峙状态，此后德军再也没能恢复攻势。

由于英国境内只有劳迪这么一位宝贝疙瘩，所以英格丽斯先生的游览路线图覆盖了全英各个地区。他的拙劣表演在 10 月 13 日以被捕的方式宣告结束，11 月 6 日，可怜的“英格丽斯先生”在伦敦塔监狱被枪毙，他是一战中第一个被英国处决的德军间谍。

英国人的情报战争既猛烈又冷酷，他们在战争开始时切断了德国海底电报系统，这就使得德国被迫采取容易被监听的无线电通信方式。当英国人通过间谍得知一个澳大利亚人亚历山大·霍克正在帮助德国编写新的无线电密码时，他们立即控制了霍克在英国的亲属，并逼迫他们写信：如果霍克不为英国效力的话他们将被处决。霍克只好把编写的密码写在碎纸上，再通过去洗手间的机会藏在身上。当完整的密码交给英国人之后，霍克立即被一场安排好的“意外”夺去了生命。霍克的父亲在战后愤怒声讨英国人的卑鄙无耻，可是毫无效果。

有了密码之后，英国海军频繁向航行在海上的德国潜艇发送虚假的集结信号，这些奉召而来的水下“海狼”便在稀里糊涂之中进入驱逐舰的伏击圈而葬身鱼腹。最惨的是一艘奉命在爱尔兰海域布雷的潜艇，英国海军情报部门用霍克的密码捉弄它，说它刚布设好的水雷已被英军扫除。于是这艘勤快的潜艇急忙赶回来重做功课——结局可想而知，它撞上了自己布置的水雷完蛋了。

此外，德国外长奇摩曼与驻墨西哥大使的电报也被破译，其中有如果美国对德宣战的话，便策动墨西哥对美作战夺回被美国侵占的新墨西哥州、亚利桑那州和得克萨斯州。除此之外，还要对包括美国在内的所有协约国船只发动无限制潜艇战。

英国佬不会放过这份将美国拖入战争的天赐良机，于是美国舆论被这份英国送来的情报气炸了肺。美国总统伍德罗 · 威尔逊竭力想保持中立，并劝说德国与英法和谈。所以他宣布这份情报是伪造的，给了英国人一个大难堪。不料脑子进水的奇摩曼却承认电报是真的，并试图解释说这不过是德国以防万一的计划而已。德国外长的声明迅速起效——几天后美国对德宣战。

啤酒馆里的赌局

1915 年 4 月 22 日，德军在比利时的伊普雷战场上率先发动毒气战。在一阵猛烈炮击之后，德军士兵施放了储存在毒气罐里的氯气，随着一片黄绿色的烟雾乘风飘向联军堑壕，德国人战争史上开创了化学战的先例。

毒气战的倡导者是犹太化学家弗兰兹 · 哈柏，这位大科学家发明了在战场上使用氯气和芥子气的方法，他还是化肥技术的开拓者——虽然这是他军火试验的副产品。1918 年，瑞典将被戏称为“炸药奖”的诺贝尔化学奖颁发给这位大杀人犯，也算是对诺贝尔奖的绝妙诠释。

一开始，氯气毒死了不少协约国士兵。不过德国人没得意几次，就碰上了倒霉事——一次施放毒气时风向突变，结果“汉斯”们反倒被放倒一大片。于是德军很快就淘汰了毒气罐这种原始设备，新发明了毒气炮弹，毒气炮弹装有少量炸药和大量液体毒气，炮弹被射入敌军防线，毒气弹爆炸后液体变成气体，让守军猝不及防。

协约国自然不会对德军的化学战优势听之任之，于是德国最大的克虏伯兵工厂外便出现了荷兰商人夏尔·吕西托的身影。凭借着中立国公民的身份保护，吕西托没有引起保护兵工厂的众多秘密警察的怀疑。随后这位间谍又自称是德国旅行推销员，他一头扎进兵工厂职员爱去的啤酒馆里，在与各位酒友痛饮之余刺探情报。

不久后，他的一位工厂警卫酒友多嘴多舌地告诉他德国已经制造出可以结束战争的炮弹！吕西托自然表示不信，于是被激怒的警卫与狡猾的间谍打了个赌，他们约定由警卫将吕西托带进实验场见证真伪，赌金则是 2000 马克。

不久后当德皇威廉二世带领一大群军官们视察新式毒气弹效果时，他的糊涂蛋臣民正带着间谍趴在草丛里偷窥现场。试验地位于一片山坡草地上，威廉二世兴致勃勃地从望远镜中看到作为实验品的绵羊被氯气炮弹全部熏死，连草地也变成了异样的焦黄色。面对着惨烈的试验现场，威廉二世发表了一番感慨，大意是：朕爱英国和法国人，但更爱英国和法国的死人。赶紧加班加点生产毒气炮弹，熏死那帮协约国的鸟人！

最高指示发布完毕后，威廉二世一挥手说：走喽，吃饭去。

德皇一帮人离开后，两个偷窥者从草丛里站起来。吕西托愁眉苦脸地掏出一把票子来塞给警卫，然后提出说希望得到一点打赌失败的纪念品，显然他指的并不是那些被熏死的绵羊。发了财的警卫毫不怀疑地跑去捡了块毒气弹片交给吕西托，三天后这块弹片便被送达巴黎的实验室。法国化学家化验出毒气配方，并且赶制出相应的防毒面具。

看起来故事有了完美的结局，可是法国防毒面具却令人沮丧。这种面具只靠几层纱布过滤毒气，实际上只能用来对付一般的烟雾。

当时参战的英国诗人罗伯特·格雷夫斯写道，“毒气是个可怕东西，没有人相信防毒面具的功效……标着‘紧急’字样的粉红色军队打印信件，不断从司令部寄来，说明如何使用这些防毒面具。信件都是前后矛盾的。最初说防毒面具都要浸湿，后来又说要保持干燥，然后规定要把它们放在小背包里，旋又规定不要用小背包。”

于是继续不断有士兵被毒气杀伤，直到1915年11月，加拿大军第七营在一次堑壕袭击中捉到了12个德国俘虏，德国橡胶加活性炭的防毒气面具才被协约国方面知晓。

第一次世界大战中的毒气战无比丧心病狂，连战场上的动物都必须佩戴防毒面具才能幸存

毒气是个潘多拉魔盒，一旦打开就无法合上了。

协约国也迅速开发出自己的毒气弹，化学战在欧洲愈演愈烈，交战国士兵们必须随时佩戴防毒面具作战。由于德国军人传统的普鲁士式大胡子可能会无法被塞进防毒面具中，所以军队命令士兵和军官都剃掉胡须。不少人把自己的大胡子刮成与鼻子等宽的黑胶布似的上唇板刷胡，巴伐利亚后备步兵第16团第1营的传令兵阿道夫·希特勒也是其中一人。

最右边那位留着大胡子的就是年轻时代的阿道夫·希特勒，他后来也成为毒气战的牺牲品之一，险些双目失明

不管希特勒如何修剪自己的胡子，都无法避免在1918年10月13日夜间被英军

毒气熏倒。他在《我的奋斗》中回忆说："我跌跌撞撞地回来，眼睛感到火辣辣的一阵痛……身边带着我所传递的最后一份战况报告。几小时后我的眼睛烧得像通红的煤块一样，周围一片漆黑。"

希特勒后来被送到帕瑟瓦尔克市的军队医院接受治疗，他面临着双目失明的危险。为了鼓励这个受伤的年轻人，军医鼓励他说：你是世界上最伟大的人，你的力量能改变一切！绝望中的希特勒坚信医生的话，居然逐渐恢复了视力。

这件事情对希特勒产生了决定性影响，让他认定可以凭自己的意志改变命运，并在以后任何困境中都没有屈服过。

这个人在不久的将来，会为世界历史留下惊人的恐怖记录。

法兰西的马里亚裸舞

1905 年的巴黎上流社会中，观赏来自东方的马里亚裸舞成为一种时尚。来自东方的神秘女郎玛塔·哈莉时而是来自南印度的印度教神女，时而是爪哇岛的荷兰混血儿，在她迷离身世和柔美马里亚裸舞的共同作用下，一个令各国高层人士争相追逐的风流女星便由此诞生了。据说她与德国情报组织头目冯·雅果夫混得火热，后来又成为德国皇太子与荷兰首相的情人。

随着哈莉来到巴黎，法国的政要们纷纷拜倒在她的石榴裙下。法国的战争部长、外交部长和无数将军都是哈莉的情夫，而这位风流的舞女则借机套取了无数机密情报——她是德国间谍。

哈莉是个挥霍无度的女人，为了钱财她投身于德国情报部门。在战前和战争中她三次来到法国，向德国最高统帅部报告了法国的一切军政机密。是的，都怪这个女人毁了法兰西，因为她，法军才会在战争中连连失利；因为她，才会让法兰西失去了数十万好男儿的性命，无数的女郎沦为寡妇；因为她，法国失去了在德国潜伏的全部间谍；因为她，英国武装部队总司令陆军大臣基钦纳勋爵与他乘坐的"汉普郡"号巡洋舰才会被德军潜艇击沉……女间谍哈莉的罪行实在是数不胜数，足够凑出一本百科全书来。但请注意，这些指控全部来自一战中的法国政府，基于德雷福斯上尉案件的先例，这些指控的可信度非常令人怀疑。

玛塔·哈莉的真名是玛格丽塔·盖特尔鲁达·捷列，她是土生土长的荷兰女人。玛格丽塔年轻时嫁给了驻印度尼西亚的荷兰殖民军军官马可·尼奥特，在印度尼西亚她学会了爪哇岛的传统色情舞蹈马里亚裸舞。

1902 年这对夫妻离婚，失去经济来源的玛格丽塔失意地返回欧洲。

1905 年的巴黎上流社会中，观赏玛塔·哈莉的马里亚裸舞成为一种时尚

玛格丽塔是个很有天赋的舞蹈演员，但是光凭这个是不足以扬名立万的。于是她为自己取了玛塔·哈莉这个名字，并编造了自己来自印度神庙的谎言。当有了解印度文化的人指出印度传统的色情舞蹈并不是哈莉所表演的那般时，来自印度尼西亚的混血儿故事便应运而生了。

无论如何，这位靠色相上位的女人很快风靡一时。法国政府后来指控她的所有罪行中，至少那些淫乱无耻的风流罪过是货真价实的，不过也只有这些是真的。

作为一个舞女，尤其是一个已经年近四十的女人，哈莉急切地想获得权贵人士的垂青，也好为自己找个归宿。法国情报部门注意到玛塔·哈莉与各国政要联系频繁，所以严密监视她的动向。经过 24 小时不间断的跟踪，法国反间谍人员没有发现任何可疑之处。就在此时，哈莉的新男朋友——21 岁的俄国飞行员弗拉基米尔·马斯洛夫上尉在战斗中负重伤，左眼失明。身在后方的哈莉急切地想去维特尔城探望情郎，那里有一个新建的机场，德国间谍们也正想探听那里的虚实。

到底哈莉是不是打着探望伤员的幌子去刺探情报呢？法国反间谍部门不敢冒险，他们拒绝让哈莉前往。于是哈莉找到自己的情人之一——法国反间谍局局长乔治·拉杜走后门，没想到拉杜却提出一个交换条件：做法国间谍去刺探德国情报。

此时的哈莉经济上已经颇为窘迫，为了生计她答应下来。拉杜要求她到比利时首都布鲁塞尔执行任务，哈莉在途经英国—西班牙—荷兰—比利时这条路线时，在英国被怀疑她的英国情报部门逮捕入狱。拉杜帮助哈莉获释，不过英国人还是警告哈莉不要做损害协约国利益的事情。

水性杨花的哈莉来到荷兰后，与德国驻西班牙使馆武官卡勒少校陷入热恋之中。卡勒是德国驻西班牙间谍首脑，他拉拢哈莉为德国效劳，哈莉稀里糊涂地应承下来——这并不是她第一次接到德国情报部门的邀请了。

哈莉与卡勒厮混一阵后来回到法国，她自以为从卡勒那里得到了一些情报可以向拉杜交差，没想到拉杜认为这些情报毫无价值拒绝支付报酬。不久后卡勒少校故意使用被法国破译的旧密码报告柏林说自己已经将玛塔·哈莉拉拢为间谍，他这样做毫无疑问是想摆脱哈莉这个挥霍无度的女人，并顺便挖苦一下法国间谍机关——这狡猾的家伙不可能看不出哈莉想从自己身上套情报。法国反间谍局发现卡勒称哈莉为“H-21”，这说明她是战前就被招募过的间谍，因为在战争开始后的新间谍代码已经增加了“AF”这两个字母，代表安特卫普—法国。

玛塔·哈莉立即被捕，法国人很清楚她是只“小猫”，甚至连“猫”都算不上。不过此时的法军在战场上连吃败仗，甚至几次发生在火线上哗变的事情。国内民众对政府的不满情绪犹如火山喷发一般，在这种情况下法国迫切需要一场“胜利”来稳定民心，战场上得不到的就从反间谍战线上找，玛塔·哈莉这次在劫难逃。她承认自己很早之前就被冯·雅果夫拉拢过，但只是“招”而不“募”，因为德国人从未支付过任何报酬，所以她也没有提供过任何情报——考虑到德国人从不轻易预付工资的习惯来看的确如此，何况以她的谍报素质就算是真想提供也难以做到。

一场重大丑闻迅速在法国引爆，因为审判玛塔·哈莉而被传唤做证的达官贵人们排成长龙。政府高官、银行家、企业家和将军们构成了一份惊人的“女间谍”情夫名录，这些有情有义的好汉纷纷表示自己的清白和对“叛国者”的憎恶——但是玛塔·哈莉首先是中立国荷兰公民，其次没有任何证据表明她进行过针对法国的间谍活动。按照在军事法庭上起诉她的检察官莫尔涅所说的原话：“咳，这件事情上，连把猫打一顿的理由都没有！”不过这当然是战争结束后的事情了。

玛塔·哈莉坚决否认自己有罪，在法庭上她辩解道：“我是妓女，没错，但我不是叛徒，永远不是。”但是法国需要她是，军方将玛塔·哈莉定性为超级间谍，经过一场轰动性的世纪审判，无数盆脏水泼向这个可怜的女人，军事法庭在没有任何证据的情况下宣判玛塔·哈莉间谍罪成立。

1917 年 10 月 15 日，哈莉在文森斯城的护城河边被执行枪决。临刑前她喝了不少酒，还向行刑队抛飞吻。一声令下，玛塔·哈莉身中十几枪颓然倒下，一名法国军官唯恐她不死，还用手枪朝她的头部再补了一枪。法国人将“女间谍”的尸体送到医学院供学生练习解剖，还将她的头颅砍下来泡在防腐液中保存。法国民众在对哈莉歇斯底里般的唾骂中获得了极大的满足，在这件事情上再度证明谁才是真正的婊子。

第一次世界大战结束后，德国情报部门坦承玛塔·哈莉从未为他们服务过，但是法国政府拒绝为其平反，人们也遗忘了那个曾经的风流舞女。

玛塔·哈莉，你这可怜的女人。

德意志帝国的“虎眼”与日不落帝国的“爱丽丝”

在大战期间参战国内大量男性均直接参与前线战争，导致国内劳动力大减，生产军需品、武器、后勤支援等的职位大部分皆由女性接替，使妇女的重要性提高，女权运动也在此时兴起。

在古老的间谍领域更是有不少女性活跃其中，效忠于德意志帝国间谍机关的女间谍就有不少，她们和玛塔·哈莉不同，都是经过专业训练的专业人士。要知道菜鸟去炒股是送钱，菜鸟做间谍是送命！

德国女间谍中最具神秘色彩的便是有“虎眼”之称的伊丽莎白·施拉格缪勒尔，拥有哲学博士学位的她也被称之为“博士夫人”。

一战期间的西方世界流传着关于伊丽莎白的种种恐怖传说，基本上都集中在她的残暴手段和敏锐目光上面，据说她善于发掘间谍人才，并且能把手下的间谍玩弄于股掌之间。例如当她手下的一名专家断言英国人新发明的坦克是毫无使用价值的废物，当坦克的巨大威力被印证后，伊丽莎白立即命令这名看走眼的专家自杀。还有就是当她手下的一名间谍在巴黎街头寻欢作乐时，一个林荫道上的陌生人忽然走近他警告：你忘记夫人的指示了？伊丽莎白经常把手下已经没用的间谍故意暴露给协约国反间谍机关，这些可怜虫于是只有死路一条，他们的毁灭往往掩护了真正的重要间谍。

诸如此类的传言还有很多，不过究竟有多少是真实的呢？

伊丽莎白是在多特蒙特乡村长大的普通德国女子，虽然她拥有弗赖堡大学的博士学位，可是在女性地位低下的旧时代依旧难以施展才华。但随之而来的战争给了她出人头地的机会，伊丽莎白得到了在德军驻比利时军事检查部门的工作机会，她负责检查被拦截的比利时士兵的家信，并且尝试对英国远征军的动向进行分析和推测。

由于她的出色成绩，德国驻比利时情报首脑冯·别泽尔将军将她推荐到安特卫普的德国间谍机关工作，她在那里审讯被捕的协约国间谍。在新的岗位上伊丽

一战时期的英国农庄，重体力劳动由妇女承担起来

莎白继续表现出过人的天赋，于是安特卫普间谍负责人尼古拉上校破例晋升伊丽莎白为少尉并推荐给德军总参谋部——她是德意志帝国军队中唯一的女军官。

德军总参谋部对伊丽莎白如获至宝，他们将她送至机密的间谍学校深造。那里的学员们互不相识，上课时都戴着面具。由于在学习期间表现出色，伊丽莎白的教官认为派遣这样的人才去执行战地任务简直是一种浪费。于是伊丽莎白再度被派遣到安特卫普，充当德国驻安特卫普情报学校的校长，负责培训新招募来的间谍人员。由于伊丽莎白从未执行过间谍任务更没有直接指挥过间谍组织，所以关于她的传闻基本上都是臆想的故事。她对于协约国的最大威胁是她丰富的间谍教学经验，而不是所谓的刺客、美色和毒药。

战争结束后，身心俱疲的伊丽莎白回到弗赖堡大学担任政治经济学教授。当纳粹上台后，她这位前情报精英不但没有得到赏识，反而因为曾参加纳粹党的兄弟被清洗而受到连累。1940 年 2 月，这位优秀的间谍教官在寂寞中死去。

协约国方面很难找到与伊丽莎白相媲美的天才间谍教官，不过他们的战地间谍却是颇有几位出色者，法国女郎路易斯・德・拜迪格尼斯就是其中一位。

当战争爆发后，居住在法国里尔地区的路易斯逃难到英国，她被慧眼独具的英国统帅部下属情报机关指挥官卡麦隆少校招募，所以这位法国女子效忠的对象却是英国情报机关。卡麦隆少校致力于建立敌占区的地下情报组织，他大量招募逃难到英国的法国和比利时难民，再经过训练后派遣他们回到敌后工作。在他手下有几个卓有成效的敌后间谍网，路易斯就是其中的佼佼者。路易斯在接受训练后化名为爱丽丝・都博伊斯，由荷兰潜入被占领的故乡里尔。

路易斯在故乡里尔发展了不少可靠的下线，其中的一名药剂师是技术骨干力量。他不仅可以制造隐形墨水，还擅长伪造证件。路易斯的主要助手是一位化名为夏洛特的里尔女郎，真名是玛丽・瓦奴特。玛丽是交通员，她化装成奶酪贩子，每周前往荷兰一次送交情报。

路易斯的间谍网是当时英国地下间谍网中效率最高的，从建立之初便发回大量情报。在运转了数月之后，终于被德国反间谍机关破获。玛丽在送奶酪的路上被诱捕，紧接着从荷兰返回的路易斯也随之落网。她们两人被关进布鲁塞尔监狱，并被判处死刑。考虑到处决女人所带来的巨大负面影响后，德国占领军改判她们终身监禁。

1918年9月27日，经受了德国人百般虐待的路易斯在监狱中死去。不到两个月后战争结束，里尔人民以隆重的仪式安葬了她的遗体。

阿拉伯的劳伦斯

在所有的一战间谍当中，最富有传奇色彩的便是托马斯·爱德华·劳伦斯。

这位身高只有1.65米的英国男子在中东创建了无与伦比的传奇业绩，他被称之为“阿拉伯的劳伦斯”。

劳伦斯是爱尔兰贵族地主托马斯·查普曼男爵与家庭教师萨拉·琼纳的私生子，由于自己的身份特殊，所以从小他内心深处便有一种罪孽感和赎罪意识。正是这种冲动使得他从来无法停留在故乡，长时间的旅行使他成为一名旅行家和历史学家、作家，还锻炼了他的体魄与意志，为他以后的间谍生涯打下良好的基础。

第一次世界大战爆发后，因为劳伦斯会讲阿拉伯语，了解近东地区的风俗和民情，所以从伦敦的总参谋部地理情报分部调派到开罗的陆军情报部工作。1914年10月，土耳其作为德国的盟友宣布参战。11月4日，奥斯曼苏丹以全世界穆斯林领袖哈里发的名义，宣布保卫伊斯兰国家，对协约国进行圣战。

土耳其参战后，中近东战线出现了对英国不利的形势。在这种情势下，英国驻埃及高级专员亨利·麦克马洪爵士决定施展出制造对手内斗的日不落帝国老法宝。

麦克马洪这个老特务搞阴谋诡计很有一套，1913年他制造的麦克马洪线非法划去了中国大片领土，为缅甸、印度和中国制造了大片争议地区。这次他选中的目标是臣服于土耳其的哈希姆家族首领侯赛因·伊本·阿里，麦克马洪许诺对他们提供现金和军火支持，拍着胸脯以人格和大英帝国国格担保在击败土耳其帝国后成立一个以大马士革为首都的统一的阿拉伯国家，并立侯赛因为阿拉伯之王。

在1916年6月5日，1500名阿拉伯骑士在麦地那对空鸣枪，宣布阿拉伯独立。阿拉伯起义军迅速攻克圣城麦加，侯赛因向全世界穆斯林发表宣言，公开谴责土耳其当局迫害和屠杀阿拉伯民族主义者，背离伊斯兰教精神，并宣布阿拉伯脱离奥斯曼帝国而独立。

就在此时，劳伦斯大显身手的时刻到来了。他随同英国中东事务大臣罗纳德·斯托尔斯勋爵拜访侯赛因，他与侯赛因的次子阿卜杜拉进行了会晤，不久又见到了长子阿里和三子费萨尔，很快成为费萨尔的挚友和军事顾问。在劳伦斯的建议下，阿拉伯起义军北上奔袭奥斯曼帝国腹地，破坏汉志铁路，占领了延布、瓦季、亚喀巴等城市。

在劳伦斯的策划下，阿拉伯起义军多次深入敌军后方，炸毁铁路与桥梁，使土军的运输濒于瘫痪，阿拉伯人因此称他为“爆破先生”。尤其是攻占红海沿岸重要港口亚喀巴港一役，使劳伦斯成为英国军界的知名人物，也让欧洲列强真正重视阿拉伯起义军的力量。

劳伦斯在回忆录中写道：“在攻克亚喀巴之后，我不再是一个旁观者了，而是起义的领导者之一。”

劳伦斯负伤 32 次，多次死里逃生，但从不居功自傲。他严格遵守阿拉伯人的风俗习惯，与他们同吃同住，并肩作战，胜利后总是把功劳归于各位酋长或部落领袖。

战友评价他说：“他的话不多，但他注意研究周围的人。当争论结束，他提出行动计划时，往往能使每个人都满意。”

在回忆录中劳伦斯写道：“我将散落在阿拉伯人中间的火花聚成一团熊熊大火。”在此期间，1916 年，劳伦斯将自己的同性恋情人阿拉伯美少年达霍姆派往阿拉伯半岛北部联系民族主义分子。1917 年，奔波中的达霍姆因斑疹伤寒去世。劳伦斯在其自传《智慧的七柱》序言中这样纪念自己的情人：

“我爱你，因此我将这些如潮的人流拉进我的手中；
在繁星灿烂的天空里写下我的心愿：
去为你赢来自由——那有七根支柱的智慧之屋，
你的眼睛会为我而闪耀，
当我们到来的时候……”

1917 年 10 月到 11 月间，英军中东总司令艾伦比将军向土耳其防线发动总攻，劳伦斯及阿拉伯部队奉命配合，对叙利亚展开进攻。在此期间，劳伦斯在汉志铁

在所有的一战间谍当中，最富有传奇色彩的便是托马斯·爱德华·劳伦斯

路沿线多次化装侦察，曾经被德拉土军抓获并遭到非人的虐待。1918年9月30日，费萨尔的阿拉伯军先头部队进入大马士革。费萨尔在这里宣布自己为叙利亚国王。

1918年10月28日，劳伦斯返回英国。1919年召开巴黎和会时，他与费萨尔一道前往凡尔赛，为争取阿拉伯国家独立做最后的努力。西方列强的承诺向来是不算数的，他们不允许一个强大统一的阿拉伯国家存在。法国强占了叙利亚，英国随后安排费萨尔成为伊拉克国王，其兄阿卜杜拉成为外约旦埃米尔。

1924年3月11日，侯赛因在土耳其废除哈里发制度之前两天宣布自己为哈里发，遭到穆斯林世界的反对。伊本·沙特发表文告，称侯赛因自立为哈里发的行动违反了伊斯兰教的教义与传统，并谴责哈希姆家族对朝觐麦加者征收的高额费用，号召伊斯兰世界对汉志展开圣战。1924年10月13日，伊本的军队攻陷麦加。在此基础上他于1932年成立了沙特阿拉伯王国。

由于列强的干预破坏，阿拉伯世界再也没能统一。

劳伦斯是个理想主义者，他在奋斗过程中已经把自己的角色由间谍转向了争取阿拉伯独立事业的英雄。为了表达自己的愤慨，劳伦斯在战后拒绝出任总督等职位，并且当面拒绝了乔治五世的授勋，这位英雄度过几年的隐居生活后，以假名加入英国皇家空军服役，后来又在陆军和空军之间转来转去。1935年2月25日，劳伦斯达到46岁的法定退役年龄，不得不从皇家空军退休，隐居于多塞特郡的乡间农庄“云雾山”。

劳伦斯的事迹经过史诗化之后已经成为英国军事历史上的著名传奇之一，连希特勒都对劳伦斯十分敬佩，日本特务机关头目土肥原贤二也因别人称其为“远东的劳伦斯”而自得。

1935 年正值英德交恶之际，英国外交部认为受到希特勒公开称赞和钦佩的劳伦斯也许是唯一能够胜任与希特勒进行谈判的人，于是邀请他去伦敦商讨此事。5 月 13 日清晨，劳伦斯骑摩托车去邮局拍发电报。回来的路上为了躲避两个骑自行车的男孩，出车祸负伤，六天以后在医院去世，他的传奇就此结束。

阴云密布的未来

1918 年 9 月 28 日，德军统帅部首脑鲁登道夫将军和兴登堡陆军元帅在威廉二世主持的御前会议上要求立即停火求和，他们说："军队不能再等待 48 小时。"

11 月 9 日，德国首都柏林发生革命，德皇威廉二世只得宣布退位并逃至荷兰。

11 月 11 日，绝境中的德意志帝国求和，第一次世界大战结束。在整个大战期间，情报战一直在如火如荼地进行着，其规模之大、数量之多、范围之广都是前所未有的。在荷兰境内的协约国情报组织就有 500 个，而在比利时潜伏的英国间谍则有 2000 人之多。各参战国间谍组织的总体数量和规模已经不可考证，但他们所采用的方式方法却一直被沿用到第二次世界大战，乃至于今天。

随着战争的进展，以前欧洲各国的情报组织如细胞分裂般地急速扩大。情报小组的分支壮大为独立情报机构，潜伏在敌境内的个体情报员以发展下线的方式编制出蛛网般的情报网。协约国和同盟国之间的情报组织在明争暗斗之余还学习对方在组织方法和情报传递等方面的可取之处，结果导致了几乎一模一样的间谍组织克隆体四处泛滥。

在第一次世界大战中，基层情报组织结构网由蜂王般的间谍头目负责，并当"信箱"。间谍头目一般是所在国公民身份，或至少是中立国公民。基层间谍组织成员全部由间谍头目本人直接招募，因为这涉及他自己的身家性命，所以只能由其自己负责。

所有的间谍都与头目保持垂直领导，单线联系，除非万不得已，普通间谍之间不能互相认识，这样可以在最大程度上避免被对方反间谍机关一锅端一勺烩的悲剧发生。不过间谍头目本身处在危险之中，因为每一个被捕的间谍都可能直接招供而使他暴露。间谍与组织之间联络时一般通过特定的外勤联络员负责，尤其是传递情报时更是如此。组织内部决不能直呼姓名，必须使用代号来保护身份。

间谍在搜集情报时不能过分追求某一具体目标——伊丽莎白·施拉格缪勒尔一直教育她的间谍学员们千万避免这种门外汉的做法，因为那样极易引起怀疑而暴露身份。她同时还告诫学员们在设法探听某种领域的情报时，不能相信那种偶然出现的“关系”人物，这种天上掉馅饼的好事十有八九是反间谍机关布设的陷阱。

事实上，绝大多数交战国的间谍们只能犹如蚂蚁一般搜集琐碎的情报细节。这些碎片般的信息经由间谍头目组织整理后上传给上级机关，如此层层上报汇总到一国间谍总部的时候，这些情报已经大致可以拼凑出轮廓了。

在情报传递方面，基本的做法是将情报伪装成普通邮件寄送到中立国的间谍机关，再转送到总部。随着科技的进步，德国人率先用隐形墨水将情报写在衣服上，堂而皇之地带出入境。不过这种方法不适合携带大量情报，因为隐形墨水会造成布料僵硬。曾有一位女间谍在穿越法国边境时被捕，因为她的裙子上用了太多的墨水而僵硬得像铁片……

微缩胶卷的出现也带来了新的伎俩：德国间谍们将胶卷贴在邮票后面再贴到明信片上，就这样一路畅通地发送出去。不过古老的手段仍被使用，德国有一条经过特种训练的牧羊犬“弗利兹”多次携带情报穿越火线。为之头疼的协约国反

一战摧毁了欧洲整整一代青年，纵然是胜利者也怀着茫然的情绪看不到未来

间谍机关决定要活捉这个“间谍”，他们使用了古老的“美人计”，把一条叫作“蔷薇”的母狗牵到弗利兹经常通过的路线上，结果弗利兹果然见色忘义带着情报投靠了新主人。

比较起来还是美国人的信鸽彻尔·阿米更为忠诚，在第一次世界大战的法国阿尔贡战役中，这只胸部中了一枪的信鸽挣扎着飞到司令部传递了关键情报，从而挽救了两个营的美军士兵的性命。

当第一次世界大战结束时，大量德军还占据着法国北部领土，东线战场也以列宁政府同德意志帝国政府签订了《布列斯特——立陶夫斯克条约》而获胜告终。所以当皇帝退位和魏玛共和国政府宣布投降的消息传出后，大多数德国人都难以接受现实。

德国人相信自己还能坚持，只是被国内的共和国领导层、社会主义者、共产主义者以及“国际犹太人（意即不爱祖国、见利忘义的德国犹太人）”所出卖导致的，以上人士统统被称为“十一月罪犯”，正是上述“罪犯”的背后一刀才导致德国失败。尤其是 1919 年德国革命中的共产党人领导成员大多是犹太人，故此反犹太主义者在进行宣传时，便为犹太人扣上“卖国的共产党人”的帽子，上述理论为日后纳粹党的上台奠定了舆论基础。

1919 年 6 月 28 日签订的《凡尔赛条约》，标志着第一次世界大战在法律意义上彻底结束。由于英、法、美三国列强之间的明争暗斗，德国既没有得到彻底惩罚和削弱，更没有得到战胜国的安抚而放弃复仇情绪。该条约剥夺了德国 13% 的领土，12.5% 的人口，所有的海外殖民地（包括德属东非、德属西南非、喀麦隆、多哥兰以及德属新几内亚），16% 的煤产地及半数的钢铁工业。但是德国并没有遭到伤筋动骨的损害，列强们为了扶植德国对抗新兴的苏俄势力，允许由俾斯麦创立的军国主义体制继续运转，尤其是其核心普鲁士军官团主要成员不仅逍遥法外，还成为德国人心目中的战争英雄。

这一切都为未来的二次大战打下了基础，在短暂的和平时光中，世界面临着阴云密布的未来。

第三节 光明与黑暗

调查委员会里的前下士

经历过第一次世界大战之后的德国处在一片混乱之中，左派和右派竞相发起一连串的暴动、政变。元气大伤的国防军自然站在右翼力量一边，他们成立了一些间谍组织调查国内的政治团体，以防止出现一个赤色的共产主义德国。

1918 年 11 月底，野心勃勃的阿道夫・希特勒在这种环境下开始了他的政治生涯。这个一名不文的前下士首先投靠了第二兵团调查委员会，为其镇压革命左派提供情报。对于希特勒而言，做这种小小的特务工作自然不在话下。很快国防军便注意到这位老兵的间谍才华，将他提拔到当地的军队司令部新闻审查机关工作。后来又送他进了“政治训练班”，在那里希特勒的反犹和反共谬论得到了上级军官的赏识，不久就提拔他到慕尼黑一个团里当教官，主要任务就是同“危险思想”——和平主义、社会主义和民主主义做斗争。

对希特勒来说，这是一个重要的转机，给了他一个锻炼演讲本领的机会，正如他一向所认为的那样，这是要做一个成功的政治家必须具备的第一个先决条件。他的演讲才能由此被开发出来，这一才能日后使他几乎有一种神奇的力量，在电台上能够用他的声音来左右千百万听众。

1919 年 9 月，希特勒奉命调查新成立的慕尼黑“德国工人党”。

间谍希特勒来到施端纳克勃劳啤酒馆参加该党集会，他数了一下人头发现连自己在内只有 25 个人。他从开始一直坐到散场，觉得会议开得很沉闷，没给他留下一点好印象，显然这不是一个有前途的政治组织。正当哈欠连天的希特勒打算拍屁股走人时，一个自称某教授的人发言建议巴伐利亚同普鲁士脱离关系，另外同奥地利组织一个南德意志国家。虽然希特勒是奥地利人，却有着无与伦比的大德意志情结。这位教授的发言刺痛了他，于是他不顾间谍工作原则跳起来严词驳斥了对方。

希特勒的这次咆哮打动了锁匠安东·德莱克斯勒的心弦，他是国家社会主义理论和德国工人党的创建人之一。这位坚持反共原则的锁匠塞给希特勒一份书名叫《我的政治觉悟》的小册子，后来干脆寄给希特勒一张明信片宣布接受他入党。

在清晨 5 点时分，他躺在兵营里的铺位上，看着耗子们啃食他前一天晚上撒上去的面包渣——这是这位间谍唯一养得起的"宠物"。就在这时，希特勒仔细看了看安东的小册子，他对这个不起眼的小党本来毫无兴趣，此事却发现里面很多主张与自己的思想符合。过了一会，信差送来了他的"入党同意书"。希特勒哭笑不得地看着明信片，最后想通自己的穷困潦倒不得志之根源，就在于没有一个可以依靠的政治力量。他的理想必须依靠执政才能取得，作为一个外国籍的穷光蛋和不入流的国防军间谍机关小特务，需要把握住眼前的机会。

经过两天的仔细思考以后，希特勒终于决定要参加这个党。他认为："这是我一生中最有决定意义的一个决定。跨出了这一步以后，就再也没有退路，也不可能有退路了。"

阿道夫·希特勒就这样成了德国工人党委员会的第七名委员，三年后他出任党魁，并正式将党名更名为"国家社会主义德国工人党"，缩写就是"纳粹"。

1933 年，希特勒依靠路德宗原教旨基督教会、垄断资本集团、容克地主阶层和国防军的支持上台，纳粹德国就此诞生。

纳粹宣传家们将自己效忠的国家并列于神圣罗马帝国和前德意志帝国之列，号称第三帝国。这种宣传口号激发起国民中的民族自豪感，而希特勒在上台之初的一系列经济措施也的确普遍改善了国民收入，提高了普通人的生活质量。希特勒承诺"让德国每一户人家的餐桌上有牛排与面包"，而且他的承诺在第三帝国

1933 年，兴登堡总统授权总理希特勒组建内阁

初期的 1938 年之前确实兑现了，从而使更多人拥护希特勒。

当时的德国是特立独行的“褐色”国家，不同于西方列强也不同于苏俄。在这种全民一致拥护纳粹党的表象下，是第三帝国情报机关冷酷无情的镇压手段。

在当时的德国境内有两种平行的军事组织：一个是国防军体系，另一个是党卫队体系。这两个体系彼此保持竞争，都发展出自己的庞大谍报组织，形成了双重的情报战线。

军事情报局里的投机商

德国国防军的情报机构历史悠久，在一战失败后也没有被协约国集团清算。1933 年 10 月，希特勒提出：“国防部必须采取一切必要措施来维护国家安全，在反间谍与宣传活动方面捍卫军事政策的利益。”随后对国防军情报组织进行了扩充和改组，成立了隶属陆军部的军事情报局，在德国海军总司令雷德尔元帅推荐下，威廉·弗兰茨·卡纳里斯出任局长，并晋升为海军上将军衔，负责整个德国的情报工作。

卡纳里斯是一个充满神秘色彩的人，原美国中央情报局局长艾伦·杜勒斯称他为“现代历史上最勇敢的人……幻想在欧洲建立一个以英、法、德为首的美国”；意大利驻柏林武官对他的评价是“毫无顾忌，智力超群”；而德国党卫队情报系统则认为他是“最大的叛国者，自始至终都在直接地、故意地向英国出卖自己国家的军事机密”。

正是其特殊的工作性质、混乱的历史环境和复杂的个人经历，使卡纳里斯成了一个难以准确描述的人。在第一次世界大战期间，卡纳里斯作为海军情报官参战，后来在西班牙首都马德里从事情报工作。战争结束后卡纳里斯并没有停止自己的工作，1928 年他被派往美国从事情报活动。后来又开始经营德国在中欧和巴尔干半岛的情报网。

卡纳里斯很善于搞政治投机，1923 年在慕尼黑啤酒馆暴动中他结识了纳粹党高层戈林，并向戈林表示自己可以利用军队里的情报机构协助希特勒上台。他说到做到，很快向希特勒送交了有关德军全体军官的政治倾向、人品素质和经济情况的材料，这对希特勒日后控制国防军系统起了重大作用。

1933 年 1 月，当时的魏玛共和国末任总理冯·施莱歇为了应付经济危机，打算立法取消容克地主的津贴以减轻失业问题。这一改革方案具有极大风险，施莱歇把它锁在总理办公室的保险柜内。

卡纳里斯通过手下的间谍把这一文件的副本偷出来转交希特勒，希特勒立即把它摊到兴登堡总统面前，指控“政府机构里窝藏着布尔什维克”。容克地主出身的兴登堡把施莱歇赶出内阁，任命希特勒为总理。

卡纳里斯从此飞黄腾达，在一段时间里很受希特勒信任。1933 年，卡纳里斯担任情报局长后，希特勒对卡纳里斯满怀希望地说：“我想建立一个像英国情报局这样的机构，团结一群人，满腔热情地去工作。”

卡纳里斯是个很精明的人，他一上任就立即着手两方面工作：一是积极网络人才，扩大间谍队伍，在国内外建立一个严密的间谍网，重振了一战失败以来情报战线低迷的士气；二是与党卫队情报系统，特别是盖世太保达成协议，划分职能权限，明确情报局的权利和义务。

他为情报局确立的职能是：一、间谍和军事反间谍活动；二、国防军及其所属机构内部的情报；三、监督并执行对间谍活动采取的一切措施；四、控制和监督武装部队军官的招募工作；五、指导并规定与国防有关的政策。盖世太保执行政治警察的一切职能，同一切公开的敌人做斗争。党卫队保安处执行国内政治方面的职能，协助工业保安、反间谍情报、边境情报等方面的工作。为了准备和发动战争，德国于 1938 年进一步改组了军事情报局，使其直接隶属武装力量最高统帅部。此时，军事情报局已发展成为规模庞大的军事情报机构，统一领导德国陆、海、空三军的间谍情报工作。

卡纳里斯是个讨厌组织和书面工作的人，他管理间谍机构的原则是把权力下放。尽管任务由总部下达，但对于各个间谍人员总部则很少加以直接控制。

德国军事情报局下设负责收集敌对国经济、军事情报的秘密情报处，负责进行破坏、颠覆、心理战和突击队活动的二处，从事反间谍、反情报工作的三处，外事处及中央处等五个处。处下除按专业划分为科外，还设有驻外站，每个驻外站负责规定的地区。其负责人的工作具有一定的独立性。他们可以招兵买马并训练自己的人员。卡纳里斯还指示每个驻外站建立各自的特别小组，情报局将这些小组称为家庭乐队。每个家庭乐队由一位代号为“指挥”的间谍头目领导。这些家庭乐队的主要任务是揭发德国军事情报局内部的叛徒、渗入敌人的情报组织、留意发现可能为德国服务的外国人。通常一个家庭乐队可能拥有上百名告密者，三教九流，无所不容。

通过其对第三帝国进行情报活动，在欧洲、亚洲、非洲和美洲各国建立了庞大的间谍网。同时还在德国和德战区建立了 320 多个电报信件检查站，从检查中搜集零零碎碎的情报，对来往的信件包括中立国的信件，最初是抽查，到后来改为全部检查。

卡纳里斯手下最具传奇色彩的是勃兰登堡特种部队。这支部队的队员至少会流利地说一种外语，他们有的能说捷克语、波兰语、乌克兰语；有的则会波罗的海沿岸国家的语言，如爱沙尼亚语、拉脱维亚语、立陶宛语、芬兰语，俄语更不例外；有的则会一口流利的英语、葡萄牙语和西班牙语；少部分人甚至会说藏语和阿富汗语。这支分队的人还带有大量的护照、定量供应本和身份证。他们还熟知执行任务区域的风俗习惯，很难把他们与当地人分开。用他们自己的话来说，进入苏联的勃兰登堡队员都知道“如何像俄国人一样吐唾沫”。

这支部队无论是在1939年的波兰战役还是在1940年的西欧战役以及以后的苏联战场都立下赫赫战功，在一个600人的部队中竟有四分之三的人获得了铁十字勋章。

随着战争迫在眉睫，军事情报局的工作进展神速。

1938年的慕尼黑会议期间，法军的动员令居然在法国海军司令达尔朗海军上将签署前就全文落到了卡纳里斯手里。英国陆空军的协作计划，他也有本事搞到。

纳粹德国军事情报局局长威廉·弗兰茨·卡纳里斯海军上将

1939年9月第二次世界大战爆发后，卡纳里斯发表战争通报，要求分布在世界各地的3000名间谍，注重收集英国特工机构的情报。由于1937年前希特勒禁止在英国进行大量的特务活动，因此，卡纳里斯的军事情报局在英国的工作实际上是白手起家。但到战争爆发前，根据德国军事情报局自己的档案材料，它在英国安插各式各样的特务不下253名，其中包括几名安插在英国高级官员家的佣人。这些特务有时扮成观光者，侦察到了位于英国东部的大多数重要机场、港口设施、军火工厂和油库的地址，帮了德国总参谋部的大忙。综合他们提供的点滴材料，德国军事情报局和德国其他的情报分析家基本上对英国的战争能力有了清晰的了解。

卡纳里斯甚至在1938年宣称：“不仅英国沿岸的设施，而且大多数机场，还包括从伦敦到北海港口赫尔之间的油料贮存仓库我们都画有详细的地图。”但他私下又不无忧虑地对心腹说：“我觉得德国在这场战争中如果遭受失败，无疑是个灾难；但如果希特勒获胜，那将是更大的灾难，因此情报局不要做哪怕使战争延长一天的事。”

卡纳里斯对希特勒的态度，反映了一部分德国军人的思想认识。他们认为德国准备不足，不能过早地对英法开战。

根据希特勒的指令，德军必须在 1938 年以前准备就绪。持反对意见的将领们认定德国还没有为一场大战准备就绪，现在就挑起一场战争，有招致灭顶之灾的危险。

因为反对希特勒的冒险计划，武装部队总司令勃洛姆堡元帅、陆军司令弗立契将军、外交部长牛赖特和经济部长沙赫特博士都被撤职查办。与此同时，还有 16 名将领因不同意希特勒的计划而勒令退休；另有 44 名指挥官，被认为对纳粹主义不够热心而调到低级岗位。

这些人的前车之鉴令卡纳里斯及时闭上了嘴，但是这位滑头的政治投机商也从此开始了惯用的两面派手段：他一方面继续对外发动情报战，另一方面则开始着手准备可以在未来挽救自己的措施。随着德国再度陷入两线作战和注定会失败的总体战当中，卡纳里斯加快了军事情报局的不作为与捞取战后政治资本的“小活动”。

卡纳里斯首先暗中劝阻西班牙独裁者弗朗哥不要被希特勒忽悠上了轴心国的贼船，接着又救助了法国将军吉罗德，虽然此人被希特勒明确下令处死。于是不会讲一句德语，而且是独臂的吉罗德神奇地从军事监狱中成功越狱。

英国间谍组织军情六处很快便查清这是卡纳里斯暗中相助的原因，事实上早在 1935 年卡纳里斯便派遣私人代表常驻英国暗通款曲了。卡纳里斯在执行希特勒布置的“U-7 行动”之际，伙同自己的副手汉斯・奥斯特把大量“可靠而又忠诚”的间谍派遣到北美活动——这些间谍全部都是他们的犹太朋友。

1942 年盟军执行“火炬计划”在北非登陆前夕，卡纳里斯手下的驻西班牙情报站已经把盟军的 500 艘舰艇驶进直布罗陀并准备进攻北非的情报传回柏林，卡纳里斯竟然将情报压下来没有向最高统帅部发出警告。

在 1943 年盟军进攻西西里岛前夕搞的战略欺骗把戏“马丁少校”事件中，装在尸体中的伪造文件显示进攻方向是希腊和撒丁岛。英国情报机关分析认为，“如果卡纳里斯暗中站在盟国一边，怀疑文件并非真件，那他就会首先站出来表示相信那些文件是真的”。事实果真如此，卡纳里斯把“马丁少校”身上的文件转给了德军最高统帅部。

在德国并不只有军事情报局这一个间谍组织，纳粹党卫队首领希姆莱一直注视着卡纳里斯的表演。1943 年 3 月，盖世太保逮捕了一名走私外币的军事情报局成员。这名特工供出了情报局内部的背叛情况，但是希姆莱没有直接举报这件事，而是采取了“滚雪球”的策略：一面收集不利于卡纳里斯的证据，一面等待希特勒本人产生对卡纳里斯的怀疑。

希姆莱是希特勒的亲信成员，他从 1923 年起就开始为纳粹党服务

机会很快来临了：1943 年 7 月意大利发生政变，墨索里尼倒台。

希特勒为了摸清意大利新政府的态度，派卡纳里斯飞往威尼斯与意大利军事情报头子塞扎尔・阿米会谈。尽管阿米直截了当地告诉卡纳里斯，新政府首脑皮特罗・巴多格利奥打算尽快单独与盟国缔结和约，而他没有立刻采取行动的唯一顾虑是，一旦希特勒得知意大利人做了二五仔之后会占领这个国家。但当卡纳里斯回到柏林后却对希特勒保证意大利是最忠诚的盟友，那帮可以想出“没有撬棍无法打开弹药箱”这种投降理由的意大利军队都是斯巴达人一般的勇士。

可怜的元首再度上当，可当意大利新政府于 9 月 3 日与盟国签订停战协定时，希特勒开始怀疑德国军事情报局不仅无用，而且还背叛了纳粹德国。

1944 年 2 月，德国军事情报局驻中东地区的重要间谍埃里希・凡尔麦伦夫妇叛变投降了英国，这使得纳粹德国在土耳其境内的整个间谍网被彻底摧毁。至此希特勒已经忍无可忍，希姆莱终于开口表态：“卡纳里斯的个人生活与职业生涯的失败已经到了不可容忍的地步”。他将手头的材料摊在希特勒面前，一举毁灭了党卫队情报系统多年的死敌军事情报局。

1944年2月18日，希特勒以建立“统一的德国秘密情报组织”为借口解散了军事情报局，纳粹德国的一切情报组织全部由党卫队指挥，卡纳里斯被勒令退役。这位海军上将的倒台不仅是军事情报局毁灭的标志，还使得酝酿中的军队叛乱失去了情报系统的支持。

1944年7月20日，反希特勒团体“黑色乐队”的主谋之一冯·施陶芬贝格上校用定时炸弹刺杀希特勒。他等炸弹爆炸后立即逃离“狼穴”直飞柏林，随后做的第一件事就是给卡纳里斯打电话。

卡纳里斯知道自己的电话被窃听，于是故意大声说道：“天哪！他死了！什么人干的？俄国人？”几小时后，希特勒还活着的消息传来，老滑头卡纳里斯立即致电大本营，祝贺元首幸免于难并要求严惩凶手。

7月23日，帝国中央安全局外国情报处处长瓦尔特·施伦堡来到了卡纳里斯的别墅。这位政治投机商迎来了最后的毁灭时刻。他的老友凯特尔元帅设法不让他被送上为叛乱分子特设的“人民法庭”达八个月之久，在这件事情上希姆莱也起了微妙的作用：毕竟败局已定，留着这个与英国情报机关有沟通渠道的老人也许会是一个减轻战犯罪责的交换筹码。希特勒后来发现了这件事，他大发雷霆地命令把卡纳里斯交给党卫队法庭立即审判。

1945年4月9日黎明，全身赤裸的卡纳里斯被推上绞刑架，党卫队专门选择了钢琴琴弦做绞索来增加他的痛苦。

29天后，德国投降。

希姆莱和他的朋友

海因里希·鲁伊特伯德·希姆莱是出身于慕尼黑乡村地区的纳粹高官，当纳粹思想兴起后，希姆莱先生放弃了养鸡场和肥料工厂的工作投身于法西斯事业当中。

1925年党卫队作为希特勒的私人卫队出现，后来在全德国范围内保护纳粹党的各位高级干部。而当时充当纳粹党打手的冲锋队人员构成复杂，充斥着流氓无赖，使得希特勒感到他们已成累赘。冲锋队的总队长同性恋者恩斯特·罗姆一心打算用冲锋队取代国防军，更是激起了普鲁士军官团的愤恨。于是在各方面因素促使下，尤其是在党卫队副手希姆莱和希特勒的朋友戈林的挑唆之下，希特勒对老同志罗姆痛下杀手，他惊异地表示自己刚发现罗姆是个不可救药的腐败分子、叛徒和同性恋者，悲痛地下令立即将罗姆及其手下的冲锋队长们全部干掉："罗姆及其身边的人犯下了整个世界史上最大的背信弃义的罪行。我与罗姆出生入死，患难与共，对他一直忠诚相待，可是他却阴谋叛国反对我，好把德国拱手交给我的敌人。这是不能容忍的事情。罗姆及其同伙将受到惩办，我要统统地枪毙他们，以儆效尤！"

在"长刀之夜"行动中作为冲锋队下属组织的党卫队独立出来，并执行了对冲锋队的血腥镇压和清洗行动。希姆莱由此也开始平步青云，尤其是在他自导自演了舍身为希特勒挡子弹的一场戏以后，更成为元首眼中最忠诚的部下。

1929 年 1 月 6 日，希特勒任命希姆莱为党卫队的领袖。希姆莱立即参考古代秘密组织圣殿骑士团、耶稣会士和意大利法西斯组织黑色旅的模式扩充党卫队，党卫队在最高峰时拥有 95 万名成员。党卫队队员的座右铭是"忠诚即吾荣誉"，所以是希特勒心目中的嫡系人马。

1932 年，希姆莱命令自己的副手莱因哈德·特里斯坦·尤根·海德里希建立间谍机构党卫队保安部，主要执行搜集情报与反间谍的任务，由此开始了与军事情报局的漫长竞争。

1934 年，在希特勒的调停下，希姆莱的党卫队接管了原属于戈林势力范围内的盖世太保。同年，希特勒赋予了党卫队管理所有集中营的权力。由此一来政治秘密警察和间谍、反间谍机关都处于党卫队的领导之下。

战争爆发后，希姆莱又组建了一个中央性质的情报机构党卫队保安局来统一协调手下的各情报组织。这个机构分成七个处，其中权力最大的有第三处国内保安情报处，负责德国境内和德占区内部的情报搜集和安全保障工作；第四处帝国秘密警察处，这个组织就是盖世太保组织，负责在德国控制区镇压"所有危及国家的倾向"，他们有权调查一切案件，特别是针对纳粹党和德国高层人物的阴谋案件。除了一般情报组织的刺杀、反间谍和情报功能外，盖世太保组织还是屠杀犹太人的直接执行者；第五处帝国刑事警察处，是一个调查所有非政治性严重刑事犯罪的侦探机构；第六处对外安全情报处，它是党卫队对外情报搜集的窗口。

党卫队系统最成功的间谍是英国驻土耳其大使哈格森的贴身男仆伊拉斯·巴兹纳，这位隐藏在敌人心脏中的内间偷拍了大使保险柜中的所有机密文件。尤其是同盟国三巨头在德黑兰会议期间的秘密谈判细节和盟军进攻法国的“霸王”行动方案都在第一时间传回第三帝国。

当然，这么好的情报只卖一家有点可惜，所以巴兹纳还兼职做了土耳其政府的间谍，每次都把照片洗上两份分别交给自己的主人们。巴兹纳的小买卖一直干到1944年春天，这时候一个投靠美国战略情报局的德国间谍弗朗兹·克比尔向阿伦·杜勒斯报告：有一个代号为“西塞罗”的间谍躲藏在伊斯坦布尔的英国大使馆里面。在得知自己被调查之后，巴兹纳如兔子一般地逃窜到南非。他拿着德国人付给自己的30万美元打算开始享受奢华生活时，才发现竟然全都是伪钞！

党卫队系统与军事情报局既有竞争也有合作的一面，例如他们在柏林繁华大街上开办了被称为“绿屋”的基蒂沙龙妓院，这是德国情报界的老传统了。在入侵波兰之前的栽赃陷害中，两大情报组织也曾携手合作。党卫队保安处的行动小组得到军事情报局提供的波兰军服和武器，冒充波兰士兵袭击德波边境上的德国格里维策广播电台。他们事先绑架了一名波兰人弗朗西斯科·霍尼奥克，此人被灌药后套上波兰军装带到广播电台打死，作为波兰军队入侵的“铁证”，这个波兰倒霉蛋是二战欧洲战场上的第一个牺牲品。

党卫队的情报系统令人不寒而栗，不过希姆莱本人却是个素质低下的蹩脚领导。在战争初期的岁月里，他经常在电话中与其他政要谈论机密事项，完全不顾及线路是否被窃听，事实上德国的每一部电话都可能被窃听，绝对保险的电话线是不存在的，包括他办公桌上的也一样。

有一次希姆莱给希特勒的助手党务部长鲍曼打电话，随口说起“犹太人最终解决方案”的话题。鲍曼立即打断他指责说：“请别再说了，您不知道电话可能被窃听吗？真是难以想象的掉以轻心！把你要说的话记下来，派一个传令兵来送给我！”

虽然在情报战线屡有收获，不过党卫队系统中更引人注目的还是残酷的内部斗争。希姆莱的老战友海德里希是天才的情报战领导者，他设计出一套表格和卡

在海德里希的造谣煽动之下，苏联上演了历史上罕见的最残酷的政治清洗

片索引系统，用来记录每个可能的政权敌人。柏林秘密警察处及其在外省的分局建立了一套所谓的A部卡片索引，分为三类登记秘密警察心目中所有的政权敌人，并用颜色对它的打击对象做出细致入微的区别标记，而且每年两次由专人审查颜色标记是否与实际情况相符。形形色色的侦缉方式构成了一个密布全国的罗网，连他手下的党卫队鹰犬们也被暗中建立卡片档案以便监视和驱策。

海德里希最成功的战绩出现在1936年底，他考虑到未来与苏联的战争不可避免，所以需要及早铲除苏军指挥系统中的优秀人才。为此，他编造出一个苏联副国防人民委员米哈伊尔·图哈切夫斯基元帅与德国情报机构合谋反对斯大林的计划。

因为卡纳里斯手里有图哈切夫斯基元帅在20世纪20年代苏德蜜月期与几位德国将军来往的信件，所以海德里希便向军事情报局提出索要这些资料。不料卡纳里斯严词拒绝提供，于是海德里希干脆派人潜入军事情报局档案大楼偷出这些信件，又一把火烧掉大楼毁灭证据。

当伪造的图哈切夫斯基元帅签名反斯大林文件和接受德国巨款收条准备齐全后，海德里希四处散播这件事的谣言，一时间这桩“阴谋”世人皆知。连法国总统都委婉地向苏联大使提出：贵国内部可能存在问题。愚蠢的捷克总统贝奈斯还听信德国间谍的鼓动，打算向德国买下这份情报再高价转卖给斯大林。

约瑟夫·斯大林同志不打算让这些“二道贩子”得手，他派遣特别代表尼古拉·伊万诺维奇·叶若夫直飞柏林，开价300万卢布买下了这份假情报。海德里希大喜过望地数票子时，才发现这些现钞全部都是伪钞——约瑟夫大叔是个不诚实的买卖人。

不过这已足够了，苏联内务部长叶若夫早已秉承斯大林的吩咐将图哈切夫斯基元帅列为反党嫌疑贩子，在得到海德里希的情报之前就已经逮捕了图哈切夫斯基的两名副手。

用假钞买来的假情报更成为给元帅定案的铁证：1937年6月11日，塔斯社报道说图哈切夫斯基元帅和七名红军将领被一个特别法庭判处死刑，因为“被告勾结推行敌视苏联政策的某外国政权的军事领导集团反对国家，被告为这个政权的谍报机关工作”。

随着图哈切夫斯基一批人的处决，开始了苏联历史上罕见的最残酷的政治清洗。

一年之内，处决了3500名校级以上军官，几乎是中高级军官总人数的一半，90%的将军和80%的苏联陆军上校被处决。换句话说，5个元帅中杀掉了3个，15个军团司令中杀掉了13个，85个军长中杀掉了57个，195个师长中杀掉了110个，406个旅长中杀掉了110个。被冤杀的将领大都处于年富力强的黄金时期，这种灾难性的打击是苏德战争初期苏联大败的直接原因之一。

1941年9月，海德里希担任捷克斯洛伐克德军占领区摩拉维亚与波希米亚的副行政首长。他巧妙地运用“糖果与鞭子”的方式将捷克地区逐渐德意志化，先是由于杀人无数而被称作“布拉格屠夫”，后来又大搞绥靖政策用各种恩惠收买拉拢捷克人，尤其是大力改善工人阶级的待遇。

海德里希的“新政”在几个月里就完全改变了捷克的政治气氛，被收买的捷克总工会在五一劳动节发表文章，提醒工人们捷克共和国时代谈论了十几年而未能实现的“社会主义”，海德里希在半年里就实现了：“今天捷克工人的福利达到史无前例的高度，在海德里希无与伦比的举措之下，深刻的社会变革已经得以贯彻，而这些变革在过去总是因为财政困难和政府低能而束之高阁。”

希特勒对海德里希的工作非常满意，他在 1942 年 5 月 20 日的一次讲话里声称：“看来只要给那些捷克人双倍的食物配给，不送他们到东线去打仗，就可以把他们转变为帝国狂热的追随者。然后他们就会在军火生产上投入两倍的努力，并当作自己神圣的责任。”

一时间捷克人心平静，大有全民做顺民的趋势，地下抵抗组织竟然失去了生存的土壤，英国派驻捷克的间谍网络被海因里希全部铲除干净，英军军情总局军情六处的斯图尔特・孟席斯将军和流亡伦敦的捷克流亡政府焚心如火。

在驻布拉格期间，海德里希为了避免自己的亲民形象受到伤害，出访巡视时一律不携带随身侍卫。这一点很快被他的敌人利用：1942 年 5 月 27 日晚间，海德里希在布拉格郊外遭遇英国派遣的捷克突击队伏击身负重伤，延至 6 月 4 日一命呜呼。

希特勒亲自主持海德里希的丧礼，称呼他为“拥有钢铁之心的男人”，并授予“德意志勋章”，归葬于柏林。

希姆莱在葬礼上发表了感人肺腑的讲话，但他没有解释为何在海德里希被抢救期间突然禁止医生使用必需药品，眼睁睁地看着自己的战友死在病床上。

海德里希在掌管帝国保安总局后权力日盛，尤其是希特勒让他掌管捷克明显有栽培他做政治接班人的意图，这不仅令他的党卫队同僚们妒忌，也令希姆莱感到芒刺在背。当这位党卫队传奇人物被刺身亡后，党卫队内部再也没有可以威胁希姆莱地位的人了。

猫戏老鼠的娃娃脸和农夫缪勒

在海德里希之后继任党卫队保安局长的是斯特・卡尔登布隆纳，这个碌碌无为的纳粹分子非常令希姆莱放心，所有的情报大权全被党卫队全国领袖收回掌中了。

无能的情报领袖反而彰显了手下的光彩，娃娃脸的施伦堡就是其中一位。瓦尔特・施伦堡是海德里希的得力部下，正是海德里希将他从一个负责法律的助理

在海德里希之后继任党卫队保安局长的是斯特·卡尔登布隆纳，这个碌碌无为的纳粹分子非常令希姆莱放心

提拔为专门负责侦破地下抵抗组织的高层干部。后来他成为党卫队保安局对外安全情报处的处长，在卡纳里斯倒台后，施伦堡接管了军事情报局的几乎全部遗产，成为掌握德国对外情报大权的人物。

当战争爆发后，施伦堡立即展现出自己的情报战天赋。

党卫队间谍阿尔弗雷德·魏林宁以阿尔伯特·奥特尔的化名，携带一张瑞士人的护照在英国入籍，并在英国重要军港斯卡帕湾附近开设了一家小钟表首饰店。经过 15 年的长期潜伏侦察，他对英国海防舰队的动态了如指掌。

1939 年 10 月初，魏林宁传递给施伦堡一件重要的情报：英国王室出行专用的"皇家橡树"号巡洋舰就在港内停泊，他是从一名到他店里修表的"皇家橡树"号军官那里探听到的。而通过长期的"钓鱼"观察，魏林宁发现斯卡帕湾的东部航道刚撤掉旧反潜网还没来得及铺设新反潜网。施伦堡将这件情报转交给潜艇部队指挥官邓尼茨上将，立即命令王牌艇长伯里安上尉指挥"U-47"号潜艇溜进海港，用鱼雷把"皇家橡树"号连同 833 名英军水兵和英王王座一同送进海底。英国损失了开战以来的第一艘战列舰，而"U-47"号在约定地点接上早已等候于此的魏林宁一起凯旋。

一个月后，施伦堡又指挥并主导了“维尼罗行动”，这是一次“猫戏鼠”的间谍骗局。由于党卫队情报机构一直怀疑卡纳里斯是英国间谍，并且在国内活跃着以他为首的“黑色乐队”叛国团体，所以施伦堡策划了一起骗局，希望在这次行动中摸清英国情报机关的工作方法和荷英两国情报机关的合作关系，还有重要的一点就是破坏英国同德国国内反对派的信任。他装扮成最高统帅部运输部门的夏梅尔上尉，夹着单片眼镜，通过内应的介绍去给英国人送事先准备好的假材料。

10 月 21 日这天，施伦堡在荷兰境内与英国谍报局驻荷兰代表潘恩・贝斯特上尉会面。这个英国人开车将他送到荷兰城市阿纳姆，与两个英国谍报机关成员会见。这两个人一个是英国谍报官斯蒂芬斯少校，另一个是荷兰参谋本部军官克洛普。三个人与施伦堡会谈后非常满意，因为施伦堡自称是一位计划政变并除掉希特勒的国防军将军的亲信。

在 10 月 30 日第二次商谈时，克洛普以误会为由将施伦堡稍事扣留核实其身份。

于是施伦堡和两名手下都被警察以检查护照为名带到警察局搜身，就在这时施伦堡才发现自己的一个手下竟然在梳洗盒里边塞有一卷德军专用的阿司匹林药片，药片的纸包装上印着“党卫队医务处”！施伦堡一面飞快地将那卷阿司匹林药片抓到手里，一面故意把一只梳子弄掉在桌子底下，他俯身拾起梳子时把一包药片连同包装纸都吞了下去。

这位滑头的间谍差点被噎死，不过荷兰人没有注意到这些细节，他们逃过一劫。

施伦堡最后顺利地取得了对方的信任，上当的英国佬甚至交给他一部无线电台和密码本用来联络，这是德国情报机关昼思夜想的东西。施伦堡很想继续把游戏进行下去，他估计可以钓到很多“大鱼”。可是恰逢发生了德国自由主义者埃斯特刺杀希特勒未遂事件，盛怒的希特勒命令立即对幕后主使者英国情报机关采取报复措施。于是本打算去伦敦会晤英军情报总局高层的施伦堡不得不将游戏结束，他在下一次接头时率领党卫队突击队员将自己的“同志”从荷兰绑架回来。至此“维尼罗行动”成功结束，事后施伦堡由希特勒亲自授予一级铁十字勋章。

此事件影响深远，除了使希特勒宣称荷兰不再是中立国之外，还令真正想同

安全躲在斯卡帕湾内的“皇家橡树”号被溜进港内的“U-47”号U艇击沉，英国损失了开战以来的第一艘战列舰

英国间谍机关合作的卡纳里斯失去了对方的信任，日后卡纳里斯使出百般招数讨好英国人，可总因为此事而被记仇的英国佬视而不见。

此后施伦堡继续被重用，苏德战争爆发后他甚至被邀请去东线指挥专门消灭犹太人、东欧民族和共产党人的“特别行动队”，但他巧妙地回绝了——他是间谍，但不想做屠夫。

1941年6月，施伦堡担任中央保安局六处处长，同时也负责国内反间谍任务。1942年11月，施伦堡指挥破获了当时著名的苏联间谍组织“红色乐队”，这个组织从1940年5月到被破获时一共向莫斯科成功发送了1500份情报。

在这次行动中军事情报局也做了大量的配合工作，他们出动无线电侦听和测位人员与盖世太保合作。尽管德国人无法破译苏联间谍的密码，但是来自莫斯科的要求使得间谍们不得不大密度地发报，于是德国人准确定位只是个时间问题了。红色乐队的两大领导者被捕后相继叛变，盖世太保一共逮捕了200多名抵抗成员，其中143人被处决或死于集中营，只有65人幸存。

军事情报局本来打算利用投降的苏联间谍第内帕诱捕在瑞士的一个独立苏军谍报网络“红色三人组”，但是被对方识破并发出警报，于是莫斯科解散了所有“红色乐队”领导下的谍报组织。

1945 年 6 月在丹麦安排好投降事宜的施伦堡被盟军逮捕，在战后纽伦堡审判中，施伦堡出庭作为证人指控包括卡尔登布鲁纳在内的其他纳粹战犯，1949 年他被判处六年有期徒刑，成为同级别纳粹战犯中受到处罚最轻微的人，这主要也是归功于他在战争的最后岁月里尽最大努力解救集中营囚犯的生命。

施伦堡在监狱里撰写了他的回忆录《迷宫》，他是唯一撰写纳粹高层内幕的前谍报人员。在回忆录中他检讨第三帝国对谍报工作缺乏足够的重视，在谍报工作方面没有建立起一套高效率的制度。他对英国情报机构的高效率向来非常羡慕，认为德国情报机构和英国相比根本差距不在于人员的能力，而在于缺乏一种历史沉淀的综合经验。在他的眼里英国拥有世界上最好的情报机构，而他们还帮助美国建立了同样优秀的中央情报局。

施伦堡对德国谍报机构的评价是“各机关重叠混乱，造成重复、浪费、低效率和人员之间相互猜忌，结果导致训练有素的特工人员严重缺乏”。他刚到任就注意到该问题的严重性，并着手改进其中的缺陷，而这些缺陷是以前别人所不愿意改善的。他希望能在各谍报部门之间建立起一个“分立而又集中”的模式，并在他和当时的保安局长海德里希监督下来加强管理。但是据他所述，由于官僚政治的影响严重，该项改革未能得以执行。

在自我评价方面，施伦堡一直自认为是当时最杰出的间谍大亨。不过恐怕他的同事会有不同意见，此人就是盖世太保头目海因里希・缪勒。与商人家庭出身的施伦堡不同，缪勒出身农家，并终身以此为傲。1929 年缪勒参加了慕尼黑警察部队，很快就成为一名熟练的镇压左派力量的打手。当纳粹主义刚兴起的时候，那些法西斯分子也没少挨他的揍，缪勒不管政治只服从命令。身为警察局督察的他与纳粹分子进行了长期的较量，并搜集了纳粹党所有重要成员的独立档案。1933 年希特勒当上总理时，缪勒已经是研究纳粹党事务的权威，在警察局他使人又敬又畏，很大的原因是他已经建立了一个庞大的私人情报网，收集情报能力极强。在希姆莱和海德里希创建盖世太保的时候，正需要这样的冷血打手卖命。

1934 年 4 月缪勒以一名警官的身份加入了盖世太保组织。到了 6 月 4 日，他就晋升为盖世太保的处长，负责收集使用各种危害国家安全分子的详细资料。

随后，缪勒参与了对犹太人的全面压迫和消灭工作。

1939年9月27日，缪勒担任中央保安局四处处长，就此成为盖世太保的领袖。就在此时，纳粹高层才发现这位元首的忠诚斗士竟然还不是纳粹党员！

关于缪勒，瓦尔特·施伦堡在他的回忆录中这样描述缪勒先生：虽然他已从最低的职位变成最高级的领导干部，但是他从来没有忘记他的出身。有一次，他带着粗笨的巴伐利亚土音对我说道："应该把所有的知识分子关到一个矿里，然后炸掉它。"事实上，想要和他做任何方式的谈话，差不多是不可能的；整个的谈话都被他那冷静而扼要的发问所占有。当你回答他的时候，又多半不能获得他的信任。不管他在道别时的姿态是如何的友善，但是他那眼睛和目光的流露，依然是非常严肃。

身为盖世太保首领的缪勒在消灭犹太人上毫不马虎，"犹太人事务部"主任阿道夫·艾希曼是缪勒的直接下级，在他俩手上直接断送了数百万犹太冤魂。除此之外，缪勒还在1944年3月签署了"子弹命令"，任何一个被怀疑的德军逃兵都可以被当场处决。在1944年7月暗杀希特勒事件后，也正是他手下的盖世太保对阴谋分子大开杀戒。

缪勒并不只是个单纯的屠夫，还是精明的情报头子。由于他对苏联共产党的情况十分熟悉，因此他一直掌管对苏情报作战。尤其在1942年至1945年间，几乎所有的对苏情报活动都被缪勒把持。他手下的盖世太保们复活了一些苏联间谍，并设法"教化"他们成为双重间谍，其中最有名的是"红色乐队"领导人之一的海因兹·番威茨。后世对于他的争论也集中于此——缪勒是不是苏联间谍呢？

盖世太保领袖海因里希·缪勒的真实身份一直是谜

并不是所有的人都相信缪勒是忠于纳粹的，施伦堡就是其中之一。

当他被美国战略情报局审问的时候，施伦堡坚称缪勒通过无线电和苏联的情报机关保持着联系。他还在自己的回忆录中

1944 年，正在执行屠杀任务的盖世太保行刑队

提及：1942 年他在盖世太保中安插的亲信在一次行动中缴获了几部苏联情报员使用的发报机，然而发报机却未能如数交给反间局——缪勒扣留了两台。当他到缪勒那里责问时，缪勒却说他将用两台发报机向莫斯科发送假情报。

1944 年 2 月希特勒决定解散军事情报局后，所有的对苏职能全部转归缪勒掌管。大权在握的缪勒下令暂停对苏联的所有反间谍行动，面对施伦堡的抗议他表示："在过去的几年里对苏联的行动相当成功，俄国人早已不敢在德国领土上收集任何情报了，当前的主要任务是对付英美。"

1944 年底，施伦堡手下的监听处截获了一个使用与"红色乐队"发报手法类似的无线电信号，信号源正是盖世太保通信处的郊外大楼。施伦堡带部下前往搜捕，在一番激烈枪战后一个人都没抓到。施伦堡还声称从 1943 年开始，缪勒通过各种方法向希特勒传达斯大林的规劝。不过战后接受审判的盖世太保成员拒绝相信缪勒是苏联间谍的说法，尤其是他的直接上级卡尔登布隆纳。

二战结束后，缪勒一直下落不明。

以色列的情报组织"摩萨德"和美国的中央情报局一直追踪他的下落，但是就是活不见人死不见尸。唯一确定的是 1945 年 4 月 28 日缪勒曾出现在柏林一家军用仓库，这也是他最后一次露面。

与此相反，苏联方面却忙不迭地一口咬定缪勒已经在巷战中死亡。

20 世纪 50 年代后从苏联释放回的一些德国战俘宣称在苏联看到了酷似缪勒的人，他佩戴“克格勃”部队的上校军衔。由于有大量盖世太保人员被东德国家安全局留用，所以这些战俘的话格外令人浮想联翩。

直到今天，缪勒的真实身份和最后结局还是一团迷雾。

英国人的无线电游戏与二战版“007”

卡纳里斯和缪勒之所以会引起人们无尽的好奇心，关键原因就是二战期间存在太多的双重间谍，在这方面最有心得的便是英国的那些老牌特务了。研究英国情报历史的人往往会对一大堆复杂多变的机构名称感到头疼，这个国家的现代情报机构起源自伊丽莎白女王时期，主要由秘密情报局、军事情报局、保安局和政府通信总部等机构组成，这些机构组成联合情报委员会，由一位内阁大臣统一协调指挥。

二战期间大出风头的主要是英国军事情报局，其中的军情五处和军情六处大出风头，以至于不知情的人还以为英国就这两个情报部门呢。

其实光军事情报局就有 19 个军情处，其中军情五处成立于 1909 年，负责英国国内情报工作，职责与美国联邦调查局类同，后来改名为秘密保安局；而军情六处与五处同时成立，负责对外情报工作，职责与美国中央情报局类同，后来改名为秘密情报局。

虽然日后的《007》系列电影中让军情五处名扬四海，不过在二战期间还是军情六处的风头更劲。军情六处的斯图尔特·孟席斯将军与早年也干过特务工作的丘吉尔私交很好，所以获得经费支持和高层垂青自然也更胜一筹。

军情五处和军情六处之间存在激烈竞争，由于孟席斯手眼通天，所以军情五处往往无法得到破译德军密电等最高层的秘密情报，而军情六处在同行交流过程中只肯反馈他们认为与军情五处有关的情报，也使得军情五处抱怨连天。

1938 年 8 月，正是战争迫在眉睫之时。

军情六处驻布拉格的间谍负责人汇报说有一个被纳粹驱逐的犹太技术人员查理·莱温斯基打算投靠英国——这个姓氏很有趣，可惜不知道该间谍负责人是否姓克林顿？

莱温斯基不是普通人，他在德国的“哑谜”工厂中做工程师，宣称自己能完整复制出哑谜机器。哑谜是德国埃尼格玛密码机的代号，是当时德国军政部门普遍采用的加密电报编码破译机器，也是同盟国梦寐以求的无价之宝。

莱温斯基的投靠纯属天上掉馅饼的好事，以至于约翰牛反复猜测这是否是汉斯设下的圈套，不过这馅饼的诱惑性实在太大，孟席斯决定就算有毒也要拼命咬一口。他按照要求支付了一万英镑并办好英国国籍给莱温斯基，而莱温斯基也不负众望复制出埃尼格玛密码机的原型。虽然还无法做到直接破译德国密电，但凭借原型机起码在原理上已经摸清了德国佬的套路。随后英国密码专家在得到波兰转交的情报基础上，制造出破解埃尼格玛的机械计算机系统“炸弹”，于是德国在英国面前犹如裸体一般毫无遮掩了。

虽然此后德国曾几次改变编码装置，更在1942年彻底更新了密码机系统，但凭借从缴获潜艇上获得密码等手段，再加上“炸弹”的不断改进，使得英国始终控制着主动权。

孟席斯因为“炸弹”爬上了军情局长的宝座，而丘吉尔更是利用这独门绝招先后赢得不列颠空战等决定性胜利。为了严守破译埃尼格玛的秘密，丘吉尔有时宁愿付出惨重代价。例如当考文垂即将被轰炸的情报传来后，丘吉尔拍板决定决不疏散以免德国惊觉泄密，于是汉斯们一顿炸弹投下来，无数约翰牛的冤魂上了天堂……

埃尼格玛密码机的破解，是英国在二战中的绝顶机密

唯一一次例外出现在北非战场上，当时沙漠之狐隆美尔的非洲军团打得英国佬节节败退，而日军也试图进攻印度与德军呼应。伊朗越来越倾向于加入轴心国开战，眼看要实现德日会师的可怕局面。为此丘吉尔连续按照破译密码摧毁了

意大利后勤船队，使得隆美尔的非洲军团失去燃料和军火补给，最终在阿拉曼战役一败涂地。

事后洗地时，孟席斯瞒天过海设下一个大骗局：反复用已被德军破译的密码向不存在的意大利统帅部内间发去“贺电”，终于令过分自信的德国佬向墨索里尼提出愤怒的指控。此外，“炸弹”和驻瑞士间谍网的情报还帮助孟席斯派遣突击队破坏了挪威的重水工厂，这是军情六处突击队的最伟大成绩，直接导致希特勒的原子弹之梦破灭，丘吉尔也兴奋地说“我们将点燃欧洲”。

就在孟席斯洋洋得意之际，1944 年 4 月 1 日的愚人节他收到了盖世太保发自荷兰海牙的贺电：“近两年来，我们收到 95 次空投支援，计有电台 75 部，枪械 8000 支，子弹 50 万发，炸药 3 万磅，另有足够开设一家小型银行的 50 万荷兰盾经费（全部都是真钞）。我们之间合作如此默契，极有成效。但近期我们感觉你们减少了空投，似乎有甩开我们开设新店的意图？果真如此的话我们也绝不勉强，但愿我们的友谊地久天长，再见。”

有来无往非礼也，德国方面也在不断破译英国密码，尤其是利用被捕的驻荷兰英国间谍劳斯威尔和道伦诱骗英国方面连续空投损兵折将。虽然劳斯威尔不断按照约定的暗号在密电中发出警报，甚至趁盖世太保不备直接在密电中发出“被捕！被捕！被捕！”字样，但是军情六处愣没察觉，照样不断把补给和特工人员空投下来。

缪勒上演了欧洲版的守株待兔故事，更妙的是这些又聋又瞎的英国“兔子”还偏偏接连不断地撞过来。缪勒的幽默感令孟席斯和军情六处颜面扫地，在利用双重间谍戏弄对手方面他们比军情五处差远了。

负责国内安全的军情五处曾由于“皇家橡树”号事件而声名狼藉，不过在新任局长戴维·皮特里的指挥下，英伦三岛成为反间谍的铜墙铁壁，在二战期间他们一共逮捕了 115 名德国间谍，在英国本土上没有德国人活动的空间。

不仅如此，军情五处的拿手好戏是将德国间谍转为己用。

在英国米德尔赛克斯郡哈姆市拉奇米尔剧场内部有一个军情五处设置的秘密审讯中心，代号是“020 营地”，被捕的轴心国间谍都被送到这里审讯。英国人的审讯办法很独特，他们不像盖世太保那样使用酷刑，而是反复采用心理战术摧垮俘虏的精神防线。例如给俘虏看被处死犯人的死亡报告书、剥夺一切供给单独关在不见天日的暗室里、遭到连续 24 小时不停的高分贝噪声折磨等，在这种绝境中囚犯会产生巨大的精神压力，这种精神折磨远远超过拷打的痛苦。

德国间谍中有不少硬汉，不过没有一个能挺得过去，最后要么自杀，要么变节，要么精神崩溃成为疯子。1940 年 9 月 19 日伞降在剑桥郡的伍尔夫・施米德在被捕后拒绝合作只求速死，他百般辱骂审讯人员并宣称德军立即就会登陆英国，到时所有的看守都是德军的俘虏。但是经过 13 天的精神折磨之后，施米德乖乖投降成为双面间谍，代号是“塔特”。

还有个威廉・罗尔夫的伦敦餐厅老板在被捕后拒绝与军情五处合作，但又忍受不了折磨，最后采取把头部伸进煤气炉中这种骇人听闻的自杀方式了断了。

德国间谍投降后，如何控制这些不可靠的双重间谍就成为对英国国家安全头等重要的事情了。例如在回答德国党卫队或是军事情报局关于“是否应该继续轰炸伦敦还是转而轰炸中部其他目标”之类的提问时，又有哪位审讯官能够承担这样生死攸关的答案呢？

于是丘吉尔出面组成了著名的“双十”委员会，由内阁战争办公室、内务部队总司令部、本土防卫局、空军情报局、空军机场目标伪装局、海军情报局、军情六处和军情五处等机构共同派遣代表商讨对策。

“双十”委员会的主席是剑桥教授约翰・马斯特曼，他制定了控制双重间谍的原则：英国各机构必须做出协调一致的充分准备，保证给双重间谍的假情报能够通过德国情报机关的严格审查，否则双重间谍身份一旦被德方怀疑就会立即失去作用。

作为控制间谍的主力机构军情五处而言，他们掌握了德国想从英国方面得到的情报种类和范围，还能获得德方情报并“享受”德国发来的间谍活动经费。而最重要的是军情五处可以按照“双十”委员会的指示通过双重间谍向德方传递假情报，进行战略战术欺骗。

为了防止不死心的双重间谍在发报时动手脚，英国又专门设立了“无线电安全机构”对发报的双重间谍进行严格监听，这个机构还有一项任务就是通过监听查找隐藏在英国境内的未暴露间谍网。

轴心国间谍被英军逮捕后会送往“020营地”进行审讯

双重间谍为德国制造了不少灾难，其中效果最大的正是前面提到的塔特。这位间谍首先利用手头的密码本帮助英国破译部门掌握了德国军事情报局在埃尼格玛密码机之外的无线电密码，不过军情五处没得到这份果实，它被孟席斯硬生生地抢去了。于是军情五处只好在别处打主意，他们指使塔特向德方索要大量活动经费，于是两名倒霉的伞降“送钱人”被军情五处人赃俱获，钱被没收，人被枪毙。最后逼得德国人不得不请求日本驻英大使馆的海军助理武官吉井道教帮忙，这个小个子的日本人在伦敦的一辆公交车上把钱交给了塔特。

军事情报局如此重视塔特是有原因的，经过军情五处的大扫荡后，他们一共也没几个能在英国活动的间谍了，不巧的是这几个“幸存”的间谍现在都为英国新老板工作。

为了解决长期利用塔特骗钱的目的，一个最狡诈的双重间谍被启用了，他就是著名的南斯拉夫花花公子达斯科・波波夫。

1940年，波波夫的同学兼密友约翰・杰布森将其招揽到德国军事情报局工作。

波波夫是个大胆而又滑头的“恶棍”，他前脚刚在德国人那里领取了间谍证件，后脚就跑到英国驻南斯拉夫大使馆主动要求做双重间谍为英国服务，于是军情五处为波波夫起了个代号“三轮车”。

富商家庭出身的波波夫在一开始间谍生涯时就暴露出极端的好色享乐的特点，军事情报局安排色情特工诱惑他，结果波波夫将计就计大占便宜以后什么情报都没透露，于是他顺利通过了德国人的“考试”。

当塔特的资金供给发生困难的时候，“三轮车”便挺身而出执行“大富翁计划”：他声称自己认识一个在纽约有户头的犹太富商，所以德国军事情报局可以把美元存进纽约账户，然后犹太人把相应的英镑支付给塔特。这条安全快捷的资金输送路线被军事情报局大加赞赏，自然送给希特勒报账的金额一点也没减少，中间节省的经费都被军事情报局的人员贪污掉了。

波波夫在英国发展了两名下线人员，自然全都是军情五处为他安排的。于是大量虚假情报被“三轮车”运载到汉斯家里，其中有夸大英军海空力量促使希特勒暂停登陆英国的“海狮计划”，为了掩护诺曼底登陆而虚报加莱登陆计划促使德军将防御重点投向错误地点，等等。

在此期间军情六处也厚着脸皮多次借助波波夫的力量，但当他们通过破译德国军事情报局密码得知波波夫已被怀疑的时候，竟然不通知军情五处。

1942 年波波夫回到葡萄牙首都里斯本会见德国军事情报局的代表，面对着怀疑自己的德国人，波波夫百般忽悠，竟然使得德国人暂时放下了对自己的怀疑，还给了他 25000 英镑的活动经费和新的情报调查表。

此后波波夫把自己的老朋友杰布森也拉下了水，杰布森成为代号为“艺术家”的英国双重间谍。杰布森对英国的重大贡献是他出卖了德国方面的双重间谍科斯勒博士，科斯勒是德国军事情报局驻布鲁塞尔情报站的高级间谍，他是个为纳粹服务的犹太人，凭借自己的身份轻易取得了英国方面的信任，并在英国境内发展了一个有效的网络。

科斯勒间谍网被出卖后，杰布森也没跑得了，他被盖世太保逮捕并在战争结束前夕被杀。二战结束后，波波夫隐居在法国并出版了自己的回忆录《间谍与反间谍》，一般认为他就是传奇英雄“007”的故事原型。

埃德加·胡佛的情报帝国

滑头波波夫的传奇经历很有趣，他与本节的主人公也打过交道：1941 年 8 月，德国军事情报局派遣波波夫到美国重建刚被联邦调查局破获的间谍网络。

这个二五仔自然不会真为第三帝国效力，他通过军情五处与联邦调查局沟通之后，才带着一幅吊儿郎当的模样出现在联邦调查局局长埃德加·胡佛面前。

德国给波波夫的命令之一是调查珍珠港的防御情况，而可能攻击这个区域的轴心国力量只有日本联合舰队，就这样日本偷袭珍珠港的计划眼看就要露馅。可惜波波夫改不掉的花花公子做派让美国特务们看不过去，尤其是波波夫用联邦调查局的经费买了跑车和名宅并追求好莱坞女星的举动激怒了胡佛，他先是在波波夫的豪宅里布满监听器，后来干脆在接见波波夫的时候直接命令他滚蛋。

珍珠港事变之后胡佛干脆否认有谁向他提出过警告，直到多年以后他才在自传中提到了波波夫，不过他的口气又是另一番模样了："那个南斯拉夫的花花公子不仅是来刺探我们的原子弹秘密的，还以珍珠港会被袭击为诱饵想让我们提供美国军备生产的数据，尤其是要知道我们一个月能生产多少飞机，其中有多少会被卖给英国、加拿大和澳大利亚，还想知道我们有多少飞行员在接受训练……不管他是在为谁工作，我都要把他从这个国家踢出去！"

1924 年，司法部的年轻律师埃德加・胡佛被任命为联邦调查局局长。没有人能想到他会从此盘踞这个位置 48 年之久，在这漫长的时间里美国换了 8 位总统和 16 位总检察官，只有胡佛始终稳坐钓鱼台。他在暗中操纵美国政坛，每一任美国总统都想过搞掉他换上自己人，可是却始终没人敢冒险，因为中央调查局手里有所有政坛人物的丑闻资料。

胡佛从 13 岁起开始有记日记的习惯，他的日记非同一般的烦琐，从自己鞋袜的尺寸到教师上课时说过的俏皮话都被他仔细记录下来，在他从政后这个习惯扩展到记录别人的一举一动，胡佛牢牢抓着别人的小辫子，换来近半个世纪的谄媚和拥戴。

他和他的联邦调查局共同组成了一个无法撼动的情报帝国，胡佛的反对者形容在他的时代美国政权不是在总统手中而是在联邦调查局长手中，这种恐怖的特务统治直到胡佛死于任内才告结束。

胡佛上任前的联邦调查局深陷在腐败无能的丑闻中，在他上任后竭力清除积弊，经过一番改革后建立起全国范围的指纹系统和训练有素的间谍队伍。在 20 世纪 30 年代的美国发生过一些特别严重的刑事犯罪，经过胡佛的努力将案件都一一侦破了。

辉煌的原因，其实是联邦调查局在打击罪犯的斗争中享有其他警察机构所不具备的独特优势：第一，联邦调查局作为全国唯一对外公布有关犯罪活动统计数据的机关，可以人为地夸大联邦调查局在破获绑架案和劫匪案中的战果；第二，联邦调查局可以自由选择打击目标和“全民公敌”。为了稳妥起见，联邦调查局选择的往往是便于追捕、知名度又大的亡命之徒，而不是规模庞大的有组织的犯罪集团。这样，联邦调查局就可以取得可观的破案率，形成巨大的轰动效应。

这些要素成就了胡佛的名望，当欧洲的战火已经不可避免的时候，罗斯福总统授权胡佛肩负起境内反间谍的任务。胡佛说干就干，他重新挑选培训适合反间谍任务的特工，当战争爆发时已经有超过 4000 名反间谍人员准备就绪了。

胡佛很懂得利用舆论来引导人民支持自己的事业，从 1940 年开始美国境内的各大报刊和剧院都开始宣传公民的反间谍义务和联邦调查局的伟大业绩。尤其是好莱坞影星弗兰克・洛夫乔伊在宣传影片《这就是你的联邦调查局》中声情并茂地朗诵道：“向你的联邦调查局去寻求国家安全和财产安全，这两大伟业都是用来保护你和你的家人，还有你的祖国的。”这句台词是胡佛本人撰写的，如果不是顾及形象不佳的话，这位局长还会亲自出演影片主角。

除了宣传工作之外，胡佛还在国内组建庞大的监视网，并极力加强信件检查制度。尤其是对那些与轴心国和共产党影响大的国家通信邮件更是被全部拆开检查，后来发展到检查国际法不允许的外交邮件，并且违反美国法律进行大规模的电话窃听、入室搜查和跟踪盯梢。

这一切都在罗斯福的默许下进行，很快便产生了巨大效果。1940 年正是靠这些手段他捣毁了盖世太保在美国的间谍网：联邦调查局特工菲迪亚小姐在一封从纽约寄给柏林海尔格兰德・尤福尔大街 1 号的弗里德里克斯先生的信件中看出了端倪。因为这封信件用词谨慎，极具逻辑性，非常不像是散漫的美国人所写。并且有些词语直接从德语转化而来，所以不会是母语为英语的人所写。

于是联邦调查局出动了大批专家试图找出信件的破绽，经过无数尝试后他们使用碘蒸气熏出了密信内容。这封信是使用药店普遍有售的止疼药水书写的，这种古老的方法在一战前就已经是侦探小说中烂大街的套路了。

原来收信人正是海德里希本人，而寄信人则是盖世太保驻美国间谍头目、德国商人维斯德里克。当时美德还有外交关系，不能贸然行事。所以联邦调查局出动了专业的色情间谍伊丽莎白·玛德琳，伊丽莎白用美人计迷惑了维斯德里克，他在床笫之间对情人的炫耀露出了致命的马脚。于是德国间谍网被一网打尽，这才有了波波夫的美国之行。

顺便说一句，胡佛本人对色情事业极为热心，他大力推动了色情间谍的使用。胡佛本人也是一位拥有无数情妇的老花花公子，并且还有几位“男朋友”，其中最得宠的是局长助理克莱德·托尔逊。此外胡佛是个贪污了大量公款的蛀虫，在抨击波波夫的糜烂私生活和挥金如土方面胡佛可没能占据道德制高点。

FBI 徽章

赶走波波夫后，胡佛磨蹭了很长时间才把情报大致透露给美国陆海军情报部门，对于罗斯福则干脆没有告知。结果当珍珠港被日本矬子山本五十六打成一片火海之后，美国军事情报部门却成了胡佛的替罪羊。万能的联邦调查局巧妙引导舆论导向，使自己逃脱了罪责。

从此后，对轴心国的情报战成为胡佛的重中之重。美国不仅在国内连续破获了德国一意大利间谍网“布料商”，还顺藤摸瓜一举将德国在南美的情报组织消灭大半。不久后他们又从邮件检查中发现线索端掉了粗心大意的日本“布娃娃”间谍网。

日本海军参谋本部第三部派驻纽约的女间谍以布娃娃商店为据点，秘密搜集美国舰队动向。她以店中常客的姓名和地址作伪装，用密写暗语的方式定期向住在西印度群岛化名为莫利娜里夫人的间谍做报告。只是由于粗心大意，她把收信人地址的暗语记错，一直将收信人的地址“1414”号错写成“2563”号，导致信件一封封落到美国联邦调查局手里，最终败露了形迹。除了利用上述案件大吹大擂之外，胡佛还趁机以间谍嫌疑为由开始迫害自己看不惯的著名人士，如卓别林和爱因斯坦都成为他的受害者。

纵使联邦调查局再怎样往自己脸上贴金，也改变不了一个事实，那就是对日情报战的最大赢家还是美国陆海军的情报部门。日本虽然得到了德国援助的埃尼格玛密码技术，不过他们还是开发了另一套密码技术，美军情报部门称之为“紫色”。

破译“紫色”的是美国陆军通信部的陆军信号情报处，而使用密码建功的却是海军飞行员——1943 年 4 月 18 日美国海军战斗机群凭借破译的日军密码在太平洋上的布干维尔岛空域一举击落了山本五十六海军大将的座机。本来美国人为了保护破译“紫色”这个绝密情报而很少直接利用翻译过来的电报作战，但是为珍珠港报仇实在是无法阻挡的诱惑。虽然山本报销了，可是日本人在二战期间开展的迅猛情报战却没有因此停止，在以后的数年中他们仍然是同盟国情报作战的重要对手。

小小岛国的间谍热

自明治维新以来，离开日本那穷地方跑到太平洋诸岛和南北美洲洋插队的日本人多了去了。在日本开始工业化的年代里，对外输出人口是相当多的，其一是妓女之类的打工人员，例如日本影片《望乡》所描述的。另一种则是正规的移民了，这些移民带来了一项有趣的日本传统：日式结婚仪式上新娘的“花嫁妆”非常另类，好像日本新娘子都喜欢把脸扎进面缸里似的涂成恐怖的大白脸，弄得千人一面。赶上集体婚礼的话，别说是新郎恐怕连自己的亲爹亲娘都认不出来了。

这种化妆方式就全因为移民婚姻而起，在明治时代政府明确禁止日本人与西洋人结婚，于是洋插队的单身汉只好通过家乡的朋友介绍，用信件方式找老婆。贫困的日本家庭自然急于攀上海外姻缘，于是让相亲照片尽量突出优点，掩饰缺点，于是这种夸张的化妆方式便出现了，不少日本新郎在验收真货的时候才仰天长叹：化妆师实在是狡猾狡猾的……

1908 年，日美签署“绅士协约”，承认“照片婚姻”，允许日本新娘凭一张新娘妆的照片入境。老美没料到照片上的日本新娘竟然如同克隆人一般无法分辨，于是赶紧修改条约规定“照片新娘”必须在入境处和新郎补行婚礼，由美国牧师带着宣誓同时拍照留念，由此日本人开始接受结婚要照相留念的观念。

宣誓归宣誓，反正日本人不把誓言当成多么重大的事情。

无数日本间谍混迹在滚滚移民潮中被散布到四方，尤其在北美更是数量繁多。据联邦调查局估计，二战前夕在美工作的日本人中至少有3%是日本政府故意安插的间谍人员，数量至少有3500人以上。最危险的是那些在美国出生而拥有公民权的美籍日裔居民，单是在洛杉矶市就有超过700名此类可疑的“潜在间谍分子”。

在这些间谍中最出名的是河虎野一，这个日本移民在日俄战争时期移民美国，此后投身于好莱坞的电影事业，曾担任过卓别林的贴身随从——日后这成了胡佛收拾卓别林将其赶出美国的借口。

河虎后来得罪了卓别林的妻子被解雇，于是他跑到洛杉矶当律师。趁此机会，这位日本间谍开始发展自己的间谍网，他试图拉拢好莱坞时期的朋友阿尔·布莱克，希望可以从这位退伍老兵那里探听到美国海军的情报。布莱克在得知河虎是日本间谍之后，立即应承了入伙的邀请，接着一转身便跑到海军情报署把河虎给卖了。

于是美国海军情报人员扮作被布莱克拉入伙的“宾夕法尼亚”号战列舰军官，带着伪造的文件与布莱克装模作样地接头，地点正是在夏威夷的珍珠港！这起蹩脚的间谍事件以河虎和他的上司立花致海军少佐一起被捕而告终，日本在美国的最大间谍网络也因此被摧毁。

不过日本人贼心不死，经过20年的努力和16万夏威夷日裔居民的配合，珍珠港的一切都被日本帝国摸得门清。在开战前夕负责夏威夷间谍网的日本特务是28岁的吉川猛夫海军少佐，他的重要助手库恩医生则是德国移民。

库恩的来头不小，他的女儿是纳粹宣传部长戈培尔的情妇。当自视为第三帝国道德楷模的戈培尔偷腥事件东窗事发后，库恩一家被绝情的戈培尔打发到夏威夷避风头，党卫队保安局趁机命令他做潜伏间谍，还将他介绍给日本人使用。

吉川把珍珠港中的美国舰队活动规律全部发回本土，不过这个小卒子还不知道他的祖国即将偷袭珍珠港，只是忠实地执行他的主子前田实海军少将的命令。前田实是日本海军情报部门的负责人，而他的助手之一正是被美国驱逐的立花致。

当珍珠港被袭击之后，吉川猛夫和日本领事馆的全体人员一同被联邦调查局

珍珠港被袭击不仅重创了美军，更刺痛了美国人的自尊心

逮捕。这个间谍直到听见爆炸声才开始焚烧文件和密码，结果被美国人从冒烟的浴缸里抢出来不少。而库恩医生则是彻底的外行，他根本不了解“潜伏”是什么意思，竟然跑到屋顶上朝日本领事馆发信号，结果也被立即逮捕。被捕后的库恩医生表现“英勇”，还没等联邦调查局的审讯人员开始威胁，他便将吉川间谍网的全部细节交代得一清二楚。

虽然吉川间谍网报销了，不过他们只是日本帝国情报战的消耗品而已。

就在偷袭珍珠港之前，中国大陆上也早就有日本间谍四处活动的身影了。在盘踞东北的关东军司令部中掌管情报大权的是原贤二陆军大佐，这位长相猥琐的日本胖子是以为亲妹妹拉皮条的方式得到重用的：他哄骗自己只有 15 岁的妹妹拍摄了裸体照片，然后把照片交给天皇的弟弟雍仁亲王。色情狂雍仁一见照片大喜，立即将土肥原小姐收为情妇，做了便宜大舅子的土肥原贤二也随之被提拔为驻中国使馆的武官。

人渣土肥原除了介绍卖淫以外，也有其他的过人之处，他在中国任职期间学会了好几种地方方言，并显露出搞特务工作的才能。再加上他上面有人好办事，于是在 1930 年被提拔为天津特务机关长，后来又升任沈阳特务机关长。在此期间，他参与策划了“九一八”事变和组建“伪满洲国”等活动。

当他坐上关东军特务机关长的位子以后组建了属于自己的特务机关，成为日本间谍史上著名的驻华三机关之一：清末时期的青木宣纯机关、北洋政府时期的坂西利八郎机关和贯穿二战的土肥原贤二机关。土肥原在东北大肆贩卖毒品，还拉拢了不少国民党高官、军队将领和民间有影响的人士做间谍。土肥原是属于日本特高科系统的特务，特高科建立于19世纪末20世纪初，隶属于日本内务省。最初，特高科是一个应付国内事变的机构，但随着日本侵略中国和远东的需要，日本政府开始逐渐转变特高科的职能。比较显著的一个标志是：日本驻外国的使领馆官员在搞情报工作的同时也配合其他间谍情报机构进行谍报活动。

在被日军占领的中国各地的“日本领事馆警察署”内都设有一个特高科，来负责侵华特务活动和谍报活动。特高科的任务有五项：第一项是监视中国人的思想动态，取缔反日言行。第二项是搜集情报，汇编情报资料。第三项是破坏抗日地下组织，侦捕审讯处理特工人员。第四项是监视伪高官言行。第五项是进行策反诱降等活动。除此之外，日本宪兵队也与之配合增设了特高科兼管反间谍业务。

在土肥原网罗的汉奸特务中最有名的是川岛芳子。有“东方魔女”之称的川岛芳子本名爱新觉罗·显玗，又名东珍、金诚三、金梦芝，日本名则有川岛芳子、川岛良子、川岛良辅等。她是清皇室肃亲王善耆的第十四位格格，不过在她出生两年后大清朝的买卖就关门了。善耆这个贼心不死的老东西复辟清不成就阴谋策划“满蒙独立”，为此他投靠了黑龙会的干将川岛浪速，还把女儿送给对方做养女。当时显玗只有7岁，善耆为她起了新名字东珍，意思是“东洋的珍客”。他给川岛写信时无耻地说：“将小玩具献君，望君珍爱。”

川岛当然“珍爱”，他另给小玩具起名为川岛芳子，不仅从小对她进行各种罪恶的灌输，还在她15岁的时候霸占了她。从此后川岛芳子罪恶的人生便被定调，她从两个禽兽父亲那里学到的是无耻、卑鄙、冷血和极其旺盛的性欲。

川岛芳子是在上海鬼混的时候成为日本间谍的，这个酷爱打扮成男子的无耻女人在上海四处“猎艳”。她看中了日本驻上海特务机关长田中隆吉，于是便死缠烂打地求爱。田中虽然也不是什么好东西，不过还真被这个下流女人吓住了。当他最后不得不向对方投降的时候，心里却认为这个热爱日本痛恨祖国的女人是做间谍的好材料。当川岛芳子夸耀自己用色相勾引张学良的副官，协助关东军特务制造了刺杀张作霖的“皇姑屯”事件后和占领东北的“九一八”事变后，田中便打定了主意。当皮条客土肥原在劝诱溥仪做伪满皇帝碰到麻烦之后，田中便推荐川岛芳子出马。由于都算是亲戚，所以川岛芳子迅速取得溥仪的信任。这位退位皇帝身边的内奸与土肥原合作上演了一连串闹剧：溥仪先是在自己的床上看到好几条毒蛇，接着又发现两颗手榴弹混在果篮里送进家里。接着是匿名警告信和电话骚扰，连溥仪外出喝咖啡都被川岛芳子安排的“伙计”警告说有刺客在四处打听他的行踪。于是在川岛芳子的协助下，溥仪被软硬兼施拉到奉天，成了汉奸伪皇帝。

川岛芳子随后回到上海与田中合作雇用流氓袭击三友实业社为日军制造侵略借口，他们的诡计导致“一·二八”事变爆发。在战争期间川岛芳子先是勾引了孙中山的儿子孙科套取到国民党政府不敢大打的情况，又通过做英国驻华武官情妇的手段得知西方列强只会口头抗议日本的侵略行动。于是日军放手大打，最后逼迫抗日热情高涨的十九路军撤出上海。

日本特务，大汉奸川岛芳子

随后川岛芳子又来到“伪满洲国”就任安国军总司令，她在率领由土匪流氓组建的伪军讨伐抗日武装的过程中草包本色毕露无遗，也让日本人对她“文武双全”的幻想破灭了。川岛芳子迅速沦为关东军的包袱，被驱赶到北平混日子。

川岛芳子不甘心在北平坐冷板凳，又通过大汉奸周佛海、陈公博等人，与蒋介石的红人——军统特务头子戴笠搭上了线，表示自己愿意做一个中日之间的“桥梁”。作为见面礼，川岛芳子表示愿意交出汪伪政府的特务分布网和北平谍报人员名单。

戴笠早就了解川岛芳子的“丰功伟绩”，感到很有必要拉拢她做双重间谍。于是川岛芳子和戴笠进行了初步接触，军统人员唐贤秋扮作北京大药商行的老板与川岛芳子直接磋商有关事宜。川岛芳子在征得日本驻华北方面军参谋部的同意后，将一些非战略性的消息有意透露给戴笠。

正当川岛芳子和军统特务眉来眼去、关系暧昧之际，由于国民党与日本军方秘密达成了“和平相处，共同剿共”的协议，川岛芳子便再度被日本军部抛弃了。既然失去了日军的情报来源，军统方面自然也不会再对她多看一眼。

时光流转，岁月如梭，此后的川岛芳子迅速沦落为一个纵欲过度而容貌尽毁的黄脸婆。在这一时期她依靠拉拢流氓勒索北平附近的有钱客商谋生，而日本人早已忘掉了这个曾经的得力汉奸。随着日本战败，川岛芳子也被中国军队逮捕，并于 1948 年 3 月 25 日枪毙。就在同一年的 11 月，土肥原以“破坏和平”“违反战争法规惯例及反人道”等罪行，被远东国际军事法庭判为甲级战犯，在巢鸭监狱执行绞刑。

巢鸭监狱建于 1895 年，当时称为警视厅监狱巢鸭支署，两年后改称为巢鸭监狱。1922 年改称为巢鸭刑务所，专用以关押政治犯之用，1937 年改名为巢鸭拘置所。在第二次世界大战结束前，有不少共产党人士被关在这所监狱。就在皮条客土肥原被绞死前四年，曾有一位伟大的间谍在此就义，他就是理查德·佐尔格。

佐尔格在日本继续以记者的身份为掩护经营自己的“拉姆扎”谍报网，在此期间他发回了德国进攻苏联的警报，可惜斯大林没有相信。后来他又在莫斯科保卫战最艰难的时刻发回日本采取南进策略不为进攻苏联的报告，使得斯大林放心抽调远东部队支援首都赢得了宝贵的喘息之机。

虽然佐尔格是身经百战的老间谍，可还是被日本人抓住了破绽。

二战期间的日本是世界上反间谍措施最严密的国家，盖世太保曾以自己拥有 30 万职业告密者而自豪，要是拿这数据和日本人比比，德国佬只能落荒而逃。日本是个全民皆特务的国度，所有国民都有监视揭发的义务。佐尔格这样的外国人出门时，一般至少会有三个来自不同系统的特务进行盯梢。宪兵队和特高科一直严密监视着这位《法兰克福报》特派记者的动向。

最后日本人从佐尔格的日本女友花子身上找到了突破口：石井花子是酒吧女招待，有一次特高科人员搜查她的家时找到一个小巧的打火机，这是她随手从佐尔格那里拿来的。特高科人员拆开打火机后发现那是一台间谍专用的微型照相机，这下佐尔格的间谍身份暴露了。

由于没有胶卷，所以特高科不能确定佐尔格到底是哪个国家的间谍。可是不久后佐尔格的发报员暴露了，原因是他们雇用的女仆向警察介绍说自己的主人有半夜起来鼓捣收音机的奇怪爱好。特高科人员立即察觉这是在发报，于是“拉姆扎”小组土崩瓦解，来自数个国家的数十名间谍相继落网。由于主犯之一的尾崎秀实博士是首相近卫文麿的密友兼顾问，所以近卫内阁随之倒台，东条英机继任首相后的第一道命令就是逮捕佐尔格。

被判处死刑的佐尔格在监狱中度过三年的时间，日本政府指望能靠这位高级间谍与苏联达成某种政治交易，哪怕是交换被俘情报人员。不过苏联政府严正声明：“我们不认识理查德·佐尔格这个人，苏联政府从来不向其他国家派遣间谍，此人与我们无关。”

于是在 1944 年 11 月 7 日十月革命纪念日这一天，佐尔格走到了人生的终点。

石井花子一直深爱着佐尔格，她终身未嫁守护着爱人的坟墓，后来两人在东京的多磨公墓并肩长眠。1964 年，苏联政府打破长达 20 年的沉默承认佐尔格的身份，并追授他苏联英雄称号。

苏维埃的剑桥风云

虽然佐尔格牺牲了，不过对于苏联政府来说这并不是特别大的损失。在整个二战期间苏联动用的间谍人数是最庞大的，因为与其他国家喜欢使用双重间谍或诱降敌方人员不同，多疑的苏联领导人更喜欢直接派遣手下打入敌人内部的做法。苏联人只相信自己发展招募的间谍，在二战中起到重大作用的间谍组织几乎全都是在战争爆发之前就已经被安插好的，其中最著名的就是剑桥五杰。

1943 年 5 月，希特勒为了打破东西岸的僵局而策划“堡垒”作战时，斯大林就已经获得了德国人的打算——苏联打入英国的最杰出情报组织“剑桥帮”再立新功，这个间谍网中的苏格兰人凯恩·克奥斯向苏方提供了德军新式装甲武器的性能情报。希特勒视为珍宝的新式武器数据与战术构思都被摆放在斯大林的办公桌上。

上述情报都是德国人通过埃尼格玛码“告诉”英国人的，但是小心眼的丘吉尔并不打算同斯大林分享这一成果。不过没关系，既然小气鬼丘吉尔不肯送，斯大林同志也可以自己来拿——凯恩·克奥斯凯可以接触到英国截获的德军电台通信情报，于是他向苏联提供了这些情报。

1937年，凯恩·克奥斯还在大学就读时被苏联间谍机关招募。库尔斯克战役发起前他向俄国人提供了包括德军战役部署和在库尔斯克地区空军基地的详细情报等资料，其中最有价值的就是德军新式坦克及其运用战术的情报！这些情报包括“豹”式坦克、“虎”式坦克改进型、38吨的“追猎者”坦克歼击车和“斐迪南”坦克歼击车的详细情报。

库尔斯克会战随即展开，在这场人类历史上最大规模的坦克大决战中，德国精锐的武装党卫队装甲师损失殆尽，第二次世界大战的胜负转折点由此出现了。

1931年，年轻的剑桥大学毕业生哈罗德·金·菲尔比到欧洲大陆旅行，菲尔比在求学时便是共产主义运动的支持者，在巴黎他与反法西斯的共产主义组织取得联系，并在奥地利加入了苏联政治保卫局的谍报组织，由此开创了剑桥帮的传奇历史。

当菲尔比返回英国求职时，却由于他曾经参加过同情共产主义的组织而碰壁。于是他立即断绝与以前的左翼朋友往来，还一头扎进亲纳粹的组织“英德协会”。这位剑桥毕业生成为德国大使馆的常客，于是关于他的以前的“赤色危险思想”也就被人淡忘了。

当西班牙内战爆发后，菲尔比被苏联派往西班牙搜集情报。在那里他得到了弗朗哥的信任，更是落实了他是坚定反共者的名声。

1940年6月，菲尔比在自己的剑桥老同学兼苏联间谍老特务盖伊·伯基斯协助下进入军情六处工作，从此后开始在英国情报界飞黄腾达的历程。

除了前面提到的凯恩·克奥斯凯和菲尔比、伯基斯之外，剑桥帮中还有安东尼·布伦特、吉伊·里德尔和列奥·隆等人，这些间谍个个身居要职，不断将情报送到苏联手中。他们在希特勒进攻苏联之前几个月就做出了预警，可惜与佐尔格一样未被斯大林相信。

事实上由于剑桥帮提供的情报过于完美，以至于引起了内务部人民委员会的过分警惕，忠诚的菲尔比等人被怀疑是军情六处的双重间谍！剑桥帮提交的重要情报没有一份被相信的，除非得到其他渠道的验证，这就令苏联在战争中失去了很多机会。

1942 年，菲尔比截获了德国军事情报局的情报，得知卡纳里斯在西班牙的详细活动行程，于是他向孟席斯将军提议暗杀卡纳里斯。没想到这个计划竟被一口否决，于是菲尔比意识到英国和德国反希特勒地下组织有暧昧的联系。

进入军情六处，开创剑桥帮传奇历史的哈罗德 · 金 · 菲尔比

当苏联得知这一点后极为恐慌，因为一旦反希特勒分子得手的话，立即会出现一个坚决反苏同时又与西方和解的德国新政权。这就意味着不但苏联要单独承担纳粹德国的巨大军事压力，还有可能出现英国等反共意识浓厚的西方国家与新德国联手进攻的危险。

菲尔比很快接到了破坏这种合作可能性的任务，他利用一切机会贬低反希特勒组织的能力与动机，并且反复提及“维尼罗行动”等英国情报机关吃亏上当的先例。于是军情六处在反复犹豫中眼睁睁地看着卡纳里斯和黑色乐队倒台毁灭，在某种意义上苏联充当了希特勒的“保护伞”。

1944 年菲尔比升任反间谍科科长，在这个职务上他一干就是 11 年。凭着职务方便，菲尔比庇护着剑桥帮成员继续完成自己的使命。在此过程中他的领导组织已经改名为“克格勃”，克格勃不断抛出一些被抛弃的无用间谍做牺牲品，好让菲尔比能够以卓越的“反间谍”成绩留在岗位上。

在担任对苏情报处处长期间，菲尔比最杰出的贡献便是将英美联合向阿尔巴尼亚派驻反共分子的计划泄漏给苏联。当英国情报人员秘密潜入阿尔巴尼亚时，被早已张网守在那里的阿尔巴尼亚人逮了个正着，很多情报人员被杀和被捕。

出来混总是要还的，英国情报局从 1951 年起开始怀疑菲尔比的身份，但是他们花了 10 年时间也无法证明菲尔比是一个双重间谍，所能做的只是将其从情报系统调到外交部门再解雇。

菲尔比以《观察家》和《经济学家》周刊记者的身份到贝鲁特工作，继续为苏联情报机关服务。直到 1962 年，克格勃间谍乔治·布莱克在英国落网后终于使得菲尔比暴露。

精明过人的菲尔比嗅出了暗藏的危险，1963 年 1 月 23 日，菲尔比在赴晚宴途中成功地摆脱了跟踪他的特工人员，然后乔装成一个阿拉伯人，步行 300 英里穿过叙利亚抵达土耳其再进入苏联境内。

1963 年 7 月，菲尔比在莫斯科露面，苏联授予他列宁勋章。

菲尔比到达苏联五年后，于 1968 年出版了自传体小说《我的无声战争》，讲述了自己身为双重间谍传奇的一生。

1988 年，这位剑桥帮的领袖在苏联去世。三年之后，他为之奋斗一生的苏联轰然解体。

无尽的未来……

1845 年 8 月 15 日，日本帝国向同盟国投降，第二次世界大战结束了。

1945 年 9 月 2 日的东京受降仪式在美国战列舰“密苏里”号上举行，美国驻日总司令道格拉斯·麦克阿瑟向全世界人民发表讲话：“今天，枪炮沉没了，一场大悲剧结束了。一个伟大的胜利赢得了。天空不再降临死亡，海洋只用于贸易交往，人们在阳光下可以到处行走。全世界一片安宁和平，神圣的使命已经完成……我们体验了失败的痛苦和胜利的喜悦，从中领悟到决不能走回头路。我们必须前进，在和平中维护在战争中赢得的东西……”虽然一场浩劫终告结束，但是情报战却立即在昔日的战友之间激烈展开。

克格勃上校鲁道夫·阿贝尔被 FBI 特工押下囚车

哪怕是在并肩战斗的岁月中，各个盟国之间也没有忘记对朋友进行挖墙脚搞渗透的“国际惯例”，哪怕是在亲密如英美之间也是如此。

无尽的未来向我们迎面而来，情报战无休止地继续下去。在这本书即将结束的时候，我们还是以一位传奇间谍的经历来做一个小小的总结吧。

1962 年 2 月 10 日，苏联在连接西柏林和波茨坦的格利尼克大桥上用被苏联击落的美国 U － 2 高空侦察机驾驶员鲍尔斯，将克格勃上校鲁道夫・阿贝尔交换了回来。

阿贝尔的真名是威廉姆・费舍尔，他在 1939 年潜入被德军占领的波兰，把自己打扮成狂热崇拜纳粹主义的德国侨民，成功地加入德军与纳粹党，不久又进入了德国军事情报局。在与纳粹分子的战斗中他经受住了考验，曾窃取希姆莱的代表同杜勒斯在瑞士的密谈内容。

当战争结束后费舍尔却没有休息，迎接他的是新的战场和新的战争。

1948 年费舍尔潜入美国，到了 1950 年他已经在纽约建立了苏联间谍组织的秘密指挥部。1957 年，阿贝尔的助手海赫伦出卖了他，才结束了这位传奇人物的卧底生涯。

他是幸运的，因为苏联没有像对待佐尔格一般对待他。

他的生平是对间谍这门职业的绝佳注释，就这样潜伏—活动——终有一天被抓或功成身退地撤退，还有很多间谍要在异国他乡孤独地守候一生，等待那永远也不会来的回家命令，这就是间谍的宿命。